W0208237

Wortarten bestimmen

Satzglieder erkennen

Satzgefüge: Nebensätze unterscheiden

Zeichensetzung

Rechtschreibung

Groß- oder Kleinschreibung?

Getrennt- oder Zusammenschreibung?

Realschule Baden-Württemberg

Deutschbuch

Sprach- und Lesebuch

4

Herausgegeben von
Christa Becker-Binder und Christian Weißenburger

Erarbeitet von:
Carolin Bublinski (Durmersheim), Carmen Collini (Karlsbad),
Dorothea Fogt (Mannheim), Agnes Fulde (Gütersloh),
Andreas Glas (Stuttgart), Peter Heil (Freiburg),
Isabelle Kunst (Freiburg), Yvonne Scherle (Rastatt),
Ina Trog (Karlsruhe), Tanja Seidelmann (Ottersweier) und
Christian Weißenburger (Ludwigsburg)

Dieses Buch gibt es auch auf
www.scook.de

Es kann dort nach Bestätigung der Allgemeinen Geschäftsbedingungen genutzt werden.

Buchcode: qz7h2-t2u92

Cornelsen

Teile einiger Kapitel dieses Bandes wurden erarbeitet von Gerd Brenner, Ute Fenske, Heinz Gierlich, Cordula Grunow, Alexander Joist, Markus Langner, Angela Mielke, Deborah Mohr, Christoph Oldeweme, Norbert Pabelick, Christoph Schapert, Frank Schneider, Marlene Stahl-Busch, Klaus Tetling

Redaktion: Birgit Wernz

Illustrationen:
Uta Bettzieche, Leipzig (S. 250–263)
Klaus Ensikat, Berlin (S. 185–204)
Michael Fleischmann, Waldegg (S. 171–179, 182)
Nils Fliegner, Hamburg (S. 94–116, 231–247)
Christiane Grauert, Milwaukee (USA) (S. 61–72)
Sylvia Graupner, Annaberg-Buchholz (S. 297–312)
Kristina Heldmann, Berlin (S. 120–134)
Kai Hofmann und Jutta Melsheimer, Berlin (S. 17–31, 80, 91, 92, 218, 223)
Peter Menne, Potsdam (Vorsätze, S. 34–53, 226, 268, 291–293)
Christa Unzner, Berlin (S. 141–160)

Gesamtgestaltung und technische Umsetzung: werkstatt für gebrauchsgrafik, Berlin
Coverfoto: Thomas Schulz, Teupitz

www.cornelsen.de

Soweit in diesem Buch Personen fotografisch abgebildet sind und ihnen von der Redaktion Namen, Berufe, Dialoge und Ähnliches zugeordnet oder diese Personen in bestimmten Situationen dargestellt werden, sind diese Zuordnungen und Darstellungen fiktiv und dienen ausschließlich der Veranschaulichung und dem besseren Verständnis des Inhalts.

Die Links zu externen Webseiten Dritter, die in diesem Lehrwerk angegeben sind, wurden vor Drucklegung sorgfältig auf ihre Aktualität geprüft. Der Verlag übernimmt keine Gewähr für die Aktualität und den Inhalt dieser Seiten oder solcher, die mit ihnen verlinkt sind.

Dieses Werk berücksichtigt die Regeln der reformierten Rechtschreibung und Zeichensetzung.
Bei den mit [R] gekennzeichneten Texten haben die Rechteinhaber einer Anpassung widersprochen.

1. Auflage, 1. Druck 2015

Alle Drucke dieser Auflage sind inhaltlich unverändert
und können im Unterricht nebeneinander verwendet werden.

© 2015 Cornelsen Schulverlage GmbH, Berlin

Das Werk und seine Teile sind urheberrechtlich geschützt.
Jede Nutzung in anderen als den gesetzlich zugelassenen Fällen bedarf der vorherigen schriftlichen Einwilligung des Verlages.
Hinweis zu den §§ 46, 52 a UrhG: Weder das Werk noch seine Teile dürfen ohne eine solche Einwilligung eingescannt und in ein Netzwerk eingestellt oder sonst öffentlich zugänglich gemacht werden.
Dies gilt auch für Intranets von Schulen und sonstigen Bildungseinrichtungen.

Druck: Firmengruppe APPL, aprinta Druck, Wemding

ISBN 978-3-06-062452-2

PEFC
PEFC/04-32-0928

PEFC zertifiziert

Dieses Produkt stammt aus nachhaltig bewirtschafteten Wäldern und kontrollierten Quellen

www.pefc.de

Euer Deutschbuch auf einen Blick

Das Buch ist in **vier Kompetenzbereiche** aufgeteilt.
Ihr erkennt sie an den Farben:

- **Sprechen und Schreiben**
- **Mit Texten und Medien umgehen**
- **Sprachbewusstsein entwickeln**
- **Arbeitstechniken und Methoden**

Jedes **Kapitel** besteht aus **drei Teilen:**

1 Hauptkompetenzbereich
Hier wird das Thema des Kapitels erarbeitet, z. B. in Kapitel 2
Digitale Medien – Standpunkte vertreten

2.1 Vorsicht Computer? – Diskutieren und Stellung nehmen

2 Verknüpfung mit einem zweiten Kompetenzbereich
Das Kapitelthema wird mit einem anderen Kompetenzbereich verbunden und vertiefend geübt, z. B.:

2.2 Jeder Zeit online, jeder Zeit erreichbar? – Überzeugend formulieren

3 Fit in ...? oder Projekt
Hier überprüft ihr das Gelernte anhand einer Übungsklassenarbeit und einer Checkliste oder ihr erhaltet Anregungen für ein Projekt, z. B.:

2.3 Fit in ...? – Stellung nehmen

Folgende Kennzeichnungen werdet ihr im Buch entdecken:
●○○ Diese Aufgabe ist eher leicht.
●●○ Diese Aufgabe ist schon etwas kniffliger.
●●● Diese Aufgabe ist etwas für Profis.
4 Zusatzaufgabe
Partnerarbeit
Gruppenarbeit
Rollenspiel
Arbeit mit dem Computer

▶ Der Pfeil sagt euch, auf welcher Seite ihr etwas nachschlagen könnt.

Information Das Orientierungswissen erkennt ihr an diesem Symbol. Am Ende des Buchs ist das Orientierungswissen aller Kapitel übersichtlich zusammengefasst (▶ S. 313).

Stärken stärken Hilfen zu diesen Aufgaben findet ihr direkt darunter oder auf der nachfolgenden Seite.

Inhaltsverzeichnis

Mit Texten und Medien umgehen

Kompetenzschwerpunkt

5 Entscheidende Momente – Kurzgeschichten lesen und verstehen 93

- Lyrische und epische Texte an ihren Merkmalen erkennen und unterscheiden (Kurzgeschichten)
- Sich durch Lektüre Welten erschließen und sie mit eigenen Erfahrungen verknüpfen

- Inhalte literarischer Texte zusammenfassen und wiedergeben
- Die unterschiedliche Wirkung von Satzverknüpfungen deutlich machen
- Die Modi bilden, sie funktional richtig anwenden

Mit Texten und Medien umgehen

6 „Simpel“ – Einen Jugendroman erschließen 119

- Lyrische und epische Texte an ihren Merkmalen erkennen (Jugendbuch) und unterscheiden
- Flüssig und sinnverstehend lesen
- Sich selbstständig mit einem fiktionalen Jugendbuch auseinandersetzen und es adressatenbezogen und frei vorstellen

7 Mit Texten und Medien umgehen

„Der Schimmelreiter" – Eine Novelle kennen lernen und verstehen 141

Mit Texten und Medien umgehen

Kompetenzschwerpunkt

9 „Wilhelm Tell" – Ein Drama untersuchen 185

10 Aktuelles vom Tag – Zeitungstexte verstehen und gestalten 205

11

Sprachbewusstsein entwickeln

Grammatiktraining – Konjunktiv und Modalverben 231

13 Rechtschreibtraining – Fehler vermeiden, Regeln sicher anwenden 265

- Rechtschreibstrategien richtig anwenden
- Lautbezogene Regelungen weitgehend sicher anwenden
- Über wortbezogene Regelungen verfügen: Fremdwörter, Getrennt-/Zusammenschreibung, geografische Herkunftsbezeichnungen
- Satzgezogene Regelungen (Groß- und Kleinschreibung) kennen und anwenden

- Die Satzzeichen bei der Satzreihe und beim Satzgefüge richtig setzen

- Rechtschreibfehler und Fehler der Zeichensetzung in selbst verfassten Texten erkennen und verbessern

14 Glücklich sein – Texte auswerten, Lernstrategien anwenden 297

- ▶ Lesestrategien anwenden
- ▶ Informationen aus kontinuierlichen und nicht kontinuierlichen Texten entnehmen, sie reflektieren und bewerten

- ▶ Methoden der Texterschließung nutzen

- ▶ Kurzreferate vortragen
- ▶ Konzentriert zuhören
- ▶ Texte ästhetisch gestaltend präsentieren

Orientierungswissen 313

1 Lebenselixier Wasser –
Informieren und Präsentieren

1 a Lasst das Foto auf euch wirken. Welche Eindrücke stellen sich ein? Tauscht euch aus.

b Inwiefern kann Wasser als „Quelle des Lebens" gelten? Nennt Beispiele.

In diesem Kapitel ...

- recherchiert ihr über das wichtigste Lebenselement,
- erstellt ihr ein Portfolio zum Thema „Wasser",
- lernt ihr, eure recherchierten Materialien für eine Präsentation aufzubereiten,
- verfasst ihr eigene Informationstexte zum Thema „Wasser".

1.1 Wasser – Sammeln fürs Portfolio

Annäherung an ein Element – Begriffsklärung

1 „Wasser" – Was ist das für euch?

a Setzt euch mit dem Foto und den Aussagen auseinander. Welche Bedeutungen von Wasser werden hier angesprochen?

b Legt ein Cluster an und sammelt eure Ideen zu dem Begriff und dem Element „Wasser".

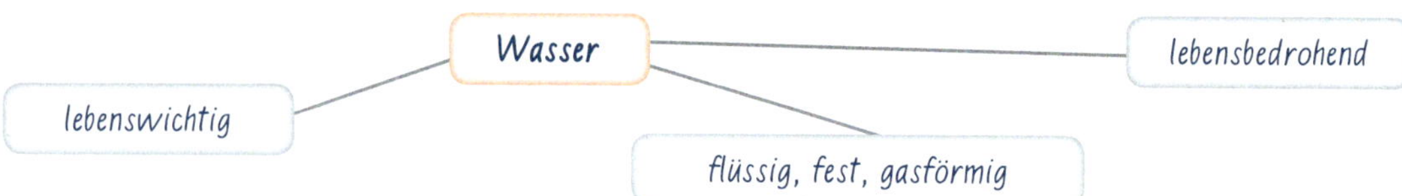

2 Schreibt anhand eurer Ergebnisse aus Aufgabe 1 einen kurzen sachlichen Text zu dem Stichwort „Wasser, ein Element mit vielen Eigenschaften", wie er in einem Jugendlexikon stehen könnte.

3 Wählt gemeinsam mit einem Partner eine Eigenschaft von Wasser aus. Informiert euch über diese Eigenschaft von Wasser genauer und haltet eure Ergebnisse fest.

Beispiel: „Reinheit für die Seele"
Viele Hindus lassen sich durch verschmutztes Flusswasser, wie es zum Beispiel der Fluss Ganges mit sich führt, nicht von einem Bad direkt am Ufer des Flusses abschrecken. Für gläubige Hindus sind diese Ströme viel mehr als nur Flüsse. Sie sehen in ihnen Göttinnen, deren heiliges Wasser alle Sünden wegwäscht. Jm Vordergrund steht dabei der Glaube, Wasser könne die Seele reinigen.

4 a Entwerft ein ansprechendes Plakat zu eurem Teilaspekt von Wasser. Achtet darauf, dass ihr möglichst viele verschiedene Eigenschaften zum Element „Wasser" vorstellt.

b Präsentiert eure Plakate zum Thema „Wasser" in einem Galeriegang.

Bei einem **Galeriegang** bleibt jeweils eine/-r aus jeder Gruppe am Platz und gibt Auskunft zu der erarbeiteten Aufgabe. Die übrigen Gruppenmitglieder gehen von Tisch zu Tisch und lassen sich die Arbeiten der anderen Gruppen vorstellen.

5 In den vorausgehenden Aufgaben habt ihr euch dem Element Wasser begrifflich und inhaltlich angenähert. In diesem Kapitel werdet ihr noch viele weitere Informationen aus Texten und Grafiken zu diesem Thema erhalten.
Erarbeitet euch im Folgenden ein **Portfolio** zum Thema „Wasser", in das ihr eure Rechercheergebnisse und eure eigenen Texte aufnehmt.
Lest zur Vorgehensweise den Tipp rechts und die Methode unten „Informationen gezielt entnehmen".

Ein **Portfolio** ist eine sorgfältig angelegte Mappe, in der wichtige Quellen (z. B.: Buchauszüge, Zeitungsfotos, Zeitungsberichte, Fachartikel) und eigene Materialien (z. B.: eigene Bilder, eigene Texte, Umfragen) zu einem bestimmten Thema und nach einem zuvor erstellten Arbeitsplan gesammelt und von euch selbst beurteilt werden.

Methode **Informationen gezielt entnehmen**

Für einen Steckbrief, ein Referat oder ein Portfolio muss man aus Text-, Audio- und Bildquellen Informationen und Sachwissen gezielt entnehmen, um sie anschließend in die eigene Arbeit aufzunehmen, entweder als Zitat oder zusammengefasst in eigenen Worten. Geht so vor:

- **Vorwissen aktivieren**
  Was wisst ihr schon alles zum Thema? Welche Informationen braucht ihr noch? Notiert euch Fragen, auf die ihr in den Sachtexten Antworten sucht.
- **Texte überfliegen**
  Überfliegt zunächst die Texte und habt dabei eure Fragen vor Augen. Bei Büchern reicht oftmals schon ein Blick ins Inhaltsverzeichnis oder Sachregister, ob sie als Informationsquelle in Frage kommen.
- **Genaues Lesen**
  Lest dann den Text genau, d. h.: auf einer Kopie wichtige Stelle markieren, für das Thema unnötige Abschnitte streichen, Zwischenüberschriften und Randbemerkungen einfügen, Zitate herausschreiben und Notizen machen. (▸ S. 21)

Virtuelles Wasser – Recherchieren fürs Portfolio

Fotos, Grafiken, Texte – Materialien sichten

1 In diesem Teilkapitel findet ihr unterschiedliche Texte, Grafiken und Fotos zum Themenbereich „Wasserverbrauch und Wasserverwendung". Verschafft euch einen Überblick über die folgenden Materialien und schreibt dann einen zusammenhängenden Informationstext.

a Lest die Materialien I–IV zunächst zügig durch und listet auf, welche Textarten vorliegen.
b Notiert euch nach dem intensiven Lesen zu jedem Material wesentliche Informationen.
c Nutzt die Arbeitsanregungen unter den Materialien.

M I: Trinkwasserverwendung von Haushalten 2013 pro Tag und Einwohner in Deutschland

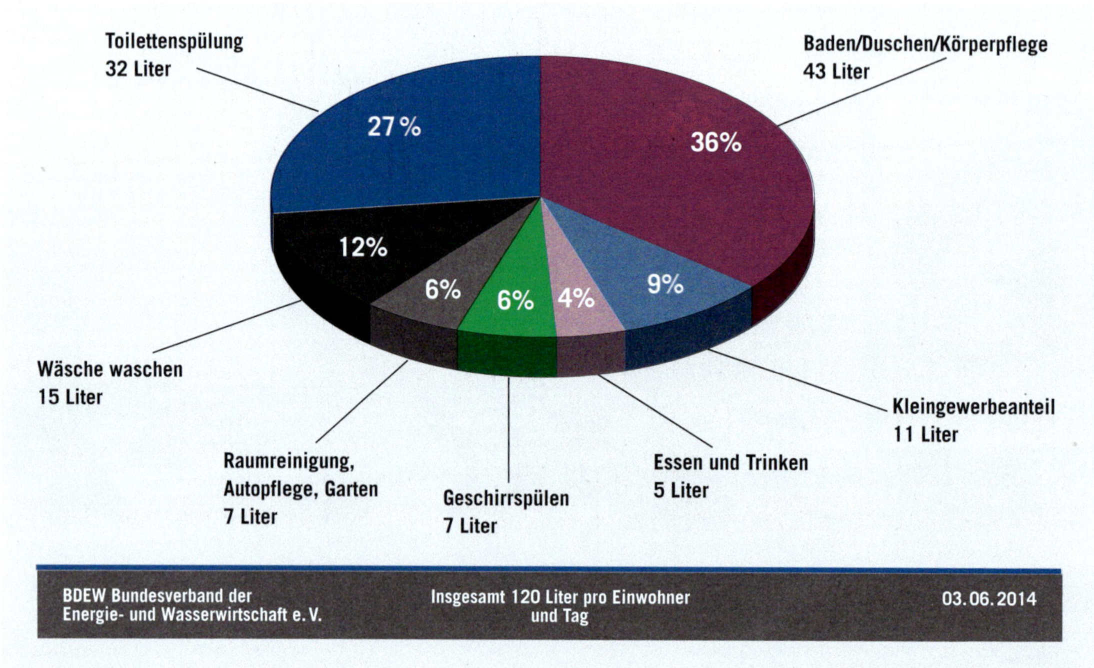

2 Seht euch das Diagramm „Trinkwasserverwendung von Haushalten pro Tag und Einwohner" genauer an. Beantwortet dann die folgenden Fragen schriftlich in eurem Heft:

– Um welche Art von Diagramm handelt es sich?
– Wofür stehen die %-Angaben?
– In welchem Bereich wird am meisten Wasser benötigt?
– Welcher Wert hat euch am meisten verwundert?

Man unterscheidet Säulen-, Balken-, Kreis- und Tortendiagramme.

3 Recherchiert weiter zu diesem Thema. Geht z. B. auf die Internetseite des Statistischen Bundesamtes (www.destatis.de) und gebt dort den Suchbegriff „Wassergebrauch" ein.
Hinweis: Um passende Treffer zu erhalten, solltet ihr mehrere Begriffe in die Suchmaske eingeben, z. B.: Trinkwassergebrauch, pro Haushalt, Deutschland.

M II: Die großen Wasserschlucker

Wer genüsslich in einen Hamburger beißt, sollte wissen, dass er gerade 2400 Liter Wasser „verbraucht“ – das entspricht rund 15 gefüllten Badewannen! Wie das? Auf das „versteckte“ Wasser machte der Londoner Geograf John Anthony Allan aufmerksam. Mitte der 1990er Jahre hat er den Begriff „virtuelles Wasser“ eingeführt. Damit ist Wasser gemeint, das man zur Produktion von Nahrungsmitteln und Gebrauchsgegenständen einsetzen muss. Und das ist häufig eine ganze Menge. Für seine Leistungen zum Thema „virtuelles Wasser“ erhielt Professor Allan 2008 den Weltwasserpreis.

Man spricht auch vom „aquatischen Rucksack“, den ein Produkt mit sich herumschleppt. Um ein Kilo Rindfleisch herzustellen, benötigt man beispielsweise rund 16000 Liter Wasser für den Anbau von Futter und um den Durst der Rinder zu stillen.

Das virtuelle Wasser miteingerechnet, beträgt der tägliche Wasserverbrauch eines Menschen in der Bundesrepublik rund 4000 Liter. Dieser „Wasserfußabdruck“ ist bei einem US-Bürger noch höher. Er konsumiert 6000 Liter Wasser am Tag. Wenn die ganze Welt heute so viel virtuelles Wasser verbrauchen würde wie die Menschen in Nordamerika, würde die Welt 75 % mehr Wasser für die Nahrungsmittelproduktion benötigen.

1 Lest den Text „Zwölf Badewannen Wasser im Hamburger“.

a Welcher Textsorte ordnet ihr den Text zu? Begründet.

b Erläutert die beiden Begriffe „virtuelles Wasser“ und „aquatischer Rucksack“. Beide Begriffe werden im Text erklärt. Lest noch einmal in den Zeilen 6–19 nach.

c „Zwölf Badewannen Wasser im Hamburger“ – wie kann das sein? Erklärt euch das Phänomen gegenseitig.

M III: Tomate ist nicht gleich Tomate

Unsichtbare Verschwendung

In einem Maiskorn stecken 900 Gramm Wasser. Unglaublich? Stimmt. Es könnten viel weniger sein.

Tee trinken spart Wasser. Jedenfalls im Vergleich zu Kaffee. Denn während eine Tasse Tee 30 Liter Wasser verbraucht, benötigt eine Tasse Kaffee 140 Liter. Dafür muss niemand seinen Kaffee übertrieben verwässern. Schuld daran ist die Produktion der Kaffeebohnen, deren Bewässerung und Pflege so viel verschlingt. Der reale Wasseranteil ist bei vielen Produkten eher unbedeutend. Im Durchschnitt verbraucht die Produktion tausendmal mehr Wasser, als tatsächlich im Produkt steckt.

Gerade wasserarme Länder bauen oft Lebensmittel an, für deren Herstellung Unmengen Wasser nötig sind. Aber sie erhalten keinen Ausgleich – virtuelles Wasser wird nicht vergütet, der Verbraucher zahlt dafür nicht. Wasserreiche Länder hingegen importieren wasserintensive Produkte aus eben diesen Ländern. Unsere Tomaten werden mit Hilfe künstlicher Bewässerungssysteme im trockenen Südspanien angebaut, die Futtermittel für Milchkühe stammen aus den Oasen Nordafrikas. Und sämtliche Blumenliebhaber Europas, Japans und der USA schaden unbewusst den Bewohnern und Tierarten rund um den Lake Naivasha in Kenia. Dessen Wasser wird als Quelle für die Züchtung von jährlich etwa 52 Millionen Tonnen Blumen genutzt. Wer also einen Strauß Rosen kauft, nimmt etwa drei Millionen Menschen einen Teil von ihrem Wasser. Um diese Probleme in den Griff zu bekommen, diskutieren Wissenschaftler über das Konzept eines besseren virtuellen Wasserhandels. Das würde bedeuten: Wasserarme Länder importieren wasserintensive Produkte, anstatt sie auszuführen, und gleichen so den eigenen Wassermangel aus. Länder mit genügend Ressourcen konzentrieren sich auf die Herstellung dieser Nahrungsmittel und verlagern so die Produktion.

1 Lest den Text „Unsichtbare Verschwendung".
- a Klärt euch unbekannte Wörter.
- b Erläutert: Was versteht man unter dem „realen Wasseranteil"?
- c Worin besteht das im Text beschriebene Konzept eines besseren virtuellen Wasserhandels? Beschreibt dieses Konzept.

M IV: Interview mit Markus Lanz zur UNICEF-Kampagne „Wasser wirkt"

In diesem Jahr (2012) hat UNICEF die Kampagne „Wasser wirkt" gestartet. Worum geht es dabei?

Lanz: Jeden Tag sterben 3000 Kinder an den Folgen von verschmutztem Trinkwasser und mangelnder Hygiene – eine ungeheure Zahl. Mit der Kampagne „Wasser wirkt" will UNICEF in sechs Projektländern 500000 Kinder mit sauberem Wasser und Zugang zu sanitären Einrichtungen versorgen. Was es konkret für Kinder und Familien bedeutet, wenig und nur verdrecktes Wasser zu haben, habe ich in Äthiopien selbst miterlebt.

Sie haben sich in Äthiopien schon mehrmals Wasserprojekte angeschaut. Welche Erfahrungen haben Sie dort gemacht?

Lanz: Äthiopien ist eines der heißesten und trockensten Länder dieser Erde. Sauberes Trinkwasser ist dort wertvoller als Gold. Frauen und

Kinder sind viele Stunden unterwegs, um für ihre Familien im nächstgelegenen Tümpel oder Fluss Wasser zu holen. Ich habe einmal einer Frau dabei geholfen, ihren 25-Liter-Kanister voll Wasser zwei Kilometer zu ihrer Familie zu tragen. Das hat mich körperlich wirklich an meine Grenzen gebracht. Die Frauen in Äthiopien legen diesen Weg dreimal täglich zurück. Und obendrein ist dieses Wasser verseucht und macht die Kinder krank.

Rund 780 Millionen Menschen haben kein sauberes Trinkwasser. Da fällt doch im wahrsten Sinne des Wortes jeder „Tropfen auf den heißen Stein" – oder?

Lanz: Sauberes Wasser ist ein Menschenrecht. Es ist überlebenswichtig. Nichts gegen die Wasserknappheit weltweit zu tun, ist keine Alternative. Wir müssen Verantwortung übernehmen. UNICEF und ihre Partner bauen zum Beispiel Brunnen und bilden Freiwillige aus, die über Hygiene aufklären. Diese Hilfe funktioniert und jeder kann dabei unterstützen.

1
- a Benennt die Textsorte und beschreibt ihre Funktion. Welchen Vorteil hat diese Textsorte?
- b Erklärt die im Text erwähnte Kampagne und deren Ziel.
- c Beschreibt die persönlichen Erfahrungen und Eindrücke, die Markus Lanz gemacht hat.

2 Recherchiert nach weiterem geeignetem Material zum Thema für euer Portfolio. Greift dabei auf das Cluster (Eigenschaften von Wasser) vom Kapitelanfang zurück und notiert Stichpunkte zu euren Ideen.

Mögliche Impulse:
unterschiedlicher Wasserverbrauch in den Ländern • virtuelles Wasser bei verschiedenen Produkten • wasserarme Länder mit wasserintensiven Produkten

Überlegt **beim Recherchieren** genau: Was wollt ihr erfahren? Wo könnt ihr es erfahren? → bei Experten, Institutionen, in Büchern, Zeitungen, im Internet

Methode – Informationsmaterial beurteilen und auswerten

1 Informationsmaterial beurteilen

Während eurer Recherche werdet ihr auf viele Materialien stoßen. Um sicherzugehen, dass die gefundenen Materialien brauchbar sind, solltet ihr Folgendes beachten:

1. Überfliegt die Texte und entscheidet, ob euch der Beitrag tatsächlich brauchbare Informationen zum Thema oder zu euren Fragen liefert. Bei Büchern schaut ihr zuerst ins Inhaltsverzeichnis oder in das Sachregister.
2. Wenn ihr sicher seid, dass die Informationen hilfreich sind, nehmt ihr sie in eure Materialsammlung auf. Notiert auch, wo ihr das Material gefunden habt (▸ Quellenangaben, S. 355).

2 Informationsmaterial auswerten

Nachdem ihr eure Recherche abgeschlossen habt, müsst ihr die Informationen auswählen und ordnen. Geht so vor:

1. Markiert auf einer Kopie/einem Textausdruck die wichtigsten Informationen. Notiert am Textrand, zu welchen Fragen, Oberbegriffen oder Teilthemen die markierten Informationen gehören, z. B.: *Biografie, Auszeichnungen, Engagement für ...*
2. Überlegt, welche Informationen ihr nutzen wollt und welche eher überflüssig sind.
3. Fasst die wichtigsten Informationen – geordnet nach Oberbegriffen – zusammen.

Vielfalt des Wassers – Zusammenhänge darstellen

Mit Hilfe der jeweiligen Arbeitsanregungen habt ihr die Materialien I–IV gründlich unter die Lupe genommen und genau gesichtet. Nun geht es daran, die einzelnen Informationen in Beziehung zu setzen und sie für euren Bericht zu nutzen.

1 a Formuliert für jedes der Materialien M I–M IV die zentralen Aussagen.
b Erfasst für jedes Material zusätzlich die Kernaussage mit zwei bis drei Schlüsselwörtern. Tragt diese in eine Tabelle ein und ergänzt sie, wo nötig, durch eigene Begriffe.

Material	Schlüsselwörter	Funktion
MI	– *Trinkwasserverwendung* – …	*zeigt auf, wie sich der Wasserverbrauch im Haushalt verteilt*
MII	– *virtuelles Wasser* – *aquatischer Rucksack* – …	…
MIII	…	…

2 Vergleicht die zentralen Aussagen, die ihr notiert habt. Achtet dabei vor allem auf die jeweiligen Schlüsselwörter. Haltet Gemeinsamkeiten und Unterschiede fest.

3 Stellt fest, welche Informationen aus den Texten durch die Grafiken und Fotos belegt werden. Wo werden im Text angesprochene Fragestellungen vertieft oder differenziert dargestellt?

4 Schreibt auf der Basis der beiden vorausgehenden Aufgaben einen zusammenhängenden informierenden Text, der die Informationen aus den Materialien verbindet.
Ihr könnt einen der folgenden Themenschwerpunkte wählen:
- Wofür verwenden wir Wasser?
- Wie lässt sich Wasser einsparen?
- Was meint der Begriff „virtuelles Wasser" und worauf macht er aufmerksam?
- Wie kann man einen Ausgleich zwischen wasserarmen und wasserreichen Ländern schaffen?

a Erstellt einen Schreibplan, in dem ihr festlegt, was in Einleitung, Hauptteil und Schluss stehen soll.
b Denkt auch an die Überarbeitung. Prüft dabei, ob euer Text verständlich geschrieben und gut gegliedert ist. Werden die wichtigsten Fragen beantwortet? Habt ihr an Zwischenüberschriften gedacht und Zitate gekennzeichnet?

Methode **Beziehungen zwischen den Informationsmaterialien herstellen**

Vergleicht die zu Grunde liegenden Materialien, indem ihr sie auf Gemeinsamkeiten und Unterschiede hin prüft. Die notierten Schlüsselwörter sind hier eine gute Orientierung. Welcher Text, welche Grafik vertieft eine Stelle in einem anderen Text, veranschaulicht einen Aspekt oder füllt eine Informationslücke? Klärt die Verbindungen und schreibt einen Überblickstext.

„Wasser" – Ein Portfolio ausarbeiten

Beispiel für ein Vorwort:

Judith, Klasse 8b

Anfang des Schuljahres beschäftigten wir uns im Rahmen des Deutschunterrichts mit dem Thema „Wasser – Element des Lebens". Wir bekamen gleich zu Beginn die Aufgabe, zu diesem großen Themenbereich ein Portfolio anzulegen.
Gemeinsam mit meinen beiden Freundinnen, Ann und Johanna, entschieden wir uns, zum Themenbereich „Wasser wirkt" eine UNICEF-Kampagne, die sich für das Kinderrecht auf Wasser einsetzt, zu arbeiten.
Aufmerksam auf diese Mitmach- und Spendenaktion von UNICEF wurden wir durch ein Werbeplakat. Außerdem fand ich das Thema interessant, weil ich schon mehrere Zeitungsartikel über diese Kampagne gelesen hatte, in der sich auch Prominente für einzelne Projekte engagieren. Ziel unserer Arbeit ist es, einen Einblick zu geben in die Kampagne „Wasser wirkt".

Beispiel für einen Rückblick:

Rückblickend kann ich sagen, dass die Arbeit am Portfolio zu meinem gewählten Thema sehr interessant war. Allerdings fand ich es sehr erschreckend, unter welchen schlimmen Umständen Kinder leben und aufwachsen müssen. Unvorstellbar waren für mich die Hygienebedingungen in Kambodscha.
Die Materialbeschaffung für mein Portfolio war einfach, da die Organisation UNICEF sehr viele Jnformationen sowohl digital als auch in herkömmlicher Papierform bereitstellt.
Aufgrund der großen Materialflut war es eher schwierig, die passenden Materialien für mein Portfolio herauszufinden. Hilfreich waren hier die Teamsitzungen mit meinen beiden Freundinnen, die auf dieselben Probleme gestoßen sind wie ich auch.
Abschließend kann ich sagen, dass mir die Arbeit am Portfolio sehr viel Freude bereitet hat, mich allerdings auch zum Nachdenken in Bezug auf den eigenen Wasserverbrauch angeregt hat.

1 Judith hat ihre **Arbeitsschritte** am Portfolio gründlich überdacht.
- **a** Notiert die Arbeitsschritte, die sie in ihrem Vorwort und in ihrem Rückblick aufzählt.
- **b** Überlegt, welche der Arbeitsschritte ihr für euer Thema übernehmen könnt und wo ihr noch zusätzliche Aufgaben planen müsst.

2 Sichtet die Materialien, die in eurer Klasse zum Thema „Wasser – Element des Lebens" gesammelt wurden. Tauscht gegebenenfalls Materialien aus, die zu eurem gewählten Schwerpunktthema passen.

3 Erstellt euren persönlichen Arbeitsplan. Überlegt dabei:
- Welches Ziel verfolgt ihr mit der Arbeit an eurem Portfolio?
- Wie viel Zeit steht dafür zur Verfügung?

Inhaltsverzeichnis:

Wasser wirkt – Eine UNICEF-Kampagne

4 Untersucht an diesem **Inhaltsverzeichnis,** aus welchen Bestandteilen das Portfolio besteht. Nehmt es als Muster und erstellt ein Inhaltsverzeichnis für euer eigenes Portfolio.

5 Überdenkt euren Arbeitsprozess und bewertet eure Vorgehensweise bei eurem Portfolio. Orientiert euch dabei an dem folgenden Beispiel.
Das hier eingeheftete Interview habe ich auf der Homepage von „Wasser wirkt" gefunden. Für das Portfolio habe ich es deshalb ausgewählt, weil Eva Padberg sich ein Bild der Kinder direkt vor Ort gemacht hat. Sie berichtet über ihre eigenen Erfahrungen in Kambodscha. Viele Prominente engagieren sich zwar für Hilfsorganisationen, wissen aber nicht aus eigener Anschauung Bescheid.

Methode **Den Arbeitsprozess überdenken**

In einem Portfolio werden immer wieder einzelne Arbeitsschritte bewertet und reflektiert. Man denkt zum Beispiel darüber nach,

- wie lange man recherchieren musste, bis geeignetes, brauchbares Material gefunden wurde,
- an welchen Stellen Schwierigkeiten aufgetreten sind und wie diese gelöst wurden,
- was sehr gut funktioniert hat.

Testet euch!

Eine Portfolioseite erstellen

1 Schreibt die Sätze, die ihr für richtig haltet, in euer Heft.

Ein Portfolio ist ...
- **A** ein buntes Sammelsurium an unterschiedlichen Materialien.
- **B** ein gut strukturiertes Referat.
- **C** eine sorgfältig angelegte Mappe mit recherchierten und selbst verfassten Materialien zu einem bestimmten Thema.

Ein Vorwort für ein Portfolio ...
- **A** beschreibt das Ziel und die Vorgehensweise.
- **B** nennt alle Texte, die im Portfolio enthalten sind.
- **C** enthält die persönlichen Daten des Verfassers.

2 Judith hat in ihrem Portfolio das folgende Diagramm abgeheftet.

a Beim Übertragen des Diagramms hat sie wesentliche Angaben vergessen zu übernehmen. Ergänzt die notwendigen Angaben in eurem Heft.

VORSICHT FEHLER!

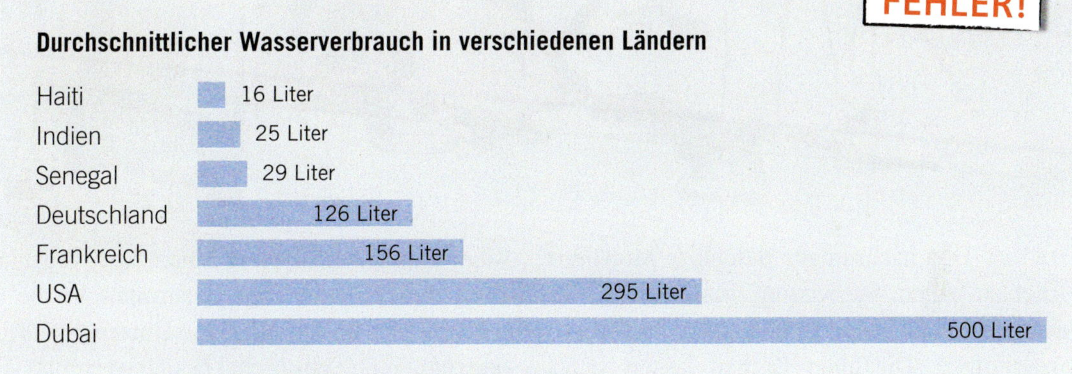

b Außerdem hat sie zu dem Diagramm einen kurzen Text verfasst. Auch hier kann man einiges verbessern. Notiert eure Vorschläge im Heft.

Diese Grafik habe ich beim Surfen im Netz gefunden. Jch fand sie ganz ansprechend, weil sie zu meinem Thema passt. Gut fand ich auch, dass die Anzahl der Länder überschaubar ist (wenn es mehr Ländern wären, würde ich den Überblick verlieren ☺).

3 Beschreibt kurz eure eigene Erfahrung bei der Materialbeschaffung und Auswertung. Setzt dazu folgende Satzanfänge fort:
- Die Materialrecherche verlief ...
- Das Internet liefert einem unzählige Materialien, doch das passende Material zu finden, ...
- Schwierigkeiten traten auf, als ...
- Problemlos verlief ...
- Geeignetes Material fand ich ...
- Zeitintensiv war ...
- Erstaunt war ich über ...

1.2 Baden gehen – Literarische Texte lesen

Jean-Claude Carrière

Monsieur Hulot geht baden (1931)

Um vier Uhr nachmittags beschloss Monsieur Hulot zu baden. Sie wissen, was es heißt, im Meer zu baden? Es ist ein höchst merkwürdiges Unterfangen. Die alten Damen lassen sich's nicht nehmen, nahe am Ufer ihre weißen Füße zu benetzen. Die Schwimmer werfen sich trotz der grausamen Kälte in die Wellen wie jene wild gewordenen Kosaken, die angeblich das Eis der Newa aufbrachen, um sich in einem kurzen Bad abzukühlen. Das Wasser birgt tausend Überraschungen. Sobald man drin ist, ruft man, es sei herrlich. „Oh, wunderbar! Fabelhaft!" Trotz der Gänsehaut, trotz des Schlucks bitteren Meerwassers; obwohl Augen, Nase und Schlund brennen; trotz der Muscheln, die in die Füße stechen, trotz der schwarzen Quallen, der im Sand versteckten giftigen Vipern ... Brrr! Das Meer wimmelt von Menschen, die sich anspritzen, toter Mann spielen, planschen oder Wasser treten. Edler Wettstreit, wer sich am weitesten hinauswagt, mindestens dreißig Meter. Spaßvögel tauchen und zwicken ihre Bekannten in die erschrockenen Waden. Wer eine Unterwasserbrille oder gar einen Schnorchel besitzt, vergnügt sich am Meeresgrund. Auf den Wellenkämmen tanzen Landtiere aus Gummi, hauptsächlich Pferde und Seehunde. Ein Tretboot schleicht vorbei. Ein jaulender Hund wird gebadet.

Sobald man heraussteigt, bläst ein eiskalter Wind, der das Mark in den Knochen gefrieren lässt. Man hüpft auf der Stelle, mit klappernden Zähnen. Schnell einen Bademantel, Handtücher, Sandalen, Socken, etwas Heißes zu trinken. Man wird es so schnell nicht mehr versuchen. Glauben Sie?

Warten Sie bis morgen. Ein Angeber stürzt sich in die Flut, und mit Todesverachtung folgt ihm der ganze Haufen nach. Ein Leithammel und seine Herde. Auch Hulot gehört zu diesen Schäfchen.

Strammen Schrittes betritt er den Strand und lässt sich nieder. Trotz des Windes besteht er darauf, das Handtuch auszubreiten. Fünf Minuten Sonnenbad. Sand klebt in seinen Wimpern und Nasenlöchern.
Monsieur Hulot erhebt sich und steigt furchtlos ins Wasser. Neben ihm badet Monsieur Fred, die Schultern hochgezogen, die Hände über den Bauch verschränkt. Das kalte Nass reicht ihm gerade bis zum Knie. Monsieur Hulot erkennt ihn und reicht ihm, ohne nachzudenken, die Hand. Aber Monsieur Fred dreht ihm den Rücken zu.
Hulot, der die Hand ausgestreckt hält, weiß nicht, was er mit seinen fünf Fingern anfangen soll. Nicht weit von ihm stützt ein Klasseschwimmer mit festen Griff das Kinn einer mittelalterlichen Dame, die schwimmen lernt. Auf gut Glück schiebt Hulot die Hand hin. Überrascht lässt der Schwimmlehrer das Kinn der Dame los, um Monsieur Hulot die Hand zu schütteln. Die Dame sackt ab und verschwindet.
Monsieur Hulot entfernt sich.

Eingeschnürt in einen knappen Badeanzug begrüßt Madame Dubreuilh ringsum ihre Bekannten. Als Hulot sich ihr nähert, lächelt sie ihm zu und reicht ihm die Rechte zum Handkuss. Von Höflichkeit überwältigt stürtzt sich Hulot auf diese Hand, will sie ergreifen. In diesem Moment wälzt sich eine riesige Woge heran. Madame Dubreuilh, die aufs Meer hinaussieht, packt die Angst und sie springt, um dem Wasserberg zu entgehen, zurück. Hulot tappt ins Leere, die Welle packt ihn, er versinkt. Als wieder Ruhe eingekehrt ist, sucht ihn Madame Dubreuilh vergebens.
Ein wenig weiter unten entsteigt halb erstickt Monsiuer Hulot dem Wasser. Die Haare fallen ihm ins Gesicht. Er sieht nichts. Längst schon auf dem Trockenen angelangt, hebt er immer noch die Knie, um durch die Wellen zu waten.
Im Vorbeigehen drehen sich die Leute nach ihm um. Man klappt die Sonnenschirme zu und legt die Liegestühle zusammen, sammelt die Badehosen, Handtücher, Badetaschen ein, Eimerchen, Schäufelchen, Rechen. Alles fertig? Auf, marsch. Im Handumdrehen ist der Strand leer. Man schließt. Bis morgen.

1 „Das Wasser birgt tausend Überraschungen" (Z. 10).
- **a** Was könnte mit dieser Aussage gemeint sein? Stellt Vermutungen an.
- **b** Welche Überraschungen hat euch das Wasser schon beschert? Erzählt.

2 Lest den Romanauszug „Monsieur Hulot geht baden".
- **a** Gebt in wenigen Sätzen wieder, wovon der Text handelt.
- **b** Welche Überraschung hält das Wasser für die Hauptfigur bereit? Nennt die entsprechende Textstellen mit der Zeilenangaben.

3 Svenja meint nach dem Lesen des Romanauszugs: „Monsieur Hulot verursacht eine Turbulenz nach der anderen." Trifft diese Aussage zu? Begründet eure Meinung.

4 „Sie wissen, was es heißt, im Meer zu baden?" (▶ Z. 2 f.). Stellt fest, ob es sich bei dieser Frage um eine rhetorische Frage handelt, d. h., ob hier wirklich eine Antwort erwartet wird.

> Eine Frage, auf die nicht wirklich eine Antwort erwartet wird, nennt man **rhetorische Frage,** z. B.: *Habe ich nicht recht?*

5 Schreibt zu dem Textauszug „Monsieur Hulot geht baden" einen Paralleltext, z. B.: „Monsieur Hulot in der Wüste / im Schnee". Bleibt dabei dem Stil treu und geht auf die Figuren so ein, wie sie im Text oben angelegt sind.

Graham Salisbury

Tiefe Wasser (1979)

Graham Salisbury schildert in seinem Roman „Die blaue Haut des Meeres“ die Kindheit und Jugend von Sonny Mendza und seinem Cousin Keo in einem Fischerdorf auf Hawaii. Das Meer bestimmt den Alltag seiner Familie ebenso wie der starke Familienzusammenhalt. Im Sommer 1953 beschließt Sonnys Vater, seinem sechsjährigen Sohn endlich das Schwimmen beizubringen.

Eine halbe Stunde später kam Dad mit seinem kleinen Boot in die Bucht gebrummt. Er stellte den Außenbordmotor ab, kippte ihn nach oben, damit der Propeller nicht über den Sand kratzte, und ließ das Boot zum Sand gleiten. Keo kämpfte sich durchs seichte Wasser und hielt sich am Bug fest. „Fahr doch ein bisschen mit uns raus, Onkel Raymond.“ – „Heute nicht, Keo. Sonny und ich haben etwas vor.“ Dad lächelte mich an. „Wir gehen schwimmen.“
„Aber Onkel Raymond“, protestierte Keo. „Sonny kann doch nicht schwimmen. Er hat Angst.“
Ich schaue zu Dad hoch. Als unsere Blicke sich trafen, sah ich weg. „Es hat einmal eine Zeit gegeben, Keo, in der du auch Angst gehabt hast“, sagte Dad. Seine Worte klangen scharf wie Angelhaken. „Geh und spiel eine Weile allein – in einer guten Stunde sind wir wieder da.“
Dad warf mir eine kleine orangefarbene Schwimmweste zu, die ich immer im Boot trug, und sagte: „Zieh das an.“
Ich kletterte ins Boot und setzte mich auf den Mittelsitz. Dads Flossen und seine Tauchermaske lagen unter dem hinteren Sitz neben der Kiste mit dem Glasboden, die Dad für mich gebaut hatte, mein Fenster zum Meeresgrund. Mein Gesicht durchschnitt den Fahrtwind, als ich mich zum Bug bewegte. Dunkle Flecken von riesigen Korallenstöcken türmten sich drohend unten im Sand auf. Dad würde mich zu einem geheimen Strand bringen, dachte ich, irgendwo an der Küste, an einen Ort, wo es nur uns beide gab. Ich hoffte, das Wasser wäre dort flach, ein Strand ohne Wellen.
„Man muss genauso gut schwimmen können, wie man laufen kann“, fuhr Dad fort. Er wies mit seinem Kinn hinaus aufs Meer. „Sieht friedlich aus, hm?“ Ich drehte mich um und blinzelte in die Sonne, der Horizont war tief und weit weg. „Jetzt ist es friedlich, aber es gibt Zeiten, da versucht es, einen umzubringen.“
Als wir den am weitesten entfernten Liegeplatz erreichten, verlangsamte Dad sein Boot und deutete auf die Boje. Ich griff nach dem weißen, wasserballgroßen Schwimmkörper und Dad stellte den Motor ab.
„Bis hierher und nicht weiter, Sohn ... Es ist Zeit.“
Ich starrte ihn an und er betrachtete mich mit seinen erdbraunen Augen. „Bist du so weit?“
Ich zuckte mit den Schultern und Dad lachte. Während ich dastand und ihn ansah, spürte ich durch den dünnen hölzernen Rumpf die Bewegungen des Ozeans unter den bloßen Füßen.
Dad streifte mir die Schwimmweste ab und zog mich neben sich. Ohne die Weste auf dem Boot überlief mich ein kalter Schauer. Ich suchte nach einem Halt, aber Dads Arm war

geschmeidig und glatt und bot keine Sicherheit.
„Du kannst es“, flüsterte er. Dann ließ er mich trotz meines immer fester werdenden Griffs langsam ins Wasser hinunter.
Eine Welle der Angst durchflutete meinen Körper, meine Arme und Beine zitterten. Ich versuchte, mich an Dad festzukrallen und hinterließ auf seinem Arm rote Streifen. Ich griff ins Leere, wollte Dad packen, suchte an der Bootseite Halt, gab aber schnell auf und ergriff die Boje.
Ich atmete in kurzen, flachen Zügen, mir wurde schwindelig, ich trat wild um mich und versuchte, auf die Boje hinaufzuklettern. Der Ozean unter mir schien tausend Faden tief. Ich spürte, wie er an mir saugte, nach mir ausholte und mich in die Tiefe zog, immer tiefer. Dad nahm das Ruder und bewegte das Boot gut sechs Meter weiter. „Schwimm her zu mir!“, rief er.
Die Boje drehte sich und schoss immer wieder unter mir weg aus dem Wasser. Meine Finger glitten an ihr ab und ich ergriff die bemooste Kette, die sich auf den Meeresboden senkte. Meine Beine bemühten sich verzweifelt um die richtigen Bewegungen, aber es gelang mir nicht, mich über Wasser zu halten. Das salzige Wasser des Ozeans brannte in den Augen, füllte meinen Mund. Ich rang nach Luft, Wasser schluckend rief ich nach Dad, aber er kam nicht, um mich zu holen. Zwischen meinem verzweifelten Planschen und Spritzen erhaschte ich hin und wieder einen Blick auf ihn, wie er ganz friedlich im Boot saß. Er schien unendlich weit entfernt. „Ganz ruhig, Sonny, nicht so hastig.“
Ich ließ die Boje los und versuchte, zum Boot zu schwimmen. Jetzt sanken meine Füße nach unten und zogen mich mit. Wasser schoss mir in den Mund und würgte mich. Ich arbeitete mich wieder hoch, suchte mit Händen und Füßen verzweifelt nach Halt im Wasser und fand keinen. Wieder begann ich zu sinken, schnappte nach Luft und sog in großen schmerzhaften Schlucken Wasser ein. Ich wollte schreien, bekam aber keinen Ton heraus. Arme und Beine waren wie Gummi und wollten mir nicht gehorchen, meine Hände ... meine ...
Da stieß ich an etwas Festes. Das Ruder. Dad hatte es mir entgegengestreckt, damit ich mich am Ruderblatt festhalten konnte. Ich packte es und arbeitete mich Hand über Hand mit fieberhaften Bewegungen an das Boot heran. Dad packte mich und zog mich wie einen frisch gefangenen Fisch an Bord. Am ganzen Leib zitternd, völlig erschöpft, keuchend, hustend und vor Nässe triefend, saß ich Dad im Bug gegenüber. Meine Zähne hörten nicht auf zu klappern. Dad saß, die Ellenbogen auf die Knie gestützt, wartend da. „Das hast du gut gemacht“, sagte er. „Ruh dich ein bisschen aus.“

1 Lest den Romanauszug „Tiefe Wasser“.
- **a** Fasst den Inhalt mündlich zusammen.
- **b** Welche weiteren Facetten von Wasser werden hier vermittelt? Gebt eure Eindrücke wieder.

2
- **a** Schreibt aus dem Romanauszug Begriffe der Wortfelder und Wortfamilien „Wasser“ und „schwimmen“ heraus, z. B.: *Wasser, Ozean, Meeresgrund, ...*
- **b** Wie ist der Satz „Eine Welle der Angst durchflutete meinen Körper“ (▶ Z. 65) zu verstehen? Erklärt die Metapher (▶ S. 165).

3 Wie lernt Sonny, die Hauptfigur, schwimmen?
- **a** Schildert kurz die ersten Schwimmversuche. Berücksichtigt dabei auch das Verhalten des Vaters.
- **b** Gebt Sonnys Gedanken und Gefühle mit Zeilenangaben wieder.
- **c** Wie habt ihr selbst schwimmen gelernt? Berichtet.

Stärken stärken: Eindrücke zu einem Gedicht wiedergeben

Erich Fried

Meer

Wenn man ans Meer kommt
soll man zu schweigen beginnen
bei den letzten Grashalmen
soll man den Faden verlieren

und den Salzschaum
und das scharfe Zischen des Windes
einatmen
und ausatmen
und wieder einatmen

Wenn man den Sand singen hört
und das Schlurfen der kleinen Steine
in langen Wellen
soll man aufhören zu sollen
und nichts mehr wollen wollen
nur Meer

Nur Meer

●○○ **1** Lest das Gedicht „Meer" von Erich Fried zunächst leise, dann mit halblauter Stimme.

●●○ **2** Beschreibt die Stimmung im Gedicht. Geht dabei so vor:
- **a** Macht euch spontan Notizen zu der Wirkung, dies das Gedicht auf euch hat.
- **b** Nehmt bei einem weiteren, gründlichen Lesen insbesondere die Verben in den Blick. Welche Handlung geben sie vor?
  zu schweigen beginnen, den Faden verlieren

●●● **3** Formuliert einige Sätze dazu, wie sich jemand so nah am Meer fühlen könnte.
- **a** Welche Eigenschaft, die Wasser – hier das Meer – auch haben kann, kommt dabei zum Tragen?
- **b** Bezieht in eure Ausführungen im Besonderen die zweite und dritte Strophe ein. Achtet dabei auf den Rhythmus des Gedichts.
  Ihr könnt zum Beispiel so beginnen:

Wenn ich am Meer bin, kann ich zur Ruhe kommen, meinen Gedanken freien Lauf lassen.
Manchmal gelingt es mir, ...
Wenn ich so eine Weile dem Meer zusehe, den Meereswind einatme und ausatme, ...

1.3 Fit in ...? – Präsentation zum Thema „Wasser“

Wasser und Sport – Einen Vortrag halten

1 Lasst euch von der Collage inspirieren.
a Kennt ihr weitere Wassersportarten? Zählt sie auf.
b Berichtet darüber, welche Wassersportarten ihr schon ausgeübt habt.

2 Erstellt in Partnerarbeit eine Präsentation zum Thema „Wassersport“.
Bei eurer Recherche zum Thema „Wasser“ ist euch der Aspekt sicher begegnet.
a Schaut in eurem Portfolio nach ob und, wenn ja, welche Materialien ihr dazu findet.
b Prüft, ob ihr diese Seiten als Grundlage für euren Vortrag nutzen könnt.
Recherchiert gegebenenfalls ergänzend. (▸ Recherchieren S. 354)

3 Wertet die von euch gesammelten Materialien aus. Schaut euch hierzu nochmals den Methodenkasten „Informationsmaterial beurteilen und auswerten“ auf Seite 21 an.
– Arbeitet, wie dort beschrieben, mit Oberbegriffen und Fragen am Rand.
– Fasst die wichtigsten Informationen – nach Oberbegriffen geordnet – zusammen.

4 Plant eine Gliederung für den Hauptteil eures Vortrags. Orientiert euch dazu an den unter Aufgabe 3 notierten Oberbegriffen. Ordnet weiterführende Informationen als Unterpunkte den Oberbegriffen zu.

Wassersportarten: alle Sportarten, die auf, im und unter Wasser ausgetragen werden
- *auf dem Wasser: Kanusport, Rudern, Segeln ...*
- *im Wasser: Kunst- und Turmspringen, Schwimmen, Wasserball ...*
- *unter Wasser: Sporttauchen, Flossenschwimmen, Unterwasserrugby ...*

5 a Sammelt Ideen für die **Einleitung** eurer Präsentation. Wählt z. B. ein Foto, ein treffendes Zitat oder eine persönliche Bemerkung zum Thema aus und gebt einen kurzen Überblick, worüber ihr sprechen wollt.

Wasser, ein Ort neuer Erlebnisse! Von den unendlichen Möglichkeiten, Wasser zu erleben, möchte ich heute die Faszination Segeln vorstellen.

b Formuliert einen treffenden **Schluss,** indem ihr z. B. wichtige Informationen zusammenfasst, eine persönliche Einschätzung zum Thema oder einen Ausblick gebt.

Fast überall in Deutschland liegen Seen und Flüsse mit optimalen Möglichkeiten für den Segelspaß direkt vor eurer Haustür.

6 Bereitet den mündlichen Vortrag vor.

a Notiert zu jedem Gliederungspunkt wichtige Stichworte als Gedächtnisstütze. Hier können Karteikarten eine Hilfe sein.
Nummeriert die Karten in der entsprechenden Reihenfolge.

b Übt den Vortrag anhand eurer Karteikarten. Überlegt im Vorfeld auch, welche technischen Geräte ihr benötigt (Overheadprojektor, Whiteboard ...).

Notiert wirklich nur Stichworte und haltet fest, an welchen Stellen ihr euer Anschauungsmaterial zum Einsatz bringen wollt.

3. Kanuwandern:
Abwechslungsreiche Freizeit- + Urlaubsgestaltung
Wasser strahlt Ruhe aus + unbändige Kraft, die ihm innewohnt

7 Haltet eure Präsentation.

a Klärt nach jedem Vortrag Fragen, die noch offengeblieben sind.

b Gebt euch gegenseitig ein Feedback: Was hat euch gut gefallen, was könnt ihr verbessern?

Checkliste

Eine Präsentation mit Stichwortkarten halten

Habt ihr eure Informationen gegliedert? Diese Struktur ist der „rote Faden" eures Vortrags.

- Weckt die **Einleitung** das Interesse eurer Zuhörerinnen und Zuhörer und führt sie in das Thema ein (z. B. durch Bilder/Fotos, treffende Zitate oder persönliche Bemerkungen)? Habt ihr gleich zu Beginn einen Überblick über die Gliederung gegeben?
- Ist der **Hauptteil** sorgfältig geplant?
  Sind eure Informationen nach sachlichen Gesichtspunkten geordnet? Legt dazu Oberbegriffe und Unterpunkte fest.
  Habt ihr überflüssige Informationen, die vom Thema wegführen, gestrichen?
- Rundet euer **Schluss** den Vortrag ab?
  Habt ihr wichtige Informationen zusammengefasst und/oder eure persönliche Meinung zum Thema formuliert?
  Ihr könnt auch einen Ausblick auf weitere Entwicklungen geben.

Wörterliste ► S. 353

Elixier des Lebens	Oasen	Turbulenzen	Bewässerungssysteme
virtuelles Wasser	Heilquelle	Ressourcen	aquatischer Rucksack

2 Digitale Medien – Standpunkte vertreten

1 a Welche verschiedenen Medien entdeckt ihr auf dem Foto?
b Erläutert, welche dieser Medien für euer eigenes Leben besonders wichtig sind.

2 Als eure Eltern in eurem Alter waren, gab es noch kein Handy, Smartphone, Tablet, Notebook, jedoch schon Fernseher, Radio, Telefon, Zeitung.
Stellt Vermutungen an, wie sich dadurch die Mediengewohnheiten von Jugendlichen verändert haben.
Inwiefern sah der Alltag der Jugendlichen gestern und heute anders aus?

3 Diskutiert, wie ihr die Veränderungen der Mediengewohnheiten beurteilt. Welche Veränderungen findet ihr positiv? Welche negativ?

In diesem Kapitel ...

- beschäftigt ihr euch mit der Frage, welche Vorzüge und welche Gefahren neue Medien mit sich bringen,
- übt ihr, euch auf die Meinung anderer zu beziehen und euren Standpunkt überzeugend zu vertreten,
- fasst ihr wichtige Ereignisse in einem Protokoll zusammen.

2.1 Vorsicht, Computer? – Diskutieren und Stellung nehmen

Umstrittene Spielkonsolen – Meinungen begründen

1 a Lest zunächst nur den Titel, den Untertitel und die ersten Zeilen des Interviews. Stellt Vermutungen darüber an, was das Thema sein könnte.

b Lest das gesamte Interview und überprüft eure Erwartungen. Welche haben sich bestätigt?

Hirnforscher warnt vor „digitaler Demenz[1]"

Der Ulmer Hirnforscher Manfred Spitzer warnt vor einer „digitalen Demenz".

Von Janina Funk

Funk: *In Ihrem Buch „Digitale Demenz" schreiben Sie, dass die Leistung des Gehirns abnimmt, wenn wir Hirnarbeit in digitale Medien auslagern. Haben Sie selbst keine Angst vor dieser digitalen Demenz?*

Spitzer: Ich kenne die Risiken und Nebenwirkungen der Geräte und nutze sie bewusst. Ich fahre ja auch nicht nur Auto, sondern laufe, damit meine Beinmuskeln nicht verkümmern. Genauso ist es mit dem Gehirn. Benutzt man es nicht, schrumpft es.

Funk: *Und bei weniger verantwortungsvollem Umgang? Verstärkte Mediennutzung kann man doch nicht wirklich mit Alkoholsucht oder Demenz vergleichen …*

Spitzer: In Deutschland sind 250 000 junge Leute süchtig nach digitalen Medien und Computerspielen. Der Ausdruck „digitale Demenz" stammt übrigens von koreanischen Ärzten. Denn in Südkorea werden digitale Medien noch stärker genutzt als bei uns. Diese Ärzte berichten von Menschen Mitte 30, die sich nichts mehr merken können. Das zeigt, dass Computer dem Gehirn schaden. Bei der digitalen Demenz findet ein geistiger Abstieg statt, der durch digitale Medien verursacht wird.

1 die Demenz: Oberbegriff für verschiedene geistige Erkrankungen, die immer eine Gedächtnisstörung einschließen

Funk: *Was passiert da mit dem Gehirn?*

Spitzer: Wenn Sie wissen, dass Sie googeln können, merken Sie sich nichts mehr. Wenn Sie alles auslagern, benutzen Sie Ihr Hirn weniger. Das Gehirn ist wie ein Muskel, den man durch Training stärkt.

Funk: *Sie schreiben, dass Kinder besonders gefährdet sind. Was können Eltern dagegen tun?*

Spitzer: Einfach mal Nein sagen. Man füttert seine Kinder ja auch nicht pausenlos mit Süßigkeiten. Und Spielkonsolen würde ich überhaupt nicht erlauben. Die schaden eigentlich allen Menschen.

Funk: *Was ist für Erwachsene so schädlich daran, wenn sie sich vor eine Spielkonsole setzen, und warum sind etwa Filme Kunst und Computerspiele nicht?*

Spitzer: Da geht es natürlich auch um die Inhalte. Ein Horrorfilm ist genauso wenig etwas Gutes wie ein Ballerspiel. Auch Horrorbücher würde ich nicht gutheißen. Der generelle Vorteil bei einem Buch ist aber: Wenn Sie lesen, benutzen Sie Ihr Hirn. Die digitalen Medien hingegen verleiten zu Unkonzentriertheit und Oberflächlichkeit.

2 Äußert euren ersten Eindruck zum Interview. Welchen Aussagen würdet ihr direkt widersprechen und welchen zustimmen?

3 Klärt, was der Ausdruck „digitale Demenz" bedeutet. Sucht hierzu aus dem Text treffende Erklärungen (mit Zeilenangaben) heraus und notiert sie in Stichworten. Haltet eure Ergebnisse schriftlich fest, z. B.:

4 a Formuliert, welche Behauptung Manfred Spitzer in dem vorliegenden Interview aufstellt. Ihr könnt hierzu den folgenden Satz weiterführen: *Manfred Spitzer behauptet, dass …*

b Sucht zwei Begründungen aus dem Text heraus, mit denen Spitzer seine Meinung stützt. Notiert sie mit Zeilenangaben.

5 Um jemanden überzeugen zu können, ist es notwendig, ein Beispiel zu finden, das zu Behauptung und Argument (Begründung) passt.

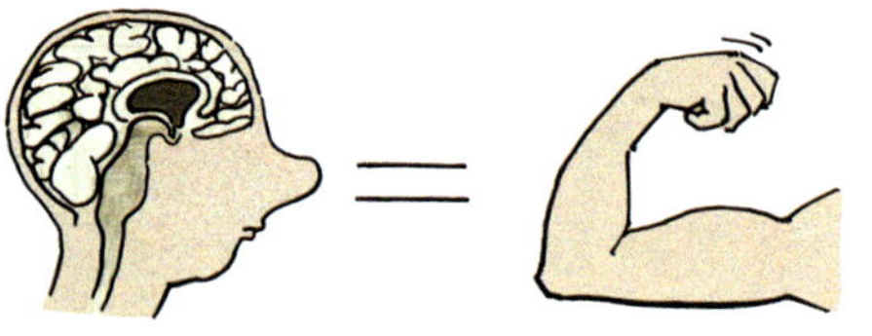

a Diskutiert in Partnerarbeit, welches der folgenden Beispiele am besten passt.

Behauptung	Manfred Spitzer behauptet, dass die Leistung des Gehirns durch die Nutzung digitaler Medien abnimmt, …		
Argument	… da das menschliche Gehirn wie ein Muskel arbeitet, der dadurch nicht mehr ausreichend trainiert wird.		
Beispiel	Wenn man beispielsweise viel Auto fährt und wenig läuft, verkümmert die Beinmuskulatur.	Studien zeigen, dass das Geschehen am Bildschirm die Gedächtnisinhalte aus dem Unterricht verdrängt.	Die digitalen Medien verleiten zu Unkonzentriertheit und Oberflächlichkeit.

b Notiert die vollständige Argumentationskette in euer Heft und unterstreicht die drei Elemente (Behauptung – Argument – Beispiel) in der entsprechenden Farbe.

Information **Aufbau einer Argumentationskette**

Beim Argumentieren versucht man, seine Meinung überzeugend zu begründen.
Man formuliert eine **These** (Behauptung), die man durch Begründungen **(Argumente)** und Beispiele stützt.

These (Behauptung): *Digitale Medien beeinflussen den schulischen Erfolg,*

↓

Argument (Begründung): … *weil hoher Medienkonsum zu viel freie Zeit bindet.*

↓

Beispiel: *Dies bewies beispielsweise eine amerikanische Studie aus dem Jahr 2010. Grundschüler, die eine Spielkonsole benutzten, machten weniger Hausaufgaben und zeigten schlechtere Leistungen im Lesen und Schreiben als Grundschüler, die keine benutzten.*

Überzeugende Beispiele können sein:
- ein **Beleg aus der Zeitung,** z. B.: *In der Stuttgarter Zeitung wurde eine Umfrage veröffentlicht, die belegt, dass …*
- ein **Zitat von einer Expertin/einem Experten,** z. B.: *Der Medienpädagoge Thomas Welsch hat die Erfahrung gemacht, dass …*
- **euer eigener Erfahrungsbereich,** z. B.: *In unserer Schule haben wir eine Medien-AG, in der …*

Das digitale Klassenzimmer – Eine Pro-und-Kontra-Diskussion führen

Tablet-PCs im Unterricht?

Ob im Unterricht oder zu Hause – ohne Tablet-PC läuft bei den Schülerinnen und Schülern der Theodor-Heuss-Realschule bald nichts mehr. Geschrieben wird nicht mehr in Hefte, sondern auf den Bildschirmen, zudem werden die PCs zur Internetrecherche, zum Präsentieren oder zum schnellen Datenaustausch eingesetzt. Vorn, wo sonst eine Tafel hängt, flimmert der Desktop ihrer Lehrerin im Großformat. Der Unterricht ist digital.

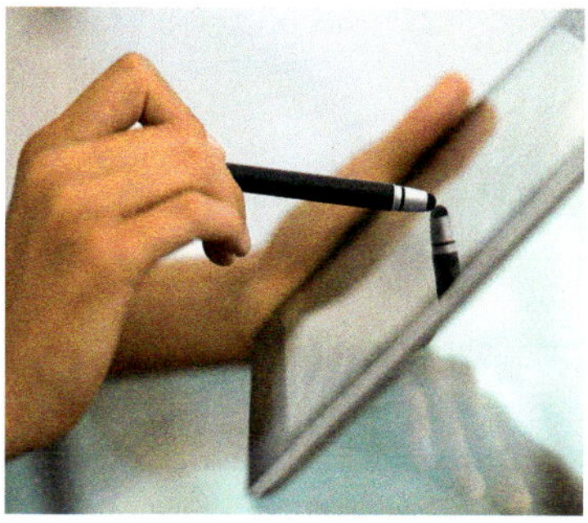

User	Kommentare
Mephisto	Jugendliche bewegen sich heute ganz selbstverständlich in der digitalen Welt und diese Lebenswelt greifen wir im Unterricht auf. Durch den Einsatz der modernen Technik sind die Jugendlichen im Unterricht nachweislich motivierter, denn was interessiert und Spaß macht, prägt sich leichter ein.
Lena24	Der PC mit seinen Programmen ist ein Gerät, mit dem man auch im späteren Berufsleben ganz selbstverständlich umgehen muss. Und das lernen wir jetzt auch in der Schule.
Fidus01	Wenn im Unterricht Tablet-PCs eingesetzt werden, hätten wir unser gesamtes Arbeitsmaterial auf dem Computer und müssten nicht mehr kiloweise Bücher und Hefte mit uns herumschleppen. Unterrichtsmitschriften, Notizen, Hausaufgaben usw. würden wir dann direkt abspeichern, sodass wir jederzeit auf dieses Material zugreifen könnten.
Iphigenie	Wo der Lehrer früher noch gemütlich ein Schaubild an die Tafel gezeichnet oder langsam den Overheadprojektor angeschlossen hat, wird heute einfach eine Präsentation an die Wand geworfen. Für die Schülerinnen und Schüler bedeutet das eine höhere Belastung, denn die neuen Medien geben auch im Unterricht ein schnelleres Tempo vor.
Röntgen	Wo moderne Technik im Einsatz ist, gibt es auch immer Probleme. Mal kommt hier kein Ton, mal geht da ein Programm nicht auf oder der Akku der Tablets ist einfach nicht geladen. Der Unterricht kann so extrem leicht ausgebremst werden. Stift, Heft und Tafel funktionieren einfach immer.
Koshiba63	Schreiben, Zeichnen oder einfach nur Notizensammeln macht auf der kleinen Fläche einfach keinen Spaß. Längere Texte schreibe ich zum Beispiel viel lieber mit einer richtigen Tastatur oder mit dem Stift. Wenn wir nur noch mit dem PC arbeiten, werden wir vielleicht verlernen, mit der Hand zu schreiben. Und das ist doch eine Schreibweise, die man überall leicht und unkompliziert einsetzen kann.

Thomson Neue Medien können durchaus sinnvoll in den Unterricht integriert werden. Sie sollten aber maßvoll eingesetzt werden. Nicht mehr als 35 Prozent des Unterrichts sollten am Computer stattfinden – das besagt eine Richtlinie des Vereins „n-21" (Schulen in Niedersachsen online). Dieser Wert sei von Wissenschaftlern empfohlen und verhindere zum Beispiel, dass Schüler wichtige Techniken wie das Schreiben mit der Hand verlernen.

1 a Lest den Text und die Kommentare zum Thema „Tablet-PCs im Unterricht?". Erklärt, worum es geht.
b Tragt zusammen, was ihr über das Thema wisst: Kennt ihr Schulen oder Klassen, in denen Tablets im Unterricht genutzt werden? Erklärt, wie das Arbeiten in einer solchen „Tablet-Klasse" aussehen könnte.
c Fallen euch noch andere Argumente ein, die in den Kommentaren nicht genannt werden?

2 a Wertet die Kommentare von Seite 37–38 aus und notiert auf Argumentkarten, was für (pro) und was gegen (kontra) Tablet-PCs im Unterricht spricht.
b Ergänzt nun zu zweit oder zu dritt die Argumentkarten mit weiteren Gesichtspunkten.
c Begründet vor der Klasse, welche Meinung ihr zum Thema habt.

3 Bereitet eine Pro-und-Kontra-Diskussion zu der folgenden Frage vor:
Soll der Unterricht in eurer Schule mit Tablet-PCs stattfinden, wenn die PCs in jedem Unterrichtsfach zu mindestens 50 Prozent der Unterrichtszeit eingesetzt werden müssen?
a Überlegt euch gemeinsam, was die Diskussionsfrage ist, und formuliert sie in einem Satz.
b Bildet Pro- und Kontra-Gruppen und legt euch für die Diskussion eine Stoffsammlung an:
- Notiert Begründungen (Argumente), die eure Behauptung(en) stützen, und sucht glaubwürdige Beispiele. Nutzt hierzu auch die Kommentare von Seite 37–38.
- Bestimmt in eurer Gruppe eine Sprecherin oder einen Sprecher, die/der eure Position in einem kurzen Statement zusammenfasst (ca. eine Minute Vortragszeit). Haltet dieses Statement fest, z. B.:

Einleitung:
Heute werden PC und Internet …

Position (Meinung):
Deshalb sind wir der Meinung/Auffassung, dass es sinnvoll/nicht sinnvoll ist, …

Argument (Begründung) mit Beispiel:
Ein besonders wichtiges Argument für unsere Position ist, dass …
Darunter verstehen wir zum Beispiel …

Zusammenfassender Schlusssatz:
Wir fänden es …

4 Führt nun eine moderierte Pro-und-Kontra-Diskussion durch. Geht so vor:

a Verteilt die Aufgaben. Bestimmt eine Diskussionsleitung, Pro- und Kontra-Gruppen und Beobachter.
b Die Diskussionsleitung eröffnet die Diskussion und nennt die Diskussionsfrage.
c Die Sprecher der Pro- und Kontra-Gruppe tragen nacheinander ihr Eingangsstatement vor.
d Danach beteiligen sich alle an der Diskussion. Die Diskussionsleitung ruft die Teilnehmer auf und diese versuchen, auf das einzugehen, was die Teilnehmer der anderen Seite gesagt haben.
e Nach ca. zehn Minuten beendet die Diskussionsleitung die Diskussion, indem sie die wichtigsten Ergebnisse zusammenfasst.
f Die Beobachter notieren, was ihnen auffällt, und geben anschließend ein Feedback.
- Meinung überzeugend begründet (Argumente, Beispiele)?
- Auf andere eingegangen?
- Bei der Sache geblieben?
- Gegenargumente entkräftet?

Die Formulierungshilfen unten helfen euch dabei.

5 Führt mehrere Diskussionsrunden durch und wechselt die Rollen. Wertet nach jeder Runde aus, wie eure Diskussion verlaufen ist.

Formulierungshilfen für das Argumentieren

Einleitungen und Überleitungen
Ein Argument, das für/gegen ... spricht, ist ... •
Hinzu kommt, dass ... •
Besonders wichtig ist ... •
Außerdem sollte man bedenken, dass ... •
Ein Beispiel für ... •
darüber hinaus • deshalb • denn

Gegenargumente entkräften
Sicherlich kann man einwenden, dass ... •
Dem möchte ich widersprechen, denn ... •
Gegen das Argument, dass ..., möchte ich einwenden, dass ... •
Ich kann zwar verstehen, dass ... Dagegen möchte ich jedoch einwenden, dass ...

Eröffnung und Beendigung der Diskussion
In unserer Diskussion geht es um die Frage ... •
Ausgangspunkt unserer Diskussion war ... Der wesentliche Streitpunkt bestand darin, ... •
Jeder weiß/hat die Erfahrung gemacht, dass ... Deshalb stellten wir uns die Frage ...

Digitales Klassenzimmer – Eine Präsentation protokollieren

Protokollkopf

Protokoll über eine Präsentation in der Deutschstunde der Klasse 8 a

Datum:	10.04.20..
Zeit:	9:25–9:55 Uhr
Ort:	A 2.3
Anwesende:	28 Schülerinnen und Schüler, Deutschlehrer Herr Keller
Abwesende:	Lukas Rosenau (SMV-Sitzung)
Protokollantin:	Jennifer Aspenleiter
Thema:	Das digitale Klassenzimmer

Hauptteil

1. Begrüßung/Gliederung

Die Schülerin Mine Onuk begrüßt Herrn Keller, ihren Deutschlehrer, sowie ihre Klasse zur heutigen Präsentation und gibt die Gliederung bekannt.

2. Einstieg in das Thema „Digitales Klassenzimmer"

Zu Beginn werden per Beamer drei Bilder an die Wand geworfen. Sie zeigen in zeitlich richtiger Reihenfolge verschiedene Unterrichtssituationen. Auf dem ersten Bild sieht man ein Klassenzimmer um 1900, auf dem zweiten wird eine Unterrichtssituation in den 1990er Jahren gezeigt und auf dem dritten Bild ist ein großes Fragezeichen abgebildet.

Im anschließenden Gespräch werden Veränderungen/Entwicklungen benannt, z. B.:

- technischer Fortschritt (z. B. Computer)
- …

3. Vorstellung des digitalen Klassenzimmers

Mine teilt einen Zeitungsartikel aus, in dem eine Gemeinschaftsschule vorgestellt wird. Dort wird in digitalen Klassenzimmern unterrichtet. Das bedeutet …

4. Diskussion über digitale Klassenzimmer

Im Anschluss daran sammelt Mine Vor- und Nachteile des digitalen Klassenzimmers an der Tafel. Es gibt in der Klasse verschiedene Vorstellungen davon, ob künftig verstärkt Tablets im Unterricht eingesetzt werden sollten. Auf der einen Seite betonen die Mitschüler die Zeitersparnis, während sie sich andererseits auch bewusst sind, dass …

5. Feedback

Im Anschluss an die Präsentation bekommt Mine Feedback von ihrer Klasse.

Schluss

Konstanz, 11.04.20..

Jennifer Aspenleiter

1 a Lest das Protokoll (▸ S. 40) genau. Könnt ihr den Verlauf der Unterrichtsstunde nachvollziehen? Begründet.
b Erklärt, welche Funktion ein solches Protokoll hat: Wozu dient es? An wen ist es gerichtet?
c Nennt weitere Anlässe, bei denen Protokolle angefertigt werden.

2 a Beschreibt den Aufbau und die Form des Protokolls (▸ S. 40). Erklärt dabei auch, welche besondere Funktion der Protokollkopf und der Schluss haben.
b Beschreibt den Sprachstil des Protokolls mit Hilfe von Adjektiven, z. B.: *sachlich, ...*

3 Um ein Protokoll anfertigen zu können, muss man das Gehörte zunächst mitschreiben.
a Besprecht, auf welche Weise ihr Inhalte festhalten könnt. Bedenkt dabei auch Vor- und Nachteile.
b Vergleicht und bewertet die beiden Mitschriften.

Zuerst zeigt Mine uns mit Hilfe des Beamers zwei Bilder. Das erste ist in Schwarz-Weiß und stammt aus dem 19. Jahrhundert. Wir sollen es beschreiben. Leo meldet sich und sagt, dass die Kinder auf dem Bild Schuluniformen tragen würden und dass die Situation sehr militärisch wirke. Jm Anschluss zeigt sie uns ein neueres Bild (neunziger Jahre), das wir ebenfalls beschreiben. Auf der dritten PowerPoint-Folie befindet sich ein großes Fragezeichen ...

2) Einstieg

Beamer: 3 Bilder, Klassenzimmer

1. Bild
- *um 1900*
- *Schwarz-Weiß*
- *Schuluniformen, militärisch (Leo)*

2. Bild
- *1990er Jahre*
- *...*

c Sammelt an der Tafel Tipps für das Mitschreiben von Unterrichtsinhalten.

Methode **Tipps zum Mitschreiben**

Schreibt nur das Wesentliche mit (häufig genügen Stichworte).
- Haltet wichtige Gesprächsbeiträge mit Angabe des Namens der Sprecherin/des Sprechers fest.
- Verwendet Abkürzungen und Zeichen.
- Legt eure Notizen übersichtlich an:
  – Beginnt für jeden Gedanken eine neue Zeile (Absätze).
  – Verwendet für Aufzählungen Spiegelstriche oder Nummerierungen.
  – Hebt Wichtiges durch Unterstreichungen hervor.
  – Macht logische Zusammenhänge durch Pfeile deutlich.

Abkürzungen, z. B.:		**Zeichen, z. B.:**	
Bsp.:	Beispiel	→	daraus folgt
Def.:	Definition	↔	Gegensatz
Erg.:	Ergebnis	!	wichtig
Ggs.:	Gegensatz		
s.:	siehe		
u.:	und		
v.:	von		
vgl.:	vergleiche		
wg.:	wegen		

Hausaufgabenportale – Eine Diskussion protokollieren

1 Ist es sinnvoll, Hausaufgabenportale im Internet zu nutzen? Führt zu dieser Frage eine Pro-und-Kontra-Diskussion durch. Verfasst anschließend ein Protokoll. Geht folgendermaßen vor:

a Bildet Pro- und Kontra-Gruppen und legt für eure Diskussion eine Stoffsammlung an:
- Notiert Argumente, die eure Position (Meinung) stützen und sucht glaubwürdige Beispiele.
- Bestimmt in eurer Gruppe eine Sprecherin/einen Sprecher, die/der in das Thema einführt und eure Position in einem kurzen Statement zusammenfasst, z. B.:

Einleitung zum Thema „Hausaufgabenportale“
Das Netz bietet uns Schülern eine neue Schummelmethode ...

Statement (Position/Meinung zum Thema)
Wir sind der Meinung, dass ...

b Führt die Diskussion durch und haltet wichtige Inhalte in einer Mitschrift fest. Teilt die Aufgaben so auf: Eine Pro- und eine Kontra-Gruppe führt die Diskussion durch, die anderen fertigen eine Mitschrift an.

c Verfasst mit Hilfe eurer Mitschriften ein Protokoll der Diskussion. Folgende Formulierungen können euch bei der Ausarbeitung helfen:

zu Beginn • zunächst • als Erstes • zuerst • anfangs • anschließend • später • danach • als Nächstes • abschließend • als Letztes • zuletzt • zum Schluss • besprechen • fortfahren • erwidern • wiederholen • anfügen • ergänzen • entgegnen • zusammenfassen • mitteilen • äußern • darstellen • erklären • hervorheben • verdeutlichen • feststellen • thematisieren • eingehen auf • aufgreifen • diskutieren • auf etwas verweisen

Methode **Ein Protokoll anfertigen**

Das Protokoll ist eine Sonderform des Berichts. Es gibt **knapp und sachlich** das Wichtigste einer Unterrichtsstunde, einer Diskussion, einer Sitzung oder eines Versuchs wieder.
Man unterscheidet **Verlaufsprotokoll,** in dem der jeweilige Ablauf möglichst genau wiedergegeben wird, und **Ergebnisprotokoll,** das nur die Ergebnisse festhält.

Protokolle haben eine feste äußere Form:
1 Der **Protokollkopf** enthält folgende Angaben: Anlass, Datum, Zeit, Ort, Anwesende, Abwesende, Name des Protokollanten, Thema oder Auflistung der Tagesordnungspunkte (TOPs).
2 Im **Hauptteil** werden die wichtigsten Informationen sachlich, knapp und übersichtlich wiedergegeben.
3 Der **Schluss** enthält Ort und Datum der Abfassung sowie die Unterschrift des Protokollanten/der Protokollantin.

Das **Tempus** des Protokolls ist in der Regel das Präsens. Wichtige Gesprächsbeiträge werden in der **indirekten Rede** (► S. 240) mit Angabe des Namens der Sprecherin oder des Sprechers wiedergegeben.

Testet euch!

Protokollieren

1 Lest die erste Hälfte eines Protokolls zu einer Buchvorstellung. Klärt in eigenen Worten den Inhalt der Präsentation.

VORSICHT FEHLER!

Protokoll zur Buchvorstellung „Die Welle“ am 21.09.20..

1. Begrüßung/Gliederung

Zu Beginn der Präsentation begrüßt Leo Gamidov seine Deutschlehrerin Frau Weber sowie seine Klasse. Im Anschluss stellt er mit Hilfe eines sehr schönen Plakats seine Gliederung vor.

vermeide eine persönliche Wertung

2. Vorstellung des Autors

Leo legt ein Bild des Autors Morton Rhue auf den Overheadprojektor. Ich frage mich, warum er keine Farbfolie hat. Er nennt die Lebensdaten des Amerikaners, sagt etwas über dessen Werdegang. Abschließend meint Leo: „Weitere bedeutende Werke von Morton Rhue sind ‚Ich knall euch ab‘ und ‚Ghetto Kidz‘. Letzteres wurde in Deutschland mit zwei Buchpreisen ausgezeichnet.“

streiche Unwesentliches und persönliche Einschätzungen

verwende indirekte Rede

3. Inhaltsangabe

Endlich gibt Leo den Inhalt des Jugendromans wieder …

bleibe sachlich

2 Überarbeitet das Protokoll. Schreibt es dazu in euer Heft. Geht wie folgt vor:
- **a** Gestaltet zu dem Auszug einen Protokollkopf. Ergänzt, wenn notwendig, Informationen.
- **b** Nutzt die Randbemerkungen und verbessert den Protokollauszug.

3
- **a** Verfasst mit Hilfe der mitgeschriebenen Stichpunkte unten die zweite Protokollhälfte. Recherchiert dazu den weiteren Inhalt des Jugendromans.
- **b** Formuliert die restlichen Tagesordnungspunkte aus.

3. Inhaltsangabe
- Gordon High School, Amerika
- Experiment, Geschichtskurs, Ben Ross (Lehrer)
- …

4. Leseprobe

…

5. Feedback

…

4 Setzt an das Ende eures Protokolls Ort, Datum und Unterschrift.

2.2 Jederzeit online, jederzeit erreichbar? – Überzeugend formulieren

Die Macht der Smartphones – Ein Interview auswerten

Wir sind zusammen allein

von Peter Haffner

In dem folgenden Interview äußert sich die amerikanische Wissenschaftlerin Sherry Turkle dazu, wie Smartphones ihre Besitzer verändern. Für ihre Studien hat sie Hunderte von Jugendlichen und Erwachsenen zu ihrem digitalen Nutzungsverhalten befragt.

Mrs. Turkle, Sie kritisieren die Vereinsamung, die permanentes Starren auf das Smartphone mit sich bringt. Leidet heutzutage die Wichtigkeit des Gesprächs von Mensch zu Mensch?

Wenn etwas funktioniert hat und nützlich war für Eltern, Lehrer und Kinder, sollten wir es schätzen und fördern. Smartphones, Computer und Internet sind nicht schlecht. Es geht um den Platz, den wir ihnen in unserem Leben geben.

Aber man hat doch mehr Kontakte denn je dank Internet.

Man zeigt einander seine Fotos, gut. Das ist gesellig. Aber man vergisst, dass es sehr viel Wichtigeres und wertvollere Aspekt von Geselligkeit gibt. Etwa die Fähigkeit, ruhig dazusitzen und jemandem geduldig zuzuhören.

Warum können wir das nicht mehr?

Weil diese kleinen Dinger in unseren Taschen so mächtig sind, dass sie bestimmen, wie wir miteinander und mit uns selber umgehen. Wir gewöhnen uns daran, zusammen allein zu sein.

Was heißt das?

Man will miteinander sein, aber gleichzeitig auch woanders, an Orten, die man nach Belieben besuchen und verlassen kann.

Was ist denn falsch daran, wenn Jugendliche ihre Kontakte übers Internet pflegen?

Dass sie glauben, sie seien niemand, wenn sie es nicht tun.

Also weg mit den Smartphones?
Jugendliche geraten in Panik, wenn sie es nicht dabeihaben. Sie sagen Sachen wie: „Ich habe mein iPhone verloren, es fühlt sich an, als ob jemand gestorben wäre, ich meinen Kopf verloren hätte." Die Technik ist bereits ein Teil von ihnen selbst geworden.

Die Jugendlichen vermeiden das Telefonieren – weshalb eigentlich?
Sie bevorzugen SMS, weil es weniger riskant ist. Sie brauchen dem anderen nicht gegenüberzutreten. Wer telefoniert, riskiert ein Gespräch.

Geht es um Kontrolle?
Ja. Und um den Auftritt. Einen Text kann ich nach meinem Belieben formulieren, den Facebook-Status nach meinem Geschmack aktualisieren. SMS, E-Mail, Posts – man kann sich so zeigen, wie man sein und gesehen werden möchte.

Das ist doch gut. Warum soll man sich mit Minderwertigkeitsgefühlen quälen?
Freundschaften und Beziehungen sind schwierig, chaotisch und verlangen einem etwas ab. Die Technologie wird genutzt, um sich mit den Problemen nicht auseinandersetzen zu müssen.

Wie gehen Jugendliche denn mit diesem Übermaß an Kommunikation um?
Ein Junge sorgte sich, dass alle denken, er habe keine Freunde, weil sein letzter Post in Facebook eine Woche her war. Manche halten den Druck nicht aus, ihr Profil ständig zu aktualisieren, darauf zu achten, dass sie auf den Fotos schlank aussehen und sich den Kopf zu zerbrechen, ob sie diese Band nun gut oder schlecht finden sollen. Manche erkennen, wie Facebook ihre Persönlichkeit auf eine Serie von „Gefällt mir" reduziert.

1 a Lest das Interview und gebt eure ersten Eindrücke wieder: Was hat euch überrascht, was wusstet ihr bereits?
b Überlegt: Welchen Aussagen würdet ihr spontan zustimmen, welchen widersprechen?

2 Lest den Text erneut aufmerksam. Entscheidet dann, welche der folgenden Sätze die Meinung von Sherry Turkle treffend wiedergeben und welche nicht. Stützt eure Entscheidung mit Textbelegen.

A Smartphones, Computer und Internet lehnt Sherry Turkle ab.
B Wir können häufig nicht mehr konzentriert zuhören, weil wir durch unsere Smartphones und das Internet abgelenkt sind.
C Für Jugendliche ist es heute kein Problem mehr, wenn ihr Gesprächspartner gleichzeitig im Internet surft, denn sie selbst tun dies auch.
D Smartphones geben uns das Gefühl, nie allein zu sein.
E Durch die Smartphones telefonieren Jugendliche heute viel mehr als früher.
F SMS und E-Mails werden auch genutzt, um direkten Auseinandersetzungen in Freundschaften und Beziehungen aus dem Weg zu gehen.
G Soziale Netzwerke wie Facebook erzeugen bei Jugendlichen auch Druck und Sorge, weil sie ständig daran denken, wie sie sich dort am besten präsentieren können.

3 Sherry Turkle vertritt die Meinung, dass man sich bei Facebook zeigen könne, wie man gesehen werden möchte. In einer Freundschaft von Angesicht zu Angesicht fände dagegen ein direkter Austausch statt, der uns mehr fordere (▸ Z. 21–22). Diskutiert, ob ihr euch dieser Meinung anschließen könnt.

Hausaufgaben aus dem Internet? – Schriftlich Stellung nehmen

Schummeln leicht gemacht

Von Julia Bonstein

Das Netz bietet Schülern neue Schummelmethoden: Aufsätze werden zusammengegoogelt, Referate einfach kopiert. Ihre Lehrer setzen auf digitale Abwehr und Aufklärung.

Für Norbert Tholen kam die Ernüchterung auf einer Hochzeitsfeier. Begeistert erzählte der Oberstudienrat dort von einem exzellenten Aufsatz eines seiner Schüler, bis ein anderer Hochzeitsgast bemerkte, die Geschichte kenne er doch.

Lehrer Tholen forschte nach und fand das Original im Internet: „Ein dreister Täuschungsversuch." Statt Einser und Zweier hagelte es also Sechser. „Abschreiben ist heute so leicht wie nie", sagt Tholen. Im Internet stehen neben Wikipedia-Einträgen längst auch komplette Referate und Schularbeiten zur Verfügung. „Deine fertige Hausaufgabe gibt's doch schon", wird etwa auf www.hausaufgabe.de gelockt: „Warum also selbst abmühen?"

Für viele Lehrer gehört der Check bei Google bereits zur Routine. „Kopien erkenne ich meist sofort", sagt Volker Hofheinz. Wenn die Sätze beim Vortragen zu flüssig klingen, bittet er den betreffenden Schüler, das eben Gesagte genauer zu erläutern. „Dann wird schnell klar: Der Schüler hat nicht verstanden, was er abgeschrieben hat", sagt Hofheinz. Komplexere Aufgaben ließen sich ohnehin nicht per Copy-Paste-Verfahren lösen: „Man darf als Lehrer natürlich keine Standardfragen stellen."

Sebastian Schuhbeck, Religionslehrer, hat trotzdem aufgerüstet: Mit einer speziellen Software überprüft er Abschlussarbeiten daraufhin, ob Passagen aus dem Internet abgekupfert sind. Schuhbeck ermutigt seine Schüler sehr, das Internet zu nutzen – nur eben nicht zum Schummeln: „Richtig angewandt, ist das Internet für Schüler ein tolles Hilfsmittel."

Kommentar schreiben

Auf Hausaufgabenportalen können Schülerinnen und Schüler Hausaufgaben, Referate und andere Arbeiten veröffentlichen und zum Download freigeben. Was ist eure Meinung? Findet ihr es sinnvoll, solche Hausaufgabenportale zu nutzen?

Luke24 (27.5. 16:52)

Hausaufgabenportale können eine Bereicherung sein. In vielen Portalen gibt es auch Diskussionsforen, in denen sich Schüler mit den gleichen Problemen zusammenfinden und sich gegenseitig Tipps geben können. Ich nutze solche Hausaufgabenportale nur als Informationsquelle, um Fragen zu klären oder Hinweise auf weiterführende Internetbeiträge zu erhalten.

Lucie (28. 5. 17:03)

Durch Abschreiben ist noch niemand schlau geworden und auf Dauer wird sich das Abschreiben selten auszahlen.

Splash (29. 5. 14:42)

Viele, die diese Hausaufgabenportale nutzen, übersehen: Genauso schnell, wie sie an die Hausaufgaben gekommen sind, können auch ihre Lehrer an diese kommen und die wahre Herkunft aufdecken. Besonders peinlich kann es werden, wenn gleich mehrere Schüler dieselbe Internetquelle benutzt haben und die Arbeiten nahezu identisch sind. ☺

1 Lest den Artikel und die Kommentare zum Thema „Hausaufgabenportale". Begründet spontan, warum ihr euch einem Argument anschließen könnt, oder erklärt, warum euch dieses Argument nicht überzeugt.

2 Was ist eure Meinung? Findet ihr es sinnvoll, solche Hausaufgabenportale zu nutzen? Verfasst eine eigene Stellungnahme. Geht so vor:

a Entwickelt eine eigene Position zur Diskussionsfrage und schreibt diese auf, z. B.:
- *Ich bin für/gegen die Nutzung von …*

b Bildet mit einer Schülerin oder einem Schüler, die/der eure Position vertritt, ein Schreibteam und legt euch eine Stoffsammlung für eure Argumentation an.
- Sammelt gemeinsam Argumente und Beispiele für eure Position. Nutzt hierzu den Artikel sowie die Kommentare.

Hausaufgabenportale sind sinnvoll	*Hausaufgabenportale sind nicht sinnvoll*
– als Informationsquelle nutzbar	*– Täuschungsversuch, der schlechte Noten …*
– …	*– …*

- Ordnet eure Argumente nach ihrer Überzeugungskraft, z. B. indem ihr Punkte verteilt. Wählt die überzeugendsten Argumente aus (zwei oder drei).

3 Verfasst eure Argumentation.

a Schreibt eine **Einleitung,** die in das Thema (Hausaufgabenportale) einführt und zum Hauptteil überleitet. Die folgenden Formulierungsbausteine helfen euch dabei:

A *Hausaufgaben und Referate kosten Zeit • Hausaufgabenportale werben damit, Zeit zu sparen • große Verlockung • Zeitnot der Schüler*

B *In dem Artikel „Schummeln leicht gemacht" wird …*

Überleitungen zum Hauptteil
Deshalb stellt sich die Frage, … • Im Folgenden möchte ich zu der Frage Stellung nehmen, … • Es lohnt sich, einmal darüber nachzudenken, ob …

b Formuliert nun den **Hauptteil** eurer Argumentation. Gestaltet eure Argumente (mindestens zwei) aus, indem ihr sie durch Beispiele und/oder Erläuterungen anschaulich und nachvollziehbar macht. **Tipp:** Nutzt auch die Formulierungshilfen auf Seite 47.

Meinung	*Ich bin der Meinung/Auffassung, dass ...*
Argument 1 Beispiel/Erläuterung	*Ein wichtiges Argument, das für/gegen die Nutzung von ...* *Wenn man zum Beispiel ... Bedenkt man zum Beispiel ...*
Argument 2 Beispiel/Erläuterung	*Ein weiterer wichtiger Grund ist, dass ...* ...

c Verfasst einen **Schlussteil,** in dem ihr euren Standpunkt noch einmal bekräftigt. Ihr könnt auch eine Bedingung nennen, die eingehalten werden müsste, oder einen Vorschlag, eine Forderung oder eine Bitte formulieren.
- *Meiner Meinung/Einschätzung/Auffassung nach ...*
- *Ich finde es gut/wichtig, dass ...*
- *Ich komme zu dem Schluss, dass ...*
- *Falls ..., könnte ich mir vorstellen, ...*

4 **a** Tauscht eure Texte aus und bewertet sie, indem ihr die folgenden Punkte genauer unter die Lupe nehmt:
- **1 Einleitung:** Hinführung zum Thema und Überleitung zum Hauptteil?
- **2 Meinung:** Meinung deutlich formuliert?
- **3 Argumente:** Mindestens zwei überzeugende Argumente genannt?
- **4 Beispiele:** Beispiele zu den Argumenten glaubwürdig und anschaulich?
- **5 Sprache:** Argumente und Beispiele sprachlich gut eingeleitet und miteinander verknüpft?
- **6 Schluss:** Standpunkt bekräftigt oder Vorschlag/Forderung/Wunsch formuliert?

1 und **2** = sehr gut gelungen (☺)
3 = verbesserungsfähig (😐)
4 = stark verbesserungsfähig (☹)

b Macht euch gegenseitig Verbesserungsvorschläge und überarbeitet dann eure Texte.

Information **Zu einer Streitfrage schriftlich Stellung nehmen (Argumentieren)**

Beim Argumentieren nehmt ihr Stellung zu einer Streitfrage (z. B.: *Findet ihr es sinnvoll, Hausaufgabenportale zu nutzen?*), indem ihr eure Meinung überzeugend begründet.
- Die **Einleitung** führt in das Thema ein: Nennt z. B. den Anlass oder die Absicht eurer Argumentation oder weckt Interesse für das Thema.
- Leitet dann zum Hauptteil über, indem ihr die Diskussionsfrage nennt *(Im Folgenden möchte ich zu der Frage Stellung nehmen, ...)* oder kurz euren Standpunkt darlegt *(Ich bin der Meinung, dass ..., und habe hierfür folgende Gründe: ...).*
- Im **Hauptteil** begründet ihr euren Standpunkt, indem ihr Argumente und Beispiele entfaltet, die eure Meinung stützen (▸ überzeugende Beispiele finden, Merkkasten S. 36).
- Macht den Zusammenhang eurer Argumentation deutlich, indem ihr die **Argumente** und **Beispiele sprachlich geschickt einleitet und miteinander verknüpft.**
- Achtet auf eine sinnvolle Anordnung der Argumente: So kann z. B. das erste oder das letzte Argument, das ihr nennt, besonders schlagkräftig sein.
- Bekräftigt zum **Schluss** noch einmal euren Standpunkt oder formuliert einen Vorschlag, eine Forderung oder einen Wunsch für die Zukunft.

Stärken stärken: Stellung nehmen

Digital-Diät: Eine gute Idee?

16 Teenager im Alter von 9 bis 16 Jahren hatten Anfang des Jahres mit einem Experiment für Aufsehen gesorgt: Die Jugendlichen verzichteten drei Wochen freiwillig auf Handy, Internet und Computer. Mehrere Fernseh- und Radiosender sowie Zeitungen berichteten über dieses spannende Experiment. Kein Facebook, kein Internet, kein Handy, keine SMS ... Drei Wochen lang konnten die Schüler nur noch übers Festnetz telefonieren und den Fernseher anschalten. Leicht ist das keinem gefallen.

„Klar habe ich mich wieder auf mein Handy gefreut. Und natürlich habe ich nach den drei Wochen sofort meine Mails gecheckt. Aber es war auch irgendwie befreiend, nicht immer erreichbar zu sein“, sagt ein 16-jähriger Teilnehmer. Auch Isabel freut sich auf ihr Handy und das SMS-Schreiben. Dennoch will sie nicht an den Medienkonsum anknüpfen, den sie vor der Digital-Diät pflegte. „Ich habe mir eine Uhr gekauft“, erklärt sie, „dann muss ich nicht ständig mein Handy dabeihaben.“

80 Prozent der Teilnehmer erklärten nach dem Experiment, ihnen hätten Informationen für die Schule gefehlt. 75 Prozent gaben an, Kontakte im Chat verloren zu haben. Positiv empfanden alle, mehr Zeit zu haben.

Was haltet ihr von einer solchen „Digital-Diät“? Ist es eine gute Idee?

Stellt euch vor: In eurer Schülerzeitung ist der oben stehende Artikel erschienen. Verfasst für die Schülerzeitung einen Leserbrief, in dem ihr die Frage diskutiert, ob eine digitale Diät eine gute Idee ist. Entwickelt eine begründete Position. Geht so vor:

▷ Hilfen zu den Aufgaben 1–3 findet ihr auf Seite 50.

●●● **1** Lest den Artikel aufmerksam.
- **a** Überlegt zunächst zu welcher Frage ihr Stellung nehmen sollt. Notiert diese in euer Heft.
- **b** Wie lautet eure Meinung zu der strittigen Frage? Notiert auch diese.

●●● **2** Legt euch für eure Argumentation eine Stoffsammlung an.
- **a** Sammelt Argumente und Beispiele für eure Position. Ihr könnt hierzu das Interview (▶ S. 44–45) sowie den Artikel oben zu Hilfe nehmen.
- **b** Ordnet eure Argumente nach ihrer Überzeugungskraft, indem ihr Punkte verteilt. Entscheidet euch für die beiden überzeugendsten Argumente (mit belegenden Beispielen).

●●● **3**
- **a** Formuliert eure Stellungnahme für die Schülerzeitung:
  – Schreibt eine Einleitung, die in das Thema einführt und zum Hauptteil überleitet.
  – Gestaltet im Hauptteil eure Argumente und Beispiele aus.
  – Bekräftigt im Schlussteil eure Meinung oder macht einen Vorschlag.
- **b** Überarbeitet eure Texte mit Hilfe der Formulierungsbausteine auf Seite 39.

●●○ Hilfe zu Aufgabe 1:

a Lest den Artikel und die nachfolgende Aufgabenstellung aufmerksam durch. Überlegt, zu welcher Frage ihr Stellung nehmen sollt. Ergänzt hierzu den folgenden Satz:
Es geht um die Frage, ob ...

b Seid ihr für oder gegen eine Digital-Diät? Notiert eure Meinung.

> – *Jch finde eine Digital-Diät ...*
> – *Meiner Meinung nach ist eine Digital-Diät ...*

●●○ Hilfe zu Aufgabe 2:

a Sammelt Argumente und Beispiele für eure Meinung. Ihr könnt hierzu das Interview (▶ S. 44–45) sowie den Artikel (▶ S. 49) zu Hilfe nehmen.

Für eine Digital-Diät spricht	*Gegen eine Digital-Diät spricht*
– *man hat mehr Zeit und ist weniger gestresst; ständige Erreichbarkeit erzeugt Druck und lenkt ab (man muss SMS und Mails beantworten, Facebook-Profil aktualisieren usw.)* – *Chance, über den eigenen Umgang mit Medien nachzudenken; Jugendliche ändern nach der Digital-Diät ...* – *man trifft sich mehr mit anderen und lernt, konzentrierter zuzuhören ...*	– *Jnternet und Computer sind wichtige Arbeitsmittel für die Schule; 80 Prozent der Teilnehmer sagen, dass ihnen Jnformationen ...* – *Smartphone und Jnternet ermöglichen direkten Austausch mit Freunden; man verliert in dieser Zeit ...* – *bei einem maßvollen Umgang mit dem Handy und ... ist Digital-Diät überflüssig* *...*

b Ordnet eure Argumente nach ihrer Überzeugungskraft, indem ihr Punkte verteilt. Entscheidet euch für die beiden überzeugendsten Argumente (mit Beispielen) und markiert diese.

●●○ Hilfe zu Aufgabe 3:

a Formuliert eure Stellungnahme für die Schülerzeitung.

Einleitung mit Überleitung zum Hauptteil	– *Jch habe mit Jnteresse euren Artikel über ... gelesen, in dem ...* – *Jn dem Artikel wird ein interessantes Experiment ...* – *Weil ich selbst ..., möchte ich meine Position ...*
Meinung Argument 1 Beispiel 1 Argument 2 Beispiel 2	– *Jch halte die Digital-Diät für ...* – *Ein wichtiges Argument für/gegen ... ist, dass ...* – *Wenn ich zum Beispiel ...* – *...* – *...*
Schluss	– *Jch fände es ... / Meiner Meinung nach ... / Wenn ..., fände ich ...*

b Überarbeitet eure Texte mit Hilfe der Formulierungsbausteine auf Seite 39.

2.3 Fit in ...? – Stellung nehmen

Die Aufgabenstellung richtig verstehen

Stellt euch vor, ihr bekommt in der nächsten Klassenarbeit die folgende Aufgabe gestellt:

In der Online-Ausgabe eines Jugendmagazins ist ein Artikel über Internetschulen erschienen, den einige Leserinnen und Leser kommentiert haben.
Verfasst selbst einen Leserbrief, in dem ihr eure Meinung mit zwei Argumenten und Beispielen begründet.

Die Schule kommt nach Hause

Von Ute Eberle

Für viele Schüler in den USA hat das Klassenzimmer ausgedient. Sie lernen online – wo und wann, bestimmen sie selbst.

Johnny LaLond hatte noch nie einen Computer benutzt, als er vor zwei Jahren von seiner öffentlichen Highschool in Oviedo, Florida, auf eine virtuelle Schule im Internet wechselte. „Es war merkwürdig", sagt der heute 18-Jährige. Um sich hatte er keine Klassenkameraden mehr, saß alleine vor dem Monitor. Statt sich zu melden, lernte er, Audiodateien herunterzuladen, und wollte er mit Mitschülern ratschen, musste er sich erst in einen Chatroom einwählen.

LaLond gehört zu einer wachsenden Minderheit von US-Schülern, die das Klassenzimmer gegen Heimcomputer und das Internet ausgetauscht haben.

„Wir haben unter unseren Schülern auch Schüchterne, die sich nie trauten, sich zu melden, oder denen vor der Schule graute, weil sie gehänselt wurden", sagt Jayne Price von der Western Pennsylvania Cyber Charter School.

In Deutschland ginge das nicht. „Bei uns besteht ausdrücklich Schulpflicht, und das heißt, dass die Kinder in die Schule kommen müssen", sagt Manfred Jerusalem von der Kultusministerkonferenz. „Reine Internetschulen sind deshalb nicht möglich."

Die Schüler sollen in der Internetschule so lernen können, wie es ihren Stärken entspricht. Johnny LaLond etwa musste nicht mehr ständig zwischen den Fächern hin und her springen. „Ich habe montags nur Englisch gemacht, dienstags nur Geschichte, mittwochs Physik, ungefähr fünf Stunden täglich." Über ein Passwort wählte er sich auf der Webseite seiner Kurse ein. Dort las er, was die Lehrer für ihn vorbereitet hatten, klickte sich über Links zu weiterführenden Internetseiten oder arbeitete mit von der Schule gestellten CD-ROMs. Hausaufgaben schickte er elektronisch an die Lehrer. Auf dem gleichen Weg bekam er seine Zensuren zurück. Und blieb er wirklich einmal stecken, „habe ich einfach meine Lehrerin angerufen, sie hat mich in fünf Minuten zurückgerufen und mir erklärt, was ich nicht verstanden habe", sagt er.

Kritiker allerdings fürchten, dass die Online-Schüler einen hohen Preis zahlen. „Es

geht in der Schule doch nicht nur um Lehrpläne und das Einmaleins", sagt Denise Cardinal vom US-Bildungsverband, der es ablehnt, wenn Schüler ihren Unterricht komplett am Computer bewältigen. Am Computer, klagen die Kritiker, sitzen die Schüler völlig isoliert und lernen nichts über das soziale Miteinander.
Johnny sieht das nicht so. „Ich habe über die Chatrooms und virtuellen Klassendiskussionen mehr Freunde kennen gelernt als in der Schule früher", sagt er.
Schummeln sei kein Thema, sagt seine Physiklehrerin Betty Vail. Zwar versuche bisweilen ein Schüler, eine fremde Arbeit als die eigene auszugeben. „Aber das merkt man sehr schnell, es lässt sich am Stil erkennen." Die Wissenschaftler sind sich allerdings einig, dass Internetschulen nicht für jeden geeignet sind. „Die Schüler brauchen sehr viel Disziplin, Ansporn, Willenskraft und Unabhängigkeit", sagt Jayne Price von der WPCCS.
Online-Lehrer sind glücklich, wenn weniger als 30 Prozent ihrer Zöglinge vorzeitig abspringen. Eine reine Internetschule überfordert oft. Einer Studie zufolge gibt rund die Hälfte aller Internetlernenden wieder auf.

Kommentar schreiben
Könntet ihr euch vorstellen, eine Internetschule zu besuchen?

Alphatier (7.4. 15:11)
Ich (14) habe auf der Website einer Internetschule gelesen, dass jeder Schüler seinen eigenen Stundenplan per Mail zugeschickt bekommt. Das sind Aufgaben, die extra für diesen Schüler zusammengestellt wurden. Das können Songtexte von der eigenen Lieblingsband sein oder Matheaufgaben zu Sportthemen. Das ist doch viel interessanter als der Schulstoff, den alle machen müssen.

Bingo (8.4. 16:58)
Die Aufregung um das Internetlernen kann ich nicht verstehen. Ich treffe mich in der Schule gerne mit meinen Mitschülern. Mich motiviert das Lernen in der Klasse. Und außerdem braucht man für den Spaß im Unterricht Kameraden, die mitlachen und spontan sind. Das gibt's nicht in einer Webschule.

Skinner (8.4. 17:58)
Ich glaube, dass man wirklich sehr viel Disziplin mitbringen muss, um bei der Internetschule am Ball zu bleiben. Mich würde es frustrieren, alleine vor meinem Computer zu sitzen. Außerdem gibt es bei uns an der Schule neben dem reinen Unterricht so viele interessante Projekte: Wir machen Klassenfahrten und haben so viele tolle AGs. Das bietet einem die Internetschule auf keinen Fall.

Friendly (9.4. 14:26)
Viele Freunde von mir (15) können sich gut vorstellen, eine Internetschule zu besuchen. Lernen mit dem PC macht viel Spaß, ist anschaulich und motivierend. Da man sich die Zeit individuell einteilen kann, ist auch Zeit für die Freunde da. Und dass man seinen Lehrer persönlich anrufen und sich etwas erklären lassen kann, finde ich auch gut.

1 Lest die Aufgabenstellung, den Artikel sowie die Kommentare aufmerksam durch.

2 Überlegt, was die Aufgabenstellung auf Seite 51 oben von euch verlangt. Schreibt dann die Buchstaben der zutreffenden Sätze in euer Heft.
Tipp: Die richtigen Buchstaben ergeben rückwärtsgelesen ein Lösungswort.

L Ich muss in meinem Leserbrief meine Meinung begründen und durch Beispiele stützen.
E Mein Beitrag wird besonders gut, wenn ich möglichst viele Argumente nenne, auch wenn nicht alle so überzeugend sind.
I Die Argumente und Beispiele sollten sprachlich gut eingeleitet und miteinander verknüpft sein.
H Den Text schreibe ich so, dass vor allem meine Freunde mich verstehen, denn die kennen sich mit dem Internet bestens aus.
A Meine Argumentation wird besonders überzeugend, wenn ich ein Gegenargument nenne und dieses entkräfte.
M In meinem Beitrag kann ich die Informationen aus dem Artikel und den Kommentaren nutzen.

Ideen sammeln (Stoffsammlung anlegen)

3 a Was spricht für die Internetschule, was dagegen? Wägt ab und bildet euch dann eine eigene Meinung.
b Könnt ihr euch vorstellen, eine Internetschule zu besuchen? Notiert eure Meinung.
- *Ich kann mir vorstellen/nicht vorstellen, ...*
- *Ich würde ...*

4 a Sammelt Argumente und Beispiele für eure Position und schreibt sie in euer Heft.
Ihr könnt hierzu den Text sowie die Kommentare (▸ S. 51–52) zu Hilfe nehmen.

Argumente + Beispiele für Internetschule
- *Man kann selbst entscheiden, wann man für welches Fach lernt.*
- ...
- *Bei Fragen/Problemen wird man persönlich von einem Lehrer betreut.*
- ...

Argumente + Beispiele gegen Internetschule
- *Man lernt alleine ohne Klassengemeinschaft.*
- ...
- *Das Angebot neben dem Unterricht entfällt.*
- ...

b Entscheidet euch für die beiden überzeugendsten Argumente (mit Beispielen) und markiert diese. Prüft die Überzeugungskraft eurer Argumente mit Hilfe der folgenden Leitfragen:
– Gibt es Fakten, Erkenntnisse oder Erfahrungen, die das Argument stützen können?
– Kann das Argument leicht widerlegt werden?

Den Leserbrief ausformulieren und überarbeiten

5 Schreibt euren Leserbrief für die Webseite der Zeitung.
Ihr könnt die folgende Vorlage und die Formulierungshilfen unten verwenden.

Einleitung mit Überleitung zum Hauptteil	– *Nachdem ich den Artikel über ... gelesen habe, habe ich mir die Frage gestellt, ob ich ...* – *In den USA gibt es immer mehr Schüler, die ...*
Meinung Argument 1 Beispiel 1 Argument 2 Beispiel 2	– ... – *Ein wichtiges Argument für/gegen ... ist, dass ...* – *... wird zum Beispiel gesagt, dass ...* – ... – ...
Schluss	– *Ich bin der Auffassung, dass .../Wenn ..., würde ich ..., denn ...*

Formulierungshilfen für die Argumentation
Ein Argument für/gegen ... ist, dass ... • Darüber hinaus ... • Ein weiteres Argument ... • Besonders wichtig ist ... • Bedenken muss man auch, ... • Dafür spricht ... • sodass • Wenn man zum Beispiel ... • denn • weil • da • deshalb • daher • außerdem • aber

6 Überarbeitet eure Texte in Partnerarbeit. Nutzt hierzu die folgende Checkliste.

Checkliste

Stellung nehmen (Argumentieren)

- **Einleitung:** Führt ihr in das Thema ein, indem ihr z. B. den Anlass eures Leserbriefs nennt oder Interesse für das Thema weckt? Leitet ihr dann zum Hauptteil über?
- **Hauptteil:**
  - **Meinung:** Habt ihr euren Standpunkt deutlich formuliert?
  - **Argumente:** Nennt ihr zwei überzeugende Argumente für eure Meinung?
  - **Beispiele:** Führt ihr für eure Argumentation treffende Beispiele an, z. B. ein Beispiel aus eurem eigenen Erfahrungsbereich, eine nachvollziehbare Erläuterung, einen Beleg aus der Zeitung oder ein Zitat von einer Expertin/einem Experten?
- **Schluss:** Habt ihr euren Standpunkt bekräftigt, einen Vorschlag oder eine Forderung formuliert oder eine Bedingung genannt *(Wenn ...; Falls ...)*?
- Werden Argumente und Beispiele sprachlich gut eingeleitet und miteinander verknüpft?
- Formuliert ihr sachlich? Sind Rechtschreibung und Zeichensetzung in Ordnung?

Wörterliste ▸ S. 353

digitale Medien	Alkoholsucht	Risiken	Tablet-PC	projizieren
Smartphone	chaotisch	Profil	exzellent	Copy-Paste
Medienkonsum	Diät	Experten	Demenz	Spielkonsole

3 Zukunftsvisionen – Lebensentwürfe beschreiben

1 a Beschreibt die beiden Zimmer so genau und anschaulich wie möglich.
b In welchem der Zimmer würdet ihr lieber wohnen? Begründet.

2 a Wie sieht euer Traumzimmer aus, in dem ihr in Zukunft leben möchtet? Beschreibt es eurer Partnerin/eurem Partner so, dass sie/er es deutlich vor Augen hat.
b Gebt euch eine Rückmeldung, ob eure Beschreibungen genau genug waren: Konntet ihr euch die Zimmer vorstellen? Welche Fragen sind offengeblieben?

3 Tragt zusammen, was eine gute Beschreibung ausmacht.

In diesem Kapitel ...

- tauscht ihr euch über eure Zukunftsvisionen aus und beschreibt dabei Personen, Orte und Arbeitsabläufe,
- erstellt ihr ein Radio-Feature über einen interessanten Beruf,
- verfasst ihr Bewerbungsschreiben, Lebensläufe und Praktikumsberichte,
- übt ihr Bewerbungsgespräche.

3.1 Ich in zehn Jahren – Personen, Orte und Arbeitsabläufe beschreiben

Veränderungen – Personen beschreiben

Die folgenden Fotos zeigen die Schauspieler Daniel Radcliffe, Emma Watson und Rupert Grint, die durch die Harry-Potter-Filme berühmt wurden, im zeitlichen Abstand von etwa zehn Jahren.

1 a Beschreibt, wie sich die drei Schauspieler im Lauf der Zeit verändert haben.
b Überlegt: Welche Merkmale einer Person sollte man beschreiben, damit sich andere diese genau vorstellen können? Notiert Merkmale, z. B.: *Geschlecht, ungefähres Alter, ...*

2 Habt ihr eine Vorstellung davon, wie ihr in zehn Jahren aussehen möchtet? Beschreibt.

3 Erstellt zu der jungen Emma Watson (▸ Foto links) eine Personenbeschreibung.
a Legt einen Steckbrief an. Wählt passende Angaben aus den Wortschatzkästen (▸ S. 57).

Gesamteindruck	Haare und Gesicht	Kleidung (evtl. auch Schmuck)	Besondere Kennzeichen
- *Geschlecht: weiblich* - *Figur: ...*	- *Haare: schulterlang* - *Haarfarbe: ...*	- *Kleidungsstil: ...* - *Kleidung: blassgelber Pullunder*	- ... - ...

Figur: zierlich • schlank • vollschlank • dick

Hautfarbe: hell • leicht gebräunt • dunkel

Haare/Haarfarbe: schulterlang • halblang • kurz • lang • glatt • gelockt • Bubikopf • Pony • Scheitel • blond • rötlich • hellbraun • dunkelbraun • schwarz

Gesichtsform: länglich • rund • oval • kantig • herzförmig

Augen: grünblau • hellblau • grün • braun • eng stehend • blinzelnd • strahlend • streng • freundlich

Augenbrauen: buschig • kräftig • geschwungen • gezupft • zusammengezogen

Nase: schmal • breit • kurz • lang • groß • klein • gerade • krumm

Mund und Lippen: breit • schmal • voll • rot • blass • verkniffen • lächelnd • verschmitzt

Kinn: spitz • markant • rund • vorgeschoben • fliehend • eckig

Kleidungsstil: sportlich • lässig • elegant • glamourös • modern • altmodisch

b Verfasst nun die ausführliche Personenbeschreibung der jungen Schauspielerin. Geht so vor:
- Beginnt mit der Einleitung, indem ihr die folgenden Sätze in eurem Heft ergänzt:
  Emma Watson ist etwa ... Jahre alt und ... groß. Sie besitzt eine ... Figur und ihre Haut ist ...
- Beschreibt im Hauptteil das Aussehen in einer geordneten Reihenfolge, z. B. von oben nach unten. Nutzt hierzu eure Stoffsammlung und verwendet treffende Verben (▶ Kasten rechts).
- Beschreibt zum Schluss, wie Emma Watson auf euch wirkt, z. B.: *glücklich, aufgeregt, traurig, erwartungsvoll.*

c Überarbeitet eure Personenbeschreibung mit Hilfe des Merkkastens unten.

Treffende Verben:
tragen • aussehen • besitzen • aufweisen • auffallen • wirken

4 Wählt einen der beiden männlichen Schauspieler (Daniel Radcliffe oder Rupert Grint) auf dem linken oder rechten Foto aus und beschreibt ihn. Legt euch hierzu auch einen Steckbrief nach dem Muster oben an.

5 Beschreibt, wie ihr selbst gerne in zehn Jahren aussehen möchtet. Ihr könnt hierzu die Angaben in einem Steckbrief sammeln oder ihr zeichnet ein Bild von euch in zehn Jahren.

Information | **Eine Person beschreiben**

- **Einleitung:** Macht in der Einleitung allgemeine Angaben zur Person (z. B.: Geschlecht und Alter).
- **Hauptteil:** Beschreibt im Hauptteil das Aussehen der Person in einer geordneten Reihenfolge, z. B. von oben nach unten.
- **Schluss:** Hier könnt ihr beschreiben, wie die Person auf euch wirkt.
- Sucht **aussagekräftige Adjektive,** z. B.: *fahlgrau, gertenschlank.*
- Verwendet an Stelle der Wörter „ist", „sind", „hat" und „haben" **treffende Verben,** z. B.: *tragen, aussehen, besitzen, aufweisen, wirken, umgeben.*
- **Vermeidet persönliche Wertungen** wie *schön, süß, lieb* oder *hässlich.*
- Schreibt im **Präsens.**

Dort könnte ich mal arbeiten – Orte beschreiben

1 a Schaut euch das Foto genau an: Um was für einen Ort handelt es sich? Welchen Berufen kann man dort nachgehen?

b Erklärt, ob ihr euch vorstellen könnt, dort einmal zu arbeiten.

2 Verschafft euch einen Überblick über die Gegenstände, die sich in dem Raum befinden. Fertigt hierzu eine Skizze des Raums und seiner Gegenstände an. Beschriftet dann die einzelnen Gegenstände mit treffenden Begriffen. Die Wörter im Kasten helfen euch dabei.

Begriffe:
Decke • Fußboden • Leinwand (Greenscreen) • Scheinwerfer • Schienensystem • Monitor • Stehpult • Kamera • Stativ • Stehtische • Bürostuhl • Tisch • Rollwagen • Tastatur • Mikrofon • Trennwand • Stellwand • Tür • Stehlampe • Podest

Treffende Adjektive:
sonnengelb • grasgrün • beige • blaugrau • silberfarben • schneeweiß • lang • klein • schmal • gebogen • rechtwinklig • hell • dunkel

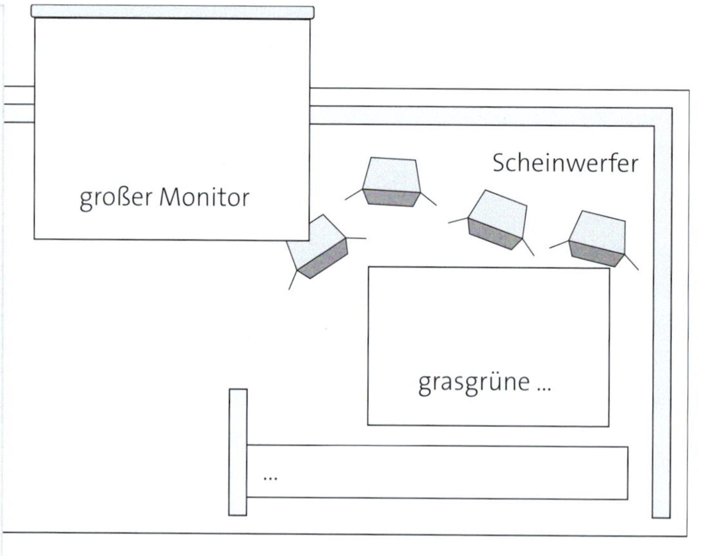

3 a Erklärt, was bei dem Anfang dieser Ortsbeschreibung nicht gelungen ist:

VORSICHT FEHLER!

Der Raum ist ein megagroßes Nachrichtenstudio. Auf einem niedrigen Podest ist links der Gästebereich und rechts der Aufnahmebereich. Beide Bereiche sind durch wunderschöne Trennwände umgeben, die verschiedene Farben haben. Davor ist ein langer Tisch mit Monitoren. Jn dem Gästebereich sind drei schicke Stehtische mit schneeweißen Tischdecken. Links daneben ist ein stylishes Stehpult mit einer silberfarbenen Front. Davor ist eine voll moderne Kamera auf einem Stativ.

b Überarbeitet den Text. Formuliert unsachliche oder ungenaue Passagen um und verwendet abwechslungsreiche, treffende Verben.

Treffende Verben:
sich befinden • stehen • hängen • angrenzen an • liegen

4 Übertragt die folgende Beschreibung in euer Heft und ergänzt dabei Wörter, die die Position der Gegenstände bezeichnen. Nutzt hierzu die Wörter aus dem Wortspeicher.

? des Nachrichtenbereichs befindet sich ein längliches, gebogenes, hellgelbes Stehpult, ? dem ein kleines Mikrofon liegt. ? steht ein Stativ ? einer Kamera. ? hängt eine grasgrüne Leinwand, die man auch als Greenscreen bezeichnet. ? dem Stehpult hängen mehrere Scheinwerfer. Diese sind mit einem Schienensystem ? der Decke befestigt und ? den Platz des Nachrichtensprechers gerichtet.

Wörter für Positionsangaben:
hinter • unterhalb • über • auf • zwischen • in • neben • vor • an • gegenüber • oben • unten • vorn • unter • hinten • davor • dahinter • links • rechts • innerhalb

5 Verfasst eine vollständige Beschreibung des Fernsehstudios. Eure Vorarbeiten aus den Aufgaben 2, 3 und 4 helfen euch dabei. Formuliert zum Schluss, wie der Ort auf euch wirkt.

6 a Vielleicht habt ihr im Berufspraktikum schon einen interessanten Arbeitsplatz kennen gelernt oder ihr könnt euch einen Ort vorstellen, an dem ihr später einmal arbeiten möchtet. Fertigt eine Skizze des Ortes an und beschriftet sie.

b Verfasst eine Beschreibung des Ortes.

Information **Einen Ort beschreiben**

- **Einleitung:** Benennt den Ort und macht allgemeine Angaben, z. B. zur Größe und Lage.
- **Hauptteil:** Beschreibt den Ort in einer geordneten Reihenfolge, z. B. vom Wesentlichen zum weniger Wichtigen, von vorne nach hinten, von links nach rechts oder im Uhrzeigersinn. Benennt wichtige Elemente der Raumgestaltung und Einrichtungsgegenstände.
- **Schluss:** Hier könnt ihr beschreiben, wie der Ort insgesamt auf euch wirkt.
- Nutzt möglichst **treffende Begriffe** (auch Fachbegriffe) zur Bezeichnung einzelner Gegenstände, z. B.: *Leinwand, Scheinwerfer.*
- Sucht **treffende Adjektive** (z. B.: *grasgrün*) und **Verben** (z. B.: *hängen, stehen*).
- Beschreibt die genaue **Lage der einzelnen Gegenstände**, z. B.: *links, oben, davor.*
- Eine Ortsbeschreibung wird im **Präsens** und in einer **sachlichen Sprache** verfasst.

Rund ums Feiern – Arbeitsabläufe beschreiben

Der Auszubildende Jakob beschreibt in einem Interview den Arbeitsablauf eines Veranstaltungskaufmanns.

Mein Arbeitstag beginnt damit, dass ich zunächst an meinem Computer die E-Mails kontrolliere.

Inzwischen erkundigt sich ein erster Kunde telefonisch, ob für die angefragte Veranstaltung schon eine Konzeption entworfen wurde. Es handelt sich hierbei um die Organisation des Betriebsfestes eines großen Konzerns. Daraufhin telefoniere ich mit dem Bandleader, um die musikalische Ausrichtung des Betriebsfestes zu besprechen, und bereite anschließend den Künstlervertrag vor. Dieser wird dann in der Rechtsabteilung geprüft und danach an die Musikgruppe versandt.

Zusammen mit meiner Kollegin treffe ich eine Auswahl für die Dekoration. Hierbei ist es wichtig, sowohl den zuvor kalkulierten Preis als auch die Lieferzeit im Auge zu behalten. Jetzt muss das Catering organisiert werden. Ein genauer Plan ist hier Voraussetzung für einen reibungslosen Ablauf. Zwischenzeitlich erhalte ich eine Mail eines weiteren Kunden, der eine Road-Show wünscht. Seine Veranstaltung soll an verschiedenen Tagen und Orten stattfinden. Daher suche ich im Internet nach geeigneten Hotels nahe den Veranstaltungsorten. Nachdem ich die Übernachtungspreise und die Qualität der Zimmer auf den jeweiligen Homepages geprüft habe, reserviere ich sie. Im sich anschließenden persönlichen Gespräch geht es darum, den Ablauf der Veranstaltung abzuklären. Auch Werbemittel wie Kugelschreiber, Flyer und Schlüsselanhänger werden detailliert besprochen.

Schließlich skizziere ich den Ablaufplan für die gewünschte Veranstaltung in meinem Büro. Auch muss ich noch die Backstage-Räume für die engagierte Band reservieren.

Zum Schluss erhalte ich noch die Aufgabe, die Presseberichte zu dokumentieren. Ein Kunde möchte darüber informiert werden, wie die Medien über seine Veranstaltung berichten. Daher suche ich in allen verfügbaren Zeitungen nach Artikeln, schneide sie aus, kopiere sie und schicke sie dem Kunden zu. Die Originale hefte ich in einem Ordner ab.

1 a Lest den Text. Was wusstet ihr bereits, was ist neu für euch?
b Könnt ihr euch vorstellen, später einmal als Veranstaltungskaufmann/-frau zu arbeiten? Begündet eure Meinung.

2 In der Beschreibung werden verschiedene Fachbegriffe verwendet. Erklärt mit Hilfe des Textes die folgenden Begriffe: *Bandleader, Catering, Road-Show, Flyer, Backstage, Pressebericht.*

3 a Untersucht, wie die Reihenfolge der einzelnen Arbeitsschritte deutlich gemacht wird. Schreibt die entsprechenden Wörter heraus, z. B.: *zunächst, ...*
b Notiert weitere Wörter, mit denen man die zeitliche Reihenfolge eines Vorgangs deutlich machen kann.

4 a Im Text wechseln Aktiv- und Passivformulierungen (▶ S. 336). Schreibt alle Passivformulierungen heraus, z. B.: *ob ... entworfen wurde, ...*
b Macht den Text noch abwechslungsreicher, indem ihr die beiden im Text markierten Sätze ins Passiv umformt.

Kundengespräch

Aufnahmeentwürfe

Arrangement des Produkts

Vorbereitung der Kamera

Bildbearbeitung

Werbefoto

5 a Habt ihr schon einmal ein besonderes Motiv fotografiert? Berichtet davon.
b Könnt ihr euch vorstellen, später einmal als Werbefotograf oder Werbefotografin zu arbeiten? Begründet eure Meinung.

6 Beschreibt den Arbeitsablauf für die Erstellung eines Werbefotos. Geht so vor:
a Formuliert eine treffende Überschrift.
b Schreibt einen Einleitungssatz, in dem ihr den Arbeitsablauf benennt und notwendige Vorbereitungen beschreibt (Bild 1), z. B.: *Zunächst findet ein Gespräch zwischen der Agentur und dem Kunden statt, um festzustellen, was genau gewünscht wird.*
c Beschreibt im Hauptteil Schritt für Schritt die einzelnen Arbeitsabläufe bei der Erstellung eines Werbefotos.
- Verwendet dabei geeignete Fachbegriffe und erklärt diese.
- Macht die Abfolge der Arbeitsschritte deutlich, z. B.: *zuerst, dann, als Nächstes …*
- Wechselt zwischen Aktiv- und Passivformulierungen, z. B.: *Zuerst wird im Kundengespräch geklärt … Anschließend erstellt der Fotograf ein Angebot …*

7 Recherchiert im Internet zu einem anderen Beruf, der euch interessiert, und beschreibt einen typischen Arbeitsablauf. Befragt dazu einen Experten oder eure Eltern.

Information **Einen Arbeitsablauf beschreiben**

- **Einleitung:** Benennt notwendige Materialien und/oder Vorbereitungen.
- **Hauptteil:** Beschreibt Schritt für Schritt den Arbeitsablauf.
- **Schluss:** Hier könnt ihr einen weiterführenden Hinweis geben.
- Erklärt möglichst die **Fachbegriffe,** die ihr verwendet.
- Wählt passende Wörter, die die **Reihenfolge** der einzelnen Arbeitsschritte **deutlich machen,** z. B.: *zuerst, dann, danach, zum Schluss.*
- Wechselt zwischen **Aktiv- und Passivformulierungen,** dann wird eure Beschreibung abwechslungsreicher, z. B.: *Das Produkt wird beleuchtet. Danach legt man …*
- Schreibt im **Präsens,** um das Allgemeingültige des Vorgangs auszudrücken.

Mein Traumberuf ...? – Ein Radio-Feature produzieren

Das Produzieren von Radio-Features bietet euch die Möglichkeit, einen realistischen Einblick in verschiedene Berufswelten zu bekommen und dabei vielleicht sogar euren Traumberuf zu finden.

1. Schritt: Das Radio-Feature planen

Sequenz	Inhalt	Personen	Aufnahmeort
1	*Baustellengeräusche, z. B. Presslufthammer, ...*	*–*	*Baustelle*
2	*Text: Beschreibung der Baustelle*	*Sprecher 1*	*...*
3	*Text: Vorstellung des Bauingenieurs, kurze Personenbeschreibung*	*Sprecher 2*	*...*
4	*Jnterview mit dem Bauingenieur, im Hintergrund leise Baustellengeräusche*	*Jnterviewer, Bauingenieur*	*Baustelle*
5	*Text: weitere Jnformationen zum Beruf des Bauingenieurs (Arbeitsmarkt, Einkommen, ...)*	*Sprecher 3*	*...*

1 a Betrachtet den Regieplan für das Radio-Feature. Welcher Beruf wird an welchem Arbeitsplatz vorgestellt?
b Beschreibt die verschiedenen Elemente, aus denen das Feature besteht.

2 a Sammelt Berufe, die euch interessieren.
b Einigt euch auf einen Beruf, der euch für ein Feature besonders geeignet erscheint.
c Erstellt einen Regieplan für euer Radio-Feature.

Beachtet bei der Auswahl des Berufs, dass ihr den Arbeitsplatz tatsächlich besuchen solltet, um dort interessante Geräusche aufzunehmen und ein Interview zu führen, z. B. in der Musikschule, im Fitnessstudio, in der Kfz-Werkstatt.

3 Bereitet die Fragen für euer Interview vorher sorgfältig vor:
a Begründet, welche der Interviewfragen auf dem Notizzettel euch sinnvoll erscheinen und welche man weglassen sollte.
b Notiert Fragen, die ihr eurem Interviewpartner stellen möchtet. Wählt die interessantesten Fragen aus und bringt sie in eine sinnvolle Reihenfolge.

Fragen für das Jnterview
Welche Hobbys haben Sie?
Wie sieht Jhr Tagesablauf aus?
Was war Jhr interessantestes Projekt?
Sind Sie verheiratet?
Haben Sie Kinder?
Wie wird man ...?

4 Legt fest, wer welche Aufgabe übernimmt: das Interview führen, aufnehmen (z. B. mit dem Handy), Notizen machen (z. B. zum Aussehen eures Interviewpartners), den Arbeitsplatz beschreiben, Geräusche aufnehmen.

2. Schritt: Das Material für das Radio-Feature zusammenstellen

5 a Nehmt Kontakt zu der Person auf, mit der ihr ein Interview führen möchtet, und vereinbart einen Termin an ihrem Arbeitsplatz.
b Nehmt an dem Arbeitsplatz möglichst unterschiedliche Geräusche auf.
c Führt das Interview und denkt daran, es aufzunehmen.
d Macht euch möglichst viele Notizen, z. B. zur Berufskleidung eurer Interviewpartnerin/eures Interviewpartners, zur Beschreibung des Arbeitsplatzes usw.

6 Für euer Radio-Feature müsst ihr eigene Texte entwerfen.
a Lest die Textanfänge für das Radio-Feature über den Beruf des Bauingenieurs. Überlegt, worauf ihr bei den einzelnen Texten achten solltet, damit sie für eure Zuhörer verständlich und interessant sind.

1. *Beschreibung der Baustelle: Ein 200 Meter hoher Kran steht am Rand der Baustelle und …*
2. *Vorstellung des Bauingenieurs: Wir treffen auf der Baustelle den Bauingenieur Herrn Lohmann. Er ist etwa dreißig Jahre alt und … Auf dem Kopf trägt er …, damit …*
3. *Informationen zum Beruf: Der Beruf des Bauingenieurs umfasst eine Vielzahl von verschiedenen … Von der Planung eines Bauvorhabens über die Bauausführung bis hin zur …*

b Verfasst die Texte für euer Radio-Feature. Nutzt dazu eure Notizen von der Recherche vor Ort und sucht gegebenenfalls weitere Informationen im Internet, z. B. auf den Seiten der Arbeitsagentur (berufenet.arbeitsagentur.de/berufe/).
c Nehmt alle Texte mehrmals auf. Lasst sie gegebenenfalls von unterschiedlichen Personen einsprechen. Entscheidet dann, welche Version ihr für euer Feature verwenden möchtet.

3. Schritt: Das Radio-Feature schneiden

7 a Fügt die einzelnen Sequenzen mit einem Schnittprogramm zusammen. Orientiert euch dabei an eurem Regieplan.
b Hört euch das geschnittene Feature an. Prüft, ob ihr noch etwas ändern solltet, z. B. indem ihr andere Geräusche verwendet, die Reihenfolge einzelner Sequenzen ändert oder im Interview Kürzungen vornehmt.
c Überlegt, ob ihr einige Sequenzen mit passender Musik unterlegen möchtet.

Information **Das Radio-Feature**

Ein Radio-Feature (Dokumentation; engl.: „Merkmal") ist eine **lebendig gestaltete, nicht fiktionale Hörfunksendung.** Ein Feature behandelt ein Thema möglichst facettenreich und besteht daher aus **verschiedenen Elementen** wie eingesprochenen Texten (z. B.: Beschreibungen, Berichte), Originaltönen (z. B.: Interviews, Umfragen, Geräusche) und Musik.

Testet euch!

Einen Ort beschreiben

VORSICHT FEHLER!

Der Behandlungsraum der Physiotherapiepraxis ist etwa 25 Quadratmeter groß, hat ein Fenster mit hübschen Blumen und einen Fußboden.
In dem Raum sind eine Sprossenwand, an der ein Handtuch hängt, und zwei Matten. Auf der anderen Seite sind eine Behandlungsliege mit einem Hocker und zwei coole Gymnastikbälle. In dem Raum sind auch ein Schreibtisch, der voll unordentlich aussieht, ein Bücherregal und ein stylisher Schreibtischstuhl. Außerdem ist da eine Trennwand, hinter der man sich vor der Behandlung umziehen kann.
Insgesamt wirkt der Raum freundlich und einladend.

1 Die Beschreibung ist noch nicht gelungen. Notiert die Buchstaben der vier Kriterien, die nicht erfüllt sind. Richtig zusammengesetzt ergeben sie ein Lösungswort.

R Es gibt eine Einleitung.
E Die Beschreibung hat einen Schluss.
L Die Gegenstände werden durch treffende Adjektive beschrieben.
A Es werden treffende Verben verwendet.
U Die Lage der Gegenstände wird genau beschrieben.
B Es wird durchgängig eine sachliche Sprache verwendet.
M Die Beschreibung ist im Präsens verfasst.

2 a Überarbeitet die Ortsbeschreibung und schreibt eine verbesserte Fassung in euer Heft.
b Gebt euch ein Feedback zu euren Texten.

3.2 Lebensläufe – Sich um einen Praktikumsplatz bewerben

„Wir bieten …“ – Eine Anzeige auswerten

Der Sportivo-Club ist ein moderner Sport- und Freizeitpark. Zu unserer Anlage gehören ein Fitness- und Wellnesscenter, Tennis-, Squash- und Badmintonhallen sowie ein integrierter gastronomischer Bereich.

Wir bieten Schülerinnen und Schülern die Beschäftigung als

PRAKTIKANT (m/w).

Wir ermöglichen einen Einblick in die Berufswelt der Fitness- und Gesundheitsbranche:
- Betreuung der Kunden im Fitnesscenter und im Servicebereich (Empfang)
- Beratung der Kunden
- Einblick in das Marketing (Werbeabteilung)

Wir erwarten:
Freude an Sport, Fitness und am Umgang mit Menschen, Teamfähigkeit, Computerkenntnisse

Interessiert? Dann schicke uns deine Bewerbung mindestens sechs Monate vor dem Praktikum mit folgenden Unterlagen: ein Anschreiben, in dem du uns auch mitteilst, in welchem Zeitraum du das Praktikum machen möchtest, einen Lebenslauf, eine Kopie deines letzten Zeugnisses.

Sportivo-Club, An der Pforte 13, 70173 Stuttgart
(E-Mail: praktikum@sportivoclub.de)
Ansprechpartnerin: Frau Nadja Weber

1 Beschreibt, wie ihr euch ein Praktikum beim Sportivo-Club vorstellt.

2 Untersucht die Anzeige: Was erfahrt ihr über das Unternehmen? Was bietet es einem Praktikanten an? Was wird vom Bewerber erwartet? Worauf solltet ihr bei eurer Bewerbung achten?

3 Ein Schüler hat sich für seine Bewerbung beim Sportivo-Club Notizen zu seinen Interessen und Aktivitäten gemacht.
Mitglied im Schulchor – Lieblingsfächer Deutsch und Sport – Mitglied im Kletterverein – Lieblingsbuch: Tschick – wöchentliches Austragen von Prospekten – zwei Hasen – Konsolenspiele – Mitarbeit bei der Schülerzeitung

a Notiert, welche Fähigkeiten der Schüler hat, z. B.: *Schulchor → musikalisch.*

b Unterstreicht die Fähigkeiten, die für eine Bewerbung beim Sportivo-Club wichtig sind.

4 a Überlegt, welche Fähigkeiten ihr besitzt.

b Wählt zwei Fähigkeiten aus und verknüpft sie mit einer Situation, in der ihr sie bereits angewendet habt, z. B.: *Verantwortungsbereitschaft → Klassensprecherin.*

c Überlegt, welcher Praktikumsplatz für euch in Frage käme.

Fähigkeiten, z. B.:
logisches Denken • Geduld • gute Sprachkenntnisse • Kreativität • Teamfähigkeit • handwerkliches Geschick

Formal perfekt und mit persönlicher Note – Eine Bewerbung schreiben

(1) Max Moersch
Goethestraße 23
70173 Stuttgart
Tel.: 0711/234...
E-Mail: m.moersch@vum.de

(1) Sportivo-Club
Frau Nadja Weber
An der Pforte 13
70173 Stuttgart

(1) Stuttgart, 20.02.20...

(2) **Bewerbung um ein Schulpraktikum vom 6.10.20... bis 17.10.20...**

(3) Sehr geehrte Frau Weber,

(4) über die Plattform „meinpraktikum.de" bin ich auf Ihre Anzeige aufmerksam geworden und möchte mich hiermit in Ihrem Unternehmen um einen Praktikumsplatz in der Zeit vom 6.10. bis zum 17.10.20... bewerben.
Zurzeit besuche ich die 8. Klasse der Heinrich-Böll-Realschule in Stuttgart. In zwei Jahren werde ich meinen Realschulabschluss erreicht haben.

(5) Da ich gern mit anderen Menschen zusammenarbeite und Sport mein Lieblingsfach in der Schule ist, würde ich mich freuen, im Rahmen eines Praktikums Einblick in die Berufswelt der Fitness- und Gesundheitsbranche zu erhalten. Ich bin seit drei Jahren Mitglied in einem Kletterverein, was mir sehr viel Freude bereitet. Beim Klettern habe ich festgestellt, wie wichtig es ist, aufs Team bezogen und verantwortungsbewusst zu handeln.
Neben dem Sport beschäftige ich mich aber auch ebenso intensiv mit dem Computer. Daher kenne ich mich mit Programmiersprachen und Bildverarbeitung ganz gut aus.

(6) Über eine Einladung zu einem Vorstellungsgespräch würde ich mich freuen.

(7) Mit freundlichen Grüßen

(8) *Max Moersch*

(9) **Anlagen**
Lebenslauf
Zeugniskopie

1 a Wie wirkt das Bewerbungsschreiben auf euch? Begründet eure Meinung.
b Beurteilt, ob das Bewerbungsschreiben optimal auf die Anzeige (▶ S. 65) zugeschnitten ist.

2 Untersucht, wie das Bewerbungsschreiben (► S. 66) aufgebaut ist, indem ihr die nummerierten Teile korrekt bezeichnet und die Funktion der einzelnen Teile erklärt.

> Anrede • Unterschrift • Betreffzeile • Grußformel • Hauptteil • Briefkopf (Absender, Datum, Anschrift) • Anlagen • Einleitung • Schluss

VORSICHT **FEHLER!**

Sehr geehrter Herr Jsenbort,

ich möchte gern einen Praktikumsplatz in der Redaktion Jhrer Zeitung. Meine Zeugnisnoten in Deutsch sind ganz gut. Jch arbeite in der Schülerzeitung. Spaß macht mir das Schreiben von Texten, aber auch das Recherchieren von Jnformationsmaterial interessiert mich. Jch habe auch schon für unsere Zeitung Jnterviews durchgeführt. Außerdem kann ich mit dem Computer ziemlich gut umgehen. Mich interessiert, was so bei uns vor Ort passiert. Und darüber berichten Sie auch in Jhrer Zeitung, die ich regelmäßig lese. Zurzeit besuche ich die 8. Klasse der Gottfried-Keller-Realschule in Ludwigsburg.

Sagen Sie mir doch, ob ich bei Jhnen ein Praktikum machen kann.

Liebe Grüße

3 **a** Untersucht das Bewerbungsschreiben und notiert Fehler und Mängel: Achtet dabei auf Aufbau, Sprache und Inhalt (werden treffende Gründe für die Bewerbung genannt?).

b Überarbeitet das Anschreiben, sodass es die Redaktion der Zeitung überzeugt. Ihr könnt hierzu die Formulierungshilfen nutzen.

> **Formulierungshilfen**
> Wie telefonisch mit Ihnen besprochen, ... • Durch Ihre Anzeige in ... habe ich erfahren, ... • Mit großem Interesse habe ich Ihre Anzeige im ... gelesen. • Zurzeit besuche ich ... • Bei/Durch ... konnte ich bereits erste Erfahrungen im ... • Besonderes Interesse habe ich ... • Große Freude bereitet mir ... • Meine Stärken liegen vor allem im Bereich ... • In meiner Freizeit interessiere ich mich für ... • Daher würde ich gerne mehr über ... erfahren. • Ich interessiere mich für ..., weil ... • Zusätzlich habe ich mich ausführlich über ... informiert. • Gern stelle ich mich Ihnen in einem persönlichen Gespräch vor.

4 **a** Verfasst selbst ein Bewerbungsschreiben für einen Praktikumsplatz eurer Wahl.
- Beantwortet in der **Einleitung:** Wie habt ihr von der Praktikumsstelle erfahren? In welchem Zeitraum wollt ihr das Praktikum absolvieren? Welche Klasse und Schule besucht ihr zurzeit?
- Stellt im **Hauptteil** überzeugend dar, warum ihr euch bewerbt: Welche Fähigkeiten und Erfahrungen habt ihr, die für die Praktikumsstelle wichtig sind?
- Formuliert zum **Schluss** den Wunsch, zu einem Gespräch eingeladen zu werden.

Tipp: Achtet auf eine korrekte Rechtschreibung und Zeichensetzung.

b Tauscht eure Bewerbungsschreiben aus und überarbeitet sie. Nutzt hierzu das Rechtschreib- und Grammatikprogramm eures Computers.

5 Beschreibt den Aufbau und die Gestaltung des Lebenslaufs.

6 Erklärt, welche Bedeutung ein Lebenslauf für den Arbeitgeber hat.

7 Manche Lebensläufe enthalten die Angabe „Weitere Tätigkeiten". Überlegt, was man hier anführen könnte.

8 a Entwerft einen eigenen Lebenslauf.
b Kontrolliert eure Entwürfe gegenseitig.

Bei einer **Bewerbung per E-Mail** könnt ihr das Bewerbungsschreiben als E-Mail-Text senden oder als Anhang beifügen. Formuliert die Betreffzeile eindeutig und scannt Lebenslauf und Zeugnis.

Lebenslauf

Foto

Persönliche Daten

Name, Vorname:	Moersch, Max
Adresse:	Goethestr. 23 70173 Stuttgart
Telefon:	0711/234...
E-Mail:	m.moersch@vum.de
Geburtsdatum:	...
Geburtsort:	...

Schulbildung

seit 2010:	Heinrich-Böll-Realschule, Stuttgart
2006–2010:	Neckar-Grundschule, Stuttgart

Besondere Kenntnisse und Interessen

Sprachkenntnisse:	Englisch (gute Kenntnisse in Wort und Schrift) Französisch (Grundkenntnisse)
PC-Kenntnisse:	gute Kenntnisse in Word
Hobbys:	Schwimmen, Klettern

Stuttgart, den 20. Februar 20...
Max Moersch

Information **Sich schriftlich bewerben (Bewerbungsschreiben, Lebenslauf)**

Mit einer Bewerbung macht ihr Werbung für euch selbst. Deshalb sollte eure Bewerbung optisch und inhaltlich überzeugen. Gestaltet eure Bewerbung mit Hilfe des Computers und achtet auf eine korrekte Rechtschreibung und Zeichensetzung.

Das **Bewerbungsschreiben** (▸ Muster, S. 66) ist ein sachlicher Brief mit folgenden Bausteinen: Briefkopf (Absender, Datum, Anschrift), Betreffzeile (in Stichworten, worum es geht), Anrede, Text (Einleitung, Hauptteil, Schluss), Grußformel, Unterschrift, Hinweis auf Anlagen (z. B.: Lebenslauf, Zeugnis).
Stellt überzeugend dar, warum ihr euch auf die konkrete Stelle bewerbt:
- Welche Fähigkeiten und Erfahrungen habt ihr, die für die Praktikumsstelle wichtig sind?
- Wo konntet ihr diese Fähigkeiten bereits unter Beweis stellen?

Der **Lebenslauf** wird in tabellarischer Form verfasst und sollte übersichtlich (mit Zwischenüberschriften) gegliedert sein. Er schließt mit Ort, Datum und Unterschrift. Ihr könnt ein Porträtfoto hinzufügen, müsst es aber nicht.

„Darf ich mich vorstellen?“ – Sich in einem Gespräch präsentieren

1
a Diskutiert: Haltet ihr den Kleidungsstil auf den Fotos für ein Vorstellungsgespräch für geeignet?
b Formuliert Kriterien für einen angemessenen Kleidungsstil bei einem Vorstellungsgespräch.

2
a Beschreibt die Körpersprache auf den Fotos. Erklärt, was sie jeweils zum Ausdruck bringt.
b Probiert unterschiedliche Körperhaltungen für ein Vorstellungsgespräch aus und beschreibt ihre Wirkung.
c Formuliert Tipps, worauf man bei seiner Körpersprache in einem Vorstellungsgespräch achten sollte.

3 Max hat sein erstes Vorstellungsgespräch für einen Praktikumsplatz.
a Spielt die folgende Szene mit verteilten Rollen. Gestaltet die Rollen auch durch eine passende Sprechweise, Gestik und Mimik. Besprecht anschließend, welchen Eindruck Max in diesem Gespräch macht.

Frau Weber: Guten Tag, Max, schön, dass du gekommen bist. *(Max setzt sich sofort auf einen freien Stuhl.)* Hast du unser Studio gleich gefunden? *(Jetzt setzt sich auch Frau Weber.)*
Max: Ja, klar.
Frau Weber: Bist du mit der Straßenbahn gekommen?
Max: Ja.
Frau Weber: Wie bist du denn auf unser Studio aufmerksam geworden?
Max: Ich habe es vor einiger Zeit zufällig entdeckt; ich wohne ja auch nicht weit.
Frau Weber: Ah, das ist ja dann gut für dich. Darf ich dir etwas zu trinken anbieten?
Max: Ja, sehr gerne eine Cola ohne Zucker, das wäre cool.
Frau Weber: Oh, du achtest auf deine Gesundheit, was?
Max: Geht so.

b Spielt die Szene so, dass Max einen positiven Eindruck hinterlässt. Bildet Vierergruppen: Zwei von euch spielen Max bzw. Frau Weber, die anderen beiden beobachten die Szene und geben eine Rückmeldung, was in diesem Vorstellungsgespräch gelungen ist und was verbessert werden kann.

Tipps für ein Vorstellungsgespräch
- Pünktlich sein und mögliche Verzögerungen vorher einplanen.
- Mit Blickkontakt und angemessenem Händedruck begrüßen.
- Erst hinsetzen, wenn man einen Stuhl angeboten bekommt.
- Fragen nicht nur mit „Ja“ oder „Nein“ beantworten, sondern in ganzen Sätzen (ohne abzuschweifen).
- Interesse für das Unternehmen zeigen, indem man z. B. Fragen stellt.
- Flapsige Bemerkungen und Jugendsprache vermeiden.
- Handy ausschalten oder stumm schalten.

Stärken stärken: Eine Bewerbung schreiben

Reisebüro Laxo-Reisen GmbH

Wir sind ein Reisebüro, das ferne und nahe Ziele gleichermaßen bequem erreichbar macht und über modernste Ausstattung verfügt.
Mit über 50 Filialen findest du uns bestimmt in deiner Nähe!

Willst du Neues entdecken und eine spannende Reise unternehmen?
Schülerinnen und Schüler haben bei uns die Möglichkeit, während eines Schülerpraktikums in den Berufsalltag der/des Tourismuskauffrau/-mannes hineinzuschnuppern:

- **Kunden über Reisemöglichkeiten und Reiseziele beraten**
- **Preise kalkulieren**
- **Marketingmaßnahmen entwickeln und durchführen**

Bewirb dich mit folgenden Unterlagen bei uns: einem Anschreiben, Lebenslauf und einer Kopie deines letzten Zeugnisses.

Wir erwarten:
Freude am Umgang mit Menschen und am Gespräch, eine rasche Auffassungsgabe, Organisationsgeschick, Teamfähigkeit, Einfallsreichtum, Interesse für Geografie und Reisen, PC- und Englischkenntnisse.

Schreibe uns per Mail an: Service@Laxo.de
oder an: Laxo Reisen GmbH, Herrn Boris Fernweh, Assistent der Geschäftsführung.

1 Konrad möchte sein zweiwöchiges Schülerpraktikum beim Reisebüro „Laxo-Reisen“ machen. Helft ihm herauszufinden, worin seine Stärken liegen und ob er sich dort bewerben soll.

a Erstellt ein kurzes Profil zu seinen Fähigkeiten. Wertet dazu die Kommentare seiner Mitschülerinnen und Mitschüler aus und schreibt Eigenschaften, die ihn auszeichnen, heraus.

b Ordnet die Eigenschaften folgenden Kompetenzen zu: *kommunikativ, teamfähig, kreativ, problemorientiert, zielgerichtet, leistungsbereit, verantwortungsbereit, technisch begabt, rasche Auffassungsgabe.*

Der Konrad ist ein prima Kumpel, immer bereit, wenn es darum geht, Probleme anzupacken und jemanden zu unterstützen. Wenn keiner mehr weiterweiß, ihm fällt etwas ein!

Also einfach mal relaxen und rumzuhängen, ist mit Konrad nicht zu machen. Der muss die Welt jeden Tag neu entdecken, ganz schön anstrengend!

Annabella

Anton

Wir verbringen schon mal ganze Nachmittage damit, neue Computerprogramme auszuprobieren. Dem muss man auch nichts zweimal erklären. Und wenn ich schon lange die Lust verloren habe, ist Konrad immer noch am Tüfteln.

Sophie

●●● **2** Verfasst für Konrad ein überzeugendes Anschreiben für das Praktikum im Reisebüro.

a Untersucht dazu die Anzeige genau. Was wird von einem Praktikanten erwartet? Was bietet das Reisebüro? Schreibt die wichtigen Informationen in euer Heft.

b Greift in eurem Bewerbungsschreiben die Fähigkeiten Konrads auf, die genau zu dieser Ausschreibung passen.

●●○ **Hilfe zu Aufgabe 1:**

Helft Konrad herausfinden, worin seine Stärken liegen und ob er sich im Reisebüro bewerben soll.

a Erstellt ein kurzes Profil zu seinen Fähigkeiten. Wertet dazu die Kommentare seiner Mitschülerinnen und Mitschüler aus und schreibt Eigenschaften, die ihn auszeichnen, heraus.

prima Kumpel • packt Probleme an • unterstützt jeden • ihm fällt (immer) etwas ein • liebt es, neue Computerprogramme auszuprobieren • muss man nichts zweimal erklären • immer am Tüfteln • hängt nicht rum • will die Welt jeden Tag neu entdecken

b Ordnet die Eigenschaften, die Konrad zugeschrieben werden, folgenden Kompetenzen zu. Deine Zuordnung könnte so aussehen:

prima Kumpel → kommunikativ, teamfähig
packt Probleme an → problemorientiert, zielgerichtet
unterstützt jeden → teamfähig, verantwortungsbereit
fällt (immer) etwas ein → kreativ, ideenreich
probiert neue Computerprogramme aus → technisch begabt
immer am Tüfteln → ...
hängt nicht rum → ...
muss man nichts zweimal erklären → ...
will die Welt entdecken → ...

●●○ **Hilfe zu Aufgabe 2:**

Verfasst für Konrad ein überzeugendes Anschreiben für das Praktikum im Reisebüro.

a Untersucht zunächst die Anzeige genau. Was wird von einem Praktikanten erwartet? Was bietet das Reisebüro? Schreibt die wichtigen Informationen in euer Heft.

Was erwartet wird	Was geboten wird
– Freude am Umgang mit Menschen und am Gespräch *– eine rasche Auffassungsgabe* ...	*– Kunden über Reisemöglichkeiten und Reiseziele beraten* *– Preise kalkulieren* ...

b Greift in eurem Bewerbungsschreiben die Fähigkeiten Konrads auf, die genau zu dieser Ausschreibung passen.

... Die Urlaube mit meinen Eltern habe ich immer sehr genossen, Land und Leute einer fremden Region kennen zu lernen ist für mich immer eine große Bereicherung. In der Schule organisiere ich als Klassensprecher jedes Jahr die Klassenfahrten, da gilt es, alle Interessen im Blick zu haben und auf die Kosten zu achten ...

3.3 Fit in ...? – Einen Arbeitsablauf beschreiben

Stellt euch vor, ihr bekommt in der nächsten Klassenarbeit die folgende Aufgabenstellung:

Du hast dich im Internet über den Beruf des Konditors informiert. Dabei bist du auf die folgenden Bilder gestoßen, die zeigen, wie eine Schwarzwälder Kirschtorte hergestellt wird. Beschreibe den Arbeitsablauf in einem zusammenhängenden Text.

Zutaten auswählen

Mengen abmessen

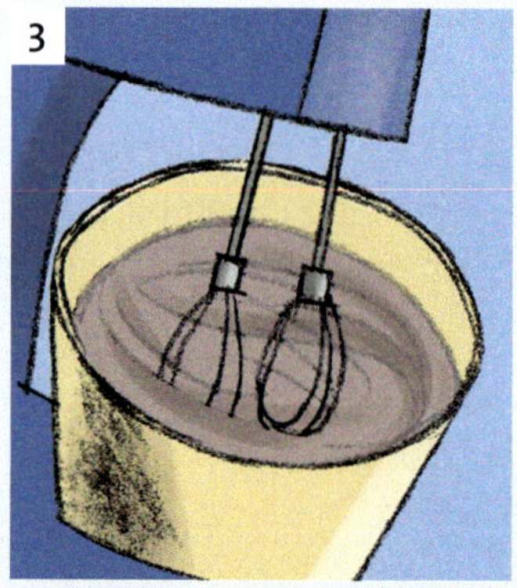

Biskuitteig zubereiten

Tortenboden backen

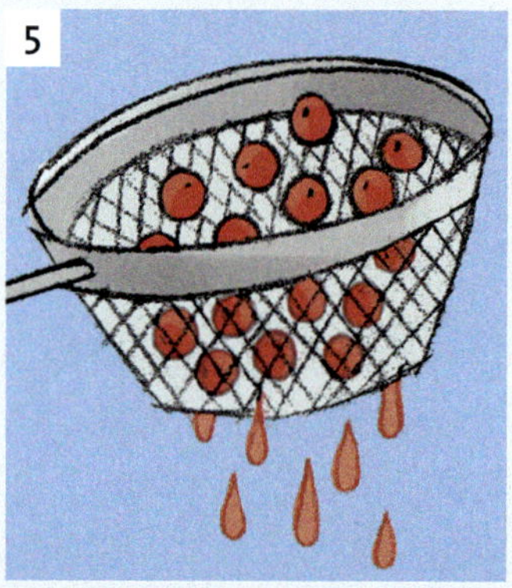

Kirschen abtropfen

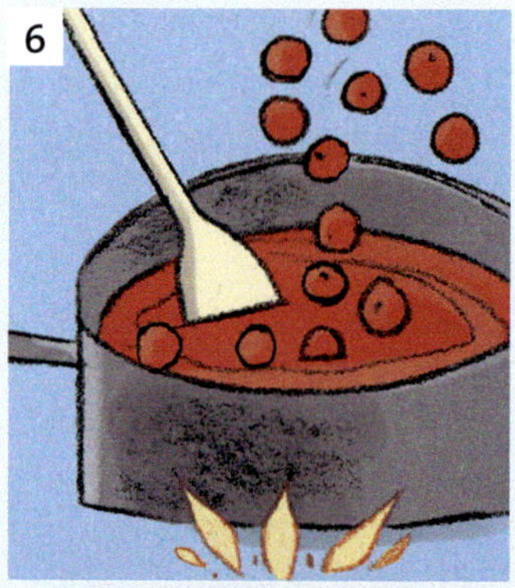

Kirschfüllung zubereiten

Boden beschichten

Torte garnieren

Präsentation, Kundenberatung

Die Aufgabenstellung richtig verstehen

1 Lest euch die Aufgabenstellung sorgfältig durch.

2 Überlegt, was die Aufgabenstellung von euch verlangt. Schreibt dann die zutreffenden Sätze in euer Heft.

K Ich soll meine Meinung zum Beruf des Konditors begründen.
E Die Herstellung einer Schwarzwälder Kirschtorte soll ich so genau wie möglich beschreiben.
C Jedes Detail ist wichtig. Ich darf in der Beschreibung des Arbeitsablaufs nichts auslassen.
D Die Reihenfolge der Arbeitsschritte ist unwesentlich; Hauptsache, ich lasse keinen wichtigen Schritt aus.
I Das Ergebnis der Beschreibung des Arbeitsablaufs soll ein zusammenhängender Text sein.
S In der Einleitung gehe ich auf notwendige Vorbereitungen ein.

Einen Schreibplan erstellen

3 Erstellt einen Schreibplan, indem ihr zu jedem Bild Stichworte notiert.

1. Vorbereitung: Die Zutaten werden ausgewählt und bereitgestellt ...
2. Berechnen, abmessen und wiegen der benötigten Mengen ...
3. ...

4 Begründet, welche Überschrift am besten zu der Beschreibung passt:

Eine leckere Torte • Die Aufgaben einer Konditorin/eines Konditors • Ein Traumjob • Eine Schwarzwälder Kirschtorte zubereiten • Kein einfacher Beruf • Ein Beruf, der präzises Arbeiten und Kreativität verbindet

Die Beschreibung verfassen und überarbeiten

5 a Übertragt die folgende Beschreibung in euer Heft und ergänzt dabei Wörter, die die Reihenfolge der Arbeitsschritte deutlich machen. Ihr könnt hierzu passende Wörter aus dem Wortspeicher nutzen.

anschließend • dann • zuerst • danach • nun • jetzt • nachdem • sobald • als Nächstes • wenn • als Erstes • schließlich • abschließend • während

? berechnet man die jeweiligen Mengen der Zutaten für die Schwarzwälder Kirschtorte. ? man die Zutaten ausgewählt und bereitgelegt hat, beginnt man mit dem Abmessen und Wiegen der benötigten Mengen. Damit der Biskuitboden genug Zeit zum Auskühlen hat, bereitet man ? den Teig zu. Hierbei ist es wichtig, die Butter rechtzeitig aus dem Kühlschrank zu nehmen. Butter,

Zucker, die Eigelbe und das Kakaopulver verrührt man ? mit dem Mixer. ? kommen noch das Mehl, die Speisestärke, Backpulver und ? der steif geschlagene Eischnee dazu. Die Masse füllt man dann in eine mit Backpapier ausgelegte Springform.
? der Tortenboden im Ofen ist, beginnt man mit dem Abgießen der Kirschen, dabei fängt man die Flüssigkeit in einem Behälter auf. Für die Erstellung der Kirschfüllung weicht man ? die Gelatineblätter fünf Minuten in kaltem Wasser ein und erwärmt sie ? in einem kleinen Topf mit Zucker und dem Kirschwasser. ? schlägt man die Sahne steif …

b Gestaltet den Text abwechslungsreicher:
Formt zwei Sätze, die im Aktiv stehen, ins Passiv um.
Beispiel:
Nachdem man die Zutaten ausgewählt und bereitgelegt hat, beginnt man mit dem Abmessen und Wiegen der benötigten Mengen.
→ Nachdem die Zutaten ausgewählt und bereitgelegt worden sind, beginnt man mit dem Abmessen und Wiegen der benötigten Mengen.

6 **a** Verfasst nun eine zusammenhängende Beschreibung des Arbeitsablaufs.
b Gebt am Schluss einen weiterführenden Hinweis oder einen wichtigen Tipp, z. B.:
Setzt zuletzt bei der Verzierung zunächst vier Sahnerosetten als Kreuz, danach in die Zwischenräume jeweils zwei weitere Rosetten. So werden die Rosetten gleichmäßig verteilt.

7 Überprüft eure Beschreibungen mit Hilfe der folgenden Checkliste.
a Gebt euch gegenseitig ein Feedback, was gelungen ist und was ihr noch überarbeiten solltet.
b Überarbeitet eure Beschreibung.

Checkliste

Einen Arbeitsablauf beschreiben

- Habt ihr in der **Einleitung** notwendige **Vorbereitungen** beschrieben?
- Habt ihr im **Hauptteil** den **Ablauf des Vorgangs Schritt für Schritt** beschrieben?
- Habt ihr **nur eine Form der Ansprache** (*man* oder *du*) verwendet?
- Enthält die Beschreibung **Fachbegriffe**, die – wenn nötig – auch erklärt werden?
- Habt ihr die **Reihenfolge** durch passende Wörter **deutlich** gemacht?
- Wechseln sich **Aktiv- und Passivformulierungen** ab?
- Ist die Beschreibung in einer **sachlichen Sprache** verfasst?
- Habt ihr durchgehend das **Präsens** verwendet?
- Sind **Rechtschreibung** und **Zeichensetzung** korrekt?
- Gebt ihr **zum Schluss** einen hilfreichen Tipp oder einen weiterführenden Hinweis?

Wörterliste ► S. 353

Zukunftsvision	verschmitzt	glamourös	Stativ
Schienensystem	Catering	Flyer	Pressebericht
Radio-Feature	Physiotherapiepraxis	Gymnastikball	Kreativität

4 An seine Grenze gehen – Bericht und Reportage

1 Lass euch von dem Foto inspirieren.
a Was reizt manche Menschen dazu, ihre körperlichen Grenzen auszutesten?
b Berichtet: Gab es in eurem Leben schon Situationen, in denen ihr auch über euch hinausgewachsen seid?

2 **a** Überlegt: Warum ist es faszinierend, Berichte von Menschen zu lesen, die Extremes vollbracht oder erlebt haben?
b Sammelt: Wo findet man solche Texte? Wer liest sie und aus welchem Grund?

In diesem Kapitel …

- lest und schreibt ihr Reportagen über Extremsportarten,
- lernt ihr, einen Bericht von einer Reportage zu unterscheiden,
- übt ihr, persönliche Erlebnisse anschaulich zu schildern,
- gebt ihr Aussagen direkt und indirekt wieder.

4.1 Situationen und Absichten entscheiden – Berichten

Extreme Situationen erleben – Informationen weitergeben

Spektakulärer Stratosphärensprung[1]

Roswell/Hamburg Der 43-jährige Felix Baumgartner sprang am 14. Oktober 2012 vom Weltall auf die Erde. Er war 39 Kilometer über der Erde aus einer Kapsel gesprungen und dann mit bis zu 1342 km/h zu Boden gerast. Im freien Fall von 4:19 Minuten durchbrach er die Schallmauer. Während des Sprungs, der von Millionen Menschen auf der ganzen Welt per Livestream[2] im Internet und im Fernsehen verfolgt wurde, kam es zu zwei Problemen. Beim Aufstieg ins All mit dem Heliumballon versagte plötzlich die Heizung für sein Helmvisier. Das Visier habe immer mehr beschlagen, gab der gebürtige Österreicher im Interview zu. Vor dem Absprung konnte er dieses Problem noch in den Griff bekommen. Weitaus brenzliger wurde es dann für Baumgartner, als er im freien Fall plötzlich ins so genannte „Flachtrudeln" geriet. Zum Glück konnte er seinen Körper noch so austarieren[3], dass er wieder in den kontrollierten Flug kam und sicher in der Wüste von New Mexico, USA landen konnte. Dort wurde er von zahlreichen Reportern und seiner Familie in Empfang genommen, die ihm zu dem spektakulären Stratosphärensprung gratulierten.

1 Stratosphäre: zweite Schicht der Erdatmosphäre in 10 bis 50 km Höhe

2 Livestream: über das Internet in Echtzeit übertragener Ereignisbericht

3 austarieren: ein Gleichgewicht herstellen

„Es war ein richtiger Nerventhriller! Immer wieder wurde der Absprung verschoben. Zuletzt wegen der starken Winde in New Mexico. Gegen 9:30 Uhr hoben mein Team und ich dann mit dem Heliumballon ab. Die Luft war verdammt dünn. Ich stand auf dem Podest und die Visierheizung streikte, da sah ich anfangs die Welt ganz verschwommen. Es war brutal hoch, dann sprang ich ab. Alles ging sehr schnell, ich begann ungeheure Geschwindigkeit zu machen und habe für ein paar Sekunden gedacht, ich verliere das Bewusstsein. Das lag an dem Flat Spin, dem unkontrollierbaren Taumeln, das ist wie Schwimmen, ohne das Wasser zu berühren, denn in dem Druckanzug merkst du nichts. Gott sei Dank habe ich mit meinen Armen das unter Kontrolle bekommen."

1 Was lösen die beiden Texte in euch aus? Gebt eure Eindrücke und Reaktionen wieder.

2 Was unterscheidet die beiden Texte? Beschreibt jeweils die Absicht, in der sie verfasst wurden.

3 In welchen der folgenden Situationen wird eher erzählt, in welchen eher berichtet?

A Nicole und Simon informieren in der Schülerratssitzung darüber, was bei der letzten SMV-Sitzung beschlossen wurde.

B In derselben Veranstaltung sagt der Schülersprecher etwas über die eingenommen Spenden bei dem Schulfest.

C Benno will seinen Freunden über die Ferien am Meer vorschwärmen.

D Ein Polizist schreibt über den Hergang eines Unfalls.

E Bei einer Familienfeier denkt man an die Begebenheiten von früher zurück.

F In der Klasse präsentiert Katrin, was sie über das Ziel der nächsten Klassenfahrt herausfand.

4 Was bezweckt jemand, der erzählt – welche Absicht hat jemand, der berichtet? Vervollständigt die Sätze in eurem Heft.

Wer erzählt, will ...
Wer berichtet, will ...

... die Zuhörer unterhalten.
... die Zuhörer über etwas informieren.
... die Zuhörer an eigenen Erlebnissen teilhaben lassen.
... die Zuhörer „packen“.

Moritz, der begeisterte Reporter – Ein Zeitungsbericht

Moritz darf einen Artikel für die „Marbacher Zeitung“ schreiben. Vom Chefredakteur, Herrn Lange, bekommt er den Auftrag, einen Bericht über die spektakuläre Aktion des Extremsportlers Dirk Auer zu verfassen. Am Samstag liefert er seinen Artikel pünktlich in der Redaktion ab. Herr Lange überfliegt den Text und blickt Moritz fragend an. Moritz' Bericht lautet wie folgt:

Mit Inlineskates auf der Achterbahn

von Moritz Stegmeier

Als neues Mitglied der Marbacher Zeitung wurde ich zu einem spektakulären Event in den Freizeitpark Tripsdrill bei Stuttgart eingeladen. Auf so eine Gelegenheit hatte ich lange schon gewartet! Dort gibt es ja eine neue Achterbahn, komplett aus Holz konstruiert mit dem Namen „Ride the Mammut“. Über sie und den Extremsportler Dirk Auer sollte ich einen Bericht schreiben.

Am 27. Juli postierten sich die Presseleute – ich natürlich ganz vorn – vor der Achterbahn. Am Eingang stand Dirk Auer aus Frankfurt auf Inlineskates. „Was ist das denn?“, dachte ich. Doch da rückte der Pressesprecher von Tripsdrill schon mit der Sprache raus und ich erfuhr: Der Extremsportler Dirk Auer wollte als schnellster Mensch der Welt die Achterbahn auf Skates herunterrasen.

Ob er es wohl schaffen würde? Die Anspannung kurz vor der „Mammut-Fahrt“ war Herrn Auer ins Gesicht geschrieben. Klar, dass der fit und konzentriert sein musste! Todesmutig stürzte er sich die 30 Meter hohe Achterbahn hinunter und erreichte dabei die Spitzengeschwindigkeit von 90 km/h. Junge, wie ein Pfeil zischte der an mir vorbei. An den Steilkurven der Achterbahn war er Höchstbelastungen ausgesetzt, das Dreifache seines Körpergewichts. Du glaubst es nicht! Das muss für den 37-Jährigen ein unglaublicher Adrenalinkick gewesen sein. Seine rasante Fahrt dauerte 60 Sekunden. Insgesamt 110 Arbeitsstunden und zwei Monate Planung investierte er in den Bau seiner Spezialskates, verriet er uns später im Interview. „16 Rollen habe ich an meine Schuhe montiert und 20 Kilo wiegen sie.“

Im Training befestigte Dirk Auer seine Schuhe mit einer Metallkonstruktion an den Schienen der Achterbahn. Immer wenn der Park geschlossen hatte, testete er mit einem maßstabsgetreuen Modell das Fahrverhalten seiner Spezialanfertigung. Auer weiß, die Aktion hätte tödlich ausgehen können. „Das war ein sehr gefährlicher Stunt, denn ich musste so viele Faktoren berücksichtigen", sagte er uns. „Die Achterbahn besteht aus Holz. Das ist komplett anders als bei Fahrten auf Eisen- oder Stahlkonstruktionen. Es gibt immer die Möglichkeit, dass ein Nagel oder eine Schraube nicht hundertprozentig flach ist. Ich hätte mich verhaken können, wäre gestürzt und mit großer Sicherheit gestorben. Aber ich hab's geschafft!", gestand mir Dirk Auer überglücklich.

1 Gebt kurz wieder: Was fasziniert Moritz an der Aktion des Extremsportlers Dirk Auer?

2 Stellt euch vor, ihr seid in der Situation von Chefredakteur Lange. Welche Hinweise gebt ihr Moritz, wie er seinen Bericht verbessern kann?

- **a** Kopiert euch den Text und bereitet euch auf ein Gespräch mit ihm vor. Streicht dazu die Stellen an, an denen besonders deutlich wird, dass Moritz keinen Bericht verfasst hat. Arbeitet nach dem Verfahren der Textlupe (▸ S. 357).
- **b** Verfasst einen Zeitungsbericht. Nehmt Moritz' Text als Grundlage. Notiert in Stichworten die Informationen, welche die Zeitungsleser (= Adressaten eures Berichts) interessieren könnten, und bringt sie in die richtige Reihenfolge.

3
- **a** Was ist anders, wenn man in der örtlichen Zeitung, in der Schülerzeitung, einer Freundin oder einem Freund (die nicht selbst dabei waren) oder den Großeltern berichtet?
- **b** Überlegt, wie diese Unterschiede zu erklären sind.

4 Schreibt einen Bericht über eine Sportveranstaltung oder ein anderes besonderes Ereignis, an dem ihr teilnehmen konntet (z. B.: eine Betriebserkundung, die Schülerdisko). Stellt euch zunächst folgende Fragen: Für wen schreibe ich? Was dürfte für diese Adressaten besonders interessant sein? Beachtet beim Schreiben und bei der Überarbeitung die Hinweise unten im Infokasten.

Information **Der Zeitungsbericht**

Absicht und **Aufgabe** eines Zeitungsberichts ist es, über Ereignisse und Vorgänge zuverlässig zu **informieren.** Daher folgt er diesen Regeln:

- **Inhalt:** Der Zeitungsbericht gibt Antwort auf die W-Fragen. Er kann Informationen enthalten, die über das berichtete Ereignis hinausgehen, aber für das Verständnis wichtig sind. Es dürfen auch Vermutungen sein, die aber als solche deutlich gemacht werden müssen.
- **Aufbau:** Der Zeitungsbericht nennt das Wichtigste am Anfang. Danach folgt er dem Ablauf der Ereignisse.
- **Schreibstil:** Er ist sachlich geschrieben, enthält genaue Beschreibungen (treffende Adjektive), aber keine Gefühle und Wertungen. Zitate werden nur verwendet, wenn der Wortlaut wichtig ist.
- **Tempus:** Der Bericht steht im Präteritum. Wird etwas erwähnt, das noch vor dem hauptsächlich dargestellten Ereignis lag, wird das Plusquamperfekt genommen, z. B.: *Er verlor das Spiel, nachdem er zuvor alle Wettbewerbe gewonnen hatte.*

Paddeln rund um Südamerika – Informationen indirekt wiedergeben

Extrempaddlerin Freya Hoffmeister legt wieder los

Die Hobby-Abenteurerin Freya Hoffmeister aus Husum paddelte allein im Kajak rund um Südamerika. Sie sagte: „Ich erlebe gerne Sachen, die sonst keiner macht und schon gar keine Frau." Am 30. August 2011 startete die 47-Jährige in Buenos Aires die rund 22000 km lange Umrundung Südamerikas, die sie in drei Teiletappen durchführen und beenden will. Bei Zwischenetappen in Deutschland renoviert Freya Hoffmeister nebenbei das Haus.

Ab September gehe es weiter die chilenische Küste entlang. Viel zu tun sei bis dahin, Kartenmaterial sei zu besorgen, Behördengänge seien zu erledigen, so die passionierte Sportlerin.

Der erste Abschnitt führte sie über eine Distanz von 7676 km bis Valparaíso in Chile, das sie am 5. Mai 2012 erreichte. 248 Tage Paddelei lagen hinter ihr. Täglich steckte sie sich kleine Ziele, sie dachte immerzu: „Du musst es nur bis zur nächsten Landspitze schaffen." Sie paddelte nicht durch Buchten, sondern nahm den direkten Weg. „Das Landen mit dem Kajak ist schwierig, besonders an einem offenen Strand mit Brandung, denn eine brechende Welle kann einen zertrümmern", erklärt sie. Die Wellen seien nicht immer gleich hoch. Man müsse warten und hoffen, dass die letzte Welle einem nicht im Nacken sitze. Einmal wehte starker Wind, und das Boot flog plötzlich durch die Gegend. Sie fluchte. An Silvester umfuhr Hoffmeister das Kap Hoorn, die anspruchvollste und risikoreichste Ecke der Welt, auch für Segler.

Ein Besuch bei einem Arzt kam für die Deutsche nie in Frage. Der Körper sage einem schon, wenn er eine Pause brauche. „Ich bin topfit, manchmal hatte ich höchstens einen Muskelkater", antwortet sie selbstbewusst. Am 10. Mai 2014, genau an ihrem 50. Geburtstag, will sie in Buenos Aires ankommen.

1 Welches besondere Vorhaben hat Freya Hoffmeister? Berichtet.

2 In dem Zeitungsbericht werden Aussagen unterschiedlich wiedergegeben.

a Wodurch unterscheiden sich die Wiedergaben? Achtet zunächst auf die Satzzeichen.

b Übertragt die Tabelle in euer Heft und ergänzt sie in der linken Spalte durch Aussagen, die in Anführungszeichen gesetzt sind (direkte Rede); in die rechte Spalte schreibt ihr die übrigen Aussagen (indirekte Rede).

c Formuliert nun Aussagen der direkten Rede in indirekte um und umgekehrt.

direkte Rede (mit Anführungszeichen)	indirekte Rede (ohne Anführungszeichen)
„Ich mag gerne Sachen machen, die sonst keiner macht und schon gar keine Frau." …	*Ab September gehe es weiter die chilenische Küste entlang.* …

d Vergleicht die beiden Spalten miteinander. Unterstreicht jeweils, was unterschiedlich ist.

3 Schreibt den Zeitungsartikel über Freya Hoffmeister weiter. Formuliert dazu die folgenden Aussagen ihres Sohnes in indirekte Rede um. Lest hierzu den Merkkasten unten und den Tipp.

Stellt euch vor, an Silvester 2011 umfährt sie das Kap Hoorn. Das Wetter ist dort in der Regel extrem, enormer Westwind und hoher Wellengang, die Temperaturen liegen unter zehn Grad Celsius. Der Westwind kommt drei Stunden zu früh mit gut 110 Stundenkilometern. An eine Rückkehr ist da nicht zu denken. Mit aller Kraft paddelt meine Mutter auf eine felsige Bucht zu, muss notlanden, es ist die letzte Chance überhaupt. Sonst treibt sie bis in die Antarktis.

Das Boot mit Gepäck, Proviant und GPS wiegt 100 kg, das muss alles geschleppt werden. Oft weht der Wind so stark, dass alles durch die Gegend fliegt.

Ist der Konjunktiv I nicht vom Indikativ Präsens zu unterscheiden, wird der Konjunktiv II oder die würde-Ersatzform verwendet z. B.:
Sie sagt,
... *Tornados richten enormen Schaden an.* (Konjunktiv I)
... *Tornados richteten enormen Schaden an.* (Konjunktiv II)
... *Tornados würden enormen Schaden anrichten.* (würde-Ersatzform)

4 Formuliert weitere denkbare Aussagen von Freyas Freunden und ihrer Familie über ihre Paddeltour.

a Schreibt sie in direkter Rede und im Präsens.

b Tauscht anschließend eure Hefte aus und formt die Sätze eures Lernpartners in indirekte Rede um.

	direkte Rede	**indirekte Rede**
Freyas Freundin sagte:	*„Wenn sie so lange unterwegs ist, vermisst sie ihre Heimat Husum.“*	*Wenn sie so lange unterwegs sei, vermisse sie ihre Heimat Husum.*
	„Um sich die Zeit während des Paddelns zu vertreiben, spricht sie mit den Seehunden.“	...

Information **Direkte und indirekte Rede**

Es gibt mehrere Möglichkeiten wiederzugeben, was andere gesagt haben:

- In der **direkten Rede** gibt man die Aussage wörtlich wieder, man „zitiert“ also. Um das deutlich zu machen, setzt man sie in Anführungszeichen, z. B.: *Freya Hoffmeister berichtet: „Bei einer kleinen Etappe möchte mich mein Freund begleiten.“*
- In der **indirekten Rede** stehen die Verben meist im Konjunktiv I (Modus der Möglichkeit), z. B.: *Der Reporter fügt hinzu, die Extremsportlerin paddle auch nachts.*
- Formuliert man die Aussage in einem ***dass*-Satz,** kann der Konjunktiv oder der Indikativ (Modus der Wirklichkeit) stehen, z. B.: *Der Reporter sagt, dass die Extremsportlerin auch nachts paddelt/paddle.*
- Bei der Wiedergabe in indirekter Rede ändern sich die **Pronomen** im Satz: Aus „ich“ wird „er“ oder „sie“, aus „wir“ wird „sie“, z. B.: *„Ich sehe.“ – Er sagt, er sehe.* Auch die Possessivpronomen ändern sich entsprechend.

Extrem sportlich – Die Reportage als Erlebnisbericht

Kaltenbrunner und der K2[1]: **Triumph am Schicksalsberg**

Von Stephan Orth

25 Jahre lang träumte Gerlinde Kaltenbrunner vom Gipfel des K2, schließlich stand sie ganz oben: Sie ist die erste Frau, die sämtliche Achttausender ohne Flaschensauerstoff besteigen konnte. Ihren großen Triumph feierte sie auf jenem Berg, an dem sie ihre bittersten Niederlagen erlebte.

Ohne den K2 wäre Gerlinde Kaltenbrunner vielleicht niemals Höhenbergsteigerin geworden. Denn als sie im Jahr 1986 einen Diavortrag über den zweithöchsten Berg der Welt sah, wurde der damals 16 Jahre alten Hobby-Kletterin klar, dass ihr die österreichischen Alpen zu klein waren. Sie träumte nun von Achttausender-Besteigungen im Karakorum und Himalaja – obwohl sie schon damals um die enormen Gefahren wusste, die in der dünnen Höhenluft lauerten.

25 Jahre später, am Dienstag um 18.18 Uhr, steht Kaltenbrunner auf dem Gipfel ihres persönlichen Schicksalsberges. Denn der 8611 Meter hohe Gigant hat sie nicht nur zum Höhenbergsteigen inspiriert. Er hat ihr auch viele Male ihre Grenzen aufgezeigt und sie immer wieder zum Umkehren gezwungen. Bei ihrem sechsten Besteigungsversuch 2010 starb ein guter Freund von ihr kurz vor dem Gipfel, Fredrik Ericsson. Sie stand wenige Meter entfernt am Eishang, als der Schwede 1000 Meter in die Tiefe stürzte. Jetzt, bei ihrem siebten Versuch, wurde sie zur ersten Frau, die alle Achttausender ohne künstlichen Flaschensauerstoff erreichte.

Vom Gipfel funkte die 40-Jährige an ihren Ehemann Ralf Dujmovits im Basecamp, dass es ein Geschenk sei, bei schwierigen Verhältnissen im Aufstieg gemeinsam das Ziel erreicht zu haben. Das „gemeinsam“ bezog sich auf ihre drei Begleiter, die beiden Kasachen Wassilij Piwzow und Maksut Schumajew und den polnischen Filmemacher Darek Zaluski. Und dieses „gemeinsam“ ist bemerkenswert, weil Kaltenbrunner im Moment ihres größten persönlichen Triumphs auch die anderen einbezog, die erst einige Minuten nach ihr ganz oben standen. Doch Kaltenbrunners Triumph spielt in einer anderen Liga, weil sie die Berge im Alpinstil erklettert hat: Nur 13 Menschen schafften bislang sämtliche Achttausender-Gipfel ohne Sauerstoff aus der Flasche, um den Aufenthalt in der dünnen Luft der Todeszone erträglicher zu machen.

Der K2 im Karakorum-Gebirge ist nicht der höchste Achttausender, gilt aber als der schwerste: 306 erfolgreiche Gipfelbesteigungen gab es dort, 80 Menschen bezahlten den Versuch mit ihrem Leben: Statistisch kommt auf vier erfolgreiche Besteigungen ein Todesfall. Der K2 ist berüchtigt für unsichere Wetterbedingungen und eine immense Lawinengefahr, auch technisch verlangen einige Passagen den Extrembergsteigern alles ab. Kaum berechenbar ist die Lawinengefahr am so genannten „Flaschenhals“ auf der am häufigsten begangenen Route. Deshalb entschloss sich Kaltenbrunner, diesmal von China aus über die Nordflanke aufzusteigen, die viel seltener genutzt wird.

Jede Achttausender-Expedition kostet viel Geld für Material und Lizenzen. Die Akklimatisierung dauert mehrere Wochen, Zeltplätze und Depots müssen errichtet und Pfade gespurt werden. Ein Umkehren kurz vor dem Gipfel ist keine leichte Entscheidung, egal wie unwirtlich die Bedingungen sind. Deshalb spricht es für die alpinistische Erfahrung und Vernunft der Österreicherin, dass sie sechs erfolglose K2-Expeditionen überlebt hat. 2011 erreichte sie den Gipfel des K2: Gerlinde Kaltenbrunner, die beste Höhenbergsteigerin der Welt.

1 K2: Mit 8 611 m, auf der Grenze zwischen Pakistan und China gelegen, der höchste Berg im Karakorum, einem Gebirge in Zentralasien

1 Überfliegt den Text (▶ S. 81) und beantwortet möglichst knapp und mit eigenen Worten die Frage, wovon er handelt. Notiert in Stichworten, was ihr nach dem ersten Lesen behalten habt.

> Mit einer Kopie könnt ihr euch die Arbeit erleichtern, indem ihr die Schlüsselwörter in jedem Textabschnitt markiert.

2 Um den Inhalt eines Textes richtig zu erfassen, muss man ihn in der Regel mindestens zweimal lesen. Notiert euch nach dem ersten Lesen Fragen an den Text.

3 a Schreibt Fremdwörter, die ihr nicht sofort versteht, aus dem Text heraus. Sechs davon stammen aus der Fachsprache der Bergsteiger.
b Versucht, die Fremdwörter aus dem Kontext zu erschließen.
c Schaut anschließend in einem Wörterbuch nach, um eure Erklärungen zu prüfen.

Fachwort, Fremdwort	**aus dem Kontext erschlossen**	**Bedeutung laut Wörterbuch**
Lawine	*ist wetterbedingt und mit Gefahr verbunden*	*große Schnee- oder Eismassen, die von Berghängen ins Tal stürzen*

4 Lest den Text nun noch einmal aufmerksam durch und prüft euer Textverständnis.
Wie werden die von euch in Aufgabe 2 notierten Fragen beantwortet?
a Fasst jeden Sinnabschnitt in einem Stichwort oder einer knappen Überschrift zusammen.
b Unterscheidet und kennzeichnet farbig am Rand
- Passagen, die Information enthalten, die unabhängig vom konkreten Ereignis gelten,
- Stellen, die besonders anschaulich sind und ein persönliches Erleben erkennen lassen.

5 Durch welche sprachlichen Gestaltungsmittel wird die Besteigung des K2 besonders anschaulich? Sammelt Beispiele aus dem Text in einer Tabelle.

ausdrucksstarke Verben	anschauliche Adjektive und Partizipien	sprachliche Bilder: Vergleich, Metaphern, Personifikationen
...	*unwirtlich (Z. 70)*	*Schicksalsberg (Überschrift)*

6 Für welche extreme Sportart interessiert ihr euch? Recherchiert dazu und schreibt eine Reportage.

Information **Reportage**

Eine Reportage ist ein **Erlebnisbericht** und informiert in besonders anschaulicher und lebendiger Weise über ein Ereignis.
- Reportagen **führen direkt in eine interessante Szene** ein (szenischer Einstieg), sodass die Neugier des Lesers geweckt wird, z. B. durch Schilderung einer Situation.
- Eine Reportage enthält **sachliche Informationen** (Beantwortung der W-Fragen), gibt aber auch die **Eindrücke und persönliche Sichtweise** des Verfassers wieder.
- Der Reporter schildert die **Stimmung vor Ort** und verwendet eine bildhafte Sprache.
- Die Zeitformen wechseln: Häufig wird das **Präsens** verwendet.

Testet euch!

Reportage und Bericht unterscheiden

1 Welche Aussagen zur Reportage treffen zu, welche nicht? Es können auch beide richtig sein.

a Schreibt die Sätze mit den richtigen Aussagen in euer Heft.

Reportagen ...
- schildern etwas sachlich und neutral / sind aus einer persönlichen Sicht heraus geschrieben.
- beginnen mit einer interessanten Szene / enthalten die wichtigsten Informationen im ersten Satz.
- wechseln zwischen informierenden Passagen und szenischer Darstellung / werden knapp und sachlich geschrieben.
- beantworten ausschließlich die W-Fragen / erläutern auch die Hintergründe, aus denen sich das Ereignis erklärt.
- wollen den Leser auch für eine Sache gewinnen und ihn begeistern / bereiten nur Fakten auf und geben diese weiter.

b Überprüft eure Ergebnisse in Partnerarbeit. Nehmt den Merkkasten von Seite 82 zu Hilfe.

2 Formuliert den folgenden Ausschnitt aus einer Reportage zu einem sachlichen Zeitungsbericht um.

a Macht euch noch einmal klar, was einen Bericht von einer Reportage unterscheidet (▸ Information S. 78). Schreibt dann den Bericht in euer Heft.

b Überarbeitet eure Texte mit Hilfe der Textlupe (▸ S. 357).

Jordan erklimmt den Mount Everest

Jordan im Freudentaumel: Am 22. Mai 2010, um ca. 14 Uhr, erreichen Jordan und sein Vater den Gipfel des 8848 Meter hohen Mount Everest. Per Satellitentelefon meldeten sich vom Gipfel. „Ich möchte mit meiner Aktion andere Kinder dazu aufrufen, selbst gesteckte Ziele zu erreichen“, verkündete Jordan Romero aus Big Bear Lake nahe Los Angeles später mit einem gewissen Sendungsbewusstsein im Interview.

Das Ziel, das er sich steckte, war wirklich kein Pappenstiel! Auch die nepalesischen Behörden hielten mit ihrer Meinung, Jugendliche unter 16 Jahren sollten von einem solchen Vorhaben absehen, nicht hinterm Berg und verweigerten ihm die Einreise. Jordan kämpfte wie ein Löwe gegen dieses Verbot. Angetrieben von dem Gemälde der Seven Summits, den sieben höchsten Bergen der Welt, in seiner Schule warf er die Flinte nicht ins Korn und wählte siegessicher die tibetische Nordroute zum Gipfel. Der Triumpf gab ihm recht: Als jüngster Mensch aller Zeiten bezwang er den höchsten Berg der Welt und viele Menschen gratulierten ihm auf seiner Homepage.

4.2 Große und kleine Reiseerlebnisse – Eine Reportage schreiben

Erlebnisse beim Schüleraustausch

Eastbourne: Linksverkehr, eine andere Währung und eine Gastfamilie

Kein Durchkommen mehr vor unserem Reisebus. Vor dem großen Kofferraum liegen überall Gepäckstücke, Plastiktüten, Getränkeflaschen und Nahrungsmittel aller Art, die darauf warten, von ihren Besitzern verstaut zu werden. Ein entnervter Busfahrer versucht, sich durch laute Anweisungen Gehör zu verschaffen. Das Bemühen scheitert und geht im Getöse der sitzplatzsuchenden Jugendlichen unter. Unser Schüleraustausch, der uns nach Eastbourne in England führte, hatte begonnen. Es sollte jedoch nicht die letzte Aufregung während unserer Reise gewesen sein.
Nach langer Fahrt am Ziel angekommen, wurden wir von unseren Gastfamilien erwartet. Wir hatten uns schon über Skype und E-Mails kennen gelernt, trotzdem war mir die Nervosität merklich anzusehen. Das freundliche „Hello my dear! How was your journey?“ meiner Gastmutter wirkte Wunder. Bei den Millers zu Hause war dann Gelegenheit, die Gastgeschenke zu überreichen. Bald darauf sank ich todmüde in das Bett, das für die nächsten sieben Nächte meins sein sollte.
Geweckt wurde ich am nächsten Morgen mit den Worten: „Ungefähr alle 30 Jahre erlebt England ein Schneechaos, und so betrachtest bist du wohl privilegiert.“ Und wirklich: Der Montag begrüßte uns in weißer Pracht, und Frau Holle legte immer wieder kräftig nach.
Der Tagesrhythmus stand für die kommenden Tage fest: aufstehen, Schuluniform anziehen – was einigermaßen gewöhnungsbedürftig war –, schnell frühstücken und dann ab in die Schule. Zum Glück lag diese nur drei Minuten Fußweg von meinen Gasteltern entfernt.

Nach dem Englischunterricht stand eine Stadttour mit Guide Kristin auf dem Programm. Gott sei Dank im warmen Bus! Die nachfolgende Town Rallye war dann eine echte Herausforderung, der wir uns aber tapfer stellten. Der Bus brachte uns durch das abendliche Schneetreiben zurück in die Familien. Prima Schnitt: Fünf Kilometer in etwa zwei Stunden!
Am Dienstag dann machte die Wetterlage unsere Londonfahrt unmöglich. Kurzerhand wurde ein „Outward Bound“-Tag in der Nähe von Eastbourne organisiert. Zusammen mit englischen Schülern meisterten wir alle Aufgaben. „Outward Bound“ ist eine Art „Kurzschule“, die Menschen in ihrer individuellen Entwicklung durch Erlebnisse in und mit der Natur unterstützen will. Zentrale Werte sind dabei das körperliche Training, die Sorgfalt und die Selbstinitiative, die in unterschiedlichen Pro-

jekten und Aufgaben geschult werden. Von Anfang an fühlte ich mich sehr wohl dabei. Dies lag vor allem an der Gruppe, unserem „Steward Clan“. Wir lernten viel Nützliches, Teamgeist und Selbsteinschätzung wurden gestärkt! So bauten wir zum Beispiel zusammen ein Floß aus Tonnen und Seilen, das zugegebenermaßen nicht ganz seetauglich war.
Am Mittwoch ging es dann endlich nach London. Die englische Hauptstadt gilt als größte, zugleich auch teuerste Stadt Europas. Tatsächlich ist die Metropole quirlig und aufregend. Über 50 % der knapp acht Millionen Einwohner sind jünger als 35. Tradition und Geschichte sind in London allgegenwärtig. Im historischen Zentrum reiht sich eine Sehenswürdigkeit an die andere. Mein Favorit: Madame Tussaud’s. Leider blieb mir nur eine Stunde zum Fotoshooting mit den großen Stars. Anschließend Shoppen in der Regent Street. Unsere Lehrerin, Frau Ahrens, gab uns letzte Instruktionen: „Bitte kommt alle pünktlich um 12 Uhr an den Piccadilly Circus!“ Und so marschierten wir zum Haymarket, vorbei am Trafalgar Square über die Westminster Bridge zum London Eye.
Der Donnerstag verlief endlich nach Plan. Unterricht mit coolen Lehrern und selbst gestalteter Radiosendung. Im Anschluss brachte uns Busfahrer Hans bei winterlichem Sonnenschein nach Brighton, wo wir den Royal Pavillon per Audioguide besichtigten und dann in den Lanes, den umliegenden, malerischen Gassen Brightons, schlendern durften. Das allein war schon einen Ausflug wert! Den Abend verbrachten wir mit Packen; bei der Menge von Shoppingtüten eine echte Challenge!
Obwohl wir uns alle auf unser Zuhause freuten, fiel der Abschied am Freitag schwer. Die Gastfamilien hatten uns sehr herzlich aufgenommen und wir fühlten uns rundum wohl. Suchten wir eine Woche zuvor noch nach den richtigen Begrüßungsworten, so verabschiedeten wir nun ganz locker und ließen uns von unseren Gasteltern noch mal in den Arm nehmen, bevor der Bus nach Dover Richtung Heimat startete.

1 Vergleicht die Schülerreportage mit euren Erfahrungen bei Klassenfahrten. Welche zusätzlichen Informationen bzw. Schilderungen würdet ihr als Leser noch erwarten?

2 Untersucht die Reportage.
- **a** Was ist auffällig an der Gestaltung des Anfangs?
- **b** Gliedert den Text und formuliert mindestens drei Zwischenüberschriften.
- **c** Entscheidet für jeden Abschnitt, wo Erlebnisse beschrieben, Hintergrundinformationen gegeben werden oder das Geschehen kommentiert wird.

3 An einigen Stellen hat die Verfasserin direkte und indirekte Rede verwendet. Untersucht die Passagen und begründet die unterschiedliche Wiedergabe des Gesprochenen.

Information **Die Reisereportage**

- Die Reisereportage beschränkt sich nicht allein auf die **sachliche Berichterstattung** des Erlebnisses, sondern sucht die **temperamentvolle, lebensnahe Darstellung.**
- Tatsachen und Hintergrundinformationen werden zum Ausdruck gebracht, gleichzeitig aber auch **persönliche Eindrücke** und die **Meinung zum Geschehen.**
- Reisereportagen versuchen, die **Atmosphäre** einzufangen. Journalistinnen und Reporter wollen und müssen immer ganz nah am Geschehen sein, so entsteht beim Lesen der Eindruck, mit auf die Reise genommen zu werden.

Schritt für Schritt zur eigenen Reisereportage

1 Schaut euch die Fotos an. Wovon erzählen sie? Lasst euch dazu anregen, eine eigene Reportage zu schreiben.

Erster Schritt: Verständigung über Inhalt und Adressaten

1 Macht euch bewusst, an wen sich eure Reportage richtet und welche Absicht ihr mit ihr verfolgt. Schreibt eine Reportage über den Besuch bei der Partnerschule. Entscheidet euch für eines der folgenden Schreibziele:
- Soll eure Reportage Werbung für die Schule machen?
- Wollt ihr am konkreten Beispiel die allgemeine Bedeutung von Schulpartnerschaften aufzeigen (Völkerverständigung, Festigung von Fremdsprachenkenntnissen ...)?
- Sollen für zukünftige Austauschprogramme Sponsoren gefunden werden?
- Wollt ihr Vor- und Nachteile von Schulpartnerschaften aufzeigen?

Zweiter Schritt: Notieren persönlicher Eindrücke

2 Schildert euch gegenseitig eure Erlebnisse und Erfahrungen. Versucht, euch an Stimmungen und Gefühle zu erinnern, die ihr in eurer Reportage aufgreifen wollt.
- Welches Grundgefühl war auf der Reise/beim Gastbesuch vorherrschend?
- Was ging in euch vor bei offiziellen Begrüßungen durch Schulleiter, Elternvertreter usw.?
- Wie habt ihr euch in den jeweiligen Gastfamilien gefühlt?
- Was hat die gemeinsamen Unternehmungen geprägt?

3 Macht euch Gesprächsnotizen von euren Stimmungsberichten. Überzeugende oder mitreißende Gedanken könnt ihr in eure Reportage als Zitat verwenden.

Dritter Schritt: Hintergrundinformationen zusammenstellen

4 Überlegt gemeinsam, welche Sachinformationen eure Leserschaft erhalten soll.
a Sammelt alle eure Vorschläge.
b Einigt euch, welche Daten und Fakten im Zusammenhang mit eurer Reportage wesentlich sind. Erstellt eine Liste.

5 Recherchiert zu den einzelnen Punkten eurer Liste: Welche Informationsquellen könnt ihr nutzen?

Vierter Schritt: Textentwurf

6 Geht eure Material- und Stichwortsammlung gemeinsam durch und sortiert:
- Welche Stichworte wollt ihr aufgreifen, welche eher nicht?
- Welche eigenen Notizen lassen sich zu schildernden Passagen ausarbeiten, an welcher Stelle sollten sachliche Informationen ergänzt werden?

7 Erstellt eine Gliederung.

8 Schreibt nun eure Reportage in einem ersten Entwurf. Beachtet dabei die Methode auf Seite 88.
„Huh, huh!“, schallt es aus dem dunklen Verließ, schlagartig wird es taghell in den dunklen Gemäuern und wir rücken eng zusammen. Die Überraschung war dem Burgführer gelungen! Glaubten wir uns lange über derartige Gruseleffekte erhaben, so taten die mittelalterliche Kulisse und das weit entfernte Tageslicht ihre Wirkung.

Fünfter Schritt: Bildmaterial

9 Sammelt Fotos und Abbildungen, die sich für eure Reisereportage eignen könnten. Bedenkt dabei, dass Fotos eines am Geschehen Beteiligten besonders überzeugend sind. Aber auch Bilder aus Büchern und Zeitungen kommen in Betracht.

10 Entscheidet, zu welchem Abschnitt eures Textes welches Foto besonders gut passt.

11 Formuliert Bildunterschriften, die Verbindungen zwischen Text und Bild herstellen.

Löwenstatue auf Schloss Arundel

Gruppenfoto mit Skateboards

Extra-Reportage: Schüleraustausch mit England

Sechster Schritt: Die Reportage überarbeiten

12 Führt eine Schreibkonferenz durch (► S. 357). Tauscht eure Texte aus und macht am Rand des fremden Textes mit Bleistift Anmerkungen.

13 Besonders kritische, wichtige oder sehr spannende Textstellen könnt ihr mit der Textlupe (► S. 357) gegenseitig in den Blick nehmen.

14 Sind die in der Arbeitstechnik „Eine Reportage schreiben“ genannten Punkte berücksichtigt? Prüft mit Hilfe des Methodenkastens unten.

15 Eure Reportagen können nun „veröffentlicht“ werden. Gibt es einen Internet-Auftritt eurer Schule oder erscheint bald die nächste Ausgabe eurer Schülerzeitschrift? Erkundigt euch nach Möglichkeiten, eure Texte publik, d. h. bekannt, zu machen.

Methode **Eine Reportage schreiben**

- **Weckt** gleich zu Beginn die **Neugier:** Springt mitten ins Geschehen oder schildert anschaulich eine Momentaufnahme.
- **Gebt** spätestens im zweiten Abschnitt **die wichtigsten Informationen:** beteiligte Personen, Ort, Art des Reiseerlebnisses (W-Fragen).
- Unterstreicht die Bedeutung des Geschehens, indem ihr **aus der Sicht der beteiligten Personen** schreibt.
- **Zitate** oder **indirekte Redewiedergabe** stehen für Informationen aus „erster Hand“ und zeugen von hohem Wahrheitsgehalt.
- **Wechselt zwischen Präsens** (persönlich gefärbte Abschnitte) und **Präteritum** (Hintergründe und vorausgehendes Geschehen) und tragt so zum Spannungsaufbau bei.

Stärken stärken: Eine Reportage überarbeiten

Quer durch Straßburg

VORSICHT FEHLER!

Jean-Baptiste Kléber ist ein wandelndes Lexikon und damit der ideale Begleiter für eine Rallye durch Straßburg. Schüler der 8. Klassen der Realschule Rheinmünster und des Collège du Rhin aus Drusenheim düsten mit Zettel bewaffnet durch die Straßen Straßburgs. Bekanntes und Neues galt es in der Altstadt und im Stadtviertel „Petite France" zu entdecken, immer im Bemühen, Antworten auf die dreißig Rallye-Fragen zu finden.

So erfuhren wir, dass der berühmte französische General Kléber an Napoleons Seite kämpfte und von Beruf Architekt war. Für Fragen wie „Wann wurde der Grundstein zum Straßburger Münster gelegt?" oder „Wo befindet sich das Maison des Tanneurs?" gab Monsieur Kléber einige Hinweise und zeigte den Weg zur nächsten Station auf.

Die deutschen Austauschschüler waren in den fünf Tagen in Gastfamilien rund um Straßburg untergebracht. Das kam unseren Französischkenntnissen sehr entgegen und auch die Austauschpartner lernten wir auf diese Weise gut kennen. Am Austausch teilgenommen haben 14 Schüler aus Frankreich und 16 Schüler der Realschule Rheinmünster. Anfangs war es eine echte Herausforderung, die richtigen Worte auf Französisch zu finden, peu à peu unterhielten wir uns dann aber schon über unsere Lieblingsbands und Hobbys.

„La Petite France" war früher ein unbeliebter und finsterer Stadtteil. Häute und Felle, die die Gerber aufhängten, verbreiteten einen üblen Geruch, den viele Straßburger mieden. Im Mittelalter fanden hier Gauner Unterschlupf, und angeblich wurden hier dunkle Geschäfte abgewickelt. Heute ist davon nichts mehr zu spüren, ganz im Gegenteil, das Viertel ist bei Einheimischen und Touristen wegen der engen Gassen, der Fachwerkhäuser und der vielen kleinen Geschäfte äußerst beliebt.

Ziel der Rallye war das eindrucksvolle Gerberhaus „Maison des Tanneurs", das direkt an dem Kanal der Ill liegt. Hier konnte jeder, der hungrig war, eine der berühmten Sauerkrautvariationen probieren und dabei die Aussicht auf die schön restaurierten Gerberhäuser aus dem 17. Jahrhundert genießen.

Bei der abschließenden Manöverkritik stellten alle übereinstimmend fest, dass die Erwartungen übertroffen wurden. Anna aus Schwarzach freute sich, dass sie durch die Teilnahme an der Rallye die Hauptstadt des Elsass' ganz gut kennen gelernt und viel erfahren hat, besonders gewinnbringend empfand sie die Zusammenarbeit mit ihrer französischen Freundin. Jedes Austauschteam würde die Rallye gemeinsam durchlaufen haben. Und ihre französische Partnerin Lizanne gestand, auch als Einheimische würde sie nicht alle Fragen auf Anhieb beantwortet haben können. Und nebenbei stellte sie fest: „Ich habe in Straßburg Gebäude gesehen, die ich noch nie richtig wahrgenommen habe."

●●● **1** Bens Reportage ist noch nicht ganz gelungen. Überarbeitet seinen Text, indem ihr die folgenden Teilaufgaben löst:

a Wovon handelt die Reportage? Fasst den Text knapp zusammen. Notiert zunächst in Stichworten, die wichtigsten Informationen. Was stellt ihr fest?

b Überlegt, was eine Reportage auszeichnet. Welche Aspekte hat Ben kaum berücksichtigt?

c Gibt es in Bens Text Aussagen in indirekter Rede? Schreibt sie heraus und prüft, ob sie grammatisch richtig sind.

d Schreibt Bens Reportage verbessert in euer Heft.

●●○ **Hilfe zu Aufgabe 1a:**

Wovon handelt die Reportage? Fasst den Text knapp zusammen. Notiert zunächst die wichtigsten Informationen in Stichworten. Was stellt ihr fest?

Wer?	*16 Achtklässler der Realschule Rheinmünster und 14 Achtklässler des Collège du Rhin aus Drusenheim*
Was?	*Deutsch-französischer Schüleraustausch in Straßburg*
Wann?	
Wo?	*Straßburg, Altstadt*
Welche Folgen?	*neue Freundschaften geschlossen, bessere Französischkenntnisse*

●●○ **Hilfe zu Aufgabe 1b:**

Überlegt, was eine Reportage auszeichnet. Welche Aspekte hat Ben kaum berücksichtigt? Lest hierzu den Informationskasten auf Seite 88. Lest anschließend den Text noch einmal ganz gezielt: Finden sich atmosphärisch geschilderte Eindrücke, die sich mit sachlichen (Hintergrund-) Informationen abwechseln? Versetzt euch in Bens Situation vor Ort: Sammelt Ideen und notiert, was er wahrnehmen und empfinden könnte, z. B.:

Ben schreibt: ... immer im Bemühen, Antworten auf die dreißig Rallye-Fragen zu finden. (Z. 9–10)
Er könnte ergänzen: Mann, war ich aufgeregt, ich wollte unbedingt gewinnen!
Hellhörig wie ein Luchs achtete ich auf jeden kleinen Nebensatz von Herrn Kléber, der eine hilfreiche Information enthalten konnte.

●●○ **Hilfe zu Aufgabe 1c:**

Gibt es in Bens Text Aussagen in indirekter Rede? Schreibt sie heraus und prüft, ob sie grammatisch richtig sind. Schreibt dazu die Aussage in direkter Rede in euer Heft.

Zu prüfen: Jedes Austauschteam würde die Rallye gemeinsam durchlaufen haben.
Anna: „Jedes Austauschteam hat die Rallye gemeinsam durchlaufen.“ (Indikativ)
→ Anna sagt, jedes Austauschteam habe die Rallye gemeinsam durchlaufen. (Konjunktiv I)

●●○ **Hilfe zu Aufgabe 1d:**

Schreibt Bens Reportage verbessert in euer Heft. Ergänzt fehlende Informationen (▶ Aufgabe 1a) und Reportagenbestandteile (▶ Aufgabe 1b), die bei Ben nicht oder kaum vorkommen. Korrigiert Aussagen in der indirekten Rede (▶ Aufgabe 1c).

4.3 Fit in …? – Berichten

Stellt euch vor, ihr bekommt in der nächsten Klassenarbeit folgende Aufgabenstellung:

Verfasse auf der Grundlage des folgenden Materials einen Bericht über den 24-Stunden-Lauf der Carl-Netter-Realschule für die Schulwebsite. Werte auch die Aussagen der Teilnehmer aus. Verwende aber nur Informationen, die für deinen Bericht wichtig sind.

Ich fand es besonders schön, dass die Einnahmen von 7.000 € für einen guten Zweck wie den Bühler Tafelladen verwendet wurden.
(Angelika Haas, Elternvertreterin)

„Gemeinsam viel bewegen“ war das Motto des Laufs. Und das traf zu! Viele Bühler Firmen spendeten bereits im Vorfeld Geld, nachdem sie von der Schulprojekte-AG angeschrieben wurden.
(Bernd Rabe, Hausmeister)

In Hubers Partyband spielen viele ehemalige Schüler mit. Toll, was die für eine Stimmung machten. Beeindruckend war die Teilnahme des Ultraläufers Alfred Ziegler. Er lief die 24 Stunden mit nur wenigen Fünf-Minuten-Pausen, in denen er kurz etwas zu sich nahm.
(Bianca Kast, Lehrerin)

Mich hat erstaunt, wie sportbegeistert unsere Schüler sein können. Die SMV motivierte alle dazu, mindestens eine Stunde zu laufen. Ich bin ja kein Sportass, habe mich eher an das Motto gehalten: „Dabei sein ist alles.“ Immerhin, drei Runden habe ich auch geschafft.
(Siegfried Schulz, Schulleiter)

Der Lauf findet nur alle zwei Jahre statt, da die Vorbereitung enormen Aufwand bedeutet. Diesmal waren 4 000 Läufer am Start, die insgesamt 13 000 km liefen.
(Lea, Schülerin 9 c)

Die Aufgabenstellung richtig verstehen

1 Lest euch die Aufgabenstellung auf Seite 91 sorgfältig durch. Entscheidet dann, welche der folgenden Antworten richtig sind, und schreibt die zutreffenden Sätze in euer Heft.

Ich soll ...
– eine spannende Reportage über den 24-Stunden-Lauf verfassen.
– für die offizielle Schulwebsite über den 24-Stunden-Lauf knapp und sachlich berichten.
– meine Meinung zum 24-Stunden-Lauf äußern.
– die Atmosphäre und die Stimmung vor Ort anschaulich beschreiben.

Informationen sammeln und einen Schreibplan erstellen

2 Geht die Materialien genau durch und entscheidet, welche Informationen wichtig sind. Erstellt einen Schreibplan:

Überschrift: ...
Einleitung (Wer? Wo? Was? Wann?):
- ...
Hauptteil (Wie? Warum?):
- ...
Schluss (Welche Folgen?):

Den Bericht schreiben und überarbeiten

3 Verfasst nun einen Bericht über den 24-Stunden-Lauf an der Carl-Netter-Realschule.
a Formuliert einen Einleitungssatz, der schon die wichtigsten Informationen enthält.
b Stellt im Hauptteil das Geschehen in der richtigen zeitlichen Reihenfolge dar.
c Schreibt einen Schlusssatz, in dem ihr einen Ausblick gebt.
d Findet eine knappe, treffende Überschrift für den Bericht.

4 Überarbeitet euren Bericht mit Hilfe der Checkliste.

Checkliste

Einen Bericht schreiben
- Beantwortet der Bericht alle W-Fragen?
- Ist das Geschehen in der zeitlich richtigen Reihenfolge wiedergegeben? *(zuerst, dann)*
- Enthält der Bericht nur das Wesentliche und ist er ohne Nachfrage verständlich?
- Ist der Bericht sachlich formuliert?
- Wurde als Zeitform das Präteritum (oder Plusquamperfekt) verwendet?

Wörterliste ► S. 353

Extremsport	Biwak	Alpinist	Höhenbergsteigerin	Eislawinen
spektakulär	Marathon	Helmvisier	Adrenalinkick	konzentriert

5 Entscheidende Momente – Kurzgeschichten lesen und verstehen

1 Beschreibt das Bild. Was lässt sich zu Ort, Zeit und Personen sagen?

2 Welche Geschichte könnte sich hier abspielen? Sammelt Ideen.

In diesem Kapitel ...

- lest ihr Kurzgeschichten und lernt ihre Merkmale kennen,
- untersucht ihr den Handlungsaufbau, die Figuren und die sprachlichen Besonderheiten in den Geschichten,
- fasst ihr den Inhalt einer Kurzgeschichte zusammen.

5.1 Zwischenmenschliche Spannungen – Kurzgeschichten erschließen

Merkmale von Kurzgeschichten kennen lernen

Marlene Röder

Chuck Norris und all seine Freunde (2011)

„Kennst du den schon? Kleine Jungs tragen Schlafanzüge mit Superman drauf, Superman trägt einen Schlafanzug mit Chuck Norris drauf!"

„Ja, kenn ich. Jetzt halt die Klappe und trag mich einfach da hoch. Oder willst du warten, bis Chuck vorbeikommt und mit anpackt?"

Chuck Norris ist ein Actionheld. Ich habe noch nie einen Film mit ihm gesehen, aber wie alle kenne ich die Witze. In denen geht es immer darum, dass Chuck Norris etwas tut, was eigentlich unmöglich ist. Leider ist er jetzt nicht hier, deswegen muss mein Kumpel Piet den Actionhelden spielen.

Piet riecht nach Schweiß, als ich ihm den linken Arm um den Hals schlinge und er seinen unter meine Kniekehlen schiebt und mich hochhebt und trägt wie eine verdammte Braut.

„Ich bin nicht sicher, ob das so 'ne geniale Idee ist, Ben", keucht er, während wir die Metalltreppe hochwanken.

„Klar ist das genial", behaupte ich, obwohl ich mir gerade auch nicht mehr so sicher bin. Durch das Gitterwerk der Treppe kann man auf den Boden gucken. Er ist ziemlich tief unten.

Endlich sind wir oben. Piet setzt mich vorsichtig ab. Meine Beine, diese dummen, nutzlosen Anhängsel, baumeln über den Rand der Halfpipe. Über unserer zerkratzten, steilen, wunderbaren Halfpipe. Wie immer fühle ich mich sofort besser.

„Jetzt noch den Rolli", sage ich. „Los, beeil dich, die anderen müssten gleich hier sein."

Rainbow, denke ich, Rainbow, Rainbow.

Piet stöhnt, er hat einen ziemlich roten Kopf, aber er tut, was ich ihm sage, weil er weiß, dass mir das hier wirklich wichtig ist, und weil er ein guter Kumpel ist, der beste, vielleicht sollte ich ihm das mal sagen, aber dann lass ich es doch. Er geht die Treppe wieder runter und ich sitze hier und kann die ganze Prärie überblicken.

Wir nennen es die Prärie, weil hier nichts ist. Keine Häuser, nur verrostete Bahnschienen und Glasscherben und über allem das hohe Gras. Mittendrin unsere Halfpipe. Horror für jeden Rollifahrer. Außer für mich.

Es stimmt nicht, was ich über den Namen gesagt habe. Wir nennen es die Prärie, weil es cool klingt.

Jetzt kann ich die anderen sehen, sie sind schon beim Skelett des kaputten Kinderwagens. Johnny geht voran, natürlich, dann Patexx und Fred mit seinem Punkerhund. Zuletzt kommt Rainbow, wie ein Leuchtfeuer am Schluss. Sie geht mit ausgebreiteten Armen, als wollte sie mit den Händen über das Gras streichen, als wollte sie das Zittern spüren, das der Wind durch die Halme laufen lässt.

Ich würde das auch gerne machen, bei ihren Haaren. Wie sich das wohl anfühlt, all die Farben. Eigentlich heißt sie anders. Aber ich nenne sie Rainbow, weil ihre Haare so bunt sind.

Vielleicht hat jemand einen Witz erzählt, denn jetzt kann ich sie lachen hören, ihr Lachen sprudelt über die ganze Prärie. Niemand kann so lachen wie Rainbow. Ohne sie sind Piets Chuck-Norris-Witze nur halb so lustig.

Es stimmt nicht, was ich über Rainbows Namen gesagt habe. Ich nenne sie Rainbow, weil sie mir Glück bringt.

Johnny hat mich oben auf der Halfpipe gesehen, er salutiert vor mir wie vor einem General und ruft: „Zu Diensten! Warum hast du uns herbestellt, Ben?"

Johnny ist eine echt coole Sau, und wäre Chuck Norris hier, würde er das bestimmt auch finden und er und Johnny wären Freunde.

Johnny und ich sind auch so was wie Freunde, wir reden oft übers Skaten und ich weiß, dass er mich respektiert, weil ich mehr Ahnung davon habe als Piet und die anderen Jungs. Zumindest theoretisch.

Johnny hat mich auch schon auf Wettkämpfe mitgenommen. *Du bist doch unser Maskottchen, Ben.* Er ist echt in Ordnung, und wenn Johnny loslegt, Mann, er macht unglaubliche Sachen mit seinem Board. „Chuck Norris isst keinen Honig, Chuck Norris kaut Bienen!", sagt Piet dann immer. Wenn wir skaten gehen, sagen wir manchmal, wir gehen Bienen kauen. Und wenn es auf dieser Welt einigermaßen gerecht zugehen würde, würde mir Johnny beibringen, wie man sie richtig kaut.

„Wirste schon sehen, Johnny!", rufe ich zurück. „Wirste gleich sehen!"

Die Halfpipe ist echt hoch. Aber was soll mir schon passieren? Im Rollstuhl sitze ich ja schon.

Es stimmt nicht, was ich über das Skaten gesagt habe. Wir nennen es fliegen.

Fluchend zerrt Piet meinen Rolli auf die Plattform, klappt ihn auf und murmelt dabei, dass ich ihm was schuldig bin. Er hebt mich rein und ich lege den Gurt an. Unten witzeln Patexx und Fred, dass ich jetzt auch auf die Pipe will. Aber Rainbow lacht nicht. Nicht ein winziges bisschen.

„Was soll'n das werden, Ben?", fragt Johnny. „Willst du das wirklich durchziehen, nur wegen letzter Woche ...?", fragt Piet.

Letzte Woche waren wir bei Johnny und haben DVDs übers Skaten geguckt und ein paar Fol-

gen Jackass. Rainbow hielt sich die Hände vor die Augen, während die Jackass-Truppe mit einem Bobbycar Rolltreppen runtersauste und alle möglichen anderen krassen Kamikaze-Aktionen machte. Ich musste über Rainbow lachen und sie selbst lachte auch und wiederholte immer wieder: „Sind die mutig oder einfach total durchgeknallt, oh Gott, ich kann nicht hingucken!" Aber dann guckte sie doch.

Johnny war neue Cola holen gegangen und da habe ich sie gefragt, obwohl ich doch weiß, dass Rainbow auf Johnny steht, jeder weiß das, aber ich musste trotzdem fragen, ob sie mal Bock hat, was mit mir zu machen. Nur wir beide.

Rainbow zögerte ganz kurz, dann sagte sie: „Klar, warum nicht?" Und einen Moment hab ich gedacht, dass ich ein Glückspilz bin, aber dann habe ich kapiert, dass ich nur ein Krüppel bin. Jeden anderen hätte sie abblitzen lassen, weil sie sich wegen Johnny nicht mit anderen Jungs trifft. Aber ich zähle wohl nicht als Junge, ich bin nur der im Rollstuhl. Mit mir auszugehen ist ungefähr so erotisch, wie seinen Opa durch den Park zu schieben. Na, danke.

Das war letzte Woche und da wusste ich, dass ich was ändern muss.

„Willste das wirklich machen?", wiederholt Piet.

Ich frage nur, ob er die Kamera hat.

„Klar", antwortet Piet und klappt die Videokamera auf: „Mach mal winke, winke für deine Fans."

Ich mache das Victory-Zeichen in die Kamera und sage: „Egal was passiert, du stellst das auf YouTube."

„Was soll'n das heißen, Ben, ‚egal was passiert'?"

Ich antworte nicht, setze den Helm auf, den ich mir gestern gekauft habe, rot und blau. Meine Finger zittern nur ein bisschen.

„Du hast gesagt, du kriegst das hin. Du rockst die Pipe. Es kann nichts passieren. Echt, Mann, dein Vater bringt mich um!" Piet umklammert die Griffe meines Rollis.

„Wenn's nach meinem Vater ginge, würde ich

zu Hause in meinem Zimmer sitzen und Modellflugzeuge bauen."

Wir schauen uns an und schließlich nickt Piet, als würde ihn das Mühe kosten, und gibt die Griffe meines Rollis frei.

Das, was ich über meinen Vater gesagt habe, stimmt nicht. Vielleicht könnte er es sogar verstehen.

Ich rolle vor zur Kante.

Die andere unten an der Halfpipe haben jetzt kapiert, dass ich es ernst meine. Johnny ruft zu mir hoch: „Hey, Ben, wir brauchen dich noch! Du bist doch unser Maskottchen!" Aber ich hab keinen Bock, den Rest meines Lebens bloß das Scheißmaskottchen von anderen Leuten zu sein. Jetzt balanciere ich nur noch auf den Hinterreifen, es ist ein geiles Gefühl, den Rolli so unter Kontrolle zu haben.

„Mach keinen Scheiß, hörst du?!", brüllt Johnny und vielleicht ist das Angst in seiner Stimme. Rainbow ist ganz still und sieht aus, als würde sie sich am liebsten die Augen zuhalten.

„Chuck Norris hat bis unendlich gezählt. Zweimal!", flüstere ich, stoße mich ab über die Kante – und fliege.

1 a Beschreibt eure ersten Eindrücke nach dem Lesen der Geschichte.
b Habt ihr eine ähnliche Situation auch schon erlebt? Erzählt davon.

2 Worin besteht Bens geniale Idee?
a Gebt kurz wieder, was er vorhat.
b Was will Ben wem beweisen? Erklärt.

3 „Aber ich zähle wohl nicht als Junge, ich bin nur der im Rollstuhl." (▸ Z. 136–137)
Beschreibt Bens Gefühle und den Konflikt, in dem er sich befindet.

4 „All seine Freunde".
a Lest den Text noch einmal und notiert dabei die Namen der Freunde, die zur Clique gehören.
b Fertigt eine Figurenskizze (▸ S. 131) an, in der deutlich wird, wie die Figuren zueinander stehen. Greift dabei auf die Skizze unten zurück.
c Ergänzt wichtige Stichworte zu den Figuren.

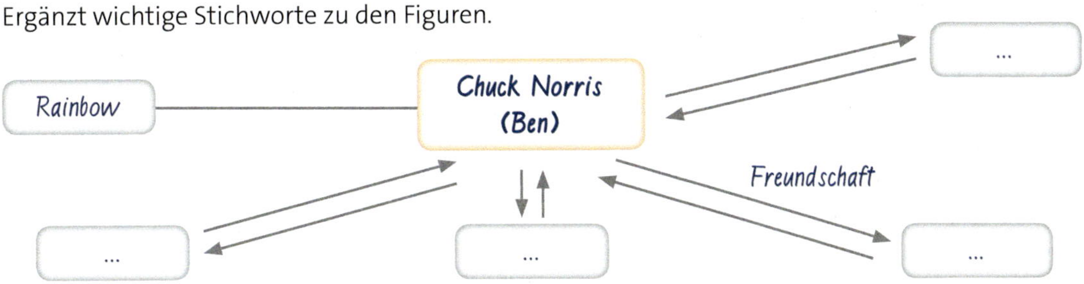

5 Chuck Norris ist der Name eines amerikanischen Schauspielers, oft in der Rolle eines Einzelkämpfers, der das Unmögliche möglich macht.
a Recherchiert zu Chuck Norris im Internet.
b Erklärt, was der Titel der Geschichte mit seinem Inhalt zu tun hat.

6 Wie die Mutprobe ausgeht, wissen wir nicht.
a Welche Fragen lässt die Geschichte offen?
b Sammelt Ideen und schreibt einen Schluss, der Antworten gibt.

Wolfgang Borchert

Die Kirschen (1945)

Nebenan klirrte ein Glas. Jetzt isst er die Kirschen auf, die für mich sind, dachte er. Dabei habe ich das Fieber. Sie hat die Kirschen extra vors Fenster gestellt, damit sie ganz kalt sind. Jetzt hat er das Glas hingeschmissen. Und ich hab das Fieber.

Der Kranke stand auf. Er schob sich die Wand entlang. Dann sah er durch die Tür, dass sein Vater auf der Erde saß. Er hatte die ganze Hand voll Kirschsaft.

Alles voll Kirschen, dachte der Kranke, alles voll Kirschen. Dabei sollte ich sie essen. Ich hab doch das Fieber. Er hat die ganze Hand voll Kirschsaft. Die waren sicher schön kalt. Sie hat sie doch extra vors Fenster gestellt für das Fieber. Und er isst mir die ganzen Kirschen auf. Jetzt sitzt er auf der Erde und hat die ganze Hand davon voll. Und ich hab das Fieber. Und er hat den kalten Kirschsaft auf der Hand. Den schönen kalten Kirschsaft. Er war bestimmt ganz kalt. Er stand doch extra vorm Fenster. Für das Fieber. Er hielt sich am Türdrücker. Als der quietschte, sah der Vater auf.

Junge, du musst doch zu Bett. Mit dem Fieber, Junge. Du musst sofort zu Bett.

Alles voll Kirschen, flüsterte der Kranke. Er sah auf die Hand. Alles voll Kirschen.

Du musst sofort zu Bett, Junge. Der Vater versuchte aufzustehen und verzog das Gesicht. Es tropfte von seiner Hand.

Alles Kirschen, flüsterte der Kranke. Alles meine Kirschen. Waren sie kalt?, fragte er laut. Ja? Sie waren doch sicher schön kalt, wie? Sie hat sie doch extra vors Fenster gestellt, damit sie ganz kalt sind. Damit sie ganz kalt sind.

Der Vater sah ihn hilflos von unten an. Er lächelte etwas. Ich komme nicht wieder hoch, lächelte er und verzog das Gesicht. Das ist doch zu dumm, ich komme buchstäblich nicht wieder hoch.

Der Kranke hielt sich an der Tür. Die bewegte sich leise hin und her von seinem Schwanken. Waren sie schön kalt?, flüsterte er, ja?

Ich bin nämlich hingefallen, sagte der Vater. Aber es ist wohl nur der Schreck. Ich bin ganz lahm, lächelte er. Das kommt von dem Schreck. Es geht gleich wieder. Dann bring ich dich zu Bett. Du musst ganz schnell zu Bett.

Der Kranke sah auf die Hand.

Ach, das ist nicht so schlimm. Das ist nur ein kleiner Schnitt. Das hört gleich auf. Das kommt von der Tasse, winkte der Vater ab. Er sah hoch und verzog das Gesicht. Hoffentlich schimpft sie nicht. Sie mochte gerade diese Tasse so gern. Jetzt hab ich sie kaputt gemacht. Ausgerechnet diese Tasse, die sie so gern mochte. Ich wollte sie ausspülen, da bin ich ausgerutscht. Ich wollte sie nur ein bisschen kalt ausspülen und deine Kirschen da hineintun. Aus dem Glas trinkt es sich so schlecht im Bett. Das weiß ich noch. Daraus trinkt es sich ganz schlecht im Bett.

Der Kranke sah auf die Hand. Die Kirschen, flüsterte er, meine Kirschen?

Der Vater versuchte noch einmal hochzukommen. Die bring ich dir gleich, sagte er. Gleich, Junge. Geh schnell zu Bett mit deinem Fieber. Ich bring sie dir gleich. Sie stehen noch vorm Fenster, damit sie schön kalt sind. Ich bring sie dir sofort.

Der Kranke schob sich an der Wand zurück zu seinem Bett. Als der Vater mit den Kirschen kam, hatte er den Kopf tief unter die Decke gesteckt.

1 Der Geschichte liegt ein Missverständnis zu Grunde.
Erklärt es.

2 Vater und Sohn treffen sich in der Küche.

a Was denkt der kranke Sohn bei der Begegnung, was spricht er aus? Unterscheidet auch, wo er flüstert und was er laut sagt. Legt eine Tabelle mit Beispielen aus dem Text an.

Gedanken	Geflüstert	Ausgesprochen
„Jetzt isst er die Kirschen auf, die für mich sind, dachte er." (Z. 1–2)	*„Alles Kirschen, flüsterte der Kranke. Alles meine Kirschen." (Z. 31–32)*	*„Waren sie kalt?, fragte er laut." (Z. 32)*
...	...	...

b Die Gedanken des Vaters finden sich nicht wörtlich im Text. Was könnte er denken? Ergänzt die folgenden Textstellen.

- Ich komme nicht wieder hoch. [...] Ich bin nämlich hingefallen. (▸ Z. 37–44)
- Du musst ganz schnell zu Bett. (▸ Z. 48)

c Besprecht zu zweit, was ihr daraus für die Beziehung zwischen Vater und Sohn ableiten könnt.

3 Untersucht die sprachlichen Besonderheiten der Geschichte. Achtet dabei besonders auf den Satzbau und die Sprache (Wortwahl). Beschreibt auch die Wirkung dieser sprachlichen Mittel.

4 Nehmt den Aufbau der Geschichte in den Blick. Geht dabei auf folgende Fragen ein:

- Wie beginnt die Handlung?
- Wie endet die Geschichte? Bleiben Fragen offen?
- Gibt es im Handlungsverlauf einen Punkt, an dem die Handlung eine andere Wendung nimmt?

5 a Begründet, ob ihr den Titel der Geschichte treffend findet.

b Überlegt euch einen neuen Titel, in dem die Beziehung der beiden Figuren zum Ausdruck kommt.

6 Zeigt anhand eurer Untersuchungsergebnisse aus den Aufgaben 1–5, dass es sich bei dem Text „Die Kirschen" von Wolfgang Borchert um eine Kurzgeschichte handelt. Lest hierzu den Merkkasten auf der nächsten Seite.

7 Stellt euch vor: Nach einigen Jahren erzählt der Vater oder der Sohn einem Freund, was damals passiert ist.

a Versetzt euch in die Lage des Vaters oder des Sohnes und schreibt in der Ich-Form, was derjenige erzählen könnte. Bringt dabei die Gedanken und die Gefühle der Figur zum Ausdruck.

Als mein Sohn in die Küche kam, war mir sofort klar, dass er …

Damals war mein einziger Gedanke, dass er versucht hatte, sich herauszureden. Und ich habe einfach so getan, als ob …

b Lest euch eure Texte vor. Überlegt, ob sie inhaltlich und sprachlich zu der jeweiligen Figur passen.

Information **Die Kurzgeschichte**

Die Kurzgeschichte ist eine **knappe, moderne Erzählung,** die **eine Momentaufnahme,** einen krisenhaften Ausschnitt oder eine **wichtige Episode aus dem Alltagsleben** eines oder mehrerer Menschen zeigt. Kurzgeschichten haben meist folgende Merkmale:

- geringer Umfang
- Ausschnitt aus einem alltäglichen Geschehen, der für die dargestellten Figuren von besonderer Bedeutung ist
- **unmittelbarer Einstieg** in das Geschehen, der schlagartig eine Situation aufreißt
- zielstrebiger Handlungsverlauf hin zu einem **Höhe- oder Wendepunkt**
- **offener Schluss,** der viele Deutungsmöglichkeiten zulässt
- meist **Alltagssprache** mit einfachem Satzbau und umgangssprachlichen Elementen in der direkten Rede (passend zur alltäglichen Thematik der Kurzgeschichte)

Eine Kurzgeschichte deuten

Marlene Röder

Schwarzfahren für Anfänger (2011)

Die gelben Halteschlaufen der S-Bahn schwingen hin und her. An manchen Schlaufen hängen Menschen und halten sich fest. Josefine sieht aus dem Fenster: Draußen ist finsterste Nacht.

Sie hat gesagt: Ich ruf dich an. Dann die ausgetretenen Treppen runter, zweiter Stock, erster Stock, Erdgeschoss, raus. Kein Blick hoch zu seinem Fenster. Vorbei am Bäcker, bei dem er neulich Brötchen geholt hat, Stefans Eltern waren nicht da, und der Honig ist aufs Bettlaken

getropft. Die Rosenstraße lang, dann rechts. Der Eingang zum S-Bahnhof, Stufen hoch, Gleis 1, die nächstbeste S-Bahn.

Jetzt ist Josefine wieder dort, denn die S-Bahn fährt im Kreis. Sie blinzelt, bis Gleis 1 zwischen ihren Wimpern verschwimmt. Wie gerne wäre sie jetzt woanders, in einer Stadt, die sie nicht kennt.

Endlich fährt die S-Bahn weiter. Ein paar Leute sind zugestiegen, auch eine Frau um die vierzig. Sie trägt normale Kleidung, aber dann holt sie ein Klemmbrett aus der Tasche und sagt: „Fahrgastbefragung." Drinnen Neonlicht, draußen Schwärze.

Josefine ist eine Schwarzfahrerin.

Normalerweise erkennt sie Kontrolleure schon aus zwanzig Metern Entfernung und verdrückt sich rechtzeitig. Aber heute war sie wohl abgelenkt, wegen der Sache mit Stefan. Stefan gehört zu den Leuten, die immer ein Ticket haben und auch sonst alles richtig machen.

In der spiegelnden Scheibe beobachtet Josefine, wie die Frau in ihre Richtung läuft. Neben ihrem Sitz bleibt sie stehen. Josefine muss wohl oder übel zu ihr aufschauen.

„Hallo. Kann ich dir ein paar Fragen stellen?"

Josefine nickt so halb und starrt auf die polierten Schuhe der Frau.

Die zückt ihren Stift. „Alter?"

„Sechzehn", murmelt Josefine.

„Wo bist du eingestiegen?"

Da, wo Stefan wohnt. Josefine wünscht sich dorthin zurück, ihren Kopf zurück in Stefans Schoß. Sie haben Musik gehört und Gummibärchen gegessen. Vor einer Stunde war noch alles okay.

„Rosenstraße", antwortet Josefine.

Die Frau kritzelt etwas auf ihr Klemmbrett. „Und wo willst du hin?", fragt sie, ohne den Blick zu heben.

Wo will man hin, wenn man mit der S-Bahn im Kreis fährt? Die Frage ist wohl eher, wo man nicht hinwill.

Das ungeduldige Klicken des Kulis reißt Josefine aus den Gedanken. „Wo willst du aussteigen?"

„Keine Ahnung", stammelt Josefine. „Ich ... ich mach das manchmal gerne, einfach so rumfahren." Warum hat sie nicht irgendeine blöde Haltestelle genannt? Aber da ist der Satz schon raus. Die Frau sagt: „Aha", und mustert Josefine abschätzig.

Josefine ist gerade ziemlich neben der Spur. Aber das ist doch noch lange kein Grund, sie so anzusehen. Schließlich hat es genau so angefangen mit Stefan und ihr. Mit dem Rumfahren.

Manchmal hat Josefine keinen Bock auf ihre Mutter, keinen Bock auf zu Hause. Dann fährt sie rum und schaut raus auf ihre Stadt. Oder sie guckt sich die Leute in der S-Bahn an und malt sich aus, wie diese Leute wohl leben.

So war es auch an dem Tag, an dem sie Stefan zum ersten Mal traf.

Da wusste Josefine natürlich noch nicht, dass er Stefan heißt, da war er nur irgend so ein Typ für sie, der sich auf den Sitz gegenüber fallen ließ. Ungefähr in ihrem Alter, obwohl das nicht leicht zu erkennen war, weil er die Kapuze seines Pullis tief ins Gesicht gezogen hatte. Außerdem hielt er irgendwas in der Hand. Josefine versuchte zu erkennen, was es war. Vielleicht eine Handtasche, die er einer Omi entrissen hatte ...

„Willst du eins?", fragte der Typ, der vielleicht ein Handtaschenräuber war.

„Was?", fragte sie.

„Ob du ein Gummibärchen willst. Weil du dauernd auf die Packung starrst, dachte ich ..."

„Oh. 'tschuldigung ... Darf ich wirklich?"

„Klar. Welche Farbe?"

„Egal, Hauptsache kein rotes."

„Die meisten mögen die roten am liebsten."

„Mir schmecken die nicht. Ich wette, die Leute nehmen sie nur wegen der Farbe. Rot wie rote Rosen, wie Liebe ... Das ganze Herz-Schmerz-Zeug. Nee, danke. Ich bin kuriert von roten Gummibärchen."

So haben Josefine und Stefan sich kennen gelernt. Sie haben die Gummibärchenfrage ausdiskutiert, und nachdem sie zweimal im Kreis gefahren waren, haben sie Handynummern ausgetauscht. Danach haben sie sich noch oft getroffen, nicht nur in der S-Bahn. Aber jetzt …

Josefine merkt plötzlich, dass ihr etwas das Gesicht runterläuft, und dreht sich zum Fenster. Die Frau mit dem Klemmbrett starrt sie an, das spürt sie. Kann die nicht endlich abhauen?

Sie wünscht sich eine Stunde zurück, ihren Kopf wieder in Stefans Schoß, seine streichelnden Finger in ihrem kurzen, stacheligen Haar.

„Erinnerst du dich noch an den Tag, an dem wir uns kennen gelernt haben?“, hat er gefragt. „Ich musste eigentlich zum Basketballtraining. Aber als die Haltestelle kam, bin ich einfach weitergefahren.“

„Warum das denn?“, hat sie gefragt und sich im nächsten Moment gewünscht, sie könnte die Worte wieder zurück in ihren Mund stopfen und sie könnten einfach liegen bleiben und Musik hören.

Doch es war zu spät, Stefan nahm ihr Gesicht in seine Hände und küsste Josefine auf den Mund. Er schmeckte nach roten Gummibärchen und jeder Menge Herz-Schmerz-Zeug. „Darum“, sagte er. „Ich … ich glaub, ich bin in dich verliebt.“

So was hatte er noch nie zu ihr gesagt, so was sagten sie nicht zueinander, das machte alles kaputt!

Josefine rückte von Stefan ab, wischte sich über den Mund, aber das Gefühl an ihren Lippen ging nicht weg und ihr Herz hämmerte, hämmerte. Wie eine S-Bahn, die zu schnell fährt, eine S-Bahn, die gleich entgleist.

Sein warmer Atem auf ihrer Haut. Sein fragender Blick.

Josefine dachte daran, wie sie einmal nachts S-Bahn gefahren waren. Sie waren die Letzten im Abteil gewesen und hatten auf die Lichter draußen geschaut. Und es war so ein Gefühl, als würde die Stadt ihnen ganz allein gehören. Als ob alles möglich wäre.

Doch dann musste Josefine an ihre Mutter denken, die sich auf den Boden geworfen hatte, als Papa wegging, einfach auf den Boden, und geschluchzt hatte: Es tut so weh, so weh …

„Sag was, Fine“, bat Stefan.

Aber Josefine sagte nichts. Sie war stumm vor Wut. Wie konnte Stefan sich so sicher sein? Was ist das eigentlich, Liebe? Und woher weiß man, dass man sie hat? Woher weiß man, dass es kein schrecklicher Irrtum ist? Josefine sagte nichts. Und dann: Ich muss jetzt los. Ich … ich ruf dich an.

Danach ging sie. Zweiter Stock, erster Stock, Erdgeschoss, raus. Kein Blick hoch zu seinem Fenster. Nächstbeste S-Bahn.

Und jetzt sitzt sie hier. Fühlt sich irgendwie beschissen. Von Stefan. Von der Bahn. Vom Leben. Von sich selbst.

„Mädchen, ich weiß ja nicht, was mit dir los ist, aber ich würde gerne mal deinen Fahrschein sehen“, fordert die Frau.

Josefine zuckt die Achseln. „Hab keinen Fahrschein“, murmelt sie, zu erschöpft, um zu lügen.

Anscheinend ist sie sogar zu blöd zum Schwarzfahren.

Die Frau presst die Lippen zusammen. „Dann hätte ich jetzt gerne deinen Personalausweis.“

Josefine kramt nach ihrem Portemonnaie, den Kopf gesenkt, sodass sie die Kontrolleurin nicht ansehen muss, sondern nur ihre polierten Schuhe. Plötzlich gerät ein Paar Turnschuhe in Josefines Blickfeld. Nicht irgendwelche Turnschuhe – die da kennt sie!

„Da haben Sie ihren Fahrschein“, sagt Stefan. Dann hält er der Frau ein Ticket unter die Nase.

Sie prüft es sorgfältig auf Gültigkeit und nickt dann. „Könnte ich bitte auch deinen Fahrschein sehen, junger Mann?"
„Ich hab keinen", entgegnet Stefan und schaut der Kontrolleurin gelassen in die Augen.
Ihre Lippen verziehen sich zu einem kurzen Lächeln. Aber vielleicht hat Josefine sich das auch nur eingebildet. Anschließend stellt die Kontrolleurin Stefan einen Bußgeldbescheid aus. Die ganze Zeit über muss Josefine ihn anstarren wie ein Wunder.
„Was machst du denn hier?", platzt es aus ihr raus, kaum dass die Kontrolleurin gegangen ist.
„War klar, dass du in die nächste S-Bahn steigst", antwortet Stefan und lässt sich auf den Sitz neben ihr fallen. „Ich musste einfach nur am Bahnsteig stehen bleiben und warten, bis du irgendwann vorbeigefahren kommst. War Glück, dass ich dich gesehen hab."
Dann schweigen sie und trauen sich beide nicht, sich richtig anzusehen. Josefine weiß nicht, was sie sagen soll. Also sagt sie: „Mit dem Schwarzfahren, das hast du irgendwie noch nicht so richtig drauf."
„Dann musst du wohl noch ganz viel mit mir üben", antwortet Stefan und grinst sie an. Gemeinsam betrachten sie die Halteschlaufen, die in den Kurven hin und her schwingen.
Stefan fragt leise: „Hast du Angst, Fine?"
„Ja", flüstert sie. „Ein bisschen." Sie fahren durch die schwarze Nacht, Josefine und ihr Schwarzfahrer, da nimmt er ihre Hand. Seine Hand ist warm.

1 a Verschafft euch einen Überblick über die Kurzgeschichte:
- Was passiert in der Geschichte? Nennt die wichtigsten Ereignisse.
- Wer sind die handelnden Figuren? Beschreibt sie möglichst genau.

b Begründet, welche Situation in der Geschichte ihr für zentral haltet.

2 Josefine ist von Stefan überstürzt fortgegangen, sitzt jetzt in der S-Bahn und fühlt „sich irgendwie beschissen" (▸ Z. 161–162). Erklärt, was passiert ist. Warum ist Josefine so plötzlich aufgebrochen? Lest hierzu auch noch einmal die Zeilen 114–163 und den Schluss der Geschichte (▸ Z. 212–216).

3 Überlegt, warum die Geschichte den Titel „Schwarzfahren für Anfänger" trägt.

4 In der Kurzgeschichte gibt es Zeitsprünge.

a Notiert mit Zeilenangaben, an welchen Stellen die aktuelle Handlung unterbrochen wird, um von Vergangenem zu erzählen. Haltet den Inhalt dieser Rückblenden in Stichworten fest.
Tipp: Achtet auch auf den Wechsel des Erzähltempus.
Z. 6–x: Josefine … (Tempus wechselt vom Präsens ins …)

b Übertragt die folgende Zeitleiste in euer Heft und ordnet die Handlung chronologisch an.

Z. 6–x: Josefine …

Information **Die Zeitgestaltung in einer Erzählung**

Der Erzähler kann sich streng an die zeitliche Reihenfolge der Ereignisse halten, also **chronologisch erzählen.** Er kann aber auch die aktuelle Handlung unterbrechen und in **Rückblenden** von vergangenen Ereignissen erzählen oder in **Vorausdeutungen** Ereignisse vorwegnehmen.

5 Macht euch ein genaueres Bild von Josefine und Stefan.

a Findet Textstellen, in denen Merkmale und Eigenschaften der Figuren deutlich werden.

Josefine
– ist eine Schwarzfahrerin (vgl. Z. 26)
– ...

Stefan
– würde nie ohne ...
– ...

Die Merkmale und Eigenschaften einer Figur müssen nicht wörtlich im Text stehen. Man kann sie auch aus den Gedanken oder dem Verhalten ableiten.

b Charakterisiert Josefine und Stefan in wenigen Sätzen und beschreibt ihre Beziehung. Ihr könnt die folgenden Wortschatzkästen zu Hilfe nehmen:

wirken • macht den Eindruck • wird als ... dargestellt • sich fühlen • sich Gedanken machen über

nachdenklich • ernst/traurig • gefühlvoll • sensibel • selbstbewusst • ziellos • schüchtern • offen • verschlossen • kontaktfreudig • vernünftig • zielstrebig

6 a Lest die unten stehenden Informationen zum Begriff „Leitmotiv". Erklärt in eigenen Worten, was man unter einem Leitmotiv versteht.

b Überprüft anhand des Textes, welche der folgenden Bausteine in dem Text als Leitmotiv bezeichnet werden können.

c Erklärt, welche Bedeutung das jeweilige Leitmotiv in der Geschichte hat.
Überlegt hierzu:
– An welchen Stellen (z. B. Anfang und Ende der Geschichte) oder in welchen Zusammenhängen taucht das Leitmotiv auf?
– Welche Stimmung erzeugt es jeweils? Welche Bedeutung hat es für die Handlung?

Halteschlaufen, die hin und her schwingen • Turnschuhe • Klemmbrett • (rote) Gummibärchen • Handy • mit der S-Bahn im Kreis fahren

7 Schreibt einen kurzen, zusammenhängenden Text, in dem ihr deutlich macht, worum es in der Geschichte geht. Stellt dann ein Leitmotiv dar und erklärt, welche Bedeutung es für die Handlung hat.
In der Kurzgeschichte ... der Autorin ... aus dem Jahr ... geht es um .../wird beschrieben, ...
– Die Geschichte setzt unvermittelt ein. Beschrieben wird, wie Josefine nachts mit der S-Bahn fährt und die Halteschlaufen ... Am Ende der Geschichte wird dieses Bild ...
– In der Geschichte gibt es das Leitmotiv der ... Es kommt ....

Information **Leitmotive in literarischen Texten**

Als Leitmotiv bezeichnet man einen **Baustein** (z. B.: eine einprägsame Aussage/Wendung oder ein Sprachbild, einen besonderen Ort, ein Handlungselement, einen Gegenstand oder eine Farbe), **der in einem literarischen Text wiederkehrt** und dadurch eine besondere Bedeutung erhält. Ein Leitmotiv stellt inhaltliche Verknüpfungen her, indem es dem Leser bestimmte Ereignisse, Situationen oder Figuren wieder ins Gedächtnis ruft.

Testet euch!

Eine Kurzgeschichte verstehen

Helga M. Novak

Schlittenfahren (1968)

Das Eigenheim steht in einem Garten. Der Garten ist groß. Durch den Garten fließt ein Bach. Im Garten stehen zwei Kinder. Das eine der Kinder kann noch nicht sprechen. Das andere Kind ist größer. Sie sitzen auf einem Schlitten. Das kleinere Kind weint. Das größere sagt, gib den Schlitten her. Das kleinere weint. Es schreit.

Aus dem Haus tritt ein Mann. Er sagt, wer brüllt, kommt rein. Er geht in das Haus zurück. Die Tür fällt hinter ihm zu.

Das kleinere Kind schreit.

Der Mann erscheint wieder in der Haustür. Er sagt, komm rein. Na wird's bald. Du kommst rein. Wer brüllt, kommt rein. Komm rein.

Der Mann geht hinein. Die Tür klappt.

Das kleinere Kind hält die Schnur des Schlittens fest. Es schluchzt.

Der Mann öffnet die Haustür. Er sagt, du darfst Schlitten fahren, aber nicht brüllen. Wer brüllt, kommt rein. Ja. Ja. Jaaa. Schluss jetzt.

Das größere Kind sagt, Andreas will immer allein fahren.

Der Mann sagt, wer brüllt, kommt rein. Ob er nun Andreas heißt oder sonst wie.

Er macht die Tür zu.

Das größere Kind nimmt dem kleineren den Schlitten weg. Das kleinere Kind schluchzt, quietscht, jault, quengelt.

Der Mann tritt aus dem Haus. Das größere Kind gibt dem kleineren den Schlitten zurück. Das kleinere Kind setzt sich auf den Schlitten. Es rodelt.

Der Mann sieht in den Himmel. Der Himmel ist blau. Die Sonne ist groß und rot. Es ist kalt.

Der Mann pfeift laut. Er geht wieder ins Haus zurück. Er macht die Tür hinter sich zu.

Das größere Kind ruft, Vati, Vati, Vati, Andreas gibt den Schlitten nicht mehr her.

Die Haustür geht auf. Der Mann steckt den Kopf heraus. Er sagt, wer brüllt, kommt rein. Die Tür geht zu.

Das größere Kind ruft, Vati, Vativativati, Vaaatiii, jetzt ist Andreas in den Bach gefallen.

Die Haustür öffnet sich einen Spalt breit. Eine Männerstimme ruft, wie oft soll ich das noch sagen, wer brüllt, kommt rein.

1 a Begründet, welches der folgenden Adjektive das Verhalten des Vaters am besten beschreibt:

einfühlsam • verständnisvoll • hilflos • unfähig • klug • vernünftig • gleichgültig

b Notiert, wo der Wendepunkt der Geschichte liegt. Erklärt, warum.

c Ergänzt den folgenden Satz in eurem Heft: *Die Kurzgeschichte hat einen* ? *Schluss, denn* ? .

d Schreibt ein Leitmotiv aus der Geschichte auf und erklärt, welche Bedeutung es hat.

2 Vergleicht eure Ergebnisse in Partnerarbeit.

5.2 „... einen Tag im Leben, den du nie vergisst" – Inhalte zusammenfassen und deuten

Sylvia Plath

Ein Tag im Juni (1949)

Es gibt einen Tag im Leben, den du nie vergisst, so sehr du es auch versuchst. Wenn der Sommer wiederkehrt und es warm genug ist, um paddeln zu gehen, fällt er dir ein. Beim ersten blauen Junitag ist die Erinnerung da, leuchtend, kristallklar, wie durch Tränen gesehen ...

Du gehst mit Linda zum ersten Mal in dieser Jahreszeit zum See, um zu paddeln. Ihr geht hinunter zum Bootshaus ... zu dem Anlegesteg aus faulenden Planken, die sich zum Wasser neigen ... zu den leeren Paddelbooten, die wie flache, schwimmende grüne Erbsenschoten wartend daliegen. Wackelig steigst du in den Bug, während Linda das Ruder nimmt, und die ganze Zeit tänzelt und hüpft das leichte Boot unter dir, ungeduldig, fortzukommen. Es ist einer dieser vollkommenen Tage im Juni, die du immer zu beschreiben versuchst, aber es gelingt dir nie. Nimm den Geruch von frischgewaschener Wäsche; von trocknendem Himmelstau nach einem Regen; nimm die huschenden Bewegungen des Sonnenlichts auf der Wiese; den kühlen Geschmack von Minze auf der Zunge; das klare Leuchten der Tulpen im Garten; grüne Schatten, sich ins Gelb lichtend, ins Blau verdichtend ... der strahlende Glanz ... die heiße Berührung der Sonne auf deiner Haut ... blendende Sonnenpfeile, die vom tiefen gläsernen Blau des Wassers abprallen ... die Heiterkeit ... Blasen steigen auf, platzen ... die gleitende Bewegung ... der fließende Gesang des Wassers hinter dem Bug ... die tanzend wechselnden Farbsprenkel: all dieses zum Lieben, zum Verehren. Nie wieder solch ein Tag!!

Du paddelst zu einer Bucht ... du treibst ... du lehnst dich zurück und schließt die Augen vor dem Sonnenlicht, heiß liegt es auf deinen Lidern ... du blinzelst in die Sonne, und auf deinen Wimpern spannen sich Netze von Regenbögen. Eingelullt durch das gleichmäßige

Lecken der Wellen am Kiel, das Schaukeln ... das Gleiten ... treibt ihr ans Ufer.
Plötzlich hört ihr Stimmen ... unverwechselbar ... Stimmen von Jungen. Ein Schauder der Erregung ist in deinen Adern, eine überraschende Gespanntheit. Hellwach seid ihr auf einmal. Abenteuer sind in Sicht. Du glättest dein Haar und schaust verstohlen um dich. Tatsächlich ... ein anderes Boot fährt hinter euch am Ufer entlang ... zwei Jungen ... Wie kann man die Fahrt verzögern? Wie zufällig anhalten? Die steile Böschung, der ihr entgegentreibt, ist mit Rhododendren bedeckt ... verführerische Büschel scharlachroter und weißer Blüten hängen über dem See und werfen dunkle Schatten auf das Wasser. Mit bebender Stimme sagt Linda: „Lass uns Blumen pflücken." Das reicht ... vier Worte ... und ihr beide versteht euch völlig. Du stellst dich im Boot auf, gefährlich schaukelnd und kichernd, als du dich reckst und die Blüten abreißt ... rücksichtslos die Zweige abbrichst ... ihr lacht die ganze Zeit ... vielleicht ein bisschen zu aufgedreht, aber ihr lacht, pflückt die Blumen und sehnt euch danach, über die Schulter zu blicken, wagt es aber nicht. Eine köstliche Aufregung summt die ganze Zeit in dir. Die Stimmen werden lauter. Einen hört ihr sagen: „Lass uns rüberpaddeln, die Mädchen besuchen." Ihr pflückt den Rhododendron jetzt sorgfältiger, seid bewusst um Grazie und Gleichgültigkeit bemüht.
„Hallo, ihr", ruft eine warme männliche Stimme hinter euch. Mit vorgetäuschter Überraschung fahrt ihr herum. „Oh, hallo ...", du tust atemlos und kippst beinahe das Boot, als du dich hinsetzt. Und jetzt? Nervös fragst du dich, wie es weitergehen wird. Aber das Weitere ergibt sich von allein. Du siehst zu Linda, die in aufgeregter Fröhlichkeit kichert und ihr blondes Haar aus den Augen schüttelt. Du siehst zu den beiden Jungs ... von Nahem nicht so gutaussehend ... aber nett. Die Boote schaukeln, bedeutungsloses Geplauder geht hin und her. Du denkst zurück und kannst dich nicht einmal an deine Worte erinnern. Aber ihr lacht ... wisst, dass sie euch niedlich finden ... wisst, dass sie euch nett finden. Ihr stachelt die Jungs auf, wer von uns kann schneller paddeln? Sie schauen sich lachend an. Wollen wir um die Wette, schlagt ihr vor. Oh, nein, das wäre nicht fair. Einer wird für dich paddeln. Du protestierst vergnügt. Sie bestehen darauf. Heimlich hoffst du, dass der dunkelhaarige Typ zu dir kommt ... Leichtfüßig steigt er in euer Boot und nimmt das Ruder. Buck heißt er. Don, der andere Junge, lässt einen gespielten Seufzer los: „Ich kann nicht allein paddeln." Er guckt Linda an. Geschmeichelt tut sie, als zögere sie, und fragt: „Soll ich?" Aber sie steigt auch um, und alles ist vollkommen. Ihr sitzt den Jungs gegenüber, lehnt euch in die Kissen und tauscht heimliche Blicke befriedigten Stolzes. So etwas ist euch noch nie vorher passiert. Keiner der Jungs aus der Schule ist je so nett zu euch gewesen. Du konzentrierst dich auf Buck. Er ist dünn und blass, mit dunklen Augen und strähnigem schwarzem Haar, aber du bemerkst sein ungekämmtes Haar, seine Blässe nicht; du siehst nur seine Augen. Hier ist ein Junge ... paddelt dein Boot ... er mag dich. Sofort ist Buck mit einem träumerischen Schleier umhüllt. Mit jeder Minute wird er anziehender. Du schiebst den bohrenden Gedanken „Was werden die Leute sagen?" beiseite. Du lachst dauernd, gibst dich geheimnisvoll und, wie du findest, kokett.
Die Strahlen der Sonne werden jetzt kühler. Du kannst die Dämmerung nicht zurückdrängen. In der Ferne taucht das Bootshaus auf. Die unausgesprochene Frage erhebt sich gleichzeitig zwischen euch vieren ... wie soll man zahlen? Du hast den unangenehmen Gedanken, die Boote wieder zu tauschen und allein weiterzufahren, aber ein alberner, launischer Teil von dir ist dagegen. Warum nicht seine Macht erproben? Warum nicht? „Was kostet euer Boot?", fragt Buck kurz. Wieder tauschst du mit Linda einen Blick, und ihr seid euch einig. „Kostet?", stammelst du unschuldig. „Muss man das bezahlen?" Es dauert eine Weile, bis ihr die Jungen überzeugt habt, dass ihr ohne Geld seid, aber ihr versteckt die Geld-

börsen in den Taschen und haltet euch an die Spielregeln. Buck paddelt voraus und fragt dich mit starrem, brennendem Blick: „Und was hättet ihr gemacht, wenn wir nicht vorbeigekommen wären?“ Du siehst ihn an, innerlich schüttelt es dich, Glut hämmert in deinen Schläfen. Jetzt wird es ein wenig zu ungemütlich. Tränen verlegenen Zorns trüben heiß und nass deine Augen, salzig beißend. Wunderbarerweise wird sein Gesicht sanft. „He, Mensch, nicht weinen. Ich bezahl für uns. Ich will bloß nicht, dass die wissen, dass ich Geld hab.“ Du fühlst dich mies, sehr klein und gemein angesichts solcher Großzügigkeit. Du möchtest sagen: „Tut mir leid, es ist alles gelogen“, aber die Worte kommen einfach nicht heraus. Er vertraut dir jetzt. Sein Gesicht ist freundlich, und du kannst ... willst ... das nicht ändern, indem du ihm die Wahrheit sagst. „Oh, Buck“, das Gefühl würgt dich. „Hilf mir da raus, wenn wir ankommen, so, als wärst du ein alter Freund, dann denkt der Mann, dass wir uns alle schon ewig kennen.“

„Klar doch“, sagt er. Das Boot gleitet an den Landesteg, wo der Mann schon wartet. Du kannst ihn nicht ansehen. Mit abgewandtem Kopf kletterst du auf den Steg, kaum dass du merkst, dass Buck dir hinaufgeholfen und den Mann bezahlt hat. Du stürzt davon, beschämt, hasst dich selbst. Er ruft dir nach. Linda und Don sind eben zusammen angekommen. Ihr geht nebeneinander, und die Jungen folgen euch in dem grünen Dunkel des Waldwegs mit den langen kühlen Schatten. Ihr flüstert. Was kann man machen? Wie könnt ihr gutmachen, dass ihr so gemein gewesen seid? Ihr geht schneller. „Versuch nicht, abzuhauen“, sagt Buck ruhig hinter dir. Deine Beine schlottern in unsinniger Panik. „Ich werd es ihnen sagen“, wispert Linda dir zu.

„Nein“, zischst du hitzig zurück. Wie kannst du ihr erklären, wie es steht ... dass Buck dir vertraut? Alles würde verdorben ... zerstört werden. Aber Linda hat sich schon umgedreht. Alle bleiben stehen. Der Nachmittag ist schwer vom Warten. Du möchtest schreien, ihre reuige Stimme übertönen, als sie zu Buck und Don sagt: „Wir haben nur Spaß gemacht, wir haben Geld dabei, und damit ihr seht, dass wir nicht ganz gemein sind, zahlen wir euch das jetzt zurück.“ Die Stille ist ekelhaft. Buck kann man jetzt nicht ansehen und Linda nicht sagen, was sie angerichtet hat. Wie kann sie noch weitermachen? Aber sie kann. „Wenn wir euch das Geld geben, lasst ihr uns dann allein?“ Bucks Stimme ist gefährlich ruhig. Er sagt zu dir, allein zu dir: „Dann war das vorhin im Boot alles Theater?“ Deine Augen sind starr auf die Straße geheftet. Ein merkwürdig hoher Ton schrillt in deinen Ohren. Du nickst, wortlos. Um dich zerspringt der Nachmittag in Millionen Glassplitter. Schadenfroh steigen sie in grünen, blauen und gelben Farben auf, tanzen und wirbeln um dich herum ... erstickende, glimmende Farbflocken. Du nimmst wahr, dass die Jungen das Geld genommen haben und sich, kleiner und kleiner werdend, auf der Straße entfernen. Du bleibst mit Linda stehen, und ihr schaut ihnen nach. Es ist etwas so Endgültiges um jemand, der eine Straße hinunter verschwindet, sich nicht umdreht, nicht zurückblickt. Linda seufzt mit Befriedigung. Sie hat

getan, was nötig war, und betrachtet den Vorfall also als erledigt. Aber du, du gehst langsam neben ihr her, sagst nichts. Wie kannst du je erklären, wie es war. Wie kannst du je erklären, dass du mit mehr betrogen hast als nur mit Geld. Es ist etwas so Trostloses, so Endgültiges um eine leere Straße. Du gehst weiter, sagst nichts.

1 Notiert eure ersten Leseeindrücke.

2 Bearbeitet in Gruppen folgende Aufgaben:
- Untersucht, wie sich das Verhältnis der Figuren zueinander verändert.
  - Wie stehen die Mädchen zu Beginn zueinander, wie am Ende?
  - Wie benehmen sie sich den Jungen gegenüber?
- Wie ist der Titel der Geschichte zu verstehen? Setzt ihn in Bezug zum Inhalt.
- Bestimmt den Wendepunkt der Geschichte. Begründet eure Einschätzung mit Hilfe des Textes.

3 Begründet, welche der folgenden Aussagen über die Geschichte zutreffen:
- Die Geschichte gibt einen Tag im Leben der Erzählerin wieder, der ihr unvergesslich bleibt.
- Dieser unvergessliche Tag wird von Anfang bis Ende als gelungen erlebt.
- Die beiden Mädchen genießen die Natur und wollen nicht gestört werden.
- Buck und Don, die beiden Jungen, ahnen nicht, dass die Mädchen nur vortäuschen, kein Geld dabeizuhaben.
- Die Erzählerin weint vor Zorn, dass sie sich das Boot bezahlen lassen muss.
- Die Großzügigkeit des Jungen beschämt die Erzählerin.
- Dadurch, dass die Mädchen den Jungs am Ende doch das Geld geben, ist alles bereinigt.
- Das schlechte Gewissen der Erzählerin überträgt sich auf die Wahrnehmung des ganzen Nachmittags.

4 Linda gesteht den Jungen am Ende, dass sie doch Geld dabeihatten. Setzt das sich anschließende Gespräch zwischen der Erzählerin und Buck szenisch um.

Einleitung und Hauptteil einer Inhaltsangabe schreiben

5 Bereitet eine Inhaltsangabe der Kurzgeschichte vor.

a Gliedert den Text in einzelne Handlungsabschnitte. Gebt jedem Handlungsschritt eine Überschrift und fasst den Inhalt in eigenen Worten (in Stichworten oder in kurzen Sätzen) zusammen.

Ein neuer **Handlungsschritt** beginnt z. B., wenn:
- die Handlung eine Wendung erfährt,
- der Ort wechselt,
- ein Zeitsprung stattfindet,
- eine neue Figur auftaucht.

Z. 1–7: Erinnerung an den Tag im Juni
Sobald der Sommer kommt, erinnert sich die Erzählerin an den unvergesslichen Tag: Sonne, Paddelausflug ...

Z. 8–x: ...

b Vergleicht eure Notizen. Lest bei unterschiedlichen Ergebnissen noch einmal genau nach.

6 Schreibt mit Hilfe eurer Vorarbeiten aus Aufgabe 1 (▸ S. 109) eine Inhaltsangabe.
Formuliert eine **Einleitung,** in der ihr über die Art des Textes, den Titel, die Autorin und das Thema des Textes informiert. Ihr könnt einen der folgenden Satzanfänge fortführen.

In der Kurzgeschichte ... von ... geht es um zwei Mädchen, die während einer Bootsfahrt im Juni zwei Jungen kennen lernen und am Ende ...

In der Kurzgeschichte ... wird beschrieben, wie zwei Mädchen eine Bootsfahrt machen, zwei Jungen kennen lernen und der Ausflug ...

7 Fasst im **Hauptteil** den Inhalt des Textes zusammen. Setzt dazu den Schülertext unten fort.
- Formuliert in eigenen Worten und achtet auf eine sachliche Sprache.
- Verwendet keine wörtliche Rede, sondern gebt besonders wichtige Äußerungen der Figuren in der indirekten Rede (▸ Kasten unten) wieder oder umschreibt sie.
- Schreibt im Präsens, bei Vorzeitigkeit im Perfekt.
- Macht die Zusammenhänge der Handlung durch passende Satzverknüpfungen und Satzanfänge deutlich. Der Wortspeicher unten hilft euch dabei.

Die zwei Freundinnen, Linda und die namenlose Erzählerin, gehen an einem sonnigen Junitag an einen See, um zu paddeln. Der Tag erscheint der Erzählerin vollkommen und sie nimmt die Einflüsse der Natur mit allen Sinnen auf.	*Präsens* *in eigenen Worten formuliert*
Nachdem die Mädchen auf eine kleine Bucht zugesteuert sind, hören sie auf einmal Jungenstimmen. Als sie merken, dass die Jungen auf sie aufmerksam werden, werden beide	*bei Vorzeitigkeit: Perfekt*
ganz aufgeregt. Linda schlägt vor, Blumen zu pflücken, und in stillem Einvernehmen setzen sie den Vorschlag um.	*keine wörtliche Rede, sondern Umschreibungen*
Daraufhin nehmen die Jungen den Kontakt auf, sodass die Mädchen ihnen vorschlagen, um die Wette zu paddeln. ...	*Zusammenhänge durch Satzverknüpfungen verdeutlichen*

Zusammenhänge deutlich machen
Macht die Zusammenhänge der Handlung durch Verknüpfungen und Satzanfänge deutlich, z. B.:
nachdem • als • solange • bevor • weil • da • denn • damit • deshalb • sodass • obwohl • um • indem • aber • jedoch • nun • daraufhin • einerseits ... andererseits • anfangs • zuerst • anschließend • am Ende.

Hinweise zur Umwandlung wörtlicher Rede in die indirekte Rede
Auch Gedanken können in indirekte Rede verwandelt werden, z. B.:
Wie kann man die Fahrt verzögern? → Sie fragt sich, wie sie die Fahrt verzögern könne.
Bei der Umwandlung in die indirekte Rede werden auch Zeitangaben und Personalpronomen verändert, z. B.: *„Was kostet euer Boot?“ → Er fragt, was ihr Boot koste.*
„Seid ihr morgen auch da?“ → Er will wissen, ob sie am nächsten Tag auch da seien.

Der Schlussteil der Inhaltsangabe – Stellung beziehen

Der Autorin Sylvia Plath gelingt es, das Besondere dieses Junitages deutlich zu machen, indem sie zu Beginn der Kurzgeschichte aufzeigt, wie sehr die Erzählerin den Tag zunächst genießt. Es wird ausführlich beschrieben, wie die Erzählerin die Natur wahrnimmt. Jedes Sinnesorgan wird angesprochen: „den kühlen Geschmack von Minze auf der Zunge, das klare Leuchten der Tulpen" (Z. 24 f.), „die heiße Berührung der Sonne" (Z. 28). Am Ende der Geschichte ist die schöne Stimmung zerstört, es „zerspringt der Nachmittag in Millionen Glassplitter" (Z. 195 f.) und es wird deutlich, warum sich die Erzählerin nur mit Tränen in den Augen an diesen Junitag erinnern kann.
Meiner Meinung nach ist es der Autorin sehr gut gelungen, den Stimmungsumschwung, der auf das Fehlverhaltens der Mädchen folgt, zu zeigen.

Die Kurzgeschichte zeigt, dass Erwartungen enttäuscht werden können. Auch ich erinnere mich an Situationen, in denen ich mich falsch verhalten und mich danach dafür geschämt habe. Der Erzählerin geht es genau so. Zuerst finden die beiden Mädchen den Tag wunderbar, alles, was sie erleben, ist schön. Dann kippt die Stimmung und alles wird negativ wahrgenommen.
Schuld daran ist das schlechte Gewissen der Erzählerin. Hätte sie dem Jungen gleich die Wahrheit gesagt, hätte sie den Tag vielleicht in guter Erinnerung behalten können.

8 Lest die beiden Schlussteile einer Inhaltsangabe.
a Was gefällt euch gut, was weniger? Begründet eure Meinung.
b Welche Unterschiede, welche Gemeinsamkeiten stellt ihr fest? Achtet dabei auf Folgendes:
- Wird auf den Inhalt der Geschichte eher kurz oder eher zu ausführlich eingegangen?
- Findet sich ein Bezug zur Absicht der Autorin oder zur Wirkung, die vom Text ausgeht?
- Wird angesprochen, wie es der Autorin gelingt, diese Absicht umzusetzen?
- Gibt es eine persönliche Stellungnahme?

9 Schreibt nun für eure Inhaltsangabe zu der Kurzgeschichte „Ein Tag im Juni" einen eigenen Schluss. Nutzt die beiden Beispiele auf der vorhergehenden Seite als Anregung für euren eigenen Text.

Der Autorin Sylivia Plath gelingt es ...
Meiner Meinung nach ...

10 Geht auf die Sprache der Kurzgeschichte ein. Wie gelingt es der Autorin, die Einzigartigkeit des Tages zu beschreiben?

- Arbeitet mit einer Kopie des Textes und markiert darauf, wie die Stimmung der Hauptfigur beschrieben wird.
- Schreibt anschließend eure Deutung ins Heft. In dieser dürft ihr auch Zitate aus dem Text verwenden.

Beim wörtlichen Zitat übernehmt ihr ein Wort oder eine Textstelle mit Anführungszeichen wörtlich aus dem Text, z. B.: *„Auf deinen Wimpern spannen sich Netze von Regenbögen" (Z. 40–42).* Der Schlusspunkt steht erst nach der Zeilenangabe.
Beim sinngemäßen Zitat gebt ihr den Inhalt einer Textstelle mit eigenen Worten wieder. Hier setzt ihr keine Anführungszeichen, sondern nennt nur die Textstelle, auf die ihr euch bezieht, z. B.: *Die Erzählerin versucht, das Besondere dieses Tages zu beschreiben (vgl. Z. 17–36).*

Methode **Eine Inhaltsangabe schreiben**

Bei der Inhaltsangabe fasst ihr den Inhalt eines Textes knapp und sachlich zusammen.

- In der **Einleitung** nennt ihr die Art des Textes (z. B.: Kurzgeschichte, Erzählung, Ballade), den Titel, den Namen der Autorin / des Autors und das Thema des Textes. Außerdem macht ihr in einer Kernaussage Angaben zur Hauptfigur und zur Handlung.
- Im **Hauptteil** fasst ihr die wichtigsten Ereignisse der Handlung (Handlungsschritte) in der zeitlich richtigen Reihenfolge zusammen. Mögliche Rückblenden oder Vorausdeutungen werden in den zeitlich richtigen Handlungsverlauf eingeordnet.
  - Verzichtet auf die Darstellung von Einzelheiten und beschränkt euch auf das Wesentliche.
  - Macht die Zusammenhänge der Handlung durch passende Satzverknüpfungen und Satzanfänge deutlich.
  - Formuliert in eigenen Worten und verwendet als Zeitform das Präsens (bei Vorzeitigkeit das Perfekt).
  - Verwendet keine wörtliche Rede. Besonders wichtige Äußerungen von Figuren werden in der indirekten Rede (▸ S. 80, 110) wiedergegeben.
- Zum **Schluss** eurer Inhaltsangabe gebt ihr eine Einschätzung zur Textaussage oder Autorenabsicht:
  - Was soll eurer Meinung nach durch den Text zum Ausdruck gebracht werden?
  - Wie wirkt der Text auf euch? Wie nehmt ihr zur Handlung oder zum Inhalt Stellung?

Wladimir Kaminer

Schönhauser Allee im Regen (2001)

Ab und zu regnet es in der Schönhauser Allee. Ein Unwetter bringt das Geschäftsleben in Schwung. Die Fußgänger verlassen die Straßen und flüchten in alle möglichen Läden rein. Dort entdecken sie Dinge, die sie sich bei Sonnenschein nie angucken würden, und kaufen Sachen, die sie eigentlich überhaupt nicht brauchen, zum Beispiel Regenschirme. Wenn der Regen aufhört, ist die Luft wunderbar frisch, es riecht nach Benzin und den wasserfesten Farben der Fassaden. In jedem Mülleimer steckt dann ein Regenschirm, und überall sind große Pfützen zu sehen. Meine Tochter Nicole und ich gehen oft nach dem Regen spazieren. Wir gehen am Optikladen vorbei. Dort kauft sich ein Araber eine Brille.

„Guck mal!", zeigt Nicole mit dem Finger auf ihn. „Eine Frau mit Bart!"

„Nimm deinen Finger runter!", zische ich. „Das ist keine Frau mit Bart, das ist ein Araber, der sich eine Brille kauft."

„Wozu sind Brillen eigentlich gut? Für blinde Menschen?", fragt mich meine Tochter.

„Nein", sage ich, „blinde Menschen brauchen keine Brille. Man kauft sie, wenn man das Gefühl hat, etwas übersehen zu haben."

Nicole zeigt auf die bunten Benzinstreifen, die in der Sonne blitzen. „Wäre es möglich, dass der Regenbogen vom Himmel runtergefallen ist?"

„Korrekt", antworte ich.

Wir gehen weiter. Ein vietnamesisches Mädchen steht mit beiden Füßen in einer besonders tiefen Pfütze. Das Wasser reicht ihr fast bis zu den Knien. Sie bewegt sich nicht und guckt traurig vor sich hin. Eine alte Frau bleibt vor ihr stehen. „Armes Mädchen! Du hast ja ganz nasse Füße", sagt sie. „Warum gehst du nicht nach Hause und ziehst dir neue, warme Socken an?"

Die kleine Vietnamesin schweigt.

„Hast du überhaupt andre Socken?", fährt die alte Dame fort. „Wo wohnst du? Hast du ein Zuhause?"

Ein Ehepaar bleibt ebenfalls bei dem Mädchen stehen, die Frau erwartet ein Baby, so sind sie auch interessiert.

„Verstehst du eigentlich unsere Sprache?“, fragt der Mann besorgt. Das Mädchen schweigt. „Sie hat sich bestimmt verlaufen und kann ihre Eltern nicht finden, armes Kind“, vermutet die alte Frau.

Eine Touristengruppe, frisch aus einem Bus, nähert sich dem Mädchen vorsichtig. Überwiegend ältere Menschen, die miteinander plattdeutsch reden.

„Aber warum steht sie in einer so tiefen Pfütze?“, fragt ein Mann.

„Das ist doch ganz klar: Sie kann unsere Sprache nicht und will auf diese Weise unsere Aufmerksamkeit erregen. Sie signalisiert uns, dass sie Hilfe braucht“, erklärt die schwangere Frau.

„Was machen wir jetzt?“, fragt die alte Dame, die als Erste das Mädchen entdeckt hat.

„Wir können das Kind unmöglich allein hier stehen lassen. Am besten wir rufen die Polizei.“

„Genau“, meint die Touristengruppe, „rufen Sie die Polizei, und wir passen inzwischen auf das Kind auf.“

Plötzlich springt das vietnamesische Mädchen aus der Pfütze nach vorn, das schmutzige Wasser bespritzt die Passanten. Alle sind nun nass: die alte Frau, das Ehepaar, die Plattdeutschtouristen. „Reingelegt!“, ruft das Mädchen, lacht dabei diabolisch[1] und verschwindet blitzschnell um die Ecke. Alle Betroffenen bleiben fassungslos auf der Straße stehen. Nicole und ich kennen das Mädchen, weil sie in unserem Haus wohnt. Ihre Eltern haben einen Lebensmittelladen im Erdgeschoss und geben uns manchmal Erdbeeren und Bananen umsonst. Und diesen Witz kennen wir auch schon. Das Mädchen macht ihn jedes Mal, wenn die großen Pfützen auf der Schönhauser Allee auftauchen und die großen Menschenmengen kurzzeitig verschwinden.

Auf wunderbare Weise wird die Allee aber schnell wieder trocken und belebt, sodass dann keiner mehr auf die Idee kommt, dass es hier vor Kurzem noch geregnet hat.

1 diabolisch: teuflisch

1 a Begründet, ob der Titel „Schönhauser Allee im Regen” zu der Geschichte passt.
b Überlegt euch für die Geschichte einen neuen Titel. Erläutert, warum ihr eure Titel für geeignet haltet.

2 Erklärt, wo der Wendepunkt in der Geschichte liegt. Benennt die entsprechende Textstelle.

3 Beurteilt, ob es für die Geschichte wichtig ist, dass es sich bei dem Mädchen um eine Vietnamesin handelt. Belegt eure Aussage anhand des Textes.
Tipp: Überlegt: Welche Gedanken, Fragen, Vorstellungen ruft das vietnamesische Mädchen bei den Passanten hervor?

4 „Reingelegt!‘, ruft das Mädchen, lacht dabei diabolisch und verschwindet blitzschnell um die Ecke. Alle Betroffenen bleiben fassungslos auf der Straße stehen” (▸ Z. 77–78).
Zeichnet zwei Denkblasen. Notiert darin, was den Passanten durch den Kopf gehen könnte. Schreibt eure Notizen in euer Heft.

Stärken stärken: Eine Inhaltsangabe schreiben

1 Fasst den Inhalt der der Kurzgeschichte „Schönhauser Allee im Regen" (▸ S. 113–114) zusammen. Geht so vor:

a Lest die Geschichte noch einmal und notiert in einem Satz, worum es geht.

b Gliedert den Text in einzelne Handlungsschritte. Gebt jedem Handlungsschritt eine Überschrift und fasst den Inhalt in eigenen Worten (Stichworten oder kurzen Sätzen) zusammen.

Z. 1–30: Spaziergang auf der Schönhauser Allee
– Der Ich-Erzähler geht mit seiner Tochter nach einem Regenguss ...
Z. 31–xx: ...

c Verfasst nun mit Hilfe eurer Notizen die Inhaltsangabe. Beginnt mit einem informativen Einleitungssatz, der auch das Thema des Textes benennt. Schreibt dann den Hauptteil der Inhaltsangabe, indem ihr die Handlung knapp und in eigenen Worten zusammenfasst.

d Geht am Schluss eurer Inhaltsangabe darauf ein, wie ihr das Verhalten des Mädchens beurteilt. Nehmt dazu Stellung.

Hilfe zu Aufgabe 1:

a Lest die Geschichte noch einmal und notiert in einem Satz, worum es geht.
... legt eine Gruppe von Erwachsenen, die ihm helfen wollen, ...

b Gliedert den Text in einzelne Handlungsschritte. Gebt jedem Handlungsschritt eine Überschrift und fasst den Inhalt in eigenen Worten (Stichworten oder kurzen Sätzen) zusammen.

Z. 1–30: Spaziergang auf der Schönhauser Allee
– Der Ich-Erzähler geht mit seiner Tochter nach einem Regenguss ...
Z. 31–70: Das Mädchen und die Passanten
– Ein kleines, vietnamesisches Mädchen steht knietief in einer großen Pfütze und guckt traurig.
– Eine alte Frau, ein Ehepaar, dann eine Touristengruppe bleiben stehen und fragen das Mädchen, ...
– Die Passanten kommen zu dem Schluss, dass das Mädchen ...
Z. 71–91: Überraschung
– ...

c Verfasst nun mit Hilfe eurer Notizen die Inhaltsangabe.
– Beginnt mit einem informativen Einleitungssatz, der auch das Thema des Textes benennt.
In der Kurzgeschichte ... von ... geht es um ...
Die Kurzgeschichte ... von ... handelt von ...
– Schreibt dann den Hauptteil der Inhaltsangabe, indem ihr die Handlung knapp und in eigenen Worten zusammenfasst.

> Verwendet keine wörtliche Rede. Macht die Zusammenhänge der Handlung durch passende Satzverknüpfungen und Satzanfänge deutlich.

d Gebt am Schluss eurer Inhaltsangabe darauf ein, wie ihr das Verhalten des Mädchens beurteilt. Nehmt Stellung, indem ihr eure Aussagen mit Zitaten aus dem Text belegt (▸ S. 112).
Das Mädchen, das in der Pfütze steht, „bewegt sich nicht und guckt traurig vor sich hin" (Z. 34–35).
Durch diesen traurigen Gesichtsausdruck erweckt es das Mitleid der Passanten. So fragt eine alte Frau, ob das Mädchen ein Zuhause habe (vgl. Z. 42–43).
Meiner Meinung nach handelt das Mädchen rücksichtslos und ...

5.3 Fit in …? – Inhaltsangabe

Stellt euch vor, ihr bekommt in der nächsten Klassenarbeit die folgende Aufgabenstellung:

1. Verfasse zu der Kurzgeschichte „Streuselschnecke" von Julia Franck eine Inhaltsangabe.

Julia Franck

Streuselschnecke (2002)

Der Anruf kam, als ich vierzehn war. Ich wohnte seit einem Jahr nicht mehr bei meiner Mutter und meinen Schwestern, sondern bei Freunden in Berlin. Eine fremde Stimme meldete sich, der Mann nannte seinen Namen, sagte mir, er lebe in Berlin, und fragte, ob ich ihn kennen lernen wolle. Ich zögerte, ich war mir nicht sicher. Zwar hatte ich schon viel über solche Treffen gehört und mir oft vorgestellt, wie so etwas wäre, aber als es so weit war, empfand ich eher Unbehagen. Wir verabredeten uns. Er trug Jeans, Jacke und Hose. Ich hatte mich geschminkt. Er führte mich ins Café Richter am Hindemithplatz und wir gingen ins Kino, ein Film von Rohmer[1]. Unsympathisch war er nicht, eher schüchtern. Er nahm mich mit ins Restaurant und stellte mich seinen Freunden vor. Ein feines, ironisches Lächeln zog er zwischen sich und die anderen Menschen. Ich ahnte, was das Lächeln verriet. Einige Male durfte ich ihn bei seiner Arbeit besuchen. Er schrieb Drehbücher und führte Regie bei Filmen. Ich fragte mich, ob er mir Geld geben würde, wenn wir uns treffen, aber er gab mir keines und ich traute mich nicht, danach zu fragen. Schlimm war das nicht, schließlich kannte ich ihn kaum, was sollte ich da schon ver-

1 Éric Rohmer: französischer Regisseur

langen? Außerdem konnte ich für mich selbst sorgen, ich ging zur Schule und putzen und arbeitete als Kindermädchen. Bald würde ich alt genug sein, um als Kellnerin zu arbeiten, und vielleicht wurde ja auch noch eines Tages etwas Richtiges aus mir. Zwei Jahre später, der Mann und ich waren uns noch immer etwas fremd, sagte er mir, er sei krank.

Er starb ein Jahr lang, ich besuchte ihn im Krankenhaus und fragte, was er sich wünsche. Er sagte mir, er habe Angst vor dem Tod und wolle es so schnell wie möglich hinter sich bringen. Er fragte mich, ob ich ihm Morphium[2] besorgen könne. Ich dachte nach, ich hatte einige Freunde, die Drogen nahmen, aber keinen, der sich mit Morphium auskannte. Auch war ich mir nicht sicher, ob die im Krankenhaus herausfinden wollten und würden, woher es kam. Ich vergaß seine Bitte. Manchmal brachte ich ihm Blumen. Er fragte nach dem Morphium und ich fragte ihn, ob er sich Kuchen wünsche, schließlich wusste ich, wie gerne er Torte aß. Er sagte, die einfachen Dinge seien ihm jetzt die liebsten – er wolle nur Streuselschnecken, nichts sonst. Ich ging nach Hause und buk Streuselschnecken, zwei Bleche voll. Sie waren noch warm, als ich sie ins Krankenhaus brachte. Er sagte, er hätte gerne mit mir gelebt, es zumindest gern versucht, er habe immer so gedacht, dafür sei noch Zeit, eines Tages – aber jetzt sei es zu spät. Kurz nach meinem siebzehnten Geburtstag war er tot. Meine kleine Schwester kam nach Berlin, wir gingen gemeinsam zur Beerdigung. Meine Mutter kam nicht. Ich nehme an, sie war mit anderem beschäftigt, außerdem hatte sie meinen Vater zu wenig gekannt und nicht geliebt.

2 Morphium: ein starkes Schmerzmittel

1 Lest die Aufgabe auf Seite 116 aufmerksam durch. Besprecht dann in Partnerarbeit, worauf ihr beim Schreiben der Inhaltsangabe achten müsst.

Die Kurzgeschichte verstehen und einen Schreibplan anlegen

2 Welche Aussagen zum Text sind richtig? Schreibt sie in euer Heft.

- Das Geschehen, von dem erzählt wird, umfasst einen Zeitraum von etwa drei Jahren.
- Am Ende der Geschichte haben Vater und Tochter ein sehr vertrautes, inniges Verhältnis.
- Die Ich-Erzählerin lernt ihren Vater erst mit 14 Jahren kennen.
- Die Ich-Erzählerin lebt bei Freunden in Berlin und sorgt für sich selbst.
- Die Ich-Erzählerin sucht Kontakt zu ihrem Vater und ruft ihn deshalb an.
- Die Tochter bringt dem Vater Blumen und Streuselschnecken ins Krankenhaus.
- Der Vater der Ich-Erzählerin ist Regisseur und stirbt nach dem 17. Geburtstag der Tochter.

3 Gliedert den Text in Handlungsschritte. Formuliert für jeden Handlungsschritt eine Überschrift und haltet die wichtigsten Informationen in Stichworten oder kurzen Sätzen fest.

Z. 1–12: Der Anruf
- Die Ich-Erzählerin erhält mit 14 Jahren einen Anruf von ihrem Vater, den sie nicht kennt. Er will ...

Z. 13–xx: Das erste Treffen
- Vater und Tochter ...

Z. xx–xx: Weitere Treffen in den folgenden zwei Jahren
- ...

Die Inhaltsangabe schreiben und überarbeiten

4 Verfasst nun mit Hilfe eurer Notizen aus Aufgabe 3 die Inhaltsangabe.

a Beginnt mit einem informativen Einleitungssatz, der auch das Thema des Textes benennt.

- Die Kurzgeschichte ... von ... handelt von einem Mädchen, das mit 14 Jahren ...
- In der Kurzgeschichte ... von ... geht es um ...

b Schreibt nun den Hauptteil der Inhaltsangabe, indem ihr die Handlung knapp und in eigenen Worten zusammenfasst.

c Geht am Schluss darauf ein, was die Geschichte in euch auslöst, wie ihr zu dem Verhalten der Ich-Erzählerin steht.

Checkliste

Eine Inhaltsangabe schreiben

- Ist die **Einleitung** vollständig (Art des Textes, Titel, Autorin/Autor, Thema)?
- Habt ihr im **Hauptteil die wichtigsten Handlungsschritte** in der zeitlich richtigen Reihenfolge zusammengefasst? Wird nur das Wesentliche wiedergegeben?
- Werden die **Zusammenhänge** der Handlung durch passende Satzverknüpfungen und Satzanfänge **deutlich?**
- Habt ihr die Inhaltsangabe **sachlich** und in **eigenen Worten** formuliert?
- Habt ihr als Zeitform das **Präsens** verwendet (bei Vorzeitigkeit das Perfekt)?
- Erscheint in eurer Inhaltsangabe **keine wörtliche Rede?**
- Sind **Rechtschreibung** und **Zeichensetzung** korrekt?

Wörterliste ▸ S. 353

Alltagsmenschen	Farbsprenkel	Grazie	Kniekehle
Konflikt	Erbsenschote	verstohlen	scharlachrot
Paddelboot	Bug	reuig	Kontrolleur

6 „Simpel“ – Einen Jugendroman erschließen

SIMPEL spielt gern mit Playmobil. Er spricht mit seinem Stoffhasen. Er sagt: „Hier sind alle total blöd!“, wenn hier alle total blöd sind, und er kann total schnell zählen: 7, 9, 12, B, tausend, hundert. Simpel ist zweiundzwanzig Jahre alt, doch mental ist er auf der Stufe eines dreijährigen Kindes. Gut, dass sich sein siebzehnjähriger Bruder um ihn kümmert. Doch Simpel zu betreuen ist alles andere als simpel. Und als die beiden Brüder in eine WG ziehen, da wird es erst recht kompliziert!

1 Betrachtet das Cover und lest den Klappentext des Jugendromans „Simpel“ von Marie-Aude Murail.
  a Tragt zusammen, welche Informationen ihr erhaltet.
  b Besprecht, was ihr über die Hauptfiguren des Romans erfahrt und notiert eure ersten Eindrücke.

2 Welche Bedeutung hat das Wort „simpel“ in eurem Sprachgebrauch? Klärt die Wortbedeutung im Klassengespräch und überlegt gemeinsam, welche Schlüsse sich daraus für die Hauptfigur ziehen lassen.

In diesem Kapitel ...

- untersucht ihr die Handlung eines aktuellen Jugendromans.
- nehmt ihr die Erzählhaltung in den Blick und erkennt, aus wessen Perspektive erzählt wird,
- charakterisiert ihr die Hauptfiguren und beschreibt, wie sie zueinander stehen,
- gestaltet ihr eigene Texte zu Romanauszügen.

6.1 „Ja, ich weiß, was ich tue!" – Einen Jugendroman lesen

Simpel und Colbert – Die Hauptfiguren kennen lernen

Marie-Aude Murail

Simpel (1)

Colbert beobachtete seinen kleinen Bruder von der Seite. Simpel imitierte das Geräusch der Metrotüren: „Piiiiii ... klapp." An der Station stieg ein Mann ein und setzte sich neben Colbert. Er hielt einen Schäferhund an der Leine. Simpel rutschte auf dem Sitz hin und her. „Der hat ein' Hund", sagte er. Der Hundebesitzer musterte den Menschen, der gerade gesprochen hatte: ein junger Mann mit hellen, weit aufgerissenen Augen. „Der Herr hat ein' Hund", wiederholte Simpel immer aufgeregter. „Ja, ja", antwortete Colbert und versuchte, ihn mit einem Stirnrunzeln zur Ordnung zu rufen. „Darf ich den streicheln?", fragte Simpel und streckte die Hand nach dem Hund aus. „Nein!", knurrte Colbert. Der Mann sah nacheinander die beiden Brüder an, als versuche er, die Situation einzuschätzen. „Also ich hab ein' Hase", sagte der junge Mann mit den hellen Augen zu ihm. „Red doch nicht mit Leuten, die du nicht kennst", schimpfte Colbert. Dann gab er sich einen Ruck und wandte sich an den Mann mit dem Hund: „Entschuldigen Sie, er ist geistig behindert." „Ein I-di-ot", korrigierte ihn der andere und betonte dabei jede einzelne Silbe. Der Mann stand auf und zog wortlos an der Hundeleine. An der nächsten Station stieg er aus.

Colbert seufzte schwermütig und warf einen Blick zum Fenster. Darin sah er das Spiegelbild seines sympathischen Gesichts mit der intellektuellen runden Brille. Beruhigt lehnte er sich auf der Sitzbank zurück und blickte auf die Uhr. Simpel, der jede einzelne Bewegung beobachtet hatte, zog die Ärmel seines Sweatshirts hoch und musterte mit kritischem Blick seine Handgelenke. „Also ich hab keine Uhr." „Du weißt ganz genau, warum. Verdammt, wir müssen raus!" „Oh, oh, böses Wort." Colbert lief schnell zum Ausgang und drehte sich dann beim Verlassen der Bahn um. Simpel war ihm gefolgt, aber plötzlich stehen geblieben. „Jetzt mach schon!" „Die will mich durchschneiden!" Colbert packte ihn am Ärmel und zog ihn auf den Bahnsteig. Hinter ihnen schloss sich die automatische Tür. Klapp! „Hat mich nicht gekriegt!" Colbert packte Simpel erneut am Ärmel und zog ihn zur Treppe. „Warum hab ich keine Uhr?" „Du hast sie kaputt gemacht, um nachzugucken, ob ein Männchen drin ist, erinnerst du dich?" „Oh, jaaaaaaaaa", quietschte Simpel und strahlte verzückt. „Und war ein Männchen drin?" „Neinnnnn!", brüllte Simpel mit der gleichen Begeisterung. Vor der Rolltreppe blieb er so abrupt stehen, dass zwei Menschen hinter ihnen ineinanderrasselten. Sie protestierten: „Jetzt passen Sie doch auf!" Colbert griff seinen Bruder erneut am Ärmel, um ihn auf die Rolltreppe zu ziehen. Simpel sah erschreckt auf seine Füße, während er sie anhob. Als er sich vergewissert hatte, dass ihnen keine Gefahr drohte, hob er den Kopf. „Hast du gesehen?", fragte er, als sie oben angekommen waren. „Ich hab nicht mal Angst. Warum ist da kein Mänzel drin?" „Es heißt nicht Mänzel, sondern Männchen", wies Colbert ihn zurecht, um tausend mögliche Warums im Keim zu ersticken. Er hörte, wie sein Bruder brummte: „Es heißt Mänzel, Mänzel." Simpels Starrköpfigkeit war äußerst bemerkenswert. Fünf Minuten lang trällerte er: „Mänzelenn, Mänzelenn." Colbert sah sich um, er war sich mit dem Weg nicht ganz sicher. Sie waren erst seit vierzehn Tagen in Paris.

Nachdem sie zu zweit ein Kilo Nudeln verdrückt hatten, saßen sie in dem winzigen Schlafzimmer, das die Großtante ihnen zur Verfügung gestellt hatte. Colbert nahm sein Handy. Simpel beobachtete ihn noch immer. „Du hast ein Tefelon"[1], sagte er neidisch. „Warum hab ich kein Tefelon?" „Weil du zu klein bist", antwortete Colbert zerstreut. „Also, 01 ... 48 ..." „12, 3, B, 1000, 100." Colbert fuhr sich mit der Hand über die Stirn. Sein Bruder hatte ihn schon wieder durcheinandergebracht. Aber was hatte es auch für einen Sinn, ihren Vater anzurufen? Monsieur Maluri wusste nur eine Lösung: die Anstalt. Er würde sagen, er solle Simpel wieder nach Malicroix schicken. „Kuckuck!", ertönte es schelmisch. Simpel saß im Schneidersitz auf dem Bett und hielt etwas hinter seinem Rücken versteckt. Verheißungsvoll wiederholte er: „Kuckuck!" Hinter seiner Schulter erschienen zwei schlaffe braune Stoffohren. Er wedelte mit ihnen. „Der hat ja gerade noch gefehlt", murmelte Colbert. „Wer ist das?", fragte Simpel erwartungsvoll. „Ich weiß es nicht." Es galt, das Vergnügen in die Länge zu ziehen. „Ist was mit ase drin", sagte Simpel. „Ist es eine Nase?" „Nein!" „Ist es eine Vase?" Simpel verschluckte sich fast vor Lachen. „Ist es Monsieur Hasehase?" „Jaaaaaa!", brüllte Simpel und schwang einen alten Stoffhasen, dessen Ohren wie wild hin und her schlackerten.

Da begann das Handy zu klingeln. „Ich bin's", rief Simpel. „Ich bin's: Hallo?" Colbert sprang auf, damit sein Bruder nicht versuchte, ihm das Telefon wegzunehmen. „Hallo, Papa? ... Ja, es geht", sagte Colbert locker. „Wir sitzen hier mit Monsieur Hasehase, es ist alles in Ordnung ... Die alte Tante? Mit der geht's auch. Naja, nein eigentlich nicht." Colbert hatte sich entschieden, Klartext zu reden. „Simpel mag sie nicht besonders. Er will sie umbringen." Colbert war sich nicht immer so ganz bewusst, was er sagte. „Nein, nicht in echt! Mit seinem Verolver ... Ja ... ja ... Ich weiß, Papa. Ich bin verantwortlich, ich war derjenige, der ... Ja." Er hob den Blick zur Decke, während sein Vater Argumente vorbrachte. Simpel sei eine zu große Belastung, er würde einem das Leben unerträglich erschweren, man müsse ihn zurück nach Malicroix bringen. Währenddessen spielte Simpel, der eine ganze Tüte Playmobil auf dem Bett ausgeleert hatte, scheinbar gedankenverloren halblaut vor sich hin. Aber er hörte

1 Tefelon: Simpel verdreht manchmal die Buchstaben, v. a. bei Fremdwörtern

mit halbem Ohr zu. „Der ist nicht brav“, sagte er über einen kleinen schwarz-weißen Cowboy, „der muss jetzt in die Anschalt.“
Während Colbert mit seinem Vater diskutierte, sah er seinem Bruder beim Spielen zu. „Das Beste wäre, wir würden eine Wohnung finden, die wir mieten könnten. Dann wären wir unabhängig ... Aber nein, Papa, Simpel muss nicht beaufsichtigt werden. Er ist zweiundzwanzig. Auf jeden Fall haben wir das Geld aus Mamas Erbe. Du brauchst die Miete nicht zu bezahlen ... Ja, ich weiß, was ich tue.“
Colbert schaltete das Handy aus, nachdem er eine vage väterliche Einwilligung erhalten hatte. Er blieb einen Moment sitzen, mit verschwommenem Blick, das Telefon an die Brust gedrückt. Siebzehn Jahre. Er war siebzehn Jahre alt, hatte sich gerade für die Abschlussklasse am Gymnasium Henry IV angemeldet. Danach wollte er das Vorbereitungsjahr für die Aufnahme an einer Elite-Hochschule machen. Und er schleppte eine Art Ungeheuer mit sich rum. Seinen Bruder Simpel – mit echtem Namen Barnabé –, der in dem Glauben lebte, Stoffhasen seien lebendig.
„Simpel?“ Barnabé unterbrach sein Spiel und sagte: „Mein Bruder!“, ganz als ob gerade Gott zu ihm gesprochen hätte. „Hör zu, Simpel, wir werden eine Wohnung für uns zwei suchen. Aber ich werde dann nicht immer die ganze Zeit bei dir sein können, weil ich ja schon in zwei Wochen wieder zur Schule gehen muss.“
„Schule ist nicht gut.“ „Doch, Schule ist gut.“
„Und warum geh ich dann nicht?“ „Ich hab dir gesagt, du sollst mir zuhören. Wenn du bei mir bleiben willst, musst du dich schon ein bisschen anstrengen.“ Simpel hörte mit offenem Mund zu, ganz außer sich vor gutem Willen.
„Verstehst du, du musst mir helfen.“ Simpel sprang auf: „Ich mach ganz Ordnung auf dem Bett.“ Colbert seufzte: „Ja, genau das ...“

1 Hat sich euer erster Eindruck von Cover und Klappentext ausgehend bestätigt? Worum geht es im ersten Kapitel von „Simpel“?

2 Was erfahrt ihr über die Hauptfiguren? Übertragt die Mind-Map zu Colbert in euer Heft und ergänzt die fehlenden Informationen, die ihr aus dem Text erhaltet.

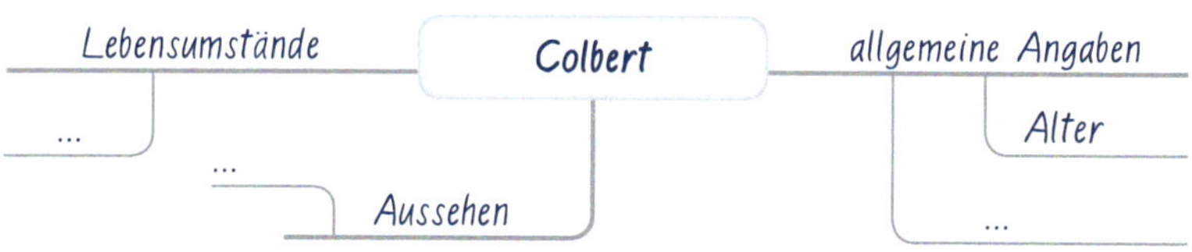

3 Fertigt auch zu Simpel eine entsprechende Mind-Map an.

Information **Eine literarische Figur charakterisieren**

In einer Charakterisierung wird eine literarische Figur so dargestellt, wie sie aus dem Text heraus erfahrbar wird. Wichtige Punkte für eine Charakterisierung sind:

- äußeres Erscheinungsbild / besondere Merkmale (z. B.: Sprache, typische Tätigkeiten und Verhaltensweisen): *spricht wie ein Kleinkind,*
- Lebensumstände: Herkunft, Stand, Vorgeschichte: *lebt mit seinem Bruder zusammen,*
- Vorlieben, Gedanken, Gefühle, Eigenschaften: *hat immer sein Stofftier dabei, ist spontan,*
- Verhältnis zu anderen Figuren: *ist neugierig, geht auf alle zu,*
- Einstellungen, Absichten, Motive: *will für seinen Bruder da sein.*

4 Macht euch ein genaues Bild von Colbert und Simpel, den beiden Hauptfiguren des Romans. Geht so vor:

a Legt eine Folie über den Text und unterstreicht zunächst die Informationen zu Colbert farbig.

b Welche Textstellen sagen direkt etwas über die Figur aus, welche lassen indirekt Schlüsse auf ihren Charakter zu? Deutet die Textstellen, indem ihr notiert, was sie über die Figur aussagen.

c Erstellt eine Tabelle zu Colbert und tragt die Ergebnisse eurer Analyse darin ein. Unterscheidet zwischen Textstellen mit direkter Charakterisierung und indirekter Charakterisierung. Lest dazu den Informationskasten unten.

d Erstellt auch zu Simpel eine Tabelle. Verfahrt wie zuvor bei Colbert.

Colbert: direkt charakterisiert	Colbert: indirekt charakterisiert
– *„Darin sah er das Spiegelbild seines sympathischen Gesichts mit der intellektuellen runden Brille." (Z. 30 ff.)* – …	– *„Colbert seufzte schwermütig" (Z. 29)* *→ er ist bedrückt* – …

5 Fertigt eine möglichst genaue Charakterisierung von Colbert an. Nutzt dazu eure Ergebnisse aus den Aufgaben 2 und 4. Orientiert euch dabei an den Informationen im Merkkasten auf Seite 122. Ihr könnt so beginnen:
Eine der beiden Hauptfiguren des Jugendromans „Simpel", geschrieben von Marie-Aude Murail, heißt Colbert. Er ist …

Beschreibt die Figur sachlich und genau. Geht zuletzt auch darauf ein, wie die Figur auf euch wirkt.

6 Fertigt nun auch zu Simpel eine Figurenbeschreibung an. Nutzt eure Ergebnisse aus Aufgabe 3 und 4.

Information **Merkmale und Eigenschaften einer Figur**

Die **Merkmale und Eigenschaften einer Figur** können im Text direkt genannt werden, sie können aber auch indirekt dargestellt werden, sodass der Leser sie selbst erschließen muss.

- **Direkt charakterisiert** wird eine Figur durch Textstellen, in denen sie Aussagen über sich selbst macht oder in denen andere Figuren oder der Erzähler ihre Ansichten über diese Figur zur Sprache bringen, z. B.: *„Darin sah er das Spiegelbild seines sympathischen Gesichts …"*
- **Indirekt charakterisiert** wird eine Figur z. B. durch die Art und Weise, wie sie spricht, fühlt, denkt und handelt, z. B.: *„Colbert seufzte schwermütig." → Figur ist bedrückt.*

„Sein Bruder hatte ihn schon wieder durcheinandergebracht“ – Ein Lesetagebuch führen

1 Legt ein Lesetagebuch an. Dafür eignet sich ein DIN-A4-Ordner.
Heftet darin alle Materialien ab, die ihr während des Lesens erarbeitet:
- das Leseprotokoll,
- Abschriften wichtiger Textstellen,
- Figurensteckbriefe,
- Zeichnungen oder Comics zum Text,
- Tagebucheinträge oder Briefe, die ihr aus Sicht der Figuren erstellt habt,
- Informationen zum Autor ...

Notiert im **Lesetagebuch** eure Gedanken und Ideen:
Darum geht es in Kap. 1: ...
Das finde ich wichtig: ...
Meine Fragen: ...

2 Wie verhalten sich die Nebenfiguren, auf die Colbert und Simpel treffen?
a Gebt stichpunktartig die entsprechenden Textstellen auf Figurensteckbriefen wieder.
b Diskutiert: Wie würdet ihr euch in den entsprechenden Situationen verhalten?
c Heftet die erstellten Figurensteckbriefe in euer Lesetagebuch.

Mann mit Hund
„Der Mann sah nacheinander die beiden Brüder an, als versuche er, die Situation einzuschätzen“ (Z. 16–18)

Leute am Bahnhof
...

Monsieur Maluri (Vater)
...

3 Colbert hat seinen Bruder aus der Anstalt zu sich geholt – gegen die Bedenken seines Vaters. Der Absatz (Z. 109–119) gibt ein kurzes Telefonat mit Monsieur Maluri wieder.
a Lest den Textabschnitt. Was fällt euch an dem Gespräch auf? Notiert eure Beobachtung.
b Schreibt den Dialog in euer Heft. Ergänzt dazu die Aussagen des Vaters.
c Führt das Telefonat über die Textstelle hinaus weiter:
Wie könnte Colbert sein Handeln rechtfertigen?

Colbert: Hallo, Papa?
Papa: Hallo Colbert!
Geht's gut?
Colbert: Ja, es geht.
Papa: Was macht ihr denn
...
Colbert: ...

4 „Er war siebzehn Jahre alt ... Und er schleppte so eine Art Ungeheuer mit sich rum". (Z. 144–150)

a Mit „Ungeheuer" ist sein Bruder Simpel gemeint.
Erklärt: Wann ist sein Bruder für ihn ein Ungeheuer?

b Wie verhält er sich seinem Bruder gegenüber?
Bringt das Zitat mit seinem Verhalten in Verbindung.

5 Stellt Vermutungen an: Wie könnten die beiden Brüder die Situation organisieren, damit Simpel am gesellschaftlichen Leben teilnehmen kann, ohne Colberts Schulausbildung zu gefährden?

6 Gliedert den Text in Sinnabschnitte und sucht Zwischenüberschriften, aus denen hervorgeht, worum es jeweils in dem Abschnitt geht. Schreibt zu jeder Überschrift auch ein paar kurze Stichpunkte. Übertragt eure Gliederung ins Heft und ergänzt sie.

„Simpel" von Marie-Aude Murail, Kapitel 1

Z. 1–28: Eine seltsame Begegnung:
Colbert und Simpel treffen in der Metro auf einen Hundebesitzer und seinen Hund.

Z. 29–74: Warum Simpel keine Uhr bekommt:
Colbert und Simpel unterhalten sich über Uhren und verlassen dabei die Pariser U-Bahn.

Z. xx–yy: ...

7 Erstellt ein Leseprotokoll, in dem ihr zu jedem Kapitel die wichtigsten Ereignisse notiert.
Das Leseprotokoll hilft euch dabei, den Überblick zu bewahren.
Achtet besonders auf Figuren, Handlung, Orte. Ihr könnt eure Ergebnisse aus Aufgabe 6 nutzen.

Kapitel	Seiten	Das passiert ... (Handlung, Orte)	Eindrücke, Fragen
1	*9–37*	*Colbert und Simpel leben bei ihrer Tante, nachdem Colbert seinen Bruder aus der Anstalt geholt hat. Sie suchen ...*	*Wird es den beiden gelingen, eine Wohnung zu finden?*
2	...	...	...

Methode **Ein Lesetagebuch führen**

Wenn ihr einen Roman lest, könnt ihr eure Leseerfahrungen in einem Lesetagebuch festhalten. Heftet dazu **alle erarbeiteten Materialien** in einem DIN-A4-Ordner ab. So könnt ihr diese auch anderen zugänglich machen und ihnen Lektüreanregungen geben.
Schreibt auf die **Titelseite** den Namen der Autorin oder des Autors und den Titel des Buches.
Eure Tagebucheinträge können die Form persönlicher Leseeindrücke haben, Fragen, kurze Inhaltsangaben, Hintergrundinformationen oder eigene Texte sein, in denen ihr Leerstellen füllt oder Texte weiterschreibt.

„Du musst sie sehen" – Den Erzähler im Blick

Marie-Aude Murail

Simpel (2)

Enzo schätzte es nicht sonderlich, um sieben Uhr morgens von Aria und ihrem Freund geweckt zu werden. Zu hören, wie sie auf der anderen Seite der Wand miteinander schliefen, führte ihm seine Situation als Männchen ohne Weibchen vor Augen. Enzo war einundzwanzig, blond und ziemlich hübsch – mit ein bisschen Mühe hätte er leicht eine Freundin finden können. Aber er wollte, dass die Mädchen ihm in die Arme fielen, ohne dass er sie selbst zum Fallen bringen musste. Eine Frage der Trägheit oder der Würde, das hatte er noch nicht entschieden. „Ist noch Kaffee da?", fragte Corentin, der in die Küche kam. „Mmm ..." Zu früh für Worte.

„Da hat gestern jemand wegen der Zimmer angerufen", begann Corentin erneut. „Soll für ihn und seinen Bruder sein." „Noch mehr Jungs", sagte Enzo seufzend. In der Rue du Cardinal-Lemoine lebten vier Studenten: Enzo, Aria und ihr Freund Emmanuel sowie Corentin, Arias Bruder. „Warum finden wir für die Zimmer keine Mädchen?", jammerte Enzo. „Such doch!" Corentin goss sich eine große Schale Kaffee ein. „Der Typ wirkte sympathisch. Er ist zweiundzwanzig und sein Bruder siebzehn." „Jetzt hör mal, das ist doch kein Kindergarten!" Am Telefon hatte Colbert sich für den Älteren ausgegeben. „Was studiert er?" Corentin versuchte, sich zu erinnern. „Ich weiß nicht mehr genau. Sein Bruder besucht die Abschlussklasse im Henry VI." „Ätzend, diese jungen Leute", brummte Enzo. „Die unterscheiden zwischen Hip Hop und Trip Hop, sagen ‚Mädels' und rauchen Shit. Ich hasse junge Leute." „Gib mir die Nutella, Opa." „Siehst du, du bist jung. Nutella ist jung. Ich mag nur Honigbrote."

„Ey, hör auf, direkt aus dem Glas zu essen. Das ist widerlich." „Nein, das ist jung." Corentin seufzte. An solchen Morgen war mit Enzo nicht viel anzufangen. „Hallo Jungs!" Das war Aria, die Wangen noch gerötet von der Lust, die kurzen Haare verstrubbelt, fürchterlich sexy in ihrem halb zugeknöpften Schlafanzug. Sie gab ihrem Bruder einen Kuss, Enzo einen Klaps auf den Kopf und biss genüsslich in ein Stück hartes Weißbrot. Sie war die Anmut in Person, ohne sich im Geringsten um ihre Wirkung auf die beiden zu kümmern. Enzo und Corentin starrten sie mit offenem Mund an. „Wann kommen die neuen Mitbewohner?", fragte sie und setzte sich, ein Bein angewinkelt unter dem Po. „Jetzt wart doch mal, die müssen mir nicht unbedingt gefallen!", sagte Enzo. „Vor allem müssen die Zimmer ihnen nicht unbedingt gefallen", erwiderte Aria. Die vier hatten sich die besten Räume der Wohnung genommen. Die beiden verbleibenden Zimmer waren klein, kalt und unpraktisch geschnitten. Emmanuel kam herein. Er war fünfundzwanzig und damit der Älteste in der WG. Enzo sprang mit einem Satz auf und deutete auf den Stuhl.

„Setz dich, der Platz ist warm." Sie starrten sich an. Emmanuel witterte in Enzo einen jungen Konkurrenten, der ihn vom Thron stürzen wollte.

Nach dem Frühstück machten sich alle an ihr Tagesprogramm. Enzo ging zurück und legte sich wieder aufs Bett. „Stör ich?" Corentin war gerade ins Zimmer gekommen. „Sie kommen auf einen Kaffee vorbei." „Wer?", fragte Enzo mit leidender Stimme. „Na, die Mitbewohner. Also, die Kandidaten. Du musst sie sehen." Corentin vermutete, dass die Brüder genommen würden, wenn Enzo ja sagen würde. Wenn er nein sagte, würden sie abgelehnt. „Lass mich in Ruhe", murmelte Enzo mit geschlossenen Augen. „Was hast du?" Corentin war kein begnadeter Kenner des menschlichen Herzens, aber er ahnte, dass bei seinem Freund etwas nicht stimmte. „Ich habe ..." Plötzlich richtete Enzo sich auf und schlug mit der Faust gegen die Wand. „Ich will einfach nicht um sieben Uhr morgens von deiner Schwester und diesem anderen Leichensezierer geweckt werden!" Emmanuel studierte Medizin. Aria auch. Enzo legt sich wieder hin, nicht besonders zufrieden damit, sich geoutet zu haben. „Bist du verliebt?", fragte Corentin schließlich. „Was? Jetzt geht's aber los! Das ist einfach eine Frage des ... Anstands. Sie sollten dran denken, dass ich auf der anderen Seite bin." Corentin fragte nicht weiter nach. Er respektierte seine ältere Schwester und war ziemlich beeindruckt von Emmanuel, dem großen männlichen, arbeitsamen, nicht besonders lustigen Typen. Er stand seufzend auf: „Bist du heute Mittag da?" „Wo sollte ich denn sonst sein?"

Ganz entschieden war an jenem Morgen mit Enzo nichts anzufangen.

1 Wer erzählt? Lest genau: Aus welcher Sicht wird die Handlung erzählt?

a Legt eine Folie über den Textabschnitt (Simpel 2, Seite 126–127) und markiert farbig, wessen Sichtweise hier eingenommen wird. Aufschluss geben oft Redebegleitsätze nach der wörtlichen Rede, z. B.: „Noch mehr Jungs", sagte Enzo seufzend. (Z. 18 f.)

b Bleibt diese Perspektive erhalten? Aus wessen Sicht wird anschließend erzählt:
Corentin fragte nicht weiter nach. Er respektierte seine ältere Schwester und war ziemlich beeindruckt von Emmanuel, dem großen männlichen, arbeitsamen, nicht besonders lustigen Typen. (Z. 92 ff.)

c Lest unten die Information und entscheidet dann, welches Erzählverhalten hier vorliegt.

2 Streicht in einer Kopie des Textes alle Stellen, die aus Enzos Sicht geschildert sind. Lest dann den Text erneut und besprecht, wie sich die Wirkung des Textes verändert.

3 Welche Gründe könnte die Autorin Marie-Aude Murail haben, sich für diese Erzählweise zu entscheiden? Stellt Vermutungen an.

Information **Erzählverhalten**

Der Erzähler ist eine Figur, die die Handlung einer Geschichte vermittelt. Er darf nicht mit dem Autor oder der Autorin verwechselt werden. Der Erzähler kann die Geschichte auf unterschiedliche Weise vermitteln:

- **Personales Erzählverhalten:** Der Erzähler erzählt aus der Sicht (Perspektive) einer Figur oder wech-selnd aus der Sicht mehrerer Figuren. Dabei tritt der Erzähler nicht direkt auf und kommentiert das Geschehen nicht.
- **Auktoriales Erzählverhalten:** Der Erzähler greift in den Erzählvorgang ein und kommentiert diesen. Er steht außerhalb der Handlung und kennt die Gedanken und Gefühle der Figuren.

„... der Typ ist doch witzig!" – Die Handlung verstehen

Marie-Aude Murail

Simpel (3)

Die WG war nur zwei Straßenecken entfernt. „Ich drück den Knopf, ich bin's!", rief Simpel vor der Sprechanlage an der Haustür. Sein Bruder schnappte ihn an der Jacke. „Jetzt hör mir mal zu. Entweder verhältst du dich ruhig, oder ich schicke dich nach Malicroix zurück." Simpel wurde bleich, und Colbert bekam augenblicklich Gewissensbisse. Er drückte die Klingel, neben der WG stand. „Ja?", antwortete eine weibliche Stimme. „Colbert Maluri." Es war ein großbürgerlicher Eingang. Der Vorhang der Hausmeisterloge hob sich, und die Hausmeisterin sah die beiden Brüder an. Der rote Teppich beeindruckte Simpel, er ging die Stufen auf Zehenspitzen hinauf, als ob er fürchtete, ansonsten Eier zu zertreten.

„Habt ihr Angst vor dem Fahrstuhl?", begrüßte sie Aria. „Guten Tag ... Du bist Barnabé?" Sie wandte sich an Colbert. Da der Jüngere einen Kopf größer war als sein Bruder, hielt sie ihn für den Älteren. „Nein, ich bin Colbert." „Ach so? Entschuldige." Die beiden Brüder waren hereingekommen. Aria gab Simpel die Hand: „Dann bist du also Barnabé. Ich bin Aria." Es herrschte ein Moment der Irritation, denn Simpel schüttelte Arias Hand, ohne irgendetwas zu sagen. „Und ... äh ... die anderen sind im Wohnzimmer", fügte Aria etwas mühsam hinzu. „Kommt rein!" Emmanuel las, Corentin rauchte, Enzo tat nichts. Auf dem Tisch standen die Tassen und die Kaffeekanne, daneben ein Teller mit Keksen. Als die Maluris hereinkamen, gab es ein Durcheinander von Begrüßungen. Alle setzten sich um den Tisch, und Emmanuel eröffnete das Gespräch: „Ihr sucht also eine Wohnung?" Colbert erklärte, dass sie gerade vorübergehend bei einer alten Verwandten wohnten und unabhängig sein wollten. „Was studierst du?", fragte ihn Emmanuel, der

denselben Fehler beging wie Aria. „Ich komme in die Abschlussklasse." Alle Blicke richteten sich auf Simpel. Er hatte die Hände unter dem Tisch und den Blick gesenkt. „Ja, richtig", sagte Colbert. „Das ist mein älterer Bruder. Er ist deb... Er ist geistig behindert."

In der darauf eintretenden Stille verlor Colbert den Boden unter den Füßen. „Ja, ich vermute, das ... das ist ein Problem für euch", murmelte er. Aria empfand Mitleid mit ihm. „Ist er stumm?" „O nein, nein! Er ist nur gerade etwas eingeschüchtert." Inzwischen sah Simpel sich verstohlen um, was nicht gerade einen guten Eindruck machte. „Willst du was sagen, Simpel?", flüsterte sein Bruder ihm zu. Simpel

schüttelte verschüchtert den Kopf. „Ist das angeboren?“, erkundigte sich Emmanuel. „Ja. Man glaubt, das ... Also, wahrscheinlich während der Schwangerschaft.“
„Eine Art Autismus“?[1], fragte Emmanuel weiter. „Oh! Wir sind doch nicht in der Sprechstunde!“, protestierte Enzo. Er wandte sich an Colbert: „Okay, das wird nicht gehen, wir sind Studenten, verstehst du. Dich hätten wir problemlos akzeptiert. Aber dein Bruder, der kann ja nicht frei rumlaufen. Der muss doch in so ein ... eine spezielle Einrichtung.“ Aria warf ihm einen empörten Blick zu. „Schon gut, ich hab schon auch ein gutes Herz!“, protestierte Enzo.
„Aber das geht nicht. Wir können doch nicht die Verantwortung ...“ „Das hängt davon ab, unter was für Störungen er leidet“, sagte Emmanuel. Es genügte, dass Enzo eine Position bezog, und schon bewegte er sich in die entgegengesetzte Richtung. „Wird er behandelt?“, fragte er Colbert. „Ist er in Therapie?“ Da hörte man Simpel nuscheln: „Hangiheinhekshehm?“ „Aha, immerhin! Er kann Töne hervorbringen“, bemerkte Enzo. Simpel wandte sich an Aria: „Kann ich ein' Keks nehmen?“ „Ja, da ...“ Und sie hielt ihm mit spitzen Fingern ein Stück Buttergebäck hin, als wäre er ein kleiner Hund. Noch nie hatte sich Colbert so gedemütigt gefühlt. Er machte einen letzten Versuch: „Übrigens hat er den IQ eines Dreijährigen.“ „Tatsächlich? Genau wie Corentin“, bemerkte Enzo, der nie Hemmungen hatte, seinen Freund auf den Arm zu nehmen. Der Witz lockerte die Atmosphäre. Aria schenkte Kaffee ein. „Darf er auch welchen trinken?“, fragte sie Colbert. „Nein, das regt ihn zu sehr auf“, wandte Emmanuel ein.
Die Dummheit der WG-Bewohner erschütterte Colbert. Sie waren schlimmer als die Großtante! Aber je stärker Colbert litt, desto kühner wurde sein Bruder. Gewiss trugen auch der Kuchen und Arias Lächeln dazu bei. „Das ist eine hübsche Dame“, sagte er und schien sich dabei vor allem an sein Buttergebäck zu wenden. „Kuckuck“, sagte Simpel und schwenkte die Ohren. „Was ist das denn?“, fragte Enzo angewidert. „Wer ist das?“, verbesserte ihn Simpel triumphierend. „Ist mit ase drin.“ „Das ist Monsieur Hasehase“, sagte Colbert, der es eilig hatte, sein Leiden zu verkürzen. „Jaaa!“ Simpel schwenkte den Hasen an den Ohren. Emmanuel rückte auf seinem Stuhl ganz nach hinten. „Oho! Braucht er auch keine Tabletten, wenn er in diesem Zustand ist?“ Als Enzo merkte, dass Emmanuel unruhig wurde, sagte er das genaue Gegenteil: „Jetzt wart doch mal, der Typ ist doch witzig! Und er hat einen coolen Hasen.“ „Er scheint ja ganz nett zu sein“, sagte Corentin. Da er merkte, dass Enzo dabei war, die Meinung zu ändern, kam er zur Verstärkung. „Er ist sehr gutmütig“, bestätigte Colbert, der plötzlich wieder Hoffnung schöpfte. Im selben Moment dachte er, dass es später immer noch Zeit wäre, von Tefelonen, dem Verolver und all den Einzelheiten zu reden, die das Zusammenleben mit seinem Bruder so reizvoll machten. Aria schenkte Simpel etwas Kaffee ein, und der schlürfte ihn mit einigen Grimassen. „Wollt ihr die Zimmer sehen?“, fragte sie dann. Colbert traute seinen Ohren nicht. Vielleicht würden sie akzeptiert.

1 Autismus: eine angeborene und unheilbare Störung in der Wahrnehmung und Informationsverarbeitung des Gehirns, die u. a. zu Schwierigkeiten führt, mit anderen Menschen zu sprechen

1 Lest den Text und verschafft euch einen Überblick über die Handlung. Ruft euch auch noch einmal die Textausschnitte (Simpel 1) und (Simpel 2) ins Gedächtnis, indem ihr überfliegend lest. Achtet dabei besonders auf Colbert und Simpel.

Beim **überfliegenden Lesen** lest ihr nicht Satz für Satz, sondern ihr lasst die Augen mehr oder weniger diagonal über den Text fliegen. So werden vor allem Wortgruppen und Ausschnitte erfasst.

2 Lest nun den Textauszug auf Seite 128–129 genau.
Beantwortet anschließend die folgenden Fragen:
- Wo spielt die Szene?
- Wann spielt die Szene?
- Wer ist beteiligt?
- Was passiert?

3 Untersucht nun die Handlung. Erstellt dazu ein Flussdiagramm zu den Handlungsschritten des Textabschnitts auf Seite 128–129.

a Geht zunächst auf den Ablauf konkreter Ereignisse (äußere Handlung) ein: Formuliert in eurem Heft für die einzelnen Handlungsschritte kurze Überschriften und lasst jeweils eine Zeile frei.

b Ergänzt in den freien Zeilen, was die Figuren denken oder fühlen (innere Handlung). Beispiel:

Wie in allen erzählenden Texten setzt sich auch in Romanen die Handlung aus einzelnen Handlungsschritten zusammen.
Dabei lassen sich **äußere Handlung** (Ereignisse) und **innere Handlung** (Bedeutung der Ereignisse für die Figuren) unterscheiden.

Simpel und Colbert klingeln an der Haustür.
Colbert hat Gewissensbisse, weil er Simpel gemahnt hat.

↓

Sie treten ein, vom Hausmeister beobachtet.
Der rote Teppich beeindruckt Simpel.

↓

...

c Vergleicht eure Notizen. Lest bei unterschiedlichen Ergebnissen noch einmal genau nach.

Information **Äußere und innere Handlung**

Die **äußere Handlung** beschreibt das sichtbare Geschehen, den erzählten Ablauf von Ereignissen, deren Ursachen und Folgen. Sie lässt sich als Kette zu einem Handlungsverlauf zusammenfügen.
Die **innere Handlung** spielt sich in den Gedanken und Gefühlen der Erzählfiguren ab.
Auf die innere Verfassung kann man manchmal erst aus Darstellungen der Außenperspektive (Mimik, Gestik, Körperhaltung) schließen.

4 Schreibt jetzt eine kurze Inhaltsangabe zu allen Textauszügen auf den Seiten 120–122, 126–127, 128–129.
a Notiert auch zu den Textauszügen auf den Seiten 120–122 und 126–127 die Handlungsschritte.
b Formuliert danach ausgehend von den Handlungsschritten einen zusammenhängenden Text. Geht dabei auf die innere Handlung ein, die die äußere Handlung oft erst nachvollziehbar macht.

Formulierungstipps
Zu Beginn des Jugendromans ... • Auf den ersten Seiten des Kapitels ... •
Am Ende dieses Abschnitts ... • Im Verlauf der Handlung ... •
Es wird dargestellt/erzählt/vermittelt/beschrieben ... •
Der Höhepunkt/Wendepunkt der Handlung ist ... • Zum Schluss/Abschließend ...

Konjunktionen
während • und • dann • weil • nachdem • zuvor • erst • obwohl

5 Bei einer Inhaltsangabe wird die wörtliche Rede der Figuren in indirekter Rede wiedergegeben. Lest hierzu auch noch einmal in der Grammatik auf Seite 240 nach.
a Formuliert die folgenden Sätze in indirekte Rede um.
b Prüft eure selbst erstellte Zusammenfassung und ersetzt – wenn nötig – wörtliche Rede durch indirekte Rede.

Aria fragt: „Du bist Barnabé?" (Z. 17) → *Aria fragt, ob er Barnabé sei.*
„Willst du was sagen?", flüstert Colbert (Z. 53) → *Colbert flüstert, ob ...*
Emmanuel fragt: „Was studierst du?" (Z. 39) → ...
„Kann ich ein' Keks nehmen?", fragt Simpel (Z. 80) → ...

6 Alle wichtigen Figuren sind jetzt eingeführt. Überlegt: Wie stehen sie zu Simpel? Wie stehen sie zueinander?
a Legt eine Liste mit den wesentlichen Figuren an, die ihr kennen gelernt habt.
b Stellt in Partnerarbeit die Beziehungen der verschiedenen Figuren gegenüber Simpel in einem aussagekräftigen, farbigen Schaubild dar. Der Tipp auf Seite 132 kann euch dabei helfen.

Testet euch!

Figurenkonstellation

1 Enzo spielt eine wichtige Rolle in der Wohngemeinschaft. Lest noch einmal den Text auf den Seiten 126–127 und 128–129. Sammelt alles, was ihr über ihn erfahrt. Geht dazu so vor:

a Legt eine Mind-Map an, in der ihr wichtige Informationen festhaltet.

b Ergänzt passende Zitate aus dem Text. Gebt jeweils die entsprechenden Zeilen an, z. B.:
ist 21, blond, ziemlich hübsch, hat keine Freundin, hätte aber leicht eine haben können
„Aber, er wollte, dass die Mädchen ihm in die Arme fielen, ohne dass er sie selbst zum Fallen bringen musste." (Seite 126, Z. 9–11)
Hinweis: Ihr könnt hier auch die weiteren Kapitel aus dem Jugendbuch hinzuziehen.

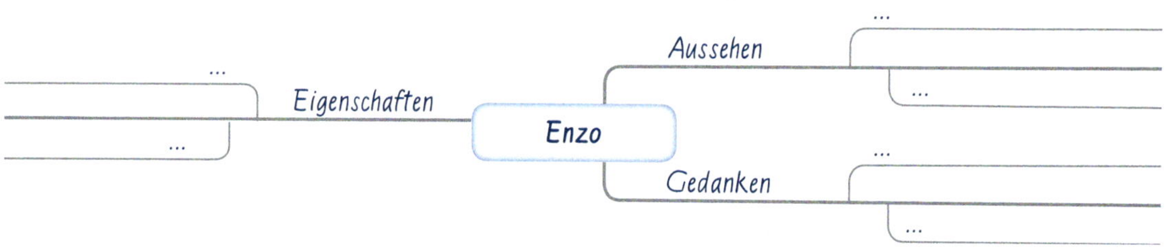

2 In der WG gibt es neben Enzo noch weitere Mitbewohner. Was erfahrt ihr über sie? Notiert euch Stichpunkte zu jeder Figur.
Emmanuel: widerspricht gern Enzo, ...
...

3 Stellt die Beziehung zwischen Enzo und den anderen WG-Bewohnern in einem Schaubild dar. Zeichnet in euer Heft.

Die Stellung der Figuren zueinander, die **Figurenkonstellation** – Nähe, Ferne, Liebe, Konkurrenz, Neid usw. –, kann man in einem Schaubild mit Pfeilen, Zeichen und Bildchen (Piktogrammen) verdeutlichen, ähnlich denen in Comics.

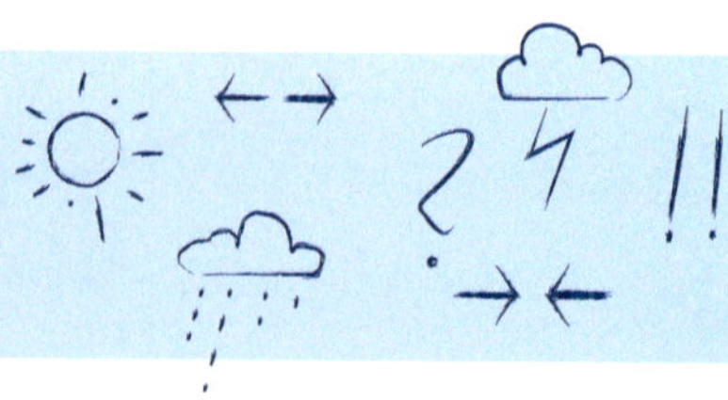

6.2 „Ich vermute, das ist ein Problem für euch?“ – Gestaltend erzählen

Innerer Monolog

Marie-Aude Murail

Simpel

„Ja, richtig“, sagte Colbert. „Das ist mein älterer Bruder. Er ist deb... Er ist geistig behindert.“ In der darauf eintretenden Stille verlor Colbert den Boden unter den Füßen. „Ja, ich vermute, das ... das ist ein Problem für euch“, murmelte er.

1 Colbert bekommt Zweifel, ob die WG-Mitbewohner seinen Bruder akzeptieren.
a Welche Gründe könnten gegen Simpel als Mitbewohner sprechen? Diskutiert.
b Erstellt eine Mind-Map, in der ihr die Vorurteile gegenüber Simpel sammelt. Ergänzt jeweils ein passendes Beispiel aus dem Text Simpel (3) auf den Seiten 128–129.

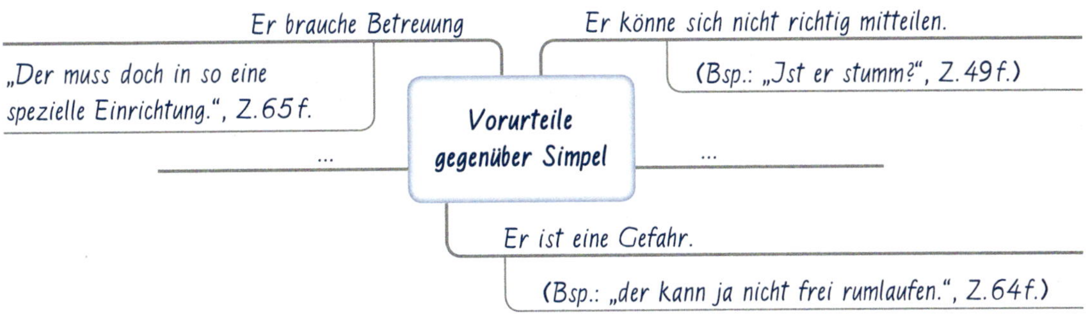

2 „Braucht er auch keine Tabletten, wenn er in diesem Zustand ist?“ (▸ Z. 108 f.)
Wie fühlt sich Colbert in der Situation, als sie sich der WG-Gemeinschaft vorstellen?
Antwortet, indem ihr entsprechende Textstellen mit Zeilenangabe nennt, z. B.:
Die Dummheit der WG-Bewohner erschütterte Colbert.
Sie waren schlimmer als die Großtante!

3 Was kann es bedeuten, wenn Colbert sagt: „Ich vermute, das ist ein Problem für euch.“ Wählt aus:
– Colbert will provozieren.
– Colbert resigniert.
– Colbert ist enttäuscht.

4 Haltet in einem inneren Monolog fest, was in Colbert vorgeht.

a Lest zunächst die Information im Merkkasten unten.

b Überlegt, welche der beiden Sprechblasen einen inneren Monolog einleiten können. Schreibt diesen dann in eurem Heft weiter. Denkt daran, aus der Sicht von Colbert zu schreiben und seine Gedanken und Gefühle so wiederzugeben, als würde er zu sich selbst sprechen.

Um die Innensicht einer literarischen Figur einzunehmen, müsst ihr auf diese eingehen, Rückschlüsse aus ihrem Verhalten ziehen und die Atmosphäre einfangen.

5 Vergleicht eure Texte und überarbeitet sie in einer Schreibkonferenz (▸ S. 357). Beachtet dabei die Checkliste.

Checkliste

Einen inneren Monolog schreiben
- Ist der Text in der Ich-Form geschrieben?
- Gibt es Gedankensprünge, Satzfetzen, erkennbar an Gedankenstrichen und Auslassungszeichen?
- Finden sich Ausrufe und/oder Fragen?
- Ist die Zeitform das Präsens?

Information **Innerer Monolog**

In literarischen Texten werden Gedanken und Gefühle der Figuren beim personalen Erzählen aus der Innenperspektive, oft in Form des „inneren Monologs“, wiedergegeben, z. B.:
„Die Dummheit der WG-Bewohner erschütterte Colbert. Sie waren schlimmer als die Großtante!“

Ausgehend von einem Textauszug weiterschreiben

Marie-Aude Murail

Simpel (4)

Simpel und Colbert dürfen in die WG einziehen. Im Verlauf der nächsten Wochen machen sie neue Bekanntschaften, zum Beispiel mit dem Mitmieter Monsieur Gottlieb. Dabei erleben sie die unterschiedlichsten Reaktionen.

Und alles wurde kompliziert, als am späten Nachmittag der alte Nachbar von unten an der Türe klingelte. „Monsieur Gottlieb", begrüßte ihn Enzo in weltläufigem Ton. „Wie geht es Ihrer Gattin?" „Schluss jetzt!", wies ihn der Nachbar grob zurück. „Wo ist der Gauner, der vorhin meinen Tod gewünscht hat? Lügen Sie nicht, ich weiß, dass er bei Ihnen ist!" Er sah sich um. „Ah! Da ist er, der ist es!", rief er, als er Simpel entdeckte. „Ich warne Sie: Entweder entschuldigen Sie sich, oder ich beschwere mich bei der Eigentümerversammlung über Sie." Colbert ging dazwischen: „Mein Bruder ist geistig behindert. Er wollte Sie nicht beleidigen." „Ein Irrer!", jaulte Monsieur Gottlieb. „Aber Sie dürfen so was doch nicht hier wohnen lassen. Wir sind ein ehrenwertes Haus. Er legt uns noch Feuer!" Simpel sah ihn mit runden Augen an. Der Name Gottlieb schien ihm sehr beeindruckend. „Wir sagen Ihnen doch: Er ist geistig behindert", erklärte Enzo, der sich allmählich aufregte. „Kein Irrer." „Ein I-di-ot", sagte Simpel leise. „Und außerdem geht Sie das nichts an", fügte Aria hinzu.

Am nächsten Morgen geht Colbert mit Simpel zur heiligen Messe. Dort trifft er überraschend erneut auf Monsieur Gottlieb.

In diesem Augenblick kamen zwei Personen mit noch größerer Verspätung als die Brüder Maluri, ein alter Herr mit Stock und eine deutlich jüngere, pummelige Frau. „Jetzt geh doch, geh doch", flüsterte sie und schob ihren alten Mann rücksichtslos in die Reihe. Simpel stellte sich auf die Zehenspitzen, um Colbert dann mitzuteilen: „Das ist der Herr Gott." Colbert nickte lächelnd. Monsieur und Madame Gottlieb nahmen vor ihnen Platz, und der alte Mann warf ihnen einen Blick zu, der zwischen Überraschung und Zorn schwankte. Was machte der Irre hier mitten unter normalen Menschen? Und überhaupt, seit wann gingen so junge Leute zur Messe?

Tage später stehen Colbert und sein Bruder an der Supermarktkasse, als der Alarm losgeht. Simpel will ein Plüschtier klauen. Unter der Jacke hat er, wie stets, seinen Spielzeugrevolver dabei.

„Was ist das denn?", rief Colbert. Der Wachmann näherte sich mit wiegenden Schritten. „Aber das ist ja gestohlen! Das hat er gestohlen!" „Komm nicht näher, Mirlitär!", brüllte Simpel. „Ich habe einen Verolver!" „Das werden sie uns erklären", brüllte nun wiederum der Wachmann. „Er ist geistig behindert!", brüllte Colbert noch lauter. Simpel zog seinen Revolver: „Ich mach den Krieg!" „Eine Waffe! Zu Hilfe!", brüllte die Schnellkassiererin. „Aber doch keine echte!", brüllte wiederum Colbert. Unter den Kunden wollte gerade Panik ausbrechen, als ein alter Mann alle mit seinem Stock zur Seite drängte und sich mit Donnerstimme einmischte: „Hören Sie mit diesem Zirkus auf! Ich kenne die. Der da mit seinem Hasen ist ein Irrer. Der andere mit der Brille ist ein guter Junge. Er verstopft den Müllschlucker, aber er geht in die Kirche. Los, pack das weg ..." Das war an Simpel gerichtet, der seinen Revolver zurücksteckte. „Das ist der Herr Gott", sagte er mit einem breiten Lächeln.

1 Klärt Begriffe, die ihr nicht kennt.

2 Wovon handeln die Textauszüge? Belegt die richtige Aussage am Text:
Die Textstellen handeln davon, ...
- wie schwer man es mit einem Bruder hat.
- wie Figuren auf Simpel reagieren.
- dass ältere Menschen die jüngere Generation nicht verstehen.

3 „Er ist geistig behindert" (Z. 20–21), erklärte Enzo, der sich allmählich aufregte.
a Tauscht euch aus: Wie verändert sich die jeweilige Einstellung der Figuren, denen Simpel begegnet?
b Schreibt eine Fortsetzung der Szene.
Beachtet dabei, was die Figuren auszeichnet und wie sie im Text beschrieben werden.

4 Wie könnte sich die Geschichte an der Supermaktkasse (Z. 41–66) weiterentwickeln?
a Stellt Vermutungen an und notiert Stichworte.
b Schreibt eine Fortsetzung der Szene.
Beachtet dabei die Charaktereigenschaften der Figuren und deren Entwicklung. Mögliche Ideen:

> Gespräch vor dem Supermarkt • eine Einladung ... •
> Dankschreiben von Colbert – weiteres Treffen: im Treppenhaus oder in der Metro •

5 Das Buch „Simpel" hat den Deutschen Jugendliteraturpreis in der Kategorie „Jugendjury" erhalten. Die Begründung lautet:

> Die Brüder Simpel und Colbert sitzen in der Pariser Metro. Der eine spricht mit seinem Stoffhasen, der andere beobachtet ihn mit wachen Augen. Der eine trägt Miniaturkämpfe mit seinen Legofiguren aus, der andere sucht Wohnungen im Anzeigenkurier. Marie-Aude Murail überrascht mit einer realitätsnahen, komplexen Handlung, in der Simpel der Dreh- und Angelpunkt ist. Durch seine kindliche Naivität erkennt Simpel den Kern der vermeintlichen Probleme seiner Mitmenschen. Mit tabuloser Ehrlichkeit schenkt er ihnen unbewusst Lebenstipps. Die Autorin stellt den Grundkonflikt im Umgang mit Behinderten eindringlich dar: Isolation im Heim oder Leben in einer integrativen Gesellschaft. Oberflächlich betrachtet vermittelt die Autorin auf Grund des quirlig-spritzigen Schreibstils zunächst den Eindruck bester Unterhaltungsliteratur. Doch schnell wird klar, dass hier Gesellschaftskritik auf hohem Niveau geboten wird.
> Fazit: Integration ist die beste „Therapie".

a Klärt unbekannte Begriffe im Klassengespräch.
b Erläutert kurz, weshalb „Simpel" den Preis bekommen hat.
c Schreibt anschließend eine Leseempfehlung.
Geht dabei auf eure Leseeindrücke und die Begründung der Jury ein.

6 „Integration ist die beste ‚Therapie'" – Übertragt diese Aussage auf eure Situation und beschreibt, wie ihr mit Behinderten umgeht.

Stärken stärken: Einen Tagebucheintrag verfassen

Marie-Aude Murail

Simpel (5)

Colbert gerät zunehmend unter Druck: Simpel sorgt in der WG immer wieder für Schwierigkeiten, seine Schule fordert ihn sehr und er ist zwischen zwei Mädchen hin- und hergerissen. Da meldet sich überraschend Madame Bardoux vom Jugendamt und bittet ihn zu einem Gespräch.

Madame Bardoux erwartete Colbert in einem kleinen Büro voller Metallschränke. „Setzen Sie sich, Monsieur Maluri. Ich bin froh, dass Sie sich die Zeit nehmen konnten. Was führen Sie für ein Leben!" Sie sah Colbert mit so großem Mitgefühl an, dass er selbst Mitleid mit sich hatte. „Ja, das ist nicht immer lustig", sagte er. „Sie sind ein toller Bruder. Ihre Hingabe übertrifft alles, was man von einem so jungen Menschen erwarten könnte ..." Colbert fragte sich, ob das Jugendamt ihm wohl einen Orden verleihen würde. „Aber Sie müssen auch ein bisschen an sich selbst denken. Sie dürfen den Opfergeist nicht so weit treiben, dass Sie Ihre Zukunft gefährden." Einen geistig behinderten Bruder zu haben war zwar nicht gerade ein Trumpf, um Mädchen anzumachen, aber schrecklich bedroht fühlte sich Colbert dann auch wieder nicht. „Ich will natürlich nicht den Egoismus preisen, aber man soll in allen Dingen das Gefühl für das Maßvolle bewahren." Madame Bardoux reihte gerade hohle Phrasen aneinander. Sie brauchte geschlagene zehn Minuten, um zum eigentlichen Thema zu kommen: „Monsieur Maluri, also Ihr Vater hat uns gebeten, erneut die Möglichkeit zu erwägen, Simpel, ich meine Barnabé, in Malicroix unterzubringen." Colbert, der gerade fast eingenickt wäre, schreckte auf: „In Malicroix?" „Ja, ich weiß ..." Sie streckte die Hand aus, um jeden Einwand von Colbert gleich zu unterbinden: „Ich weiß, dass Sie dieser Einrichtung gegenüber einige Vorwürfe geäußert haben. Aber sie steht jetzt unter neuer Leitung, und wenn man in der Vergangenheit auch bestimmte Methoden kritisieren konnte, wie etwa den exzessiven Einsatz von Medikamenten, so hat das Personal jetzt andere Anweisungen erhalten ..." Und bla, bla, bla. Colbert spürte, wie sich erneut Müdigkeit auf seine Lider senkte. „Kurz, in Absprache mit Ihrem Vater, dem Erziehungsberechtigten von Barnabé, schlage ich Ihnen eine Unterbringung unter der Woche von Montag bis Freitag vor. Sie können Ihren Bruder am Freitagabend oder Samstagmorgen abholen, ganz wie Sie wünschen. Marly-le-Roi ist mit der Schnellbahn nicht weit." Ein paar Wochen früher hätte Colbert gerufen: „Malicroix? Niemals!" Aber er war so müde und erschöpft. Die Argumente von Madame Bardoux schienen vernünftig, umso mehr als sie sie in lauter Komplimente verpackte. „Ihr Vater kommt am Sonntag vorbei, holt Barnabé ab und fährt ihn persönlich nach Malicroix", schloss Madame Bardoux. Am Ende des Gesprächs schüttelte Colbert ihr die Hand. Das Schicksal von Monsieur Hasehase war besiegelt.

1 Colbert ist zu erschöpft, um den Argumenten von Madame Bardoux etwas entgegenzusetzen. Abends beschleichen ihn Zweifel. Er versucht, seine Gedanken in einem Tagebucheintrag festzuhalten.

a Sammelt Colberts Gedanken und Gefühle in Form eines Clusters.

b Plant den Tagebucheintrag: Womit beginnt ihr, womit schließt ihr ab?

c Schreibt den Tagebucheintrag aus Colberts Sicht. Bezieht euch dabei auf den Textauszug oben. Berücksichtigt aber auch die anderen Textstellen.

▷ Hilfen zu der Aufgabe findet ihr auf Seite 138.

Hilfe zu Aufgabe 1a:

Sammelt Colberts Gedanken und Gefühle in einem Cluster.
Lest hierzu noch einmal den Textauszug auf Seite 137 (Simpel 5).
Notiert zunächst Gedanken und Gefühle, die ihr wörtlich aus dem Text entnehmen könnt.
Ergänzt danach, was sich erschließen lässt.

Colberts Gedanken und Gefühle

- *Das Leben mit Simpel ist nicht immer lustig (Z. 7)*
  - …
- *spürte, wie sich erneut Müdigkeit auf seine Lider senkte (Z. 39–40)*
  - …
- *hat selbst Mitleid mit sich (Z. 6–7)*
  - …
- *Colbert fragte sich, ob das Jugendamt ihm wohl einen Orden verleihen würde (Z. 10–12)*
  - …
- *fühlt sich nicht bedroht (Z. 18)*
  - …

Hilfe zu Aufgabe 1b:

Plant den Tagebucheintrag: Womit beginnt ihr, womit schließt ihr ab?
Erstellt dazu zunächst eine Stichwortliste der wichtigsten Handlungsschritte und Ereignisse.
Überlegt euch, was Colbert dabei denkt und fühlt.

Handlungsschritte, Ereignisse	Gedanken und Gefühle Colberts
Colbert wird von Madame Bardoux zu einem Gespräch ins Jugendamt gebeten.	*Er hat momentan Druck in der Schule, Simpel sorgt immer wieder für Schwierigkeiten.*
Madame Bardoux fordert ihn auf, sich zu setzen, sieht ihn mit großem Mitleid an.	*Dieses Mitleid überträgt sich auf ihn, er tut sich selber leid.*
…	…

Hilfe zu Aufgabe 1c:

Schreibt den Tagebucheintrag aus Colberts Sicht. Geht dabei darauf ein, wie Colbert die Situation erlebt hat. Es soll deutlich werden, was Colbert denkt und fühlt. Nutzt eure Notizen aus den Teilaufgaben a und b und schreibt in der Ich-Form. Ihr könnt so beginnen:
Was für ein merkwürdiges Treffen heute Nachmittag! Ich hab momentan mit der Schule und in der WG sowieso so viel um die Ohren, und dann noch dieser Termin im Jugendamt mit Madame Bardoux …

Gedanken und Gefühle
Langsam spüre ich, wie …
Ich merke …
Als ich ihn sah …
Am liebsten wäre ich …
Mir schießt durch den Kopf …

6.3 Projektideen: Rund um „Simpel"

Hier findet ihr Projektideen rund um „Simpel". Bearbeitet die Themen in Gruppen.

Hörtexte erstellen und einsprechen

1 Verfasst aus dem Text „Simpel (4)" ein Regiebuch für ein Hörspiel. Dabei solltet ihr euch möglichst nah an das Original halten, also die Dialogteile weitgehend übernehmen.

2 Tragt den Dialog vor und überlegt, an welchen Stellen Informationen fehlen, die notwendig sind, um die Geschichte zu verstehen. Markiert diese Stellen im Regiebuch.

3 Überlegt, wie man die notwendigen Informationen mit Geräuschen transportieren könnte, z. B. das Näherkommen eines Wachmannes.

4 Probt nun das Hörspiel. Dabei müsst ihr die Sprecherrollen verteilen und entscheiden, wer welche Geräusche machen soll. Nehmt euer Hörspiel auf Kassette oder MP3 auf.

Auszug aus dem Regiebuch:

Szene 1: Ort, Inhalt	**Dialog**	**Figuren/Sprecherrollen**	**Ton (Geräusche)**
Die WG sitzt beim Kaffee, unterhält sich, Enzo geht zur Tür, schließt auf		Enzo, Aria, Emmanuel, Simpel, Colbert	Stimmengeraune schwere Schritte von draußen Türklingel ertönt ein Stuhl wird gerückt
Enzo begrüßt den Nachbarn	„Monsieur Gottlieb, wie geht es Ihrer Gattin?" „Schluss jetzt!"...	Enzo Nachbar	Monsieur Gottlieb schnauft schwer

Information **Hörspiele**

Hörspiele leben davon, dass die Zuhörerinnen und Zuhörer eine Geschichte vorgespielt bekommen, ohne dass sie die Figuren und den Handlungsort sehen können. In der Fantasie jedes Einzelnen entstehen Bilder wie im Film – natürlich angeregt durch die Töne und Worte, die man hört. Deshalb kommt den Geräuschen und den Dialogtexten eine besondere Bedeutung zu.

Vorbereitung eines Referats oder einer GFS: Verfilmung zu Büchern vorstellen

Für eine GFS (gleichwertige Feststellung von Schülerleistungen) oder ein Referat eignet sich der Vergleich verschiedener Medien zu einem Thema sehr gut. Wie beim Jugendroman „Simpel" geht es z. B. auch im Film „Ziemlich beste Freunde" um das Zusammenleben von Menschen mit und ohne Behinderung.

1 Entscheidet euch – am besten in Absprache mit eurer Lehrerin oder eurem Lehrer – für ein Jugendbuch, das ihr vorstellen wollt. Ideal ist es, wenn dazu schon eine Verfilmung vorliegt. Es kann aber auch eine zum Thema passende Verfilmung eines anderen Stoffes sein.

2 Erarbeitet euch zunächst den Text. Geht dabei folgendermaßen vor:
- Recherchiert Informationen über die Autorin oder den Autor.
- Untersucht die Hauptfiguren und zeichnet Figurenskizzen.
- Tragt die Handlungsschritte in eine Spannungskurve ein.
- Bereitet eine spannende Stelle so vor, dass ihr sie vorstellen könnt.

3 Haltet Besonderheiten der Verfilmung fest, z. B.: Handlung, Figuren, Ausstattung, Sprache, Kamera, Ton, Musik ...

4 a Stellt Buch und Film vor und bringt sie miteinander in Beziehung. Ihr könnt z. B. so formulieren:

> - *Buch und Film haben ein gemeinsames Thema. Beide ...*
> - *Während im Buch die Gedanken und Gefühle der Hauptfigur aus der Innensicht genau beschrieben werden ...*
> - *Ich kann die Szene im Film besser verstehen, weil ...*

b Überlegt, wie ihr die Informationen präsentieren könnt. Nutzt dazu auch (neue) Medien wie z. B. Folien für die Spannungskurve ...

Vorbereitung eines Theaterbesuchs

1 „Simpel" gibt es inzwischen auch als Theaterstück.
Informiert euch, ob in eurer Umgebung eine Aufführung stattfindet.

2 Klärt, ob es möglich ist, vor oder nach der Aufführung mit Beteiligten zu sprechen, z. B.: dem Regisseur/der Regisseurin, den Schauspielern.
Bereitet Fragen für ein Interview vor (▸ S. 314).

Wörterliste ▸ S. 353

Abschlussklasse	Anmut	Autismus	sympathisch
Starrköpfigkeit	ineinanderrasseln	Konkurrent	Kandidat
Zehenspitzen	verstrubbelt	charakterisieren	Schnellkassiererin

7 „Der Schimmelreiter" – Eine Novelle kennen lernen und verstehen

„In seinem Gedanken wuchs fast der neue Deich zu einem achten Weltwunder; in ganz Friesland war nicht seinesgleichen! Und er ließ den Schimmel tanzen; ihm war, er stünde inmitten aller Friesen; er überragte sie um Kopfeshöhe, und seine Blicke flogen scharf und mitleidig über sie hin."

„,[...] den Schimmel reit der Teufel.'"

1 a Beschreibt die Szene möglichst genau. Welche Atmosphäre herrscht vor? Welche Wirkung hat sie auf euch?

b Lest die Zitate aus der Novelle „Der Schimmelreiter" von Theodor Storm. Tauscht euch aus: Worum könnte es in der Novelle gehen?

c Notiert eure ersten Gedanken zum „Schimmelreiter", der Hauptfigur der Novelle.

2 Erläutert, warum es wichtig ist, die Figuren einer Geschichte genauer zu untersuchen.

In diesem Kapitel ...

- lernt ihr eine spannende Novelle kennen,
- untersucht ihr die Handlung und den Erzähler der Novelle,
- charakterisiert ihr die Hauptfigur,
- versteht ihr, Erzählzeit und erzählte Zeit zu unterscheiden,
- gestaltet ihr eigene Texte zu Novellenauszügen.

7.1 Hauke Haiens Aufstieg zum Deichgrafen – Erzähler, Figuren und Handlung untersuchen

Den Novellenanfang lesen – Die Erzähltechnik untersuchen

Theodor Storm

Der Schimmelreiter (1)

„Der Schimmelreiter" ist wohl das bekannteste Werk des Schriftstellers Theodor Storm (1817–1888). Die Novelle erzählt die Geschichte des hochbegabten und geheimnisvollen Hauke Haien, der vom Kleinknecht zum Deichgrafen aufsteigt.

Was ich zu berichten beabsichtige, ist mir vor reichlich einem halben Jahrhundert im Hause meiner Urgroßmutter, der alten Frau Senator Feddersen, kundgeworden, während ich, an ihrem Lehnstuhl sitzend, mich mit dem Lesen eines in blaue Pappe eingebundenen Zeitschriftenheftes beschäftigte; ich vermag mich nicht mehr zu entsinnen, ob von den „Leipziger" oder von „Pappes Hamburger Lesefrüchten[1]". Noch fühl ich es gleich einem Schauer, wie dabei die linke Hand der über Achtzigjährigen mitunter liebkosend über das Haupthaar ihres Urenkels hinglitt. Sie selbst und jene Zeit sind längst begraben; vergebens auch habe ich seitdem jenen Blättern nachgeforscht, und ich kann daher umso weniger weder die Wahrheit der Tatsachen verbürgen, als, wenn jemand sie bestreiten wollte, dafür aufstehen; nur so viel kann ich versichern, dass ich sie seit jener Zeit, obgleich sie durch keinen äußeren Anlass in mir aufs Neue belebt wurden, niemals aus dem Gedächtnis verloren habe.

Es war im dritten Jahrzehnt unseres Jahrhunderts, an einem Oktobernachmittag – so begann der damalige Erzähler –, als ich bei starkem Unwetter auf einem nordfriesischen Deich[2] entlangritt. Zur Linken hatte ich jetzt schon seit über einer Stunde die öde, bereits von allem Vieh geleerte Marsch[3], zur Rechten, und zwar in unbehaglichster Nähe, das Wattenmeer der Nordsee; zwar sollte man vom Deiche aus auf Halligen[4] und Inseln sehen können; aber ich sah nichts als die gelbgrauen Wellen, die unaufhörlich wie mit Wutgebrüll an den Deich hinaufschlugen und mitunter mich und das Pferd mit schmutzigem Schaum bespritzten; dahinter wüste Dämmerung, die Himmel und Erde nicht unterscheiden ließ; denn auch der halbe Mond, der jetzt in der Höhe stand, war meist von treibendem Wolkendunkel überzogen. Es war eiskalt; meine

1 „Leipziger Lesefrüchte" und „Pappes Hamburger Lesefrüchte": zwei beliebte Zeitschriften aus der ersten Hälfte des 19. Jahrhunderts

2 der Deich: Schutzwall gegen Überschwemmungen

3 die Marsch (auch „Marschland" oder „Schwemmland"): durch Deichbau und Entwässerung dem Meer abgewonnenes Ackerland; mit Deichen vom Wattenmeer abgetrennt

4 die Halligen: kleine, nicht eingedeichte Inseln an der Nordseeküste Schleswig-Holsteins und Dänemarks

verklommenen Hände konnten kaum den Zügel halten, und ich verdachte es nicht den Krähen und Möwen, die sich fortwährend krächzend und gackernd vom Sturm ins Land hineintreiben ließen. Die Nachtdämmerung hatte begonnen, und schon konnte ich nicht mehr mit Sicherheit die Hufe meines Pferdes erkennen; keine Menschenseele war mir begegnet, ich hörte nichts als das Geschrei der Vögel, wenn sie mich oder meine treue Stute fast mit den langen Flügeln streiften, und das Toben von Wind und Wasser. Ich leugne nicht, ich wünschte mich mitunter in sicheres Quartier. [...]
Und wirklich, einen Augenblick, als eine schwarze Wolkenschicht es pechfinster um mich machte und gleichzeitig die heulenden Böen[5] mich samt meiner Stute vom Deich herabzudrängen suchten, fuhr es mir wohl durch den Kopf: „Sei kein Narr! Kehr um und setz dich zu deinen Freunden ins warme Nest.“ Dann aber fiel's mir ein, der Weg zurück war wohl noch länger als der nach meinem Reiseziel; und so trabte ich weiter, den Kragen meines Mantels um die Ohren ziehend.
Jetzt aber kam auf dem Deiche etwas gegen mich heran; ich hörte nichts; aber immer deutlicher, wenn der halbe Mond ein karges Licht herabließ, glaubte ich eine dunkle Gestalt zu erkennen, und bald, da sie näher kam, sah ich es, sie saß auf einem Pferde, einem hochbeinigen, hageren Schimmel; ein dunkler Mantel flatterte um ihre Schultern, und im Vorbeifliegen sahen mich zwei brennende Augen aus einem bleichen Antlitz an.

Wer war das? Was wollte der? – Und jetzt fiel mir bei[6], ich hatte keinen Hufschlag, kein Keuchen des Pferdes vernommen; und Ross und Reiter waren doch hart an mir vorbeigefahren!
In Gedanken darüber ritt ich weiter, aber ich hatte nicht lange Zeit zum Denken, schon fuhr es von rückwärts wieder an mir vorbei; mir war, als streifte mich der fliegende Mantel, und die Erscheinung war, wie das erste Mal, lautlos an mir vorübergestoben. Dann sah ich sie fern und ferner vor mir; dann war's, als säh ich plötzlich ihren Schatten an der Binnenseite[7] des Deiches hinuntergehen.

(Um sich vor dem Unwetter zu schützen, betritt der Reisende ein Wirtshaus, in dem etwa ein Dutzend Männer an einem Tisch sitzen.)

Ich erfuhr bald, dass mein freundlicher Nachbar der Deichgraf sei; wir waren ins Gespräch gekommen, und ich hatte begonnen, ihm meine seltsame Begegnung auf dem Deiche zu erzählen. Er wurde aufmerksam, und ich bemerkte plötzlich, dass alles Gespräch umher verstummt war. „Der Schimmelreiter!“, rief einer aus der Gesellschaft, und eine Bewegung des Erschreckens ging durch die Übrigen.
Der Deichgraf war aufgestanden. „Ihr braucht nicht zu erschrecken“, sprach er über den

5 die Böe: heftiger Windstoß
6 fiel mir bei: fiel mir ein
7 die Binnenseite: dem Land zugekehrte Seite

Tisch hin, „das ist nicht bloß für uns; anno[8] 17 hat es auch denen drüben gegolten; mögen sie auf alles vorgefasst sein!“

Mich wollte nachträglich ein Grauen überlaufen. „Verzeiht!“, sprach ich. „Was ist das mit dem Schimmelreiter?“

Abseits hinter dem Ofen, ein wenig gebückt, saß ein kleiner, hagerer Mann in einem abgeschabten schwarzen Röcklein; die eine Schulter schien ein wenig ausgewachsen. Er hatte mit keinem Worte an der Unterhaltung der andern teilgenommen, aber seine bei dem spärlichen grauen Haupthaar noch immer mit dunklen Wimpern besäumten Augen zeigten deutlich, dass er nicht zum Schlaf hier sitze. Gegen diesen streckte der Deichgraf seine Hand. „Unser Schulmeister“, sagte er mit erhobener Stimme, „wird von uns hier Ihnen das am besten erzählen können.“ [...]

Der Alte sah mich mit verständnisvollem Lächeln an. „Nun also!“, sagte er. „In der Mitte des vorigen Jahrhunderts oder vielmehr, um genauer zu bestimmen, vor und nach derselben gab es hier einen Deichgrafen, der von Deich- und Sielsachen[9] mehr verstand, als Bauern und Hofbesitzer sonst zu verstehen pflegen.“

8 anno: das Jahr, im Jahre (von lat. „annus“ = Jahr)
9 der/das Siel: Gewässerdurchlass in einem Deich

1 Lest den Anfang der Novelle und beschreibt anschließend eure ersten Leseeindrücke. Begründet, wodurch diese Eindrücke entstehen.

2 a Tragt zusammen, was ihr am Anfang der Geschichte über die Hauptfigur, den Schimmelreiter, erfahrt.
b Stellt Vermutungen an, was es mit dem geheimnisvollen Reiter auf sich haben könnte.

3 Beschreibt die Stimmung, die in diesem Textauszug entfaltet wird. Belegt eure Aussagen am Text.

4 Der vorliegende Novellenanfang wird von drei Erzählern wiedergegeben.
a Untersucht, an welchen Textstellen der Erzähler wechselt und was ihr über den jeweiligen Erzähler erfahrt, z. B.:
1. Erzähler (Z. x–y): Ein Mann erzählt, wie er als Kind ...
2. Erzähler (Z. x–y): ...
3. Erzähler (Z. x–y): ...
b Untersucht den ersten und den zweiten Erzähler mit Hilfe des Merkkastens (unten, ▸ S. 127) genauer.

5 Schreibt die Zeilen 1–13 um und erzählt das Geschehen aus der Sicht eines Er-/Sie-Erzählers. Vergleicht anschließend die Wirkung eures Textes mit dem Original.

Information **Die Erzählform**

Ein Erzähler ist eine Figur, die die Handlung einer Geschichte vermittelt. Er darf nicht mit dem Autor oder der Autorin verwechselt werden. Folgende Unterscheidungen sind wichtig.

Erzählform

- **Ich-Erzähler/Ich-Erzählerin:** Der Erzähler/Die Erzählerin erscheint **gleichzeitig als erlebende und erzählende Figur.** Dabei kann der Erzähler unmittelbar aus der Situation heraus erzählen oder mit einem zeitlichen Abstand auf die Situation zurückblicken.
- **Er-/Sie-Erzähler:** Der Erzähler **tritt als Figur ganz in den Hintergrund.** Er ist nicht am Geschehen beteiligt und erzählt von allen Figuren in der Er-Form bzw. in der Sie-Form.

6 Der „damalige Erzähler" (▶ Z. 25) schildert ein Erlebnis auf einem norddeutschen Deich. Lest hierzu noch einmal den Absatz auf Seite 142 f., Z. 23–98.

a Stellt zusammen, welche Sinneseindrücke (sehen, hören, fühlen, riechen/schmecken) in diesem Textausschnitt wiedergegeben werden.

b Erläutert, durch welche sprachlichen Gestaltungsmittel die Schilderungen besonders anschaulich werden. Nennt Textbeispiele und beschreibt die Wirkung auf den Leser. Achtet besonders auf ausdrucksstarke Verben, anschauliche Adjektive und Partizipien und sprachliche Bilder (Vergleiche, Metaphern, Personifikationen), z. B.:
Aber ich sah nichts als die gelbgrauen Wellen, die unaufhörlich wie mit Wutgebrüll an den Deich aufschlugen und mitunter mich und das Pferd mit schmutzigem Schaum bespritzten; (Z. 33–37)

Schildern bedeutet, eine Situation oder eine Atmosphäre durch die Wiedergabe von Sinneseindrücken und Gedanken und Gefühlen so zu beschreiben, dass der Leser das Gefühl hat, hautnah dabei zu sein.

7 a Lest die Informationen im Merkkasten unten und erklärt mit eigenen Worten, was man unter Zeitdehnung und Zeitraffung versteht. Wie verhält es sich dabei mit der Zeit, die für das Lesen benötigt wird, und dem Zeitraum, über den erzählt wird?

b Untersucht in Partnerarbeit, in welchen Passagen des Textes das Geschehen gerafft wird und wo zeitdehnend erzählt wird. Notiert eure Ergebnisse mit Zeilenangaben.

c Betrachtet die Textabschnitte genauer, in denen das Geschehen sozusagen in Zeitlupe abläuft (Zeitdehnung). Erklärt, durch welche Mittel die Zeitdehnung entsteht und wie sie auf den Leser wirkt.

8 Verfasst selbst einen Text, in dem ihr die Zeit dehnt.
Wählt zum Beispiel eine alltägliche Handlung/ein alltägliches Geschehen, die bzw. das ihr durch die Schilderungen von Wahrnehmungen, Gedanken und Gefühlen quasi in Zeitlupe ablaufen lasst, z. B.:
Ich sitze auf einem dieser dreckigen, weißen Stühle im Stadtcafé und strecke meine Nase in die warme Märzsonne. Während ich so dasitze, sehe ich, wie ein kleiner Junge eine riesengroße Tasche schleppt. Die Henkel sind abgegriffen und schmutzig, bunte Chipstüten quellen heraus ...

Information **Die Zeitgestaltung in erzählenden (epischen) Texten**

In erzählenden Texten kann die Zeit ganz unterschiedlich gestaltet werden. Das Erzähltempo ergibt sich aus dem **Verhältnis von Erzählzeit** (Zeitspanne, die der Leser für die Lektüre eines Textes braucht) **und erzählter Zeit** (Zeitraum, über den erzählt wird bzw. über den sich Handlung erstreckt). Es gibt drei Möglichkeiten der Zeitgestaltung:

1. **Zeitdehnung:** Das **Geschehen**/Die Handlung wird **gedehnt** und läuft quasi in **Zeitlupe** ab bzw. kommt fast zum Stillstand (= Zeitlupenaufnahmen im Film). Zeitdehnung erfolgt durch die ausführliche Schilderung von Wahrnehmungen, Gedanken und Gefühlen während eines Geschehens, z. B.: ausführliche Beschreibung, wie ein Glas zerbricht.
   Bei der Zeitdehnung ist die Erzählzeit länger als die erzählte Zeit.
2. **Zeitraffung:** Das **Geschehen**/Die Handlung wird **gerafft,** indem längere Zeiträume zusammengefasst werden (= Zeitrafferaufnahmen im Film), z. B.: Ein Jahre dauernder Vorgang wird in einem Satz wiedergegeben *(Vier Jahr lang ging er jeden Morgen zur Arbeit).*
   Die extremste Form der Zeitraffung ist der **Zeitsprung** *(Zehn Jahre später ...).*
3. **Zeitdeckung:** Erzählzeit und erzählte Zeit sind gleich lang, z. B. bei der Wiedergabe von Dialogen.

Der junge Hauke Haien – Die Hauptfigur charakterisieren

Theodor Storm

Der Schimmelreiter (2)

Der Schulmeister erzählt dem Fremden die Lebensgeschichte Hauke Haiens, des Schimmelreiters. Zunächst teilt er mit, wie Hauke als Kind war. Dazu gibt er ein Gespräch zwischen dem Jungen und seinem Vater wieder.

Als der Alte[1] sah, dass der Junge weder für Kühe noch Schafe Sinn hatte und kaum gewahrte, wenn die Bohnen blühten, was doch die Freude von jedem Marschmann ist, und weiterhin bedachte, dass die kleine Stelle wohl mit einem Bauern und einem Jungen, aber nicht mit einem Halbgelehrten und einem Knecht bestehen könne, ingleichen[2], dass er auch selber nicht auf einen grünen Zweig gekommen sei, so schickte er seinen großen Jungen an den Deich, wo er mit andern Arbeitern von Ostern bis Martini[3] Erde karren musste. „Das wird ihn vom Euklid[4] kurieren“, sprach er bei sich selber.

Und der Junge karrte; aber den Euklid hatte er allzeit in der Tasche, und wenn die Arbeiter ihr Frühstück oder Vesper[5] aßen, saß er auf seinem umgestülpten Schubkarren mit dem Buche in der Hand. Und wenn im Herbst die Fluten höher stiegen und manch ein Mal die Arbeit eingestellt werden musste, dann ging er nicht mit den andern nach Haus, sondern blieb, die Hände über die Knie gefaltet, an der abfallenden Seeseite des Deiches sitzen und sah stundenlang zu, wie die trüben Nordseewellen immer höher an die Grasnarbe des Deiches hinaufschlugen; erst wenn ihm die Füße überspült waren und der Schaum ihm ins Gesicht spritzte, rückte er ein paar Fuß höher und blieb dann wieder sitzen. Er hörte weder das Klatschen des Wassers noch das Geschrei der Möwen und Strandvögel, die um oder über ihm flogen und ihn fast mit ihren Flügeln streiften, mit den schwarzen Augen in die seinen blitzend; er sah auch nicht, wie vor ihm über die weite, wilde Wasserwüste sich die Nacht ausbreitete; was er allein hier sah, war der brandende Saum des Wassers, der, als die Flut stand, mit hartem Schlage immer wieder dieselbe Stelle traf und vor seinen Augen die Grasnarbe des steilen Deiches auswusch.

Nach langem Hinstarren nickte er wohl langsam mit dem Kopfe oder zeichnete, ohne aufzusehen, mit der Hand eine weiche Linie in die Luft, als ob er dem Deiche damit einen sanfteren Abfall geben wollte. Wurde es so dunkel, dass alle Erdendinge vor seinen Augen verschwanden und nur die Flut ihm in die Ohren donnerte, dann stand er auf und trabte halb durchnässt nach Hause.

Als er so eines Abends zu seinem Vater in die Stube trat, der an seinen Messgeräten putzte, fuhr dieser auf: „Was treibst du draußen? Du hättest ja versaufen können, die Wasser beißen heute in den Deich.“

Hauke sah ihn trotzig an.

„Hörst du mich nicht? Ich sag, du hättest versaufen können.“

„Ja“, sagte Hauke, „ich bin doch nicht versoffen!“

„Nein“, erwiderte nach einer Weile der Alte und sah ihm wie abwesend ins Gesicht, „diesmal noch nicht.“

„Aber“, sagte Hauke wieder, „unsere Deiche sind nichts wert!“

1 der Alte: Gemeint ist Hauke Haiens Vater, Tede Haien, ein Marschbauer.

2 ingleichen: in gleicher Weise, ebenso

3 Martini: Martinstag, Tag des heiligen Martin am 11. November. Im bäuerlichen Brauchtum bedeutete Martini das Ende der Korn- und Weinernte und wurde mit Tanz und einem Festessen gefeiert.

4 Euklid: griechischer Mathematiker (ca. 3. Jh. v. Chr.)

5 die Vesper: Abendessen, Zwischenmahlzeit

„Was für was, Junge?“
„Die Deiche, sag ich!“
„Was sind die Deiche?“
„Sie taugen nichts, Vater!“, erwiderte Hauke.
Der Alte lachte ihm ins Gesicht. „Was denn, Junge? Du bist wohl das Wunderkind aus Lübeck![6]“
Aber der Junge ließ sich nicht irren. „Die Wasserseite ist zu steil“, sagte er, „wenn es einmal kommt, wie es mehr als einmal schon gekommen ist, so können wir hier auch hinterm Deich ersaufen!“
Der Alte holte seinen Kautabak aus der Tasche, drehte einen Schrot ab und schob ihn hinter die Zähne. „Und wie viel Karren hast du heut geschoben?“, frug er ärgerlich; denn er sah wohl, dass auch die Deicharbeit bei dem Jungen die Denkarbeit nicht hatte vertreiben können.
„Weiß nicht, Vater“, sagte dieser, „so, was die andern machten; vielleicht ein halbes Dutzend mehr; aber – die Deiche müssen anders werden!“
„Nun“, meinte der Alte und stieß ein Lachen aus, „du kannst es ja vielleicht zum Deichgraf bringen; dann mach sie anders!“
„Ja, Vater!“, erwiderte der Junge.
Der Alte sah ihn an und schluckte ein paar Mal; dann ging er aus der Tür; er wusste nicht, was er dem Jungen antworten sollte.

6 Gemeint ist Christian Heinrich Heineken (1721–1725); er erregte durch seine extreme geistige Frühreife innerhalb seines kurzen Lebens großes Aufsehen.

1 Äußert euch spontan: Welchen Eindruck habt ihr von dem jungen Hauke?

2 Beschreibt das Verhältnis zwischen Hauke und seinem Vater. Was erwartet der Vater von seinem Sohn, was will Hauke? Belegt eure Aussagen anhand des Textes.

3 a Beschreibt die Eigenschaften Haukes. Wählt hierzu aus den folgenden Eigenschaften treffende aus:

ungesellig • mutig • ungehorsam • aktiv • ehrgeizig • reif • ängstlich • nachdenklich

b Begründet und diskutiert eure Einschätzungen anhand des Textes.

4 Tragt alle Informationen, die der Text (▸ S. 146–147) über Hauke gibt, zusammen. Berücksichtigt: Lebensumstände, typische Verhaltensweisen/Eigenschaften/Interessen, Verhältnis zu anderen Figuren, Sonstiges.

5 Charakterisiert nun den jungen Hauke. Lest hierzu auch noch einmal das Merkwissen auf den Seiten 122 und 123.

- Hauke Haien lebt bei seinem Vater ... Schon als Kind interessiert sich Hauke nicht für ...
- Aber er begeistert sich ... Sein Vater hätte gerne ... / Deshalb ...
- Hauke interessiert sich aber mehr für ... und verbringt seine Zeit lieber ...
- Auch während der Arbeit am Deich ... / Er macht sich viele Gedanken über ...
- Er beobachtet ... und ...
- In dem Gespräch mit dem Vater wird deutlich ... / In diesem Gespräch wirkt Hauke ...
- Zusammenfassend kann man sagen, dass ...

6 Stellt euch vor, der Schlusssatz lautete: „Er wusste, was er dem Jungen antworten sollte.“ Schreibt eine zu dem Textabschnitt passende Antwort, die der Vater seinem Sohn gibt.

Hauke Haien und Ole Peters – Den zentralen Konflikt erschließen

Theodor Storm

Der Schimmelreiter (3)

Hauke tritt als Knecht in den Dienst des Deichgrafen Tede Volkerts, der seine Begabung erkennt und ihn bald mit anspruchsvolleren Deicharbeiten betraut. Hauke entwickelt auch eine starke Zuneigung zur Tochter des Deichgrafen, Elke. Mit seiner bevorzugten Stellung beim Deichgrafen zieht er sich den Argwohn des Großknechts Ole Peters zu.

Und Hauke hatte so Unrecht nicht gehabt; die Welt, oder was ihm die Welt bedeutete, wurde ihm klarer, je länger sein Aufenthalt in diesem Hause dauerte; vielleicht umso mehr, je weniger ihm eine überlegene Einsicht zu Hülfe kam und je mehr er auf seine eigene Kraft angewiesen war, mit der er sich von jeher beholfen hatte. Einer freilich war im Hause, für den er nicht der Rechte zu sein schien; das war der Großknecht Ole Peters, ein tüchtiger Arbeiter und ein maulfertiger[1] Geselle. Ihm war der träge, aber dumme und stämmige Kleinknecht von vorhin besser nach seinem Sinn gewesen, dem er ruhig die Tonne Hafer auf den Rücken hatte laden und den er nach Herzenslust hatte herumstoßen können. Dem noch stilleren, aber ihn geistig überragenden Hauke vermochte er in solcher Weise nicht beizukommen; er hatte eine gar zu eigene Art, ihn anzublicken. Trotzdem verstand er es, Arbeiten für ihn auszusuchen, die seinem noch nicht gefesteten Körper hätten gefährlich werden können, und Hauke, wenn der Großknecht sagte: „Da hättest du den dicken Niß nur sehen sollen, dem ging es von der Hand!", fasste nach Kräften an und brachte es, wenn auch mit Mühsal, doch zu Ende. Ein Glück war es für ihn, dass Elke selbst oder durch ihren Vater das meistens abzustellen wusste. Man mag wohl fragen, was mitunter ganz fremde Menschen aneinander bindet; vielleicht – sie waren beide geborene Rechner, und das Mädchen konnte ihren Kameraden in der groben Arbeit nicht verderben sehen.

Der Zwiespalt zwischen Groß- und Kleinknecht wurde auch im Winter nicht besser, als nach Martini die verschiedenen Deichrechnungen zur Revision[2] eingelaufen waren.

Es war an einem Maiabend, aber es war Novemberwetter; von drinnen im Hause hörte man draußen hinterm Deich die Brandung donnern. „He, Hauke", sagte der Hausherr, „komm herein; nun magst du weisen[3], ob du rechnen kannst!"

„Uns' Weert[4]", entgegnete dieser – denn so nennen hier die Leute ihre Herrschaft –, „ich soll aber erst das Jungvieh füttern!"

1 maulfertig: schlagfertig, redegewandt

2 die Revision: Überprüfung, Prüfung, Durchsicht

3 weisen: beweisen

4 uns' Weert (niederdeutsch): unser Wirt, hier: Besitzer von Haus und Hof

„Elke!", rief der Deichgraf. „Wo bist du, Elke? – Geh zu Ole und sag ihm, er sollte das Jungvieh füttern; Hauke soll rechnen!"
Und Elke eilte in den Stall und machte dem Großknecht die Bestellung[5], der eben damit beschäftigt war, das über Tag gebrauchte Pferdegeschirr wieder an seinen Platz zu hängen. Ole Peters schlug mit einer Trense[6] gegen den Ständer, neben dem er sich beschäftigte, als wolle er sie kurz und klein haben: „Hol der Teufel den verfluchten Schreiberknecht[7]!"

5 die Bestellung, hier: Nachricht, Botschaft
6 die Trense: Pferdezaumzeug
7 der Schreiberknecht: Sekretär; hier verächtlich als Schimpfwort verwendet

1 Besprecht in Partnerarbeit, was ihr über die Beziehung zwischen den Figuren erfahrt. Lest hierzu auch noch einmal im Text nach.

2 Stellt die Beziehung zwischen den Figuren in einem Standbild dar. Arbeitet in Gruppen.
a Schlüpft in die Rollen Haukes, Oles, des Deichgrafen und seiner Tochter Elke und macht die Gefühle und die Beziehung zwischen den Figuren durch Gestik und Mimik deutlich.
b Stellt eure Standbilder vor: Was lässt sich daraus über die Beziehung und die Konflikte der Figuren ableiten?

3 a Findet Textstellen, in denen die Beziehung zwischen Ole Peters und Hauke Haien verständlich wird, und deutet sie, z. B.:
„Dem noch stilleren, aber ihn geistig überragenden Hauke vermochte er in solcher Weise nicht beizukommen" (Z. 16–19). → Ole Peters fühlt sich Hauke geistig unterlegen.
b Erklärt, was sich über das derzeitige und das künftige Verhältnis von Hauke und Ole folgern lässt.

4 Verdeutlicht in einer Figurenskizze (▸ S. 132), in welcher Beziehung die vier Figuren stehen:
- Schreibt die Namen der Figuren auf.
- Zeichnet zwischen den Figuren Pfeile, welche die Beziehungen erklären.
- Beschriftet jeden Pfeil mit einem aussagekräftigen Wort, z. B.: *liebt, hasst, bewundert.*

5 „Der Schimmelreiter" ist eine Novelle. Nennt Gattungsmerkmale, die sich mit Hilfe der bisherigen Textauszüge entdecken lassen. Geht so vor:
a Erklärt mit Hilfe des ersten Textauszuges (▸ S. 142–144), inwieweit die Handlung außergewöhnlich ist und worin die Rahmenerzählung besteht.
b Verdeutlicht anhand des dritten Textauszuges (▸ S. 148–149), worin der zentrale Konflikt der Novelle besteht.

Information **Die Novelle**

Die Novelle (ital. „novella" = Neuigkeit) ist eine **Erzählung,** in deren Mittelpunkt eine **„unerhörte Begebenheit"** (Johann Wolfgang Goethe) steht, deren Handlung also außergewöhnlich ist. Die Novelle ähnelt einem Drama darin, dass die Handlung um einen **zentralen Konflikt** kreist und sich **gradlinig auf einen Höhe- und Wendepunkt hin zuspitzt.** Häufig wird die Novelle in eine **Rahmenhandlung (Rahmenerzählung)** eingebettet. Wie in einer Geschichte in der Geschichte wird zuerst von einer Situation erzählt, in der es dann zum Erzählen der eigentlichen Geschichte kommt.

Testet euch!

Erzählweise und Figuren untersuchen

Theodor Storm

Der Schimmelreiter (4)

Als der alte Deichgraf stirbt und ein Nachfolger gesucht wird, legt seine Tochter Elke geschickt Fürsprache beim Oberdeichgrafen ein, sodass Hauke der neue Deichgraf wird. Nachdem er Elke geheiratet hat, widmet Hauke seine gesamte Arbeitskraft dem neuen Amt. Die Dorfbewohner misstrauen dem jungen Deichgrafen, der ihnen immer neue Mühen abverlangt.

[...] Der junge Deichgraf Hauke Haien saß mit seinem Weibe Elke Volkerts auf deren väterlicher Hofstelle. Im Sommer rauschte die gewaltige Esche nach wie vor am Hause; aber auf der Bank, die jetzt darunter stand, sah man abends meist nur die junge Frau, einsam mit einer häuslichen Arbeit in den Händen; noch immer fehlte ein Kind in dieser Ehe; der Mann aber hatte anderes zu tun, als Feierabend vor der Tür zu halten, denn trotz seiner früheren Mithülfe lagen aus des Alten Amtsführung eine Menge unerledigter Dinge, an die auch er derzeit zu rühren nicht für gut gefunden hatte; jetzt aber musste allmählich alles aus dem Wege; er fegte mit einem scharfen Besen[1]. Dazu kam die Bewirtschaftung der durch seinen eigenen Landbesitz vergrößerten Stelle, bei der er gleichwohl den Kleinknecht noch zu sparen suchte; so sahen sich die beiden Eheleute, außer am Sonntag, wo Kirchgang gehalten wurde, meist nur bei dem von Hauke eilig besorgten Mittagessen und beim Auf- und Niedergang des Tages; es war ein Leben fortgesetzter Arbeit, doch gleichwohl ein zufriedenes.

1 fegte mit einem scharfen Besen: griff hart durch

1 a Untersucht die Erzählform (▸ S. 144) und das Erzählverhalten (▸ S. 127) in dem vorliegenden Text und notiert die Buchstaben der Aussagen, die zutreffen:
- **A** Es handelt sich um einen Ich-Erzähler.
- **B** Es handelt sich um einen Er-/Sie-Erzähler.
- **C** Der Erzähler greift auktorial und urteilend in die Handlung ein.
- **D** Der Erzähler erzählt personal aus der Sicht einer Figur.

b Schreibt zwei Textbeispiele heraus, die belegen, um welches Erzählverhalten es sich handelt.

2 Charakterisiert Hauke, indem ihr die folgenden Sätze richtig in euer Heft schreibt.
- Lebensumstände: Hauke ist verheiratet/unverheiratet und hat ein/kein Kind.
- Verhältnis zu seiner Frau: Er verbringt viel/wenig Zeit mit seiner Frau Elke.
- Verhalten: Hauke arbeitet hart/kaum und ist ein milder/strenger Deichgraf.

3 Überprüft die Ergebnisse aus den Aufgaben 1 und 2 in Partnerarbeit.

7.2 Hauke Haiens Untergang – Erzähltexte um- und ausgestalten

Theodor Storm

Der Schimmelreiter (5)

Als Elke nach neun Jahren ein Mädchen, Wienke, zur Welt bringt, stellt sich heraus, dass das Kind geistig behindert ist. Beruflich verwirklicht Hauke seinen Lebenstraum. Er treibt die widerwilligen Dorfbewohner an, in zweijähriger Arbeit einen gewaltigen, neuen Deich zu bauen. Mittlerweile reitet Hauke einen abgezehrten, gespenstischen Schimmel, der nur ihn als Reiter duldet und bei der Dorfgesellschaft abergläubische Furcht auslöst.

Und durch alles Getöse des Wetters hörte man das Geräusch der Arbeiter: Das Klatschen der hineingestürzten Kleimassen[1], das Rasseln der Karren und das Rauschen des von oben hinabgelassenen Strohes ging unaufhaltsam vorwärts; dazwischen war mitunter das Winseln eines gelben Hundes laut geworden, der frierend und wie verloren zwischen Menschen und Fuhrwerken herumgestoßen wurde; plötzlich aber scholl ein jammervoller Schrei des kleinen Tieres von unten aus der Schlucht herauf. Hauke blickte hinab; er hatte es von oben hinunterschleudern sehen; eine jähe Zornröte stieg ihm ins Gesicht. „Halt! Haltet ein!“, schrie er zu den Karren hinunter; denn der nasse Klei wurde unaufhaltsam aufgeschüttet.

„Warum?“, schrie eine raue Stimme von unten herauf. „Doch um die elende Hundekreatur nicht?“

„Halt, sag ich“, schrie Hauke wieder, „bringt mir den Hund! Bei unserm Werke soll kein Frevel[2] sein!“

Aber es rührte sich keine Hand; nur ein paar Spaten zähen Kleis flogen noch neben das schreiende Tier. Da gab er seinem Schimmel die Sporen, dass das Tier einen Schrei ausstieß, und stürmte den Deich hinab, und alles wich vor ihm zurück. „Den Hund!“, schrie er. „Ich will den Hund!“

Eine Hand schlug sanft auf seine Schulter, als wäre es die Hand des alten Jewe Manners[3]; doch als er sich umsah, war es nur ein Freund des Alten. „Nehmt Euch in Acht, Deichgraf!“,

1 der Klei: entwässerter Schlick

2 der Frevel: Unrecht, Schandtat

3 Jewe Manners ist der Deichbevollmächtigte und Elkes Pate.

raunte der ihm zu. „Ihr habt nicht Freunde unter diesen Leuten; lasst es mit dem Hunde gehen!"
Der Wind pfiff, der Regen klatschte; die Leute hatten die Spaten in den Grund gesteckt, einige sie fortgeworfen. Hauke neigte sich zu dem Alten. „Wollt Ihr meinen Schimmel halten, Harke Jens?", frug er; und als jener noch kaum den Zügel in der Hand hatte, war Hauke schon in die Kluft gesprungen und hielt das kleine winselnde Tier in seinem Arm; und fast im selben Augenblick saß er auch wieder hoch im Sattel und sprengte auf den Deich zurück. Seine Augen flogen über die Männer, die bei den Wagen standen. „Wer war es?", rief er. „Wer hat die Kreatur hinabgeworfen?"
Einen Augenblick schwieg alles, denn aus dem hageren Gesicht des Deichgrafen sprühte der Zorn, und sie hatten abergläubische Furcht vor ihm. Da trat von einem Fuhrwerk ein stiernackiger Kerl vor ihn hin. „Ich tat es nicht, Deichgraf", sagte er und biss von einer Rolle Kautabak ein Endchen ab, das er sich erst ruhig in den Mund schob, „aber der es tat, hat recht getan; soll Euer Deich sich halten, so muss was Lebiges hinein!"
„Was Lebiges? Aus welchem Katechismus[4] hast du das gelernt?"
„Aus keinem, Herr!", entgegnete der Kerl, und aus seiner Kehle stieß ein freches Lachen. „Das haben unsere Großväter schon gewusst, die sich mit Euch im Christentum wohl messen durften! Ein Kind ist besser noch; wenn das nicht da ist, tut's auch ein Hund!"
„Schweig du mit deinen Heidenlehren", schrie ihn Hauke an, „es stopfte besser, wenn man dich hineinwürfe."
„Oho!", erscholl es; aus einem Dutzend Kehlen war der Laut gekommen, und der Deichgraf gewahrte ringsum grimmige Gesichter und geballte Fäuste; er sah wohl, dass das keine Freunde waren; der Gedanke an seinen Deich überfiel ihn wie ein Schrecken: Was sollte werden, wenn jetzt alle ihre Spaten hinwürfen?

4 der Katechismus: Religionslehrbuch

1 a Gebt mit eigenen Worten wieder, worum es in diesem Textauszug geht.
b Erklärt, warum die Deicharbeiter einen Hund opfern wollen und warum Hauke dagegen ist.

2 Zeigt anhand des Textes, wie sich der Konflikt schrittweise entwickelt.

3 Überlegt, welche Gedanken Hauke Haien durch den Kopf gehen könnten, als er erkennt, dass die Deicharbeiter seine Anweisungen missachten und sich gegen ihn auflehnen. Verfasst dazu einen inneren Monolog aus seiner Sicht.

> Ein **innerer Monolog** ist ein **stummes Selbstgespräch** einer Figur.

Geht so vor:
a Versetzt euch in die Lage Hauke Haiens und notiert, was er in dieser Situation denken, fühlen und wahrnehmen könnte.
Was machen denn ...? Ich muss sofort ... Ich könnte ... Nein, das würde ...
b Formuliert nun den inneren Monolog. Schreibt in der Ich-Form und im Präsens.
Verwendet Ausrufe, Fragen, unvollständige Sätze (Ellipsen) und Gedankensprünge, z. B.:
- Ausrufe, z. B.: *Das glaube ich nicht! Wieso ...?*
- Fragen, z. B.: *Will der etwa wirklich ...?*
- unvollständige Sätze und Gedankensprünge, z. B.: *Am liebsten ... Nein, das geht nicht.*

4 Lest eure Texte vor und bewertet sie: Passen Inhalt und Sprache eurer Monologe zu der Figur und der Handlung des Textes?

5 Stellt euch vor: Nach der Auseinandersetzung reitet Hauke Haien davon. Die Deicharbeiter stehen zusammen und unterhalten sich. Schreibt einen Dialog. Geht so vor:

a Versetzt euch in die Lage der Männer und sammelt Ideen für das Gespräch. Überlegt:
- Welche Gefühle, Hoffnungen und Ängste äußern die einzelnen Figuren?
- Was könnten sie sagen, fragen?
- Wie bewerten sie das Geschehen?
- Sind sich die Figuren einig oder nicht?

b Schreibt nun den Dialog zwischen den Deicharbeitern. Achtet auf die korrekte Zeichensetzung bei der wörtlichen Rede (▸ Zeichensetzung bei wörtlicher Rede, S. 346).

6 Wählt aus den Textauszügen (▸ S. 142–152) eine für euch besonders interessante Textstelle aus, um gestaltend zu schreiben. Entscheidet euch für eine der Möglichkeiten aus dem folgenden Kasten.

Methode **Möglichkeiten des gestaltenden Schreibens**

Wenn ihr zu einem Text gestaltend schreibt, setzt ihr euch mit den Figuren und der Handlung des Textes auseinander. Überlegt: Was weiß die Figur, was weiß sie nicht? Passen die Handlung und die Sprache zum Ausgangstext?

1 **Einen Tagebucheintrag verfassen**
Schreibt einen Tagebucheintrag aus der Perspektive (Sicht) einer der beteiligten Figuren. Versetzt euch in die Figur hinein und überlegt, was sie denken und fühlen könnte.

2 **Einen Brief an eine literarische Figur schreiben**
Schreibt einen Brief an eine Figur aus dem Text. In eurem Brief könnt ihr der Figur Fragen stellen, ihr Verhalten beurteilen, ihr Hinweise und Tipps geben usw.

3 **Einen Dialog entwerfen**
Entwerft einen Dialog (Gespräch) zwischen zwei oder mehreren Figuren des Textes. Thema könnte beispielsweise ein Problem oder ein Streitpunkt zwischen den Figuren sein.

4 **Einen inneren Monolog verfassen**
In einem stummen Selbstgespräch äußert eine Figur, z. B. in einer angespannten Situation, ihre Gedanken, Gefühle und Wahrnehmungen (mehr zum inneren Monolog, ▸ S. 134; 160).

Theodor Storm

Der Schimmelreiter (6)

Hauke Haien hat seinen Lebenstraum verwirklicht und vor einem Teil des alten Deiches einen neuen Deich errichtet, wodurch neues Marschland und somit mehr Ackerfläche für die Bauern entsteht. Tagein, tagaus beobachtet Hauke seinen Deich, indem er ihn mit seinem Schimmel abreitet. Nach einer schweren Krankheit fehlt ihm allerdings die Stärke, Ole Peters davon zu überzeugen, dass auch der alte Deich überholt werden muss. Als eine riesige Sturmflut aufzieht, befiehlt Ole Peters, den von Hauke errichteten neuen Deich zu durchstoßen, um dem Wasser die Wucht zu nehmen. Durch das Ableiten des Wassers auf das neu erschlossene Marschland, den Hauke-Haien-Koog, erhofft er sich, wenigstens den alten Deich zu erhalten. Es kommt zur Katastrophe.

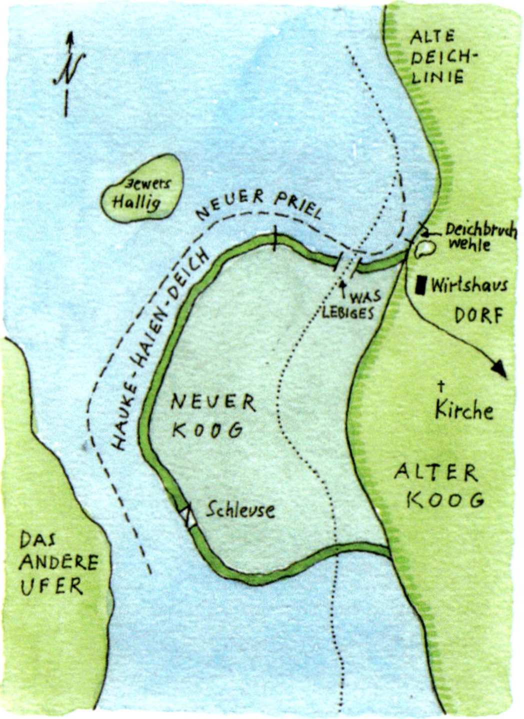

Aber das Lachen verging ihm, als seine Blicke weiter an der Linie seines Deiches entlangglitten: an der Nordwestecke – was war das dort? Ein dunkler Haufen wimmelte durcheinander; er sah, wie es sich emsig rührte und drängte – kein Zweifel, es waren Menschen! Was wollten, was arbeiteten die jetzt an seinem Deich? Und schon saßen seine Sporen dem Schimmel in den Weichen, und das Tier flog mit ihm dahin; der Sturm kam von der Breitseite; mitunter drängten die Böen so gewaltig, dass sie fast vom Deiche in den neuen Koog[1] hinabgeschleudert wären; aber Ross und Reiter wussten, wo sie ritten. Schon gewahrte Hauke, dass wohl ein paar Dutzend Menschen in eifriger Arbeit dort beisammen seien, und schon sah er deutlich, dass eine Rinne quer durch den neuen Deich gegraben war. Gewaltsam stoppte er sein Pferd. „Halt!“, schrie er. „Halt! Was treibt ihr hier für Teufelsunfug?“

Sie hatten in Schreck die Spaten ruhen lassen, als sie auf einmal den Deichgraf unter sich gewahrten; seine Worte hatte der Sturm ihnen zugetragen, und er sah wohl, dass mehrere ihm zu antworten strebten; aber er gewahrte nur ihre heftigen Gebärden, denn sie standen alle ihm zur Linken, und was sie sprachen, nahm der Sturm hinweg, der hier draußen jetzt die Menschen mitunter wie im Taumel gegeneinanderwarf, sodass sie sich dicht zusammenscharten. Hauke maß mit seinen raschen Augen die gegrabene Rinne und den Stand des Wassers, das, trotz des neuen Profiles, fast an die Höhe des Deichs hinaufklatschte und Ross und Reiter überspritzte. Nur noch zehn Minuten Arbeit – er sah es wohl –, dann brach die Hochflut durch die Rinne, und der Hauke-Haien-Koog wurde vom Meer begraben!

Der Deichgraf winkte einen der Arbeiter an die andere Seite seines Pferdes. „Nun, so sprich!“, schrie er. „Was treibt ihr hier, was soll das heißen?“

1 der Koog: durch Deichbau (Eindeichung) aus dem Meer gewonnenes Land (auch Marsch/Marschland genannt); vgl. auch die Abbildung oben

Und der Mensch schrie dagegen: „Wir sollen den neuen Deich durchstechen, Herr, damit der alte Deich nicht bricht!"
„Was sollt ihr?"
„Den neuen Deich durchstechen!"
„Und den Koog verschütten? Welcher Teufel hat euch das befohlen?"
„Nein, Herr, kein Teufel, der Gevollmächtigte Ole Peters ist hier gewesen, der hat's befohlen!"
Der Zorn stieg dem Reiter in die Augen. „Kennt ihr mich?", schrie er. „Wo ich bin, hat Ole Peters nichts zu ordinieren[2]! Fort mit euch! An eure Plätze, wo ich euch hingestellt!"
Und da sie zögerten, sprengte er mit seinem Schimmel zwischen sie: „Fort, zu euerer oder des Teufels Großmutter!"
„Herr, hütet Euch!", rief einer aus dem Haufen und stieß mit seinem Spaten gegen das wie rasend sich gebärdende Tier; ein anderer stürzte zu Boden. Da plötzlich erhob sich ein Schrei aus dem übrigen Haufen, ein Schrei, wie ihn nur die Todesangst einer Menschenkehle zu entreißen pflegt; einen Augenblick war alles, auch der Deichgraf und der Schimmel, wie gelähmt; nur ein Arbeiter hatte gleich einem Wegweiser seinen Arm gestreckt; der wies nach der Nordwestecke der beiden Deiche, dort, wo der neue auf den alten stieß. Nur das Tosen des Sturmes und das Rauschen des Wassers waren zu hören. Hauke drehte sich im Sattel: Was gab das dort? Seine Augen wurden groß. „Herr Gott! Ein Bruch! Ein Bruch im alten Deich!"
„Euere Schuld, Deichgraf!", schrie eine Stimme aus dem Haufen. „Euere Schuld! Nehmt's mit vor Gottes Thron!"

Haukes zornrotes Antlitz war totenbleich geworden; der Mond, der es beschien, konnte es nicht bleicher machen; seine Arme hingen schlaff, er wusste kaum, dass er den Zügel hielt. Aber auch das war nur ein Augenblick; schon richtete er sich auf, ein hartes Stöhnen brach aus seinem Munde, dann wandte er stumm sein Pferd, und der Schimmel schnob und raste ostwärts auf dem Deich mit ihm dahin. Des Reiters Augen flogen scharf nach allen Seiten; in seinem Kopfe wühlten die Gedanken: Was hatte er für Schuld vor Gottes Thron zu tragen? Der Durchstich des neuen Deichs – vielleicht, sie hätten's fertiggebracht, wenn er sein Halt nicht gerufen hätte; aber – es war noch eins, und es schoss ihm heiß zu Herzen, er wusste es nur zu gut – im vorigen Sommer, hätte damals Ole Peters' böses Maul ihn nicht zurückgehalten – da lag's! Er allein hatte die Schwäche des alten Deichs erkannt; er hätte trotz alledem das neue Werk betreiben müssen. „Herr Gott, ja, ich bekenn es", rief er plötzlich laut in den Sturm hinaus, „ich habe meines Amtes schlecht gewartet[3]!"

2 ordinieren: befehlen, anordnen
3 gewartet, hier: versehen, versorgt, gepflegt

1 a Erklärt, warum der alte Deich brechen konnte. Nehmt auch die Skizze (▸ S. 154) zu Hilfe.
b Erläutert den Konflikt zwischen den Deicharbeitern und Hauke. Berücksichtigt dabei besonders die Rolle von Ole Peters. Worin besteht die „Schuld" (▸ Z. 76) Hauke Haiens?

2 Man kann sich die Szene sehr gut vorstellen. Erklärt anhand des Textes, wodurch diese Anschaulichkeit entsteht.

3 Beschreibt, wie Hauke Haien in diesem Textauszug auf euch wirkt. Berücksichtigt dabei auch seine Gedanken und Gefühle.

Stärken stärken: Die Sicht einer Figur einnehmen

●●○ **1** Stellt euch vor: Der Deicharbeiter, der mit dem Spaten gegen den Schimmel stößt (▶ Z. 60–62), schreibt am Abend einen Brief an Ole Peters, in dem er ihm mitteilt, was geschehen ist, was er gedacht und gefühlt hat und wie er den Vorfall bewertet. Schreibt diesen Brief.

Geht so vor:

a Lest den Text (▶ S. 154–155) noch einmal sorgfältig durch und notiert aus der Sicht des Arbeiters, was geschehen ist.
Tipp: Überlegt: Was weiß der Arbeiter, was weiß er nicht oder kann er nur erahnen (z. B. Gedanken von Hauke)?

> - *Wir hatten fast schon eine Rinne durch den neuen Deich gegraben, als Hauke ...*
> - *Es kam zum gewaltsamen Streit ...*
> - *Hauke ...*
> - *...*

b Überlegt, was der Deicharbeiter im Nachhinein über den Vorfall denkt.
Wie bewertet er das Verhalten von Hauke?
Was könnte er Ole Peters noch mitteilen oder fragen?

> - *Du kannst dir die Situation sicherlich vorstellen: Hauke ...*
> - *Und als dein Name fiel ... Ich war wirklich schockiert!*
> - *Was sollten wir tun? Wenn du ...*

c Versetzt euch in die Rolle des Deicharbeiters und schreibt den Brief an Ole Peters.

> *Lieber ...,*
> *heute ist etwas Schreckliches passiert, von dem ich dir unbedingt berichten muss.*
> *Während des Sturms versammelten wir uns ...*

▷ Hilfen zu dieser Aufgabe findet ihr auf Seite 157.

2 Lest euch eure Texte vor und vergleicht sie mit dem Originaltext: Welches Bild vermittelt der Originaltext von den Deicharbeitern und Hauke, welches Bild vermitteln eure Texte?

Aufgabe 1 mit Hilfen

Stellt euch vor: Der Deicharbeiter, der mit dem Spaten gegen den Schimmel stößt (▸ Z. 60–62), schreibt am Abend einen Brief an Ole Peters, in dem er ihm mitteilt, was geschehen ist, was er gedacht und gefühlt hat und wie er den Vorfall bewertet.
Schreibt diesen Brief.
Geht so vor:

a Lest den Text (▸ S. 154–155) noch einmal sorgfältig durch und notiert aus der Sicht des Arbeiters, was geschehen ist, z. B.:
Tipp: Überlegt: Was weiß der Arbeiter, was weiß er nicht oder kann er nur erahnen (z. B. Gedanken von Hauke)?

- *Wir hatten fast schon eine Rinne durch den neuen Deich gegraben, als Hauke auf seinem …*
- *Er schrie uns an und fragte, was wir …*
- *Als er hörte, dass du uns den Auftrag …*
- *Es kam zum gewaltsamen Streit zwischen uns und Hauke.*
- *Hauke ritt mit seinem Schimmel mitten in uns hinein.*
- *Jch versuchte, mich mit dem Spaten zu wehren und …*
- *Mit Gewalt zwang Hauke uns, …*
- *Plötzlich entdeckte ein Arbeiter einen Bruch im alten Deich.*
- *…*

b Überlegt, was der Deicharbeiter im Nachhinein über den Vorfall denkt und was er fühlt. Wie bewertet er das Verhalten von Hauke? Was könnte er Ole Peters noch mitteilen oder fragen?

- *Du kannst dir die Situation sicherlich vorstellen: Hauke gebärdete sich wie ein Teufel. Er schrie …*
- *Als dein Name fiel, glühten seine Augen vor Zorn.*
- *Jch war schockiert und dachte, dass er dich wirklich abgrundtief hassen muss.*
- *Was sollten wir tun? Wenn du da gewesen wärst, hätten wir vielleicht …*

c Versetzt euch in die Rolle des Deicharbeiters und schreibt den Brief an Ole Peters.

Lieber Ole,

*heute ist etwas Schreckliches passiert, von dem ich dir unbedingt berichten muss.
Während des Sturms versammelten wir uns am neuen Deich und taten, was du uns befohlen hattest.
Wir gruben eine Rinne durch den Deich und waren fast fertig, als Hauke mit seinem …
Er war außer sich, schrie uns an und fragte …
Als er hörte, dass du uns den Auftrag gegeben hast, den neuen Deich zu durchstoßen, …
Du kannst dir die Situation sicherlich vorstellen: Hauke gebärdete sich wie ein Teufel und seine Augen glühten vor Zorn. Es kam zu einem gewaltsamen Streit …*

7.3 Fit in ...? – Gestaltend schreiben

Die Aufgabenstellung verstehen

Stellt euch vor, ihr sollt in der nächsten Klassenarbeit folgende Aufgabe bearbeiten:

Lies den folgenden Textauszug aus der Novelle „Der Schimmelreiter" von Theodor Storm (▶ S. 158–159). Stell dir dann vor, Ole Peters hätte als Augenzeuge Hauke Haiens Untergang miterlebt. Schreibe einen inneren Monolog aus seiner Sicht.

Theodor Storm

Der Schimmelreiter (7)

Bevor der Reisende aus der Rahmenhandlung über den Hauke-Haien-Deich weiterreitet, der auch nach einhundert Jahren noch steht, erzählt der Schulmeister das Ende der Geschichte vom Schimmelreiter. Hauke erlebt, wie der alte Deich während der Sturmflut bricht.

Da warf er seine Augen seitwärts nach dem neuen Koog; um ihn schäumte das Meer; aber in ihm lag es wie nächtlicher Friede. Ein unwillkürliches Jauchzen brach aus des Reiters Brust: „Der Hauke-Haien-Deich, er soll schon halten, er wird es noch nach hundert Jahren tun!"
Ein donnerartiges Rauschen zu seinen Füßen weckte ihn aus diesen Träumen; der Schimmel wollte nicht mehr vorwärts. Was war das? Das Pferd sprang zurück, und er fühlte es, ein Deichstück stürzte vor ihm in die Tiefe. Er riss die Augen auf und schüttelte alles Sinnen von sich: Er hielt am alten Deich, der Schimmel hatte mit den Vorderhufen schon darauf gestanden. Unwillkürlich riss er das Pferd zurück; da flog der letzte Wolkenmantel von dem Mond, und das milde Gestirn beleuchtete den Graus, der schäumend, zischend vor ihm in die Tiefe stürzte, in den alten Koog hinab.
Wie sinnlos starrte Hauke darauf hin; eine Sündflut[1] war's, um Tier und Menschen zu verschlingen. Da blinkte wieder ihm der Lichtschein in die Augen; es war derselbe, den er vorhin gewahrt hatte; noch immer brannte der auf seiner Werfte[2]; und als er jetzt ermutigt in den Koog hinabsah, gewahrte er wohl, dass hinter dem sinnverwirrenden Strudel, der tosend vor ihm hi-

nabstürzte, nur noch eine Breite von etwa hundert Schritten überflutet war; dahinter konnte er deutlich den Weg erkennen, der vom Koog heranführte. Er sah noch mehr: Ein Wagen, nein, eine zweiräderige Karriole[3] kam wie toll gegen den Deich herangefahren; ein Weib, ja auch ein Kind saßen darin. Und jetzt – war das nicht das kreischende Gebell eines kleinen Hundes, das im Sturm vorüberflog? Allmächtiger Gott! Sein Weib, sein Kind waren es; schon kamen sie dicht heran, und die schäumende Wassermasse drängte auf sie zu. Ein Schrei, ein Verzweiflungsschrei brach aus der Brust des Reiters. „Elke!", schrie er. „Elke! Zurück! Zurück!"

Aber Sturm und Meer waren nicht barmherzig, ihr Toben zerwehte seine Worte; nur seinen Mantel hatte der Sturm erfasst, es hätte ihn bald vom Pferd herabgerissen; und das Fuhrwerk flog ohne Aufenthalt der stürzenden Flut entgegen. Da sah er, dass das Weib wie gegen ihn hinauf die Arme streckte: Hatte sie ihn erkannt? Hatte die Sehnsucht, die Todesangst um ihn sie aus dem sicheren Haus getrieben? Und jetzt – rief sie ein letztes Wort ihm zu? Die Fragen fuhren durch sein Hirn; sie blieben ohne Antwort: Von ihr zu ihm, von ihm zu ihr waren die Worte all verloren, nur ein Brausen wie vom Weltenuntergang füllte ihre Ohren und ließ keinen andern Laut hinein. „Mein Kind! O Elke, o getreue Elke!", schrie Hauke in den Sturm hinaus. Da sank aufs Neu ein großes Stück des Deiches vor ihm in die Tiefe, und donnernd stürzte das Meer sich hintendrein; noch einmal sah er drunten den Kopf des Pferdes, die Räder des Gefährtes aus dem wüsten Gräuel emportauchen und dann quirlend darin untergehen. Die starren Augen des Reiters, der so einsam auf dem Deiche hielt, sahen weiter nichts. „Das Ende!", sprach er leise vor sich hin; dann ritt er an den Abgrund, wo unter ihm die Wasser, unheimlich rauschend, sein Heimatdorf zu überfluten begannen; noch immer sah er das Licht von seinem Hause schimmern; es war ihm wie entseelt. Er richtete sich hoch auf und stieß dem Schimmel die Sporen in die Weichen; das Tier bäumte sich, es hätte sich fast überschlagen; aber die Kraft des Mannes drückte es herunter. „Vorwärts!", rief er noch einmal, wie er es so oft zum festen Ritt gerufen hatte. „Herr Gott, nimm mich; verschon die anderen!"

Noch ein Sporenstich, ein Schrei des Schimmels, der Sturm und Wellenbrausen überschrie, dann unten aus dem hinabstürzenden Strom ein dumpfer Schall, ein kurzer Kampf.

Der Mond sah leuchtend aus der Höhe; aber unten auf dem Deiche war kein Leben mehr als nur die wilden Wasser, die bald den alten Koog fast völlig überflutet hatten. Noch immer aber ragte die Werfte von Hauke Haiens Hofstatt aus dem Schwall hervor, noch schimmerte von dort der Lichtschein, und von der Geest[4] her, wo die Häuser allmählich dunkel wurden, warf noch die einsame Leuchte aus dem Kirchturm ihre zitternden Lichtfunken über die schäumenden Wellen.

---

1 die Sündflut: alternative Schreibweise zu Sintflut (große Überschwemmung), die hier in dramatisierender Absicht verwendet wird (Flut als Strafe für die Menschen)

2 Werfte: zum Schutze gegen Wassergefahr aufgeworfener Erdhügel in der Marsch, worauf die Gebäude (Dörfer) liegen

3 das Karriol: Fuhrwerk

4 die Geest: höher gelegene Ebene (im Gegensatz zum Marschland)

1 Lest die Aufgabenstellung sorgfältig. Erklärt euch gegenseitig, was genau ihr machen sollt und worauf ihr bei der Bearbeitung achten müsst.

Den Text verstehen und einen Schreibplan erstellen

2 a Entscheidet, welche der folgenden Aussagen zum Text richtig sind. Schreibt die zutreffenden Sätze in euer Heft.

- **A** Der alte Deich hält den Wassermassen stand, nur das neue Marschland, der Hauke-Haien-Koog, wird überschwemmt.
- **B** Der alte Deich bricht und damit wird das Dorf überflutet werden.
- **C** Hauke Haiens Frau Elke und seine Tochter gehen in den Wassermassen unter.
- **D** Hauke warnt seine Frau Elke rechtzeitig, sodass diese sich mit ihrem Kind in Sicherheit bringen kann.
- **E** Hauke gibt sich die Schuld am Deichbruch und am Tod seiner Familie und stürzt sich mit seinem Pferd in das tosende Wasser.

b Vergleicht eure Ergebnisse in Partnerarbeit. Klärt weitere Textstellen oder Wörter, die euch unklar sind.

3 a Versucht, euch in Ole Peters hineinzuversetzen, der diese Katastrophe miterlebt. Überlegt, wie er sich fühlt, z. B.: *schockiert, besorgt, traurig, enttäuscht, aufgeregt, wütend, erleichtert*

b Notiert, welche Gedanken und Gefühle ihm durch den Kopf gehen könnten und was er wahrnimmt.

Da steht nun der Teufel und betrachtet ...
Mit seinem neuen Deich hat er ...
Das darf doch nicht wahr sein ...
Der Wahnsinnige, er treibt uns alle ...
Ich könnte ... Nein, das ist ...
Dieser Sturm ist die gerechte Strafe dafür, dass ...
Um Himmels willen, der alte Deich ...
Wer ist das? Was wollen Elke und das Kind ...?
Unglaublich! Jetzt ...

Den Text schreiben und überarbeiten

4 Formuliert nun den inneren Monolog. Schreibt in der Ich-Form und im Präsens.

5 Tauscht euren Text mit dem eurer Banknachbarin oder eures Banknachbarn aus. Gebt euch mit Hilfe der folgenden Checkliste Tipps, was ihr noch verbessern könnt.

Checkliste

Einen inneren Monolog schreiben

- Werden die **Gedanken, Gefühle** und **Wahrnehmungen** der Figur deutlich?
- Steht der Monolog in der **Ich-Form** und beschränkt ihr euch nur auf das, was die Figur wissen kann?
- Versteht der Leser, was an Handlung geschieht?
- **Passen Sprache** und **Inhalt** eures Textes zur Figur und zur Handlung des Originaltextes?
- Habt ihr **Fragen** gestellt und Ausrufe verwendet? Zum Beispiel: *Wer ist das? Unglaublich!*
- Gibt es unvollständige Sätze (Ellipsen) und/oder Gedankensprünge? Zum Beispiel: *Dieser Teufel, will er etwa ... Oh, nein! Da kommt ...*

8 Ich fühle mich „Heimat“ – Gedichte untersuchen und vortragen

1 Der Offenburger Künstler Stefan Strumbel beschäftigt sich auf ungewohnte Art und Weise mit seiner Heimat, dem Schwarzwald.

a Betrachtet das Bild. Stellt einen Zusammenhang zum Schwarzwald her.

b „Stefan Strumbel überzeichnet Kultgegenstände.“ Belegt diese These anhand des Kunstobjekts „Kuckucksuhr“.

2 Auch in der Literatur findet sich oft das Thema „Heimat“.

a Was verbindet ihr damit? Sammelt eure Assoziationen, z. B.: das eigene Zimmer, Oma, Geborgenheit ...

b Wählt gemeinsam einige „Heimatbegriffe“ aus, notiert diese und versucht, dazu zwei bis vier Verse zu schreiben.

In diesem Kapitel ...

- lest ihr Songs und Gedichte und tragt sie sinngestaltend vor,
- untersucht ihr Inhalt, Aufbau und Form von Gedichten und entwickelt eigene Deutungsversuche,
- lernt ihr Dialekte kennen und erkundet ihre Besonderheit.

8.1 Heimat – Gedichte verstehen und interpretieren

„Heimat ist nicht mein Problem" – Das lyrische Ich

Renan Demirkan

Mein Problem (2000)

Man fragt mich immerzu nach
meiner Heimat,
aber „Heimat"
ist nicht mein Problem.
Meine Heimat sind die Tage,
an denen ich atme,
sehe und Worte finde,
fassen und laufen kann.
Ich habe ein Asyl bei Gott,
auf Lebenszeit!
So lautet der Vertrag.
Sie sehen,
„Heimat" ist nicht mein Problem.

Mein Problem ist:
Ich habe kein ZUHAUS,
nicht die Sicherheit,
eine Lücke auszufüllen,
d a z u g e h ö r e n,
so selbstverständlich
wie die Wurzel an den Baum
oder das linke zum rechten Bein,
daran fehlt es mir,
an Verbündeten und Vertrauen,
eben an einem ZUHAUS.
Das ist kein Wohnsitz,
mit Klingel und Namensschild,
kein Mauerwerk gegen die Kälte,
keine bezahlte Unterkunft –
ich werde immer unterkommen,
außer mein Verstand kündigt mir –
nein, mein Problem ist nicht der Briefkasten an der Tür,
mein Problem sind die Briefe in mir.

Wem schreibe ich,
wie gut mein Kind gelungen ist?
Wem, dass ich mich um sie sorge?
Wer denkt an ihren Geburtstag,
wenn ich nicht mehr bin?
Wer weiß noch von meinen Tränen,
als ich zur Schule ging?
Es mangelt mir an V e r w a n d t e n,
an Menschen, die mir ähnlich sind,
an Menschen, zu denen ich gehöre
wie Finger an der Hand,
die mich vermissen,
wenn sie gemeinsam sind,
die mich brauchen,
wenn sie sich erinnern,
wenn sie feiern, wenn sie trauern.

1 Lest das Gedicht.
- **a** Wie wirkt es auf euch? Beschreibt die Stimmung mit aussagekräftigen Adjektiven.
- **b** Begründet anhand des Textes, was diese Stimmung hervorruft.

2 Wer spricht in dem Gedicht? Untersucht den Sprecher oder die Sprecherin des Gedichts.
- **a** Beschreibt die Situation, in der sich das lyrische Ich befindet. Sammelt Informationen.
- **b** Findet einen neuen Titel für das Gedicht, indem ihr das „Problem" des lyrischen Ichs benennt.

3 An wen wendet sich das lyrische Ich mit seinem Problem? Lest das Gedicht erneut und gebt die Textstelle an.

4 Das Gedicht wirft viele Fragen auf.
- **a** Welche gingen euch beim Lesen durch den Kopf? Sammelt sie.
- **b** Schreibt einen Brief an das lyrische Ich und versucht, in diesem die aufgeworfenen Fragen zu beantworten.

Information **Der lyrische Sprecher (das lyrische Ich)**

- Zu jedem Gedicht gehört **eine Sprecherin** oder **ein Sprecher, das lyrische Ich,** das nicht mit der Autorin oder dem Autor des Gedichts gleichzusetzen ist und das dem Leser seine **Gedanken, Gefühle und Beobachtungen** mitteilt. Meist gibt sich das lyrische Ich zu erkennen. Deutlich wird dies an den Pronomen (z. B.: „ich", „mein", „mir").
- In einigen Gedichten wendet sich der Sprecher direkt an ein „Du", hier wird also eine Adressatin/ein Adressat in das Gedicht einbezogen.
- Manchmal geht der Sprecher in einem „wir" auf, das in dem Gedicht spricht, oder der Sprecher tritt überhaupt nicht in Erscheinung

Gerüchte „rauben den Schlaf" – Sprachliche Bilder untersuchen

Andreas Saurer

JORMANIA (2008)

gerüchte machen die runde
verändern gesicht form farbe
geruch schneller als die jahreszeiten
schneller als tag und nacht
schneller als die ampel
die farbe wechselt
spielen gerüchte
schicksal
sind handfest real
und schwups die wahrheit
machen sich wichtig
erobern das Land
gerüchte machen sich breit
haben lange finger
wandern durch die welt
denn jormania ist groß
und riesig seine gerüchte
wuchern sind ansteckend frivol[1] und
rauben den schlaf
auch mit einem leben aus dem koffer
entkommt man ihnen nicht
falls man noch lebt

Victor Vasarely: A. B. C., Acryl auf Leinwand 1965

1 frivol: anstößig, leicht anrüchig

1 Nennt Bilder und Gedanken, die sich euch beim Lesen des Gedichts einstellen.
Hinweis: Schließt die Augen und bittet jemanden, euch das Gedicht vorzulesen.

2 Beschreibt das Gedicht.
a Worin unterscheidet es sich von manch anderen, die ihr kennt? Nutzt Begriffe aus dem Wortspeicher bei eurer Beschreibung.
b Stellt Vermutungen an, ob der Autor durch die von ihm gewählte Form eine Aussage trifft.

lyrisches Ich • Zeichensetzung • Strophen • Verse • Reime • Groß- und Kleinschreibung • Enjambements (Zeilensprünge)

3 a Was erfahrt ihr im Gedicht über „Jormania"? Notiert die Informationen mit Versangaben.
b Überlegt und wählt aus: Wer oder was ist „Jormania"? Mehrere Antworten sind möglich.
– Jemand, der Gerüchte in die Welt setzt.
– Ein Ort, für den man seine Heimat verlässt.
– Eine Krankheit, die schlaflos macht.
– Ein Ort, über den viele Gerüchte kursieren und der die Menschen deshalb anzieht.

4 Zeigt an Textpassagen die Eigendynamik auf, die Gerüchte annehmen können, z. B.: „gerüchte machen die runde“ (▸ Vers 1).

5 In diesem Gedicht werden viele sprachliche Bilder verwendet.

a Sucht die sprachlichen Bilder heraus und bestimmt, um welches Stilmittel (Vergleich, Metapher, Personifikation) es sich jeweils handelt. Lest dazu die Information unten.

b Notiert, welche Wirkung es an dieser Stelle hat.
Legt hierzu eine Tabelle nach folgendem Muster an:

Textbeleg	Stilmittel	Wirkung, Deutung
„gerüchte machen die runde“ (Vers 1)	*Metapher*	*Das Bild des Kreises verdeutlicht, dass Gerüchte von einem zum anderen weitergereicht werden.*
„gerüchte […] verändern gesicht form farbe“ (Verse 1–2)	*Personifikation*	*Durch die Zuschreibung menschlicher Eigenschaften werden die Gerüchte anschaulich.*
„geruch schneller als die jahrenzeiten“ (Vers 3)	*Vergleich*	*Der Vergleich macht deutlich, wie sehr sich Gerüchte verändern können, so wie Landschaften im Sommer oder Winter ganz anders aussehen.*

c Vergleicht eure Ergebnisse. Ergänzt und korrigiert sie gegebenenfalls.

d Formuliert zusammenfassend die Wirkung dieser sprachlichen Bilder.

Die sprachlichen Bilder in dem Gedicht „JORMANIA“ von Andreas Saurer führen dazu, dass …

6 In dem Gedicht kommen auch einige Redewendungen vor.

a Schreibt sie heraus.

b Erklärt, inwiefern die Redewendungen im Gegensatz zu den Gerüchten stehen.

Information **Sprachliche Bilder**

- **Vergleich**
  Bei einem Vergleich werden zwei verschiedene Vorstellungen durch ein „wie“ oder ein „als“ miteinander verknüpft, z. B.: *schneller als tag und nacht.*
- **Metapher**
  Bei einer Metapher wird ein Wort nicht wörtlich, sondern in einer übertragenen Bedeutung gebaucht, z. B.: *Suppe* für dichten Nebel.
  Man verwendet Metaphern, weil sich zwei Dinge auf Grund einer Eigenschaft ähnlich sind. Im Unterschied zum direkten Vergleich fehlt bei der Metapher das Vergleichswort „wie“.
- **Personifikation**
  Die Personifikation (Vermenschlichung) ist eine besondere Form der Metapher. Leblose Gegenstände, Begriffe oder die Natur werden vermenschlicht, d. h. ihnen werden menschliche Verhaltensweisen und Eigenschaften zugesprochen, z. B.:
  Die Stadt schläft oder *Der Wind fegt durch die Straßen.*

„Doch hängt mein ganzes Herz an dir" – Sinngestaltend vortragen

Theodor Storm

Die Stadt (1854)

Am grauen Strand, am grauen Meer
Und seitab liegt die Stadt;
Der Nebel drückt die Dächer schwer,
Und durch die Stille braust das Meer
Eintönig um die Stadt.

Es rauscht kein Wald, es schlägt im Mai
Kein Vogel ohn' Unterlass;
Die Wandergans mit hartem Schrei
Nur fliegt in Herbstesnacht vorbei,
Am Strande weht das Gras.

Doch hängt mein ganzes Herz an dir,
Du graue Stadt am Meer;
Der Jugend Zauber für und für
Ruht lächelnd doch auf dir, auf dir,
Du graue Stadt am Meer.

1 Lest das Gedicht „Die Stadt" von Theodor Storm.
a Erklärt, was „Die Stadt" für den Sprecher des Gedichts bedeutet.
b Tauscht euch aus: Was bedeutet euer Heimatort für euch und wo ist er zu finden?

2 Wie wird die Stadt im Gedicht beschrieben?
a Schreibt entsprechende Adjektive aus den ersten beiden Strophen heraus.
b Wie verändert sich der Blick des lyrischen Ichs auf die Stadt in der 3. Strophe? Achtet auch auf die Personalpronomen.

3 Welche Stilmittel findet ihr in den Versen? Schaut euch noch einmal die Information zu den sprachlichen Bildern an (▶ S. 165). Lest Vers für Vers, Wort für Wort. Achtet auch auf den Satzbau.

4 Untersucht die Form des Gedichts zunächst in Partnerarbeit. Haltet eure Ergebnisse schriftlich fest. Nutzt dazu die Fachbegriffe und Fragen unten.

> **1 Strophe und Vers** (▶ S. 323): **Untersucht den Aufbau des Gedichts.**
> - Wie viele Strophen hat das Gedicht?
> - Werden einzelne Strophen oder Verse wiederholt (Refrain)?
> - Gibt es Enjambements (Zeilen- oder Strophensprünge)?
>
> **2 Reimform** (▶ S. 324): **Beschreibt die Reimform.**
> - Ist das Gedicht gereimt? Wenn ja: Bezeichnet die Wörter, die sich reimen, mit gleichen Buchstaben.
> - Welche bekannten Reimformen könnt ihr entdecken?
>
> **3 Metrum** (▶ S. 324): **Untersucht das Metrum (Versmaß) der 1. Strophe.**
> - Welches Versmaß hat das Gedicht (▶ Betonungszeichen, S. 358)? Gibt es Abweichungen? Wenn ja: Überlegt, ob diese Abweichung eine bestimmte Bedeutung hat.

Geht bei der Untersuchung des Metrums folgendermaßen vor: Bestimmt auf einer Kopie das Versmaß des Gedichts (▶ S. 324), indem ihr Betonungszeichen über die einzelnen Verse schreibt.

x x́ x x́ x x́ x x́
Am grauen Strand, am grauen Meer | *kurze Pause*
x x́ x x́ x x́
Und seitab liegt die Stadt; || *lange Pause*
Der Nebel drückt die Dächer schwer,
Und durch die Stille braust das Meer
Eintönig um die Stadt.

> Bei einem Gedichtvortrag müsst ihr die Abfolge von betonten und unbetonten Silben beachten, ihr dürft aber nicht „leiern". Beim Vortrag entsteht wie in der Musik ein **Rhythmus.**

5 Tragt das Gedicht „Die Stadt" ausdrucksstark vor. Geht dabei so vor:

a Notiert auf einer Kopie, an welchen Stellen Pausen gemacht werden sollen. Vermerkt, wann ihr lauter bzw. leiser werdet sowie langsamer und schneller (▶ Merkkasten unten).

b Probiert unterschiedliche Vortragsweisen aus und überlegt, welche den Inhalt des Gedichts am besten wiedergibt. Berücksichtigt dabei die Ergebnisse eurer Textuntersuchung.

> **Methode** **Ein Gedicht sinngestaltend vortragen**
>
> Ein Gedicht vorzutragen bedeutet immer, es zu interpretieren, also das eigene Verständnis des Gedichts zum Ausdruck zu bringen.
> Überlegt, welche **Wörter** ihr **besonders betonen** wollt, wo es sinnvoll ist, eine **Pause** zu machen und wo ein Satz **über die Versgrenze hinaus** weitergeführt wird (Enjambement).
> **Beschleunigt** oder **verlangsamt** euer Vortragstempo an Stellen, an denen es sinnvoll erscheint. Sprecht lauter oder leiser. Markiert dann das Gedicht mit den entsprechenden Betonungszeichen (▶ Betonungszeichen, S. 358).

Sehnsucht und Fernweh – Gedichte vergleichen

Orhan Veli

Ich höre Istanbul (1941)

Ich höre Istanbul, meine Augen geschlossen.
Zuerst weht ein leichter Wind,
Leicht bewegen sich
Die Blätter in den Bäumen.
In der Ferne, weit in der Ferne.
Pausenlos die Glocke der Wasserverkäufer.
Ich höre Istanbul, meine Augen geschlossen.

Ich höre Istanbul, meine Augen geschlossen.
In der Höhe die Schreie der Vögel,
Die in Scharen fliegen.
Die großen Fischernetze werden eingezogen,
Die Füße einer Frau berühren das Wasser.
Ich höre Istanbul, meine Augen geschlossen.

Ich höre Istanbul, meine Augen geschlossen.
Der kühle Basar,
Mahmutpascha mit dem Geschrei der Verkäufer,
Die Höfe voll Tauben.
Das Gehämmer von den Docks her;
Im Frühlingswind der Geruch von Schweiß.
Ich höre Istanbul, meine Augen geschlossen.

Ich höre Istanbul, meine Augen geschlossen.
Im Kopf den Rausch vergangener Feste.
Eine Strandvilla mit halbdunklen Bootshäusern,
Das Sausen der Südwinde legt sich.
Ich höre Istanbul, meine Augen geschlossen.

Ich höre Istanbul, meine Augen geschlossen.
Ein Dämchen geht auf dem Gehsteig.
Flüche, Lieder, Rufe hinter ihr her.
Sie lässt etwas aus der Hand fallen,
Es muss eine Rose sein.
Ich höre Istanbul, meine Augen geschlossen.

Ich höre Istanbul, meine Augen geschlossen.
Ein Vogel zappelt an deinen Hängen.
Ich weiß, ob deine Stirn heiß ist oder nicht,
Ich weiß, ob deine Lippen feucht sind oder nicht.
Weiß geht der Mond hinter den Nussbäumen auf,
Ich weiß es von deinem Herzschlag.
Ich höre Istanbul.

1 Lest das Gedicht „Ich höre Istanbul".

a Welche Assoziationen stellen sich ein? Sammelt sie in einem Cluster an der Tafel.

b Formuliert anschließend einen ersten Leseeindruck.

Das Gedicht „Ich höre Istanbul" von Orhan Veli wirkt auf mich ...
Orhan Velis Gedicht „Ich höre Istanbul" macht auf mich einen ... Eindruck.

2 Worum geht es in dem Gedicht?

a Sucht Schlüsselbegriffe, die euch helfen, das Gedicht zu verstehen.

b Welches Motiv (Thema) taucht immer wieder auf? Formuliert wie folgt:

In allen Strophen werden die Sinne angesprochen. Motive sind „Wind" (Vers 2), ...

3 Schreibt ein Parallelgedicht zu „Ich höre Istanbul" über eure Heimatstadt oder euer Heimatdorf.

a Nehmt ein leeres Blatt und einen Stift und schließt die Augen.
Lauft in Gedanken durch eure Stadt/euren Ort. Notiert anschließend all eure Eindrücke.

b Verfasst nun ein eigenes Gedicht nach dem vorgegebenen Muster von Orhan Veli, z. B.: „Ich höre Freiburg".

Andreas Saurer

MONICADELIA (2008)

sie hat lange beine
groß und blond und jung
und daheim in rumänien
sprudeln aus ihr
geschichten aus amerika
ein atemberaubendes trinkgeld
eben zurück aus las vegas
schwärmt vom aufstieg
in der fremde
während ihre mutter
im späten frühling
einen alten pflegt
in faenza[1]
für ein butterbrot

1 Faenza ist eine Stadt in der nord-italienischen Region Emilia-Romagna.

4 a Lest das Gedicht „Monicadelia" von Andreas Saurer. Welche Stimmung löst es in euch aus?

b Greift einzelne Wörter aus dem Gedicht heraus und beschreibt, was diese jeweils für Gedanken und Gefühle hervorrufen.

5 Vergleicht den Inhalt der beiden Gedichte „Ich höre Istanbul" und „Monicadelia".

a Ordnet jeweils die passenden Begriffe aus dem Wortspeicher unten den Gedichten zu.

Sehnsucht • Fernweh • innere Bilder • Suche nach Glück •
Verlassen der Heimat • Heimat im Herzen

b Untersucht genau:
Wo lebt das lyrische Ich in Orhan Velis Gedicht, wo ist Monicadelia zu Hause?

c Wie sind die Verse 10 bis 14 in „Monicadelia" zu verstehen?
Erklärt: Was bedeutet „Fremde" für die Mutter?

6 Untersucht beide Gedichte auf Gemeinsamkeiten und Unterschiede in Sprache und Form. Übertragt dazu folgende Tabelle in euer Heft und vervollständigt sie mit Hilfe eurer Untersuchungsergebnisse.

Untersuchungsaspekt	„Ich höre Istanbul"	„Monicadelia"
Aufbau/Form	– *regelmäßige Form: 6 Strophen mit abwechselnd X und X Versen* – *jede Strophe beginnt und endet mit dem Refrain „Ich höre Istanbul, meine Augen geschlossen"*	*besteht nur aus einer einzigen Strophe*
Reimschema	…	
lyrisches Ich / Sprecher im Gedicht	…	
Sprache / sprachliche Bilder	– *anschauliche Sprache* – *viele genau beschreibende Adjektive und Partizipien, z. B.: …* – *Sinne werden angesprochen, z. B.: …*	

7 Haltet eure Untersuchungsergebnisse im Heft fest.
Folgende Formulierungshilfen können euch helfen:

- *Die beiden Gedichte haben einige Gemeinsamkeiten …*
- *In beiden Gedichten steht das Thema … im Mittelpunkt.*
- *Es gibt aber auch deutliche Unterschiede in der Form …*
- *Die Wirkung, die von den Gedichten ausgeht, ist sehr unterschiedlich. …*
- *Ich persönlich finde das Gedicht …*

„Wohl dem, der jetzt noch – Heimat hat!" – Einen lyrischen Text untersuchen und deuten

1. Schritt: Mit dem Gedicht ins Gespräch kommen

Friedrich Wilhelm Nietzsche

Vereinsamt (1884)

Die Krähen schrein
Und ziehen schwirren Flugs zur Stadt:
Bald wird es schnein. –
Wohl dem, der jetzt noch – Heimat hat!

Nun stehst du starr,
Schaust rückwärts, ach! Wie lange schon!
Was bist du Narr
Vor Winters in die Welt entflohn?

Die Welt – ein Tor
Zu tausend Wüsten stumm und kalt!
Wer das verlor,
Was du verlorst, macht nirgends halt.

Nun stehst du bleich,
Zur Winter-Wanderschaft verflucht,
Dem Rauche gleich,
Der stets nach kältern Himmeln sucht.

Flieg, Vogel, schnarr
Dein Lied im Wüstenvogel-Ton! –
Versteck, du Narr,
Dein blutend Herz in Eis und Hohn!

Die Krähen schrein
Und ziehen schwirren Flugs zur Stadt:
Bald wird es schnein, –
Weh dem, der keine Heimat hat!

1 a Lest das Gedicht. Notiert nach dem ersten Lesen spontan eure Eindrücke. Das können auch Fragen sein, z. B.:
- *Das Gedicht beschäftigt sich mit dem Thema ...*
- *Mir fällt besonders auf ...*
- *Beim Lesen des Gedichts entsteht der Eindruck / das Gefühl ...*
- *Warum ...?*
- *Den Begriff / Das sprachliche Bild ... finde ich ...*

b Begründet anhand einzelner Verse oder Wörter aus dem Gedicht, wodurch eure ersten Eindrücke entstanden sind.

2 Überlegt, welchen Bezug der Titel zum Gedicht hat.

3 Um einen Zugang zu einem Gedicht zu bekommen, könnt ihr auf einer Kopie des Textes festhalten, was euch beim intensiven Lesen und Nachdenken auffällt, z. B.:

Diese Methode heißt im Englischen „Talking to the text", also mit dem Text sprechen.

Friedrich Wilhelm Nietzsche

Vereinsamt

	Reimschema	Anmerkungen
Die Krähen schrein	*a*	*Lärm, Krähen = schwarze Vögel beschwören Unheil herauf*
Und ziehen schwirren Flugs zur Stadt: *Lautmalerei*	*b*	*veraltet; eigentlich: schwirrend = mit hellem, zitterndem Geräusch fliegen*
Bald wird es schnein. – *Ankündigung*	*a*	*Bild vom Schnee steht für innerliche Kälte*
Wohl dem, der jetzt noch – Heimat hat! *Ausruf*	*b*	*Heimat = Wohlbefinden, droht verloren zu gehen*

a Begründet: Welche Anmerkungen überzeugen euch? Was würdet ihr anders notieren oder ergänzen?

b Kopiert das Gedicht und notiert in ähnlicher Weise zum gesamten Text eure ersten Überlegungen zu Inhalt, Form und sprachlicher Gestaltung.

4 Überprüft und vertieft euer Textverständnis, indem ihr die folgenden Arbeitsaufträge bearbeitet:

a Das Motiv der „Kälte" zieht sich durch das Gedicht. Sucht weitere Wörter, die Kälte ausdrücken.

b Überlegt, wie ihr die Verse 3 und 4 in der 3. Strophe versteht:

Das **Motiv** ist das Thema eines Textes.

> Wer das verlor,
> was du verlorst, macht nirgends halt.

Welche der folgenden Deutungen haltet ihr für passend? Erklärt, warum. Ergänzt eigene Deutungsversuche.

Das lyrische Jch führt eine Art Selbstgespräch mit sich und beklagt den Verlust der Heimat.
Angesprochen ist ein nicht genanntes „Du", das einen großen materiellen Verlust erlitten hat.

c Welche Gemeinsamkeiten und Unterschiede weisen Strophe 1 und 6 auf? Deutet sie.

d Haltet eure Eindrücke zu dem Gedicht in zwei bis drei Sätzen fest.

2. Schritt: Das Gedicht untersuchen (Inhalt, Form, sprachliche Gestaltung)

1 Untersucht das Gedicht nun genauer.
Arbeitet im Team und nutzt hierzu auch die Checkliste auf S. 174.

a Gebt den Inhalt der einzelnen Strophen knapp wieder, z. B.:

> *1. Strophe: Beschreibung des inneren Zustands. Die „schreiende(n) Krähen" beschwören Unheil herauf.*
> *2. Strophe: ...*

b Notiert, welchen Bezug der Titel zum Thema hat. (▶ Aufgabe 2, S. 172)

2 Untersucht den Aufbau des Gedichts.

a Gebt die Anzahl der Strophen und Verse des Gedichts an.

b Gibt es Enjambements (Zeilensprünge)? Sprecht das Gedicht laut und achtet darauf, wo Versende und Satzende nicht übereinstimmen. Welche Wirkung entsteht dadurch?

c Notiert, welche Reimform in dem Gedicht vorliegt.

d Prüft, ob in dem Gedicht ein regelmäßiges Metrum zu erkennen ist.

3 Untersucht die sprachlichen Gestaltungsmittel in dem Gedicht.
Bestimmt, um welches Stilmittel es sich handelt, und notiert, welche Wirkung bzw. Funktion es an dieser Stelle hat.

Textbeleg (Verszeile)	Stilmittel/Sprache	Wirkung, Deutung
„Die Krähen schrein" (Vers 1)	*Lautmalerei*	*Unheil, Schmerz, Tod*
„Bald wird es schnein. –" (Vers 3)	*Prophezeiung*	*Ankündigung kommenden Unheils*
„Die Welt – ein Tor Zu tausend Wüsten stumm und kalt!" (Vers 9–10)	*Metapher*	*Das sprachliche Bild macht die Ausweglosigkeit deutlich: Ein Tor, das ja den Zugang zur Welt öffnen soll, führt in die Wüste.*
„Wer das verlor, Was du verlorst, ..." (Verse 11–12)	*Parallelismus/ Wiederholung*	*bewirkt Verstärkung, Verdichtung*
...	...	...

Methode **Ein Gedicht untersuchen**

1 Inhalt
- **Thema:** Worum geht es in dem Gedicht? Wird eine Handlung, eine Situation/Szene beschrieben oder werden Gefühle, Eindrücke, Gedanken oder eine Stimmung dargestellt? Kann man eine Entwicklung im Gedicht feststellen? Gibt es Brüche?
- **Titel:** Was bedeutet der Titel des Gedichts? Welchen Bezug hat er zum Thema?

2 Der Sprecher/Die Sprecherin (▶ das lyrische Ich, S. 163)
- Tritt ein lyrischer Sprecher (lyrisches Ich) in Erscheinung oder ist der Sprecher nicht direkt im Text greifbar? Gibt es einen Adressaten oder eine Adressatin?

3 Formaler Aufbau (▶ Strophe, Vers, Reimform, Metrum, S. 323–324)
- **Strophen und Verse:** Wie viele Strophen hat das Gedicht? Sind sie alle gleich aufgebaut? Werden einzelne Strophen oder Verse wiederholt (Refrain)?
- **Reim** (▶ S. 324): Ist das Gedicht gereimt? Welche Reimform liegt vor?
- **Metrum** (▶ S. 324): Lässt sich ein Metrum erkennen? Gibt es Abweichungen?

4 Sprachliche Gestaltung (▶ S. 324)
- **Sprachliche Bilder:** Welche sprachlichen Bilder (▶ Metaphern, Enjambements, Vergleiche, S. 165) werden verwendet? Was bedeuten sie? Wie wirken sie?
- **Wortwahl:** Welche Wörter fallen auf? Gibt es Wörter, die wiederholt werden? Herrscht eine bestimmte Wortart (z. B.: Nomen, Adjektive) vor? Gibt es Neologismen (Wortneuschöpfungen)? Welche Wirkung wird durch die Verwendung bestimmter Wörter erzeugt?

Tipp: Benennt nicht nur die sprachlichen Mittel, sondern beschreibt ihre Wirkung und Funktion, z. B.:
... wirken bedrohlich • verstärken den Eindruck von ... • betonen ... • veranschaulichen ... • führen dazu, dass ... • durch ... kann man sich ... vorstellen

3. Schritt: Die Gedichtbeschreibung verfassen

Verfasst nun eine Gedichtbeschreibung. Nutzt dazu eure Ergebnisse aus den Aufgaben 1–3. Gliedert eure Gedichtbeschreibung in Einleitung, Hauptteil und Schluss. Geht so vor:

1 Formuliert eine **Einleitung,** in der ihr über die Art des Textes, den Titel, den Autor/die Autorin, Entstehungsjahr und das Thema des Gedichts informiert.
Ihr könnt die folgenden Formulierungsbausteine zu Hilfe nehmen:

Das Gedicht ... von ... aus dem Jahr ... •
In dem Gedicht mit dem Titel ... von ... aus dem Jahr ... •
In Nietzsches Gedicht ... aus dem Jahr ...

beschreibt • geht es um •
beschäftigt sich mit dem Thema •
handelt von • wird ... dargestellt

2 Stellt im **Hauptteil** die Ergebnisse eurer Gedichtbeschreibung in einer geordneten Reihenfolge dar. Belegt eure Aussagen mit Zitaten aus dem Gedicht (▸ Textbelege zitieren, S. 319). Ihr könnt folgende Formulierungsbausteine zu Hilfe nehmen:

Inhalt	In der ersten Strophe beschreibt der Sprecher seinen inneren Zustand und .... • Das lyrische Ich führt in der zweiten Strophe ein Selbstgespräch, in dem ... • Die dritte Strophe macht deutlich, dass die große, weite Welt ... • ...
Formaler Aufbau	Das Gedicht besteht aus ... Strophen mit jeweils ... Versen. • Die Verse reimen sich sehr regelmäßig, die Reimform ist ein ... • Das Metrum des Gedichts ist unregelmäßig, was den inneren Gefühlszustand und ... unterstreicht.
Sprachliche Gestaltung und Wirkung in Bezug zum Inhalt	Der Titel verweist schon auf die Befindlichkeit des lyrischen Ichs, die dann im Gedicht beschrieben wird. Gleich zu Beginn in der ersten Strophe ... **Weitere Formulierungsbausteine** Die sprachlichen Bilder ... verstärken den Eindruck ... • hervorheben • veranschaulichen • unterstreichen • verdeutlichen • wird deutlich • drücken aus, wie ... • erinnern an • wirken • betonen • führen dazu, dass ... • durch ... kann man sich ... vorstellen • wird hervorgehoben

3 Verfasst den **Schluss** der Gedichtbeschreibung.

a Fasst zum Schluss die wesentlichen Ergebnisse zusammen und nehmt Stellung zum Gedicht.
- *Zusammenfassend kann man sagen, dass das Gedicht ...*
  Auffallend ist, dass ...
- *Insgesamt wird deutlich, dass in diesem Gedicht ...*
  Wie oben gezeigt, unterstreichen die sprachlichen Bilder ...
- *Meiner Meinung nach wird in dem Gedicht ...*
  Dies geschieht durch ...
- *Mir hat das Gedicht gefallen/nicht so gut gefallen, denn ...*

b Überarbeitet eure Texte mit Hilfe des folgenden Merkkastens.

Information **Eine Gedichtbeschreibung verfassen**

- In der **Einleitung** nennt ihr die Art des Textes, den Titel, den Namen des Autors/der Autorin, das Entstehungsjahr und das Thema des Textes.
- Im **Hauptteil** fasst ihr die wichtigsten Ergebnisse eurer Analyse in einer geordneten Reihenfolge zusammen: Beginnt mit einer **kurzen Inhaltsangabe** (am besten strophenweise). Beschreibt dann den **formalen Aufbau** des Gedichts (Strophe, Verse, Reimschema, Metrum) und die **sprachlichen Gestaltungsmittel** und stellt immer wieder einen Bezug zum Inhalt und zur Aussage des Gedichts her.
  Belegt eure Untersuchungsergebnisse mit Zitaten (▸ Zitieren, S. 319).
- Fasst zum **Schluss** die wesentlichen Ergebnisse eurer Gedichtanalyse zusammen oder nehmt Stellung zum Gedicht.

Testet euch!

Gedichte untersuchen

Hermann Lingg

Heimkehr (1905)

In meine Heimat kam ich wieder,
Es war die alte Heimat noch,
Dieselbe Luft, dieselben Lieder,
Und alles war ein andres doch.

Die Welle rauschte wie vor Zeiten,
Am Waldweg sprang wie sonst das Reh,
Von fern erklang ein Abendläuten,
Die Berge glänzten aus dem See.

Doch vor dem Haus, wo uns vor Jahren
Die Mutter stets empfing, dort sah
Ich fremde Menschen fremd gebaren;
Wie weh, wie weh mir da geschah!

Mir war, als rief' es aus den Wogen:
Flieh, flieh, und ohne Wiederkehr!
Die du geliebt, sind fortgezogen.
Und kehren nimmer, nimmermehr.

1 Lest die Sätze, die das Gedicht beschreiben.
Prüft die Aussagen und korrigiert, wenn nötig.

A Das Gedicht besteht aus fünf Strophen mit je vier Versen, die nach dem Schema aabb gereimt sind. Das Metrum ist ein Daktylus.

B Das Gedicht von Hermann Lingg aus dem Jahr 1905 handelt davon, dass jemand nach langer Zeit heimkehrt und sein Zuhause anders vorfindet, als er es verlassen hat.

C Schon im vierten Vers gibt es eine Einschränkung, „Und alles war ein andres doch“, die in der dritten Strophe durch das Adverb „doch“ wieder aufgegriffen wird.

D In der zweiten Hälfte des Gedichts zeigt sich, dass das Elternhaus keine Heimat mehr sein kann. Fremde Menschen wohnen nun dort.

E Der Stabreim in Vers 12 „Wie weh, wie weh mir da geschah!“ steht im Gegensatz zu dem Schmerz, den das lyrische Ich dabei empfindet.

F In allen vier Strophen beschreibt das lyrische Ich, dass eigentlich alles gleich geblieben ist.

2 a Bringt die Sätze aus Aufgabe 1 in eine sinnvolle Reihenfolge.
b Führt die Gedichtbeschreibung fort, indem ihr den Inhalt der weiteren Strophen beschreibt sowie auf weitere Stilmittel und ihre Wirkung eingeht.
c Fasst zum Schluss eure Ergebnisse zusammen und nehmt Stellung.

8.2 Babbeln, schwätzen, schwade, schnacken – Dialekte kennen lernen

Dialektsong und -gedicht vortragen und untersuchen

Wolle Kriwanek

Stroßaboh (1980)

I muss di Strassaboh no krieaga, bloß dr Fünfer bringt me hoim
I muss di Strassaboh no krieaga, bloß dr Fünfer bringt me hoim
I muss di Strassaboh no krieaga, denn laufa will I net

I kann kaum no schnaufa und renn scho was i kaa
und alles wega derar Strassaboh
I muss di Strassaboh no krieaga ...
I häng vollr Beidl[1] und hopf uff oina zu
I kommr fascht vor wie a Kängaruhhh

I muss di Strassaboh no krieaga, bloß dr Fünfer bringt me hoim
I muss di Strassaboh no krieaga, ... hoim will e
Kriga musse se, denn laufa will I net
I muss di Strassaboh no krieaga ...
I stand an dr Ampel und Zunga hängt mr raus
Hilflos guck I zu, mei Fünfer got naus.

I renn los bei Rot, als allerletzte Chance
Da macht der mir Dir zu, der Dinger, vor dr Noas

I hab koin Pfennig für a Daxxi indr Dasch
Da lauf I hald hoim
...

1 Beidl: Beutel

1 Lest den Songtext zunächst leise. Tragt ihn dann laut vor. Erklärt, worum es geht. Fasst den Inhalt in wenigen Sätzen zusammen.

2 a Übersetzt den Text ins Hochdeutsche.
b Vergleicht eure Übersetzungen untereinander.

3 Den Dialekt, in dem der Song verfasst ist, nennt man „Schwäbisch". Untersucht, welche Merkmale dieser Dialekt hat, indem ihr einzelne Wörter aus dem Text mit der Hochsprache vergleicht und die Unterschiede benennt. Nutzt dazu den Tipp rechts.

- Gibt es Buchstaben, die wegfallen?
- Werden Wörter zusammengezogen?
- Verändern sich die Vokale oder Konsonanten?

Hanno Kluge

ä bäbbicha Gschichd

wannda
an bäbbicha Babbadeggl
midd Bäbb
ganz bhääb
an an andra
bäbbicha Babbadeggl
noobäbbsch
ond middladrenn
beim Bäbba
von dääne
bäbbiche Babbadeggl
märgsch
dass dai Bääb
dia bäbbiche Babbadeggl
gar edd bhääb bäbbd
noo hosch
da Bääb

Hanno Kluge

eine klebrige Geschichte (2004)

wenn du
einen klebrigen Karton
mit Klebstoff
ganz dicht
an einen anderen
klebrigen Karton
klebst
und mittendrin
beim Kleben
dieser
klebrigen Kartons
feststellst
dass dein Klebstoff
die klebrigen Kartons
gar nicht eng (fest) klebt
dann hast du
den Dreck (Mist, Pech)

1 Lest das Mundartgedicht links zunächst leise und tragt es dann laut vor.
- a Versucht zu verstehen, wovon das Gedicht handelt. Lasst dazu die Übersetzung rechts abgedeckt.
- b Gebt den Inhalt des Gedichts knapp wieder.
- c Lest nun rechts die Nachübersetzung ins Hochdeutsche und prüft, ob ihr richtig lagt.

2
- a Tragt das Gedicht in der Mundart vor. Schaut zum sinngestaltenden Vortrag noch einmal den Merkkasten auf Seite 167 an.
- b Tretet gegeneinander in einem Dialekt-Wettstreit an und lasst eine Jury entscheiden, wer das Mundartgedicht „ä bäbbicha Gschichd“ am überzeugendsten vorträgt.

3 Übersetzt das Gedicht in andere Dialekte, die in der Klasse gesprochen werden, und tragt sie anschließend vor.

Information **Dialekte**

Dialekte (auch Mundarten genannt) sind Sprachvarianten, die an eine bestimmte geografische Region gebunden sind und von der **Standardsprache** (auch Hochdeutsch genannt) unterschieden werden.

Mascha Kaléko

Frau Wegerich (1971)

Frau Wegerich, die stammt aus Sachsen.
Darum ruft sie ihren Peter: *Beder*
Und Paulchen: *Baule.* Und doch weiß jeder
Von den zwei frechen Wegerich-Dachsen,
Wen die Mutter gerufen hat.

Das ist weiter keine Schande.
So ist das nämlich in manch anderm Lande,
Ja sogar oft schon in manch andrer Stadt,
Daß sie da „d“ sagen statt „t“
Oder auch „b“ statt „p“.
Das gilt dort als Sitte und Brauch.

In Berlin, zum Beispiel, sagen wir auch
„Icke“ zuweilen, anstelle von „ich“.
Und doch weiß jeder, daß der Berliner
Mit „icke“ nicht dich meint oder mich,
Sondern nur sich.

In Schwaben schwäbeln sie. Und wenn der Wiener
Sein Mädchen nennt ein „süaßes Madel“,
Versetzt sie ihm durchaus keinen Tadel,
Sondern eher noch einen Kuß.
Weil man den Menschen so reden lassen soll,
Weil man womöglich einen jeden lassen soll,
Wie er nun mal ist und sein muß.
Schluß.

R

1 a Lest das Gedicht „Frau Wegerich“ von Mascha Kaléko zunächst leise für euch, dann laut.
b Erklärt das Thema des Gedichts.

2 Im Gedicht werden verschiedene Dialekte erwähnt.
a Benennt sie und sucht jeweils ein Beispiel für ein Dialektwort im Gedicht.
b Zeigt für einen der genannten Dialekte seine Besonderheit. Ergänzt dazu die Tabelle.

Dialekt	Beispiel für Dialektwort	Sprachliche Besonderheit
…	*Beder*	…

3 Das Gedicht bezieht eindeutig Position zum Thema Dialekt. Zitiert diese.

Die deutschen Dialekte

1 a Beschreibt, was auf der Landkarte abgebildet ist.
b Sucht die in Mascha Kalékos Gedicht „Frau Wegerich“ genannten Städte und Regionen auf der Karte. Welche Dialekte werden dort jeweils gesprochen?

2 Stellt Vermutungen an, warum es neben der Hochsprache so viele Dialekte gibt.

3 a Berichtet: Welche Menschen sprechen bei welchen Gelegenheiten Dialekt?
b Diskutiert, welche Bedeutung der Dialekt (die Mundart) für euch hat. Überlegt dabei:
– Wann und mit wem sprecht ihr Dialekt?
– Gibt es Gründe, warum ihr in bestimmten Situationen oder mit bestimmten Personen lieber Dialekt oder Hochdeutsch sprecht?

Stärken stärken: Ein Dialektquiz lösen

1
Was macht ein Norddeutscher, wenn er schnackt?
- A arbeiten (D)
- B sich unterhalten (M)
- C schlafen (S)

2
Man nennt sie Frikadellen oder Buletten. Nur die Bayern haben eine eigene Bezeichnung für die beliebten Fleischbällchen. Wie nennt man sie dort?
- A Fleischpflanzerl (U)
- B Fleischklopserle (E)
- C Fleischmobserle (L)

3
Was ist gemeint, wenn man im Ruhrgebiet von einer „Kniffe“ spricht?
- A Butterbrot (N)
- B Schultasche (M)
- C Ehefrau (H)

4
Wie lautet das Lebensmotto der toleranten Kölner?
- A Levve un levve loße (D)
- B Lass den anderen doch in Ruhe (M)
- C Wat kümmert misch der Rest der Welt (I)

5
Die Berliner kaufen beim Bäcker keine Brötchen, sondern …
- A Schrappen (T)
- B Schroppen (U)
- C Schrippen (A)

6
In Baden kauft man beim Bäcker …
- A Weckle (R)
- B Brödli (R)
- C Brotstückli (N)

7
Ein Bundesland nennt den Gehweg auch „Trottwar“. Wisst ihr, welches?
- A Saarland (T)
- B Bayern (O)
- C Mecklenburg-Vorpommern (T)

8
Welche Suppe mögen die Schwaben besonders gern?
- A das Kohlsüpple (M)
- B die Flädlasupp (E)
- C die Linsesupp (R)

9
Was meinen die Franken, wenn sie zur „Ärwet“ gehen?
- A dass sie zur Arbeit gehen (N)
- B dass sie eine Wette eingehen (H)
- C dass sie eine Ausstellung besuchen (P)

Hier könnt ihr feststellen, ob ihr bei einer Reise durch Deutschland ohne Wörterbuch und ohne Dolmetscher auskommt.

●●● **1** Beantwortet die Quizfragen nach bestem Wissen und Gewissen.
Entscheidet euch bei jeder Frage für A, B oder C.

●●○ **Hilfe zu Aufgabe 1:**
Die Buchstaben hinter den richtigen Antworten ergeben in der richtigen Reihenfolge ein Lösungswort. Die richtigen Antworten und das Lösungswort findet ihr im Lösungsteil auf Seite 359.

8.3 Fit in …? – Ein Gedicht untersuchen

Die Aufgabenstellung verstehen

Stellt euch vor, ihr bekommt in der nächsten Klassenarbeit die folgende Aufgabe gestellt:

Verfasse eine Gedichtbeschreibung. Gehe so vor:

a Untersuche den Inhalt, die Form und die sprachlichen Gestaltungsmittel des Gedichts von Bettina von Arnim.

b Beschreibe dann auf Grundlage deiner Ergebnisse das Gedicht und gliedere deine Beschreibung in Einleitung, Hauptteil und Schluss.

Bettina von Arnim

Auf diesem Hügel überseh ich meine Welt! (1835)

Auf diesem Hügel überseh ich meine Welt!
Hinab ins Tal, mit Rasen sanft begleitet,
Vom Weg durchzogen, der hinüberleitet,
Das weiße Haus inmitten aufgestellt,
Was ist's, worin sich hier der Sinn gefällt?

Auf diesem Hügel überseh ich meine Welt!
Erstieg ich auch der Länder steilste Höhen,
Von wo ich könnt die Schiffe fahren sehen
Und Städte fern und nah von Bergen stolz umstellt,
Nichts ist's, was mir den Blick gefesselt hält.

Auf diesem Hügel überseh ich meine Welt!
Und könnt ich Paradiese überschauen,
Ich sehnte mich zurück nach jenen Auen,
Wo deines Daches Zinne meinem Blick sich stellt,
Denn der allein umgrenzt meine Welt.

1 Lest euch die Aufgabenstellung aufmerksam durch.

2 Besprecht in Partnerarbeit, was genau zur Untersuchung des Gedichts gehört und wie ihr hierbei vorgehen könnt.

Das Gedicht untersuchen und eine Stoffsammlung anlegen

3 a Lest das Gedicht mehrmals und notiert, was das Thema sein könnte:

Jn dem Gedicht wird der Blick auf ein Stück Welt beschrieben, das klar umgrenzt ist. Das lyrische Jch kann sich keinen anderen Ort vorstellen, an dem es leben will, und sei dieser noch so paradiesisch.

b Notiert nach dem Lesen eure ersten Eindrücke, z. B.:

- *Beim Lesen des Gedichts entsteht der Eindruck …*
- *Mir fällt besonders auf …*

4 Kopiert das Gedicht oder schreibt es ab. Haltet dann fest, was euch beim intensiven Lesen und Nachdenken auffällt. Achtet dabei auf den Inhalt, die Form und die sprachlichen Bilder:

Inhalt:
- Umkreist Wörter, die für die Aussage besonders wichtig sind.
- Gliedert das Gedicht in thematische Abschnitte. Geht am besten nach Strophen vor.
- Gebt den Inhalt des Gedichts knapp wieder.

Form:
- Notiert, wie viele Strophen mit wie vielen Versen das Gedicht hat. Überlegt, ob eine besondere Gedichtform vorliegt.
- Bezeichnet die Wörter, die sich reimen, mit gleichen Buchstaben. Welche Reimform liegt vor?
- Bestimmt das Metrum, indem ihr die Betonungszeichen setzt.

Sprachliche Gestaltungsmittel:
- Markiert die sprachlichen Bilder, die die Vorstellung einer besonderen Landschaft entstehen lassen.
- Benennt die Stilmittel und versucht, ihre Wirkung mit euren eigenen Worten zu erklären, z. B.:

Textbeleg (Verszeile)	Stilmittel	Wirkung, Deutung
„Hinab ins Tal, mit Rasen sanft begleitet“ (Vers 2)	*Personifikation*	*Wiese und Rasen sind so vertraut wie ein Hund, der neben einem herläuft.*
„Nichts ist's, was mir den Blick gefesselt hält“ (Vers 10)	*Metapher*	*Keine noch so schöne ferne Stadt kann die Aufmerksamkeit wecken, den Blick fesseln.*
…	…	…

Die Gedichtbeschreibung verfassen und überarbeiten

5 Verfasst auf Grundlage eurer Untersuchungsergebnisse eine Gedichtbeschreibung, bestehend aus Einleitung, Hauptteil und Schluss. Geht so vor:

a Formuliert eine **Einleitung,** in der ihr über die Art des Textes, den Titel, die Autorin, das Entstehungsjahr und das Thema des Gedichts informiert. Ihr könnt die folgenden Formulierungsbausteine zu Hilfe nehmen: – *In dem Gedicht von ... aus dem Jahr ... wird ...*
– *In Bettina von Arnims Gedicht ... aus dem Jahr ... wird Heimat ... beschrieben, aber ...*

b Stellt im **Hauptteil** die Ergebnisse eurer Gedichtbeschreibung in einer geordneten Reihenfolge dar. Belegt eure Aussagen mit Zitaten aus dem Gedicht (▸ Textbelege zitieren, S. 319).
Ihr könnt die folgenden Formulierungsbausteine zu Hilfe nehmen:

Inhalt	Das Gedicht wirkt inhaltlich sehr geschlossen. Beschrieben wird eine klar umgrenzte Welt. Zu Beginn des Gedichts wird ... beschrieben. Die zweite Strophe öffnet den Blick ...
Formaler Aufbau	Das vorliegende Gedicht besteht aus ... Strophen mit je ... Reimen. Das Reimschema bleibt in allen Strophen gleich. Der umarmende Reim schließt einen ... ein. Das Metrum unterstreicht ...
Sprachliche Gestaltung und Wirkung	Jede der drei Strophen beginnt mit demselben Vers ... Der Konjunktiv in der zweiten Strophe zeigt, dass das lyrische Ich seine Welt nur in Gedanken verlassen könnte ...

c Fasst zum **Schluss** die wesentlichen Ergebnisse zusammen oder nehmt Stellung zum Gedicht.
– *Insgesamt wird deutlich, dass in diesem Gedicht der Sprecher die Heimat als ...*
– *Mir hat das Gedicht gefallen/nicht so gut gefallen, weil ...*

6 Überarbeitet eure Texte in Partnerarbeit. Die folgende Checkliste hilft euch dabei.

Checkliste

Ein Gedicht untersuchen

- Habt ihr in der **Einleitung** die Art des Textes, den Titel, den Namen des Autors/der Autorin, das Entstehungsjahr und das Thema des Gedichts benannt?
- Habt ihr im **Hauptteil** die wichtigsten Untersuchungsergebnisse dargestellt und durch Zitate belegt?
  – Kurze Zusammenfassung des Inhalts?
  – Darstellung des formalen Aufbaus (Strophen/Verse, Reimform, Metrum)?
  – Beschreibung der sprachlichen Gestaltungsmittel und Erläuterung der Wirkung?
- Habt ihr zum **Schluss** die Gesamtaussage des Gedichts noch einmal zusammengefasst oder beschrieben, wie das Gedicht auf euch wirkt oder wie es euch gefällt?

Wörterliste ▸ S. 353

Asyl	riesig	eintönig	Wandergans
Scharen	fliehen	atemberaubend	schwärmen

9 „Wilhelm Tell“ – Ein Drama untersuchen

1 Seht euch die Illustration an. Formuliert anschließend eure Erwartungen an die Geschichte um Wilhelm Tell.

a Beschreibt die Figuren auf dem Bild.

b In welcher Situation werden sie gezeigt? Welche Rolle könnten sie im Drama spielen?

c Was könnten wichtige Motive der Handlung sein?

2 Kennt ihr weitere Theaterstücke des Autors Friedrich Schiller oder habt ihr Kenntnis über sein Leben und Werk? Berichtet darüber.

In diesem Kapitel ...

- lernt ihr eines der berühmtesten deutschen Dramen, Friedrich Schillers „Wilhelm Tell“, kennen,
- untersucht ihr Figuren und ihre Konflikte in diesem Drama,
- erfahrt ihr, wie ein klassisches Drama aufgebaut ist,
- lest und spielt ihr Theaterszenen und entwickelt eigene Deutungsversuche.

9.1 „Es geht ums Leben!" – Handlung und Figuren kennen lernen

„Es donnern die Höhen ..." – Ort und Atmosphäre

Friedrich Schiller

Wilhelm Tell (1804)

Erster Aufzug

Erste Szene

Hohes Felsenufer des Vierwaldstättersees, Schwyz gegenüber. Der See macht eine Bucht ins Land, eine Hütte ist unweit vom Ufer, Fischerknabe fährt sich in einem Kahn. Über den See hinweg sieht man die grünen Matten, Dörfer und Höfe von Schwyz im hellen Sonnenschein liegen. Zur Linken des Zuschauers zeigen sich die Spitzen des Haken, mit Wolken umgeben; zur Rechten im fernen Hintergrund sieht man die Eisgebirge. Noch ehe der Vorhang aufgeht, hört man den Kuhreihen und das harmonische Geläut der Herdenglocken, welches sich auch bei eröffneter Szene noch eine Zeitlang fortsetzt.

FISCHERKNABE *(singt im Kahn).*
(Melodie des Kuhreihens):
Es lächelt der See, es ladet zum Bade,
Der Knabe schlief ein am grünen Gestade,
Da hört er ein Klingen,
Wie Flöten so süß,
Wie Stimmen der Engel
Im Paradies.
[...]
HIRTE *(auf dem Berge).*
(Variation des Kuhreihens):
Ihr Matten, lebt wohl,
Ihr sonnigen Weiden!
Der Senne muss scheiden,
Der Sommer ist hin.
[...]
ALPENJÄGER *(erscheint gegenüber auf der Höhe des Felsens).*
Es donnern die Höhen, es zittert der Steg,
Nicht grauet dem Schützen auf schwindlichtem Weg,
Es schreitet verwegen
Auf Feldern von Eis,
Da pranget kein Frühling,
Da grünet kein Reis;
[...]

Die Landschaft verändert sich, man hört ein dumpfes Krachen von den Bergen, Schatten von Wolken laufen über die Gegend. RUODI DER FISCHER kommt aus der Hütte, WERNI DER JÄGER steigt vom Felsen. KUONI DER HIRTE kommt, mit dem Melknapf auf der Schulter. SEPPI, sein Handbube, folgt ihm.

RUODI: Mach hurtig, Jenni. Zieh die Naue[1] ein,
Der graue Talvogt kommt[2], dumpf brüllt der Firn[3]
Der Myrthenstein zieht seine Haube an,
Und kalt her bläst es aus dem Wetterloch,
Der Sturm, ich mein, wird da sein eh wir‘s denken.
[...]
KUONI: ’s kommt Regen, Fährmann.
Meine Schafe fressen
Mit Begierde Gras, und Wächter scharrt die Erde.
WERNI: Die Fische springen, und das Wasserhuhn
Taucht unter. Ein Gewitter ist im Anzug.

1 die Naue: der Kahn
2 der graue Talvogt kommt: Ausdruck dafür, dass Regenwolken aufziehen
3 der Firn: harter Altschnee

1 Lest den Vorspann und den Beginn der ersten Szene aufmerksam.

2 Der Ort der Handlung und die Atmosphäre werden sehr genau beschrieben.
a Sammelt Adjektive, die den Ort und die Atmosphäre der ersten Szene kennzeichnen. Legt hierzu in eurem Heft eine Tabelle für die beiden Teile dieser Szene an und stellt die Adjektive dort gegenüber. Berücksichtigt dabei auch den einleitenden kursiv gedruckten Text, z. B.: *hohes Felsenufer (Z. 1), die grünen Matten (Z. 2 f.).*
b Beschreibt die Veränderungen im zweiten Teil der Szene (▶ Z. 31–44). Welche Bedeutung haben diese Veränderungen für den Leser bzw. die Zuschauer?
c Baut jeweils ein Standbild für den ersten und zweiten Teil der Eingangsszene, in denen die Veränderungen der Atmosphäre deutlich werden.

3 a Sucht auf der Karte auf Seite 186 den Ort, an dem die Szene spielen könnte.
b Beschafft euch Bilder der Landschaft, die auf der Karte aufgezeichnet ist.
c Versetzt euch in die Rolle eines Bühnenbildners am Theater und entwerft auf einem Zeichenblatt ein Bühnenbild der Szene.

Information **Aufzug und Szene**

Ein in sich geschlossener Abschnitt eines Dramas, der mit dem Aufziehen des Vorhangs beginnt und mit dem Zuziehen endet, wird als **Aufzug** oder **Akt** bezeichnet.
Das klassische Drama besteht aus fünf oder drei solchen Abschnitten.
Innerhalb des Aufzugs oder Aktes auftretende Unterteilungen, die durch das Auf- oder Abtreten einer Figur und/oder einen Schauplatzwechsel abgegrenzt werden, nennt man **Auftritt** oder **Szene.**

„Es ist der Tell“ – Ein Held tritt auf

Während Fischer, Hirte und Jäger noch über das Verhalten der Tiere sprechen, sehen sie plötzlich einen Mann herbeieilen.
KONRAD BAUMGARTEN atemlos hereinstürzend.

BAUMGARTEN: Um Gottes Willen, Fährmann, Euren Kahn!
RUODI: Nun, nun, was gibt's so eilig?
BAUMGARTEN: Bindet los! Ihr rettet mich vom Tode! Setzt mich über!
[...]
WERNI: Ihr seid mit Blut befleckt, was hat's gegeben?
BAUMGARTEN: Des Kaisers Burgvogt[1], der auf Roßberg[2] saß –
KUONI: Der Wolfenschießen! Lässt Euch *der* verfolgen?
BAUMGARTEN: Der schadet nicht mehr, ich hab ihn erschlagen.
ALLE *(fahren zurück)*: Gott sei euch gnädig! Was habt Ihr getan?
[...]

Alle wollen wissen, warum Baumgarten verfolgt wird. Er erzählt, dass der Landvogt Wolfenschießen in sein Haus kam, als seine Frau gerade allein war. Der böse Vogt wollte sie verführen. Baumgarten wurde gerufen und hat den Verführer seiner Frau mit der Axt erschlagen. Jetzt sind die Reiter des Landvogts hinter ihm her.

BAUMGARTEN: Die Tat ward ruchbar[3], mir wird nachgesetzt –
Indem wir sprechen – Gott – vergeht die Zeit –
(Es fängt an zu donnern.)
KUONI: Frisch, Fährmann – Schaff den Biedermann[4] hinüber!
RUODI: Geht nicht. Ein schweres Ungewitter ist
Im Anzug. Ihr müsst warten.
[...]

WERNI: Es geht ums Leben, sei barmherzig, Fährmann.
KUONI: 's ist ein Hausvater, und hat Weib und Kinder!
(Wiederholte Donnerschläge.)
RUODI: Was? Ich hab auch ein Leben zu verlieren,
Hab Weib und Kind daheim, wie er – Seht hin,
Wie's brandet, wie es wogt und Wirbel zieht
Und alle Wasser aufrührt in der Tiefe.
– Ich wollt gern den guten Mann erretten,
Doch es ist rein unmöglich, ihr seht selbst.
[...]

TELL *mit der Armbrust.*
[...]
RUODI: Da ist der Tell, der führt das Ruder auch,
Der soll mir's zeugen, ob die Fahrt zu wagen.

1 der Burgvogt: Stellvertreter des Kaisers
2 Roßberg: Burg im Kanton Unterwalden
3 ward ruchbar: wurde bekannt
4 der Biedermann: Ehrenmann

Tell: Wo's nottut, Fährmann, lässt sich alles wagen.
(Heftige Donnerschläge, die See rauscht auf.)
Ruodi: Ich soll mich in den Höllenrachen stürzen?
Das täte keiner, der bei Sinnen ist.
Tell: Der brave Mann denkt an sich selbst zuletzt,
Vertrau auf Gott und rette den Bedrängten.
Ruodi: Vom sichern Port[5] lässt sich's gemächlich raten,
Da ist der Kahn und dort der See! Versucht's!
[...]
Tell: In Gottes Namen denn! Gib her den Kahn,
Ich will's mit meiner schwachen Kraft versuchen.
Kuoni: Ha, wackrer Tell!
Werni: Das gleicht dem Waidgesellen![6]
Baumgarten: Mein Retter seid Ihr und mein Engel, Tell!

Tell und Baumgarten springen in den Kahn und stoßen ab.
Alle sehen vom Ufer aus zu, wie der Kahn auf den Wellen tanzt.
Plötzlich sehen sie die Reiter des Landvogts in vollem Galopp kommen.

Erster Reiter: Den Mörder gebt heraus, den ihr verborgen.
Zweiter: Des Wegs kam er, umsonst verhehlt ihr ihn.
[...]
Erster Reiter *(entdeckt den Nachen[7]):* Ha, was seh ich! Teufel!
[...]
Zweiter: Verwünscht! Er ist entwischt.
Erster: *(zum Hirten und Fischer):*
Ihr habt ihm fortgeholfen.
ihr sollt uns büßen – Fallt in ihre Herde!
Die Hütte reißet ein, brennt und schlagt nieder!
(Eilen fort.)
Seppi *(stürzt nach):* O meine Lämmer!
Kuoni *(folgt):* Weh mir! Meine Herde!
Werni: Die Wüt'riche!
Ruodi *(ringt die Hände):* Gerechtigkeit des Himmels,
Wann wird der Retter kommen diesem Lande?
(Folgt ihnen.)

5 der Port: der Hafen
6 der Waidgeselle: der Jäger
7 der Nachen: der Kahn

1 Untersucht die Handlung und den Aufbau dieses Szenenausschnitts.

a Teilt die Szene in sinnvolle Abschnitte und fasst den Inhalt jeweils in einem Satz zusammen.

b Notiert mit Zeilenangaben die Textstellen, an denen sich Spannung aufbaut. Begründet, woran das liegt.

c Sucht die Textstellen heraus, die das Wetter thematisieren. Inwiefern haben Wetter und Handlungsverlauf miteinander zu tun?

Legt euch eine Übersicht zu den Figuren an, die ihr nach und nach ergänzt, z. B.: Ruodi: Fischer am Vierwaldstätter See

2 Ruodi und Tell reagieren auf die Bitte Baumgartens, ihn mit dem Boot überzusetzen, sehr unterschiedlich.

a Baut für jede dieser Figuren ein Standbild zu dieser Szene. Lasst sie eine für sie typische Mimik, Gestik und Haltung einnehmen. Probiert verschiedene Varianten aus.

b Tretet hinter das jeweilige Standbild und sprecht aus, was die Figur denken und fühlen könnte.

c Fügt euren Standbildern die Figur Baumgartens als Bittsteller hinzu.

3 Bereitet in Gruppen den Vortrag des Textes mit verschiedenen Rollen vor.

a Besprecht in der Gruppe, welche Stimmlagen am besten zu welcher Figur passen. Welche Gefühlslagen müssen eher laut bzw. eher leise vorgetragen werden?

b Spielt die Szene mehrmals und in verschiedenen Besetzungen vor der Klasse.

c Gebt euch zu eurem Vortrag Rückmeldung. Achtet dabei auf die Feedbackregeln.

d Beschreibt, welche Schwierigkeiten ein Theaterregisseur bei der Umsetzung der Handlung auf der Bühne bewältigen muss, z. B. die Flucht über einen sturmgepeitschten See. Welche Lösungen findet ihr?

> Über das Sprechen der Figuren erfahren wir, was diese denken und fühlen. Markiert auf einer Textvorlage Betonungen und Pausen, lautes und leises Sprechen.

4 Die ersten Szenen eines Dramas (Exposition) geben wichtige Hinweise auf den weiteren Handlungsverlauf. Erklärt, welche Konflikte sich bereits abzeichnen.

5 Ruodi fragt sich am Ende der Szene verzweifelt: „Wann wird der Retter kommen diesem Lande?“ Erläutert,

- wovor das Land gerettet werden muss.
- worin der Konflikt besteht.
- wie die Handlung weitergehen könnte.

Information **Exposition**

Die Exposition umfasst im klassischen Drama meist den **ersten Akt** und ist eine Art Einleitung, die in die Handlung einführt. Hier wird der Zuschauer über **Zeit** und **Ort** des Geschehens informiert und lernt die **Hauptfiguren** kennen. Gleichzeitig wird der zentrale **Konflikt** des Dramas angekündigt.

„Zwing Uri soll sie heißen" – Der Konflikt spitzt sich zu

Tell gelingt es, Baumgarten über den sturmgepeitschten See an das Ufer des Kantons Schwyz zu retten. Dort bringt er ihn zum Hause Stauffachers, eines freien, wohlhabenden Bauern, den Tell einen „Vater der Bedrängten" nennt. Auch Stauffacher hat sich den Groll der Vögte zugezogen, weil er sich, wie es sein gutes Recht ist, ein neues, stattliches Haus errichtet hat, ohne die Genehmigung einzuholen. Die Vögte aber wollen die alten Freiheitsrechte einschränken bzw. abschaffen. Auf Anraten seiner Frau Gertrud will sich Stauffacher mit Vertretern aus den Kantonen Uri und Unterwalden treffen, um den Widerstand gegen die Unterdrückung und die Übergriffe der Vögte zu organisieren. Die folgende Szene spielt in Altdorf, dem Zentrum Uris, wohin Stauffacher aufgebrochen ist und wo er erneut auf Tell trifft.

Erster Aufzug

Dritte Szene

In Altdorf[1] lässt der Vogt eine neue Festung bauen. Die Schweizer müssen Frondienste leisten, das sind unbezahlte Dienste für den Herrn. Die hintere Seite der Festung ist bereits fertig, an der vorderen wird gebaut, das Gerüst steht noch, an dem die Handwerker auf- und niedersteigen. Alles ist in Bewegung und Arbeit.

FRONVOGT[2], MEISTER STEINMETZ, GESELLEN und HANDLANGER.

FRONVOGT *(mit dem Stabe, treibt die Arbeiter):*
Nicht lange gefeiert, frisch! Die Mauersteine
Herbei, den Kalk, den Mörtel zugefahren!
Wenn der Herr Landvogt kommt, dass er das Werk
Gewachsen sieht. – Das schlendert wie die Schnecken.
(Zu zwei Handlangern, welche tragen.)
Heißt das geladen? Gleich das Doppelte!
[...]
ZWEITER GESELL: Fronvogt, wie wird die Festung denn sich nennen,
die wir da bauen?
FRONVOGT: Zwing Uri soll sie heißen,
Denn mit ihr wird man euch beugen.
[...]
(Fronvogt geht nach dem Hintergrund.)
MEISTER STEINMETZ: Den Hammer werf ich in den tiefsten See,
Der mir gedient bei diesem Fluchgebäude!
(Tell und Stauffacher kommen.)
STAUFFACHER: O hätt ich nie gelebt, um das zu schauen!
TELL: Hier ist nicht gut sein. Lasst uns weitergehn.
STAUFFACHER: Bin ich zu Uri, in der Freiheit Land?
[...]
(Man hört eine Trommel, es kommen Leute, die einen Hut auf einer Stange tragen, ein Ausrufer folgt ihnen, Weiber und Kinder drängen sich tumultarisch[3] hinterher.)
ERSTER GESELL: Was will die Trommel? Gebet Acht!
MEISTER STEINMETZ: Was für
Ein Fastnachtsaufzug und was soll der Hut?

1 Altdorf: Hauptort in Uri
2 Fronvogt: Aufseher im Dienst des Landvogts
3 tumultarisch: in Form eines aufgeregten Menschenauflaufs

Ausrufer: In des Kaisers Namen! Höret!
Gesellen: Still doch! Höret!
Ausrufer: Ihr seht diesen Hut, Männer von Uri!
Aufrichten wird man ihn auf hoher Säule,
Mitten in Altdorf, an dem höchsten Ort,
Und dieses ist des Landvogts Will' und Meinung:
Dem Hut soll gleiche Ehre wie ihm selbst geschehn,
Man soll ihm mit gebognem Knie und mit
Entblößtem Haupt verehren. – Daran will
Der König die Gehorsamen erkennen.
Verfallen ist mit seinem Leib und Gut
Dem Könige, wer das Gebot verachtet.
(Das Volk lacht laut auf, die Trommel wird gerührt, sie gehen vorüber.)
Erster Gesell: Welch neues Unerhörtes hat der Vogt
Sich ausgesonnen! Wir 'nen Hut verehren!
Sagt! Hat man je vernommen von dergleichen?
[...]
Tell *(zum Stauffacher):* Ihr wisset nun Bescheid. Lebt wohl, Herr Werner!
Stauffacher: Wo wollt Ihr hin? O eilt nicht so von dannen.
Tell: Mein Haus entbehrt des Vaters. Lebet wohl.
Stauffacher: Mir ist das Herz so voll, mit Euch zu reden.
Tell: Das schwere Herz wird nicht durch Worte leicht.
Stauffacher: Doch könnten Worte uns zu Taten führen.
Tell: Die einz'ge Tat ist jetzt Geduld und Schweigen.
[...]
Stauffacher: Wir könnten viel, wenn wir zusammenstünden.
Tell: Beim Schiffbruch hilft der Einzelne sich leichter.
Stauffacher: So kalt verlasst Ihr die gemeine Sache?
Tell: Ein jeder zählt nur sicher auf sich selbst.
Stauffacher: Verbunden werden auch die Schwachen mächtig.
Tell: Der Starke ist am mächtigsten *allein.*
Stauffacher: So kann das Vaterland auf Euch nicht zählen,
Wenn es verzweiflungsvoll zur Notwehr greift?
Tell *(gibt ihm die Hand):* Der Tell holt ein verlorenes Lamm vom Abgrund
Und sollte seinen Freunden sich entziehen?
Doch *was* Ihr tut, lasst mich aus Eurem *Rat*[4]
Ich kann nicht lange prüfen oder wählen,
Bedürft Ihr meiner zu bestimmter *Tat,*
Dann ruft den Tell, es soll an mir nicht fehlen.

4 Rat: Ratsversammlung

1 Beschreibt, wie sich der Konflikt, der in der ersten Szene deutlich wurde, hier fortsetzt? Worin besteht das „erregende Moment", das den Konflikt dramatisch zuspitzt, das Fass zum Überlaufen bringt?

Das **erregende Moment** ist ein Bestandteil der Exposition. Es lässt den Konflikt deutlich hervortreten und setzt die Handlung in Gang bzw. beschleunigt sie.

2 In der schnellen Wechselrede zwischen Tell und Stauffacher wird deutlich, wie unterschiedlich die beiden auf das Geschehen reagieren.

a Listet in einer Gegenüberstellung die Argumente der beiden auf.

b Bereitet diese Wechselrede als ausdrucksstarken Vortrag vor der Klasse vor.

c Wem stimmt ihr in eurer Einschätzung der Lage eher zu? Begründet eure Meinung.

3 Ordnet den Konflikt, der die Handlung des Dramas in Gang setzt, in den geschichtlichen Hintergrund ein, der im Folgenden beschrieben wird.

Geschichtlicher Hintergrund

Im Mittelalter gehörten große Teile der heutigen Schweiz, darunter auch die drei „Waldstätte“ Uri, Schwyz und Unterwalden, zum Heiligen Römischen Reich Deutscher Nation. Ihr Oberherr war der deutsche König, der sich in Rom vom Papst zum Kaiser krönen lassen musste. Diesem Oberherrn hatten sie Abgaben sowie gewisse Dienste (zum Beispiel Heeresfolge) zu leisten und er war ihr oberster Richter. Im Übrigen waren sie frei und konnten sich selbst verwalten. Dies war ihnen durch „Freiheitsbriefe“ vom König bzw. Kaiser ausdrücklich bestätigt worden.

Bedrohlich wurde die Situation, als Ende des 13. Jahrhunderts der Herzog von Österreich deutscher König und Kaiser des Reiches wurde. Einige Gebiete der heutigen Schweiz gehörten nämlich zu seinem österreichischen Stammbesitz und er wollte nun die gesamte Schweiz diesem Besitz angliedern. In seinem Amt als König erkannten ihn die Waldstätte natürlich als ihren Oberherrn an, aber sie wollten ihm nicht als österreichischem Landesherrn untertan sein. Das nämlich hätte nicht nur das Ende ihrer freien Selbstverwaltung, sondern auch viel mehr Abgaben, Dienste und Reglementierung aller Lebensbereiche bedeutet. Um genau dies durchzusetzen und die Bewohner der Waldstätte der österreichischen Herrschaft zu unterwerfen, wurden Vögte als Verwaltungsbeauftragte ins Land geschickt. Daraufhin schlossen die drei Länder Uri, Schwyz und Unterwalden 1291 einen Landfriedensbund, ein Bündnis für den inneren Zusammenhalt. Die Schweiz versteht das heute als ihr Gründungsdatum.

Testet euch!

Begriffe rund ums Drama

Die ? umfasst meist den ersten ?. Der Zuschauer bzw. Leser lernt den ? und die ? kennen, in denen das ? sich abspielt. Er wird mit dem ? und anderen wichtigen Figuren bekannt gemacht. Auch werden Hinweise auf die ? sowie auf den gesellschaftlichen und geschichtlichen Hintergrund gegeben. Außerdem bahnt sich der ? an, der in dem so genannten ? seinen deutlichsten Anstoß erhält und das Geschehen vorantreibt.

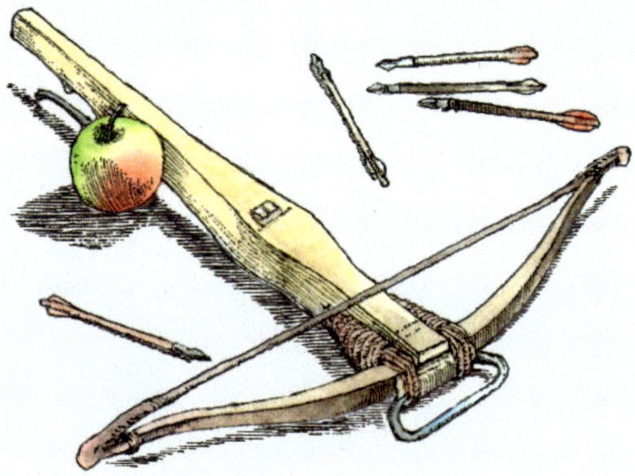

1 Die Einführung in ein Drama nennt man Exposition.
Ergänzt die vorangestellte Definition zu dem Begriff, indem ihr die Wörter aus dem Wortspeicher in den Lückentext einsetzt. Schreibt die vollständige Definition in euer Heft.

Exposition • Ort • Handlung • Drama • Konflikt • Helden • Akt • Atmosphäre • erregendes Moment

2 Die folgenden Begriffe aus der Theatersprache sind euch aus den vorangegangenen Schuljahren und Kapiteln vertraut.

a Schreibt die Begriffe jeweils einzeln auf je eine Karteikarte.

b Notiert auf den Rückseiten eurer Karten die entsprechende Erklärung.
Ihr könnt auch im Orientierungswissen auf der Seite 326 nachschlagen.

c Sucht für die Begriffe mit Sternchen Belegstellen im Text.
Schreibt diese ebenfalls auf die Rückseite der Kärtchen.

Regieanweisungen* • Monolog • Dialog* • Exposition* • Konflikt* • Handlung • Figur • erregendes Moment* • Rolle • Aufzug/Akt • Szene

Regieanweisungen

Kursiv gedruckte Hinweise des Autors zum Schauplatz, dem Aussehen oder Verhalten der Figuren und deren Sprechweise

z. B.: Ruodi (ringt die Hände)

9.2 „Ich will dein Leben nicht, ich will den Schuss!" – Szenen gestaltend interpretieren

„Nimm die Armbrust!" – Der Konflikt auf dem Höhepunkt

Gemäß seiner Einstellung, die im Gespräch mit Stauffacher deutlich wurde, hat Tell sich an der Aufstandsbewegung, die sich gegen die Vögte abzuzeichnen beginnt, nicht beteiligt. Als sich die führenden Männer der drei Kantone Schwyz, Uri und Unterwalden auf dem Rütli, einer Bergwiese, einander schwören, ihre alten Freiheitsrechte einzufordern und die Zwingburgen der Vögte zu stürmen, ist Tell nicht dabei. Zu Beginn des dritten Aktes erfahren die Zuschauer aus einem Gespräch zwischen Tell und seiner Frau Hedwig, dass sich Tell und Geßler einmal im Gebirge auf einem schmalen Pfad, nahe einem Abgrund, begegnet seien. Geßler versagen beim Anblick Tells vor Angst die Knie, da er ihn zuvor wegen einer Kleinigkeit streng bestraft hat. Tell jedoch geht seines Wegs und schickt sogar Geßlers Gefolgsleute ihrem Herrn zu Hilfe.

Hedwig ahnt, dass der Landvogt Tell niemals vergeben wird, dass er ihn so schwach gesehen hat. Sie warnt ihn, nach Altdorf zu gehen. Tell jedoch ist unbekümmert und macht sich mit seinem Sohn Walther auf, seinen Schwiegervater Walther Fürst in Altdorf zu besuchen.

Dritter Aufzug

Dritte Szene

Auf einer Wiese bei Altdorf sieht man einen Hut auf der Stange. Friesshard *und* Leuthold, *zwei Knechte des Landvogts, halten Wache.*

Tell *mit der Armbrust tritt auf, den Knaben an der Hand führend. Sie gehen an dem Hut vorbei, ohne darauf zu achten.*

[...]

Walther: Ei, Vater, sieh den Hut dort auf der Stange!

Tell: Was kümmert uns der Hut? Komm, lass uns gehen!

(Indem er abgehen will, tritt ihm Frießhardt mit vorgehaltener Pike[1] entgegen.)

Friesshardt: In des Kaisers Namen! Haltet an und steht!

Tell *(greift in die Pike)*: Was wollt Ihr? Warum haltet Ihr mich auf?

Friesshardt: Ihr habt's Mandat[2] des Vogts verletzt, Ihr müsst uns folgen.

Leuthold: Ihr habt dem Hut nicht Referenz[3] bewiesen.

---

1 die Pike: der Spieß

2 das Mandat: das Gesetz, die Vorschrift

3 die Referenz: die Ehrerbietung

Tell: Freund, lass mich gehen.
Friesshardt: Fort, fort ins Gefängnis!
Walther: Den Vater ins Gefängnis! Hilfe! Hilfe!
(In die Szene rufend.)
Herbei, ihr Männer, gute Leute helft,
Gewalt, Gewalt, sie führen ihn gefangen.

Eine ganze Gruppe von Landleuten eilt herbei, darunter auch die Rütli-Verschwörer Stauffacher, Fürst und Melchthal. Einige Männer wollen Frießhardt angreifen.

Gessler zu Pferd, den Falken auf der Faust. Rudolph der Harras[4], Bertha und Rudenz[5], ein großes Gefolge von bewaffneten Knechten, welche einen Kreis von Piken um die ganze Szene schließen.

Rudolph der Harras: Platz! Platz dem Landvogt!
Gessler: Treibt sie auseinander!
Was läuft das Volk zusammen? Wer ruft Hilfe?
(Allgemeine Stille.)
Wer war's? Ich will es wissen.
(Zu Frießhardt.) Du trittst vor!
Wer bist du und warum hältst du diesen Mann fest?
(Er gibt den Falken einem Diener.)
Friesshardt: Gestrenger Herr, ich bin dein Waffenknecht
Und wohlbestellter Wächter bei dem Hut.
Diesen Mann ergriff ich über frischer Tat,
Wie er dem Hut den Ehrengruß versagte.
Verhaften wollt ich ihn, wie du befahlst,
Und mit Gewalt will ihn das Volk entreißen.
Gessler *(Nach einer Pause):* Verachtest du so deinen Kaiser, Tell,
Und mich, der hier an seiner Stelle gebietet,
Dass du die Ehr' versagst dem Hut, den ich
Zur Prüfung des Gehorsams aufgehangen?
Dein böses Trachten hast du mir verraten.
Tell: Verzeiht mir, lieber Herr! Aus Unbedacht,
Nicht aus Verachtung Eurer ist's geschehn,
Wär ich besonnen, hieß ich nicht der Tell,
Ich bitt um Gnad, es soll nicht mehr begegnen.
Gessler *(nach einigem Stillschweigen):*
Du bist ein Meister mit der Armbrust, Tell:
Man sagt, du nehmst es auf mit jedem Schützen?
Walther: Und das muss wahr sein, Herr – 'nen Apfel schießt
Der Vater dir vom Baum auf hundert Schritte.
Gessler: Ist das dein Knabe, Tell?
Tell: Ja, lieber Herr.
[…]

4 Rudolph der Harras: Geßlers Stallmeister

5 Bertha und Rudenz: Mitglieder des dort lebenden Schweizer Adels

Gessler: Nun, Tell! Weil du den Apfel triffst vom Baume
Auf hundert Schritte, so wirst du deine Kunst
Vor mir beweisen müssen. – Nimm die Armbrust –
Du hast sie gleich zur Hand – und mach dich fertig,
Einen Apfel von des Knaben Kopf zu schießen. –
Doch will ich raten, ziele gut, dass du
Den Apfel treffest auf den ersten Schuss,
Denn fehlst du ihn, ist dein Kopf verloren.
(Alle geben Zeichen des Schreckens.)
Tell: Herr – Welches Ungeheure sinnet Ihr
Mir an – Ich soll vom Haupte meines Kindes –
– Nein, nein doch, lieber Herr, das kömmt Euch nicht
Zu Sinn – Verhüt's der gnäd'ge Gott – das könnt Ihr
Im Ernst von einem Vater nicht begehren!
Gessler: Du wirst den Apfel schießen von dem Kopf
Des Knaben – Ich begehr's und will's.
Tell: Ich soll
Mit meiner Armbrust auf das liebe Haupt
Des eignen Kindes zielen – Eher sterb ich!
Gessler: Du schießest oder stirbst *mit* deinem Knaben.
[...]
(Greift nach einem Baumzweige, der über ihn herhängt.)
Hier ist der Apfel.
Man mache Raum – Er nehme seine Weite,
Wie's Brauch ist – Achtzig Schritte geb ich ihm –
Jetzt Schütze triff, und fehle nicht das Ziel!
[...]
Tell *(zum Landvogt)*: Erlasset mir den Schuss. Hier ist mein Herz! *(Er reißt die Brust auf.)*
Ruft Eure Reisigen und stoßt mich nieder.
Gessler: Ich will dein Leben nicht, ich will den Schuss.
– Du kannst ja alles, Tell, an nichts verzagst du,
Das Steuerruder führst du wie den Bogen,
Dich schreckt kein Sturm, wenn es zu retten gilt,
Jetzt, Retter, hilf dir selbst – du rettest alle!
(Tell steht in fürchterlichem Kampf, mit den Händen zuckend und die rollenden Augen bald auf dem Landvogt, bald zum Himmel gerichtet. – Plötzlich greift er in seinen Köcher, nimmt einen zweiten Pfeil heraus und steckt ihn in seinen Goller[6]. Der Landvogt bemerkt alle diese Bewegungen.)
Walther Tell *(unter der Linde)*: Vater, schieß endlich! Ich fürcht mich nicht.
Tell: Es muss sein!
(Er rafft sich zusammen und legt an.)

Rudenz, ein junger Schweizer Ritter aus Geßlers Gefolge protestiert energisch gegen dessen Vorgehen und verwickelt ihn in einen Streit, der die Aufmerksamkeit aller auf sich zieht. Unterdessen hat Tell den Pfeil abgedrückt.

Stauffacher *(ruft)*: Der Apfel ist gefallen!
Rösselmann: Der Knabe lebt!

6 der Goller: die Weste

Viele Stimmen: Der Apfel ist getroffen!
(Walther Fürst schwankt und droht zu sinken, Bertha hält ihn fest.)
Gessler *(erstaunt):* Er hat geschossen? Wie? Der Rasende!
Bertha: Der Knabe lebt! Kommt zu Euch, guter Vater!
Walther Tell *(kommt mit dem Apfel gesprungen):* Vater, hier ist der Apfel – Wusst ich's ja,
Du würdest deinen Knaben nicht verletzen.
[...]
Gessler: Tell, höre!
Tell *(kommt zurück):* Was befehlt Ihr, Herr?
Gessler: Du stecktest
Noch einen zweiten Pfeil zu dir. – Ja, ja –
Ich sah es wohl – Was meintest du damit?
Tell *(verlegen):* Herr, das ist also bräuchlich bei den Schützen.
Gessler: Nein, Tell, die Antwort lass ich nicht gelten,
Es wird was anderes wohl bedeutet haben.
Sag mir die Wahrheit frisch und fröhlich, Tell,
Was es auch sei, dein Leben sichr' ich dir.
Wozu der zweite Pfeil?
Tell: Wohlan, o Herr,
Weil Ihr mich meines Lebens habt gesichert,
So will ich Euch die Wahrheit gründlich sagen.
*(Er zieht den Pfeil aus dem Goller und sieht den Landvogt
mit einem furchtbaren Blick an.)*
Mit diesem zweiten Pfeil durchschoss ich – Euch,
Wenn ich mein liebes Kind getroffen hätte,
Und Eurer – wahrlich! hätt ich nicht gefehlt.
Gessler: Wohl, Tell! Des Lebens hab ich dir gesichert,
Ich gab mein Ritterwort, das will ich halten –
Doch weil ich deinen bösen Sinn erkannt,
Will ich dich führen lassen und verwahren,
Wo weder Mond noch Sonne dich bescheint,
Damit ich sicher sei vor deinen Pfeilen.
Ergreift ihn, Knechte! Bindet ihn!
(Tell wird gebunden.)
Stauffacher: Wie, Herr?
So könntet Ihr an einem Manne handeln,
An dem sich Gottes Hand sichtbar verkündigt?
Gessler: Lass sehn, ob sie ihn zweimal retten wird.
– Man bring ihn auf mein Schiff, ich folge nach
Sogleich, ich selbst will ihn nach Küßnacht[7] führen. –
[...]
Rebellen seid ihr alle gegen Kaisers
Ich kenn euch alle – ich durchschau euch ganz –
Den nehme ich jetzt heraus aus eurer Mitte,
Doch alle seid ihr teilhaft seiner Schuld:
Wer klug ist, lerne schweigen und gehorchen.

7 Küßnacht: Ort vor Geßlers Burg

1 Stellt in einer Verlaufskurve dar, wie sich der Konflikt von der ersten Szene der Exposition an zugespitzt hat. Tragt die wesentlichen Konfliktmomente als Stichworte in die Kurve ein.

2 Dramentexte werden in der Regel nicht gelesen, sondern auf der Bühne aufgeführt. Um Figuren und deren Handeln im Drama zu verstehen, bietet sich ein szenisches Spiel an.

a Teilt euch in Kleingruppen auf und wählt eine der beiden Aufgaben unten für das szenische Spiel oder wählt die Apfelschussszene. Lest unten im Methodenkasten nach, wie ihr dabei vorgeht.

b Auf der Bühne richtig zu schießen, wäre für die Schauspieler lebensgefährlich. Findet Möglichkeiten, wie ihr den Apfelschuss darstellen könnt.

c Nehmt euer Spiel auf Video auf. Nutzt die Aufnahmen dazu, euch gegenseitig eine Rückmeldung zu geben und so euer Spiel zu verbessern (Video-Feedback).

A

Eine improvisierte Szene im Hause Tell

- Entwerft eine Szene in Tells Haus, in das Tell nach seiner geglückten Flucht auf der Überfahrt nach Küßnacht zurückkehrt.
- Er trifft dort auf seine Frau Hedwig, seinen Sohn Walther und seinen Schwiegervater Walther Fürst. Alle berichten Hedwig vom Apfelschuss.
- Achtet darauf, dass deutlich wird, wie sich die einzelnen Figuren verhalten und wie sie das Geschehen erlebt haben.
- Berücksichtigt auch Hedwigs Reaktion auf das Gehörte.
- Verteilt die Rollen und spielt der Klasse die von euch entwickelte Szene vor.

B

Geßler auf dem heißen Stuhl

- Bereitet ein Interview vor, bei dem Gessler vor einem Halbkreis von Interviewern sitzt.
- Formuliert Fragen und Geßlers Antworten zu der Apfelschussszene, aber auch zu seiner Amtsführung als Vogt, seiner Einstellung zu den Schweizern usw.
- Notiert euch die Fragen.
- Verteilt die Rollen und probt das Interview. Führt es anschließend der Klasse vor.
- Die Klasse kann weitere Fragen ergänzen.
- Gebt am Ende eine Rückmeldung zu den Fragen und den Antworten Geßlers.

Methode **Szenisches Spiel**

Im szenischen Spiel könnt ihr zeigen, wie ihr die Figuren, ihre Aussagen und ihr Handeln versteht – ihr interpretiert (deutet) sie. Geht so vor:

- Macht euch in einer Art Regiegespräch deutlich, in welcher inneren Verfassung die Figuren sind, was ihre Ziele sind, wie sie denken und fühlen.
- Kopiert den Text und verseht ihn mit Regieanweisungen
  - für das Sprechen (Sprechweise, Betonungen, Pausen) und
  - für das Spiel (Mimik und Gestik).
- Verteilt die Rollen und probt das Lesen bzw. das Spiel in mehreren Durchgängen und in unterschiedlicher Rollenverteilung.
- Wählt einen Beobachter, der euch eine Rückmeldung gibt.

„Frei sind die Hütten" – Die Lösung des Konflikts

Geßler will Tell nach Küßnacht in seine Burg verschleppen. Sein Weg führt ihn über den Vierwaldstätter See. Wieder bricht ein Unwetter herauf, als wolle sich der Himmel über Geßlers Tat empören. Tell wird von seinen Fesseln befreit, damit er mit seiner Erfahrung das Boot aus dem Sturm retten kann. Tell steuert das Schiff nahe an einen Felsvorsprung und rettet sich mit einem Sprung. Er begibt sich sofort nach Küßnacht.

Vierter Aufzug

Dritte Szene
Die hohle Gasse bei Küßnacht.
Felsen umschließen die ganze Szene, auf einem der vordersten ist ein Vorsprung mit Gesträuch bewachsen.

TELL *(tritt auf mit der Armbrust)*: Durch diese hohle Gasse muss er kommen,
Es führt kein andrer Weg nach Küßnacht – Hier
Vollend ich's. – Die Gelegenheit ist günstig.
Dort der Holunderstrauch verbirgt mich ihm,
Von dort herab kann ihn mein Pfeil erlangen,
Des Weges Enge wehret den Verfolgern.
Mach deine Rechnung mit dem Himmel, Vogt,
Fort musst du, deine Uhr ist abgelaufen.

Ich lebte still und harmlos. – Das Geschoss
War auf des Waldes Tiere nur gerichtet,
Meine Gedanken waren rein von Mord –
Du hast aus meinem Frieden mich heraus-
Geschreckt; in gärend Drachengift hast du
Die Milch der frommen Denkart mir verwandelt,
Zum Ungeheuren hast du mich gewöhnt –
Wer sich des Kindes Haupt zum Ziele setzte,
Der kann auch treffen in das Herz des Feinds.

Die armen Kindlein, die unschuldigen,
Das treue Weib muss ich vor deiner Wut
Beschützen, Landvogt. – Da, als ich den Bogenstrang
Anzog – als mir die Hand erzitterte –
Als du mit grausam teuflischer Lust
Mich zwangst, aufs Haupt des Kindes anzulegen –
Als ich ohnmächtig flehend rang vor dir,
Damals gelobt' ich mir in meinem Innern
Mit furchtbarem Eidschwur, den nur Gott gehört,
Dass meines *nächsten* Schusses *erstes* Ziel
Dein Herz sein sollte – Was ich mir gelobt
In jenes Augenblickes Höllenqualen,
Ist eine heil'ge Schuld –, ich will sie zahlen.
[...]

(Man hört von ferne eine heitere Musik, welche sich nähert. Eine Hochzeitsgesellschaft zieht über die Szene und durch den Hohlweg hinauf.
Armgard kommt mit mehreren Kindern und stellt sich an den Eingang des Hohlwegs.)

Armgard: Nein, nein, ich weiche nicht von diesem Platz,
Bis mir der Vogt den Mann zurückgegeben!
Schon in den sechsten Mond liegt er im Turm
Und harret auf den Richterspruch vergebens.
Gessler: Weib, wollt Ihr mir Gewalt antun? Hinweg!
Armgard: Gerechtigkeit, Landvogt! Du bist der Richter
Im Lande an des Kaisers Statt und Gottes.
Tu deine Pflicht! So du Gerechtigkeit
Vom Himmel hoffest, so erzeig sie uns.
Gessler: Fort, schafft das freche Volk mir aus den Augen.
[...]

Gessler: Weib, mach Platz oder mein Ross geht über dich hinweg.
Armgard: Lasst es über mich dahingehn – da –
(Sie reißt ihre Kinder zu Boden und wirft sich mit ihnen ihm in den Weg).
Hier lieg ich
Mit meinen Kindern – Lass die armen Waisen
Von deines Pferdes Huf zertreten werden,
Es ist das Ärgste nicht, was du getan –
(Man hört die vorige Musik wieder, aber gedämpft.)
Gessler: Wo sind meine Knechte?
Man reiße sie von hinnen oder ich
Vergesse mich und tu, was mich reuet.
Rudolph der Harras: Die Knechte können nicht hindurch, o Herr,
Der Hohlweg ist gesperrt durch eine Hochzeit.
Gessler: Ein allzu milder Herrscher bin ich noch
Gegen dies Volk – die Zungen sind noch frei,
Es ist noch nicht ganz, wie es soll, gebändigt. –
Doch es soll anders werden, ich gelob es,
Ich will ihn brechen, diesen starren Sinn,
Den kecken Geist der Freiheit will ich beugen.
Ein neu Gesetz will ich in diesen Landen
Verkündigen. – Ich will –
(Ein Pfeil durchbohrt ihn, er fährt mit der Hand ans Herz und will sinken. Mit matter Stimme.)
Gott sei mir gnädig!
Rudolph der Harras: Herr Landvogt – Gott, was ist das? Woher kam das?
Armgard *(auffahrend):* Mord! Mord Er taumelt, sinkt! Er ist getroffen!
Rudolph der Harras *(springt vom Pferde):* Welch grässliches Ereignis – Gott – Herr Ritter –
Ruft Gott um Erbarmen an – Ihr seid
Ein Mann des Todes!
Gessler: Das ist Tells Geschoss. *(Ist vom Pferd herab dem Rudolph Harras in den Arm geglеitet und wird auf der Bank niedergelassen.)*

TELL *(erscheint oben auf der Höhe des Felsen):*
Du kennst den Schützen, suche keinen andern!
Frei sind die Hütten, sicher ist die Unschuld
Vor dir, du wirst dem Lande nicht mehr schaden.

1 Zu Beginn der Szene führt Tell eine Art Selbstgespräch. Bereitet diesen Monolog für einen Vortrag vor.
- a Kopiert für diesen Soloauftritt den Text und bearbeitet ihn als Sprechvorlage. Setzt Zeichen für Betonungen, das Sprechtempo sowie für Pausen (► S. 358).
- b Probiert verschiedene Haltungen aus, in denen Tell den Monolog halten könnte, z. B.: wütend, selbstsicher ... Bezieht auch eure Mimik mit ein.

2 In seinem Monolog gibt Tell Einblick in sein Handeln.
- a Notiert in Stichworten die Beweggründe für sein Tun.
- b Könnt ihr die Rechtfertigung für sein Vorhaben nachvollziehen? Begründet eure Meinung.

3 Erklärt, warum der Bühnendichter Schiller den Auftritt Armgards und Geßlers Reaktion darauf in das Drama eingebaut hat. Welche Funktion hat diese Szene?

4 Schreibt eine Rollenbiografie zu der Figur Wilhelm Tell.
- a Lest hierzu nochmals die Szenen aus den beiden Teilkapiteln. Achtet auf Informationen, die ihr direkt oder indirekt aus dem Text zu der Figur erhaltet. Das können wörtliche Zuschreibungen sein oder Eigenschaften, die sich aus der Beziehung zu anderen Figuren ergeben.
- b Schreibt diese Informationen zunächst ungeordnet auf einen Stichwortzettel.
- c Verfasst eine Rollenbiografie, die auch Tells Sprache und Ausdrucksweise berücksichtigt.
- d Tragt die Biografie ausdrucksstark vor.

  Jch bin Wilhelm Tell, ein Jäger. Auch mein Vater war ein Alpenjäger. Meine Familie gehörte damit zu den einfachen, aber freien Leuten. Wir hatten unser Auskommen, aber das Leben war doch recht schwer. Zur Schule konnte ich nur selten gehen, weil ich zu Hause viel helfen musste, ...

5 Tell wird bei seiner Rückkehr als Erretter vom Volk gefeiert. Diskutiert: Ist Tell ein Held?

Methode **Eine Rollenbiografie verfassen**

Mit einer Rollenbiografie, der Selbstdarstellung einer literarischen Figur in der Ich-Form, kann man sich besser in eine Figur hineinversetzen und ein genaues und lebendiges Bild von ihr gewinnen. Geht so vor:
- Verwertet alle Informationen zu der Figur, die ihr aus dem Text herauslesen könnt, z. B. Textstellen, die Auskunft geben über Wesenszüge und Handlungsmotive.
- Manches müsst ihr aus der Fantasie heraus ergänzen.
  Die Ergänzungen müssen jedoch zu der Figur und ihren Lebensumständen passen.
- Bestandteile einer Rollenbiografie sind:
  - Herkunft und Bildungsgang,
  - Beruf und äußere Lebensumstände, wichtige Erfahrungen,
  - Familienverhältnisse und Verhältnis zu den Mitmenschen,
  - Interessen, Vorlieben und Einstellungen, Ängste, Sorgen und Sehnsüchte.

Stärken stärken: Eine Rollenbiografie schreiben

1 Schreibt eine Rollenbiografie zu dem Landvogt Geßler. Lest hierzu noch einmal die Textauszüge auf den Seiten 196–198 und 201 gezielt auf Aussagen, die ihn betreffen.

a Tragt alle Informationen zu der Figur Geßlers zusammen. Geht dabei auch auf die Gefühlslage und Beweggründe der Figur ein. Formuliert Fragen, die euch als Gerüst dienen:
- Wie lautet der Name der Figur?
- Welches Amt hat sie inne?
- Wo lebt die Figur?
- Wer sind ihre Freunde oder Feinde?
- Welche Ängste quälen sie?

b Formuliert eine Rollenbiografie auf der Grundlage eurer Ergebnisse aus Aufgabe 1a. Schreibt einen zusammenhängenden Text in der Ich-Form.
Jch bin …

c Präsentiert die Rollenbiografie als Monolog vor der Klasse.

Hilfe zu Aufgabe 1a:

Tragt alle Informationen zu der Figur Geßlers zusammen.
Geht dabei auch auf die Gefühlslage und die Beweggründe der Figur ein.
Formuliert Fragen, die euch als Gerüst dienen. Im Wortspeicher erhaltet ihr Informationen zu Geßler, die ihr zur Beantwortung eurer Fragen nutzen könnt.

– Wie lautet der Name der Figur?	*– Geßler*
– Welches Amt hat sie inne?	*– Landvogt*
– Wo lebt die Figur?	*– bei Altdorf, dem Zentrum Uris auf einer Burg*
– Wer sind ihre Freunde oder Feinde?	*– wird vom Volk gefürchtet und gehasst*
– Welche Ängste quälen sie?	*– fürchtet, dass sich Tell ihm nicht beugen wird*

Burg • Falken auf der Faust • vom Volk gefürchtet und gehasst • bewaffnete Gefolgsleute • „Ich will dein Leben nicht, ich will den Schuss!“ • „Ein allzu milder Herrscher bin ich“ • will über Armgard mit ihren Kindern hinwegreiten • stolz • zwingt die Leute, sich vor einem Hut zu verbeugen • verhängt schwere Strafen • ungerecht

Hilfe zu Aufgabe 1b:

Formuliert eine Rollenbiografie auf der Grundlage eurer Ergebnisse aus Aufgabe 1a. Schreibt einen zusammenhängenden Text in der Ich-Form. Geht auch darauf ein, welche Gedanken und Gefühle Geßler hat. Greift Punkt für Punkt die von euch in Aufgabe 1a skizzierten Fragen und Antworten auf. Ihr könnt so beginnen:

Jch bin der Vogt in diesem Land. Jch, Landvogt Geßler, bestimme, was Recht und Ordnung ist. Auf meiner Burg, oberhalb Altdorf, bin ich angesehen und von meinen Gefolgsleuten geachtet. Aber dieses Volk, die Schweizer, wollen sich mir nicht beugen. Der Tell vor allem, der macht mir das Leben schwer, doch …

9.3 Projekt: Schiller auf der Spur ...

Klassische Werke werden deshalb so oft und auch noch Jahrhunderte nach ihrer Entstehung gelesen und gespielt, weil sie als zeitlos gelten, das bedeutet, Themen und Inhalte lassen sich auf aktuelle Situationen und Fragen übertragen.

1 a Versucht, in eurer Umgebung oder im Weltgeschehen generell Konflikte aufzuzeigen, die Parallelen zum Thema und zur Handlung in dem Drama „Wilhelm Tell" aufweisen.
b Stellt euer Rechercheergebnis der Klasse vor. Diskutiert darüber.

2 „Freiheit oder Tyrannei?" ist eine der Fragen, denen sich Friedrich Schiller in seinen Werken widmet. Auch im eigenen Leben hat ihn dieser Konflikt geprägt.
a Lest den Informationstext über Schiller und tragt Daten und Ereignisse, die in seinem Leben eine Rolle gespielt haben, in einen Zeitstrahl ein.
b Recherchiert weitere Ereignisse, die ihn prägten, und ergänzt sie im Zeitstrahl.

Friedrich Schiller (1759–1805)
Als das Bühnenstück „Wilhelm Tell" 1804, ein Jahr vor Schillers Tod, uraufgeführt wurde, war es ein großer Erfolg, denn ebenso wie Tell in dem Stück seine Rechtlosigkeit fühlt und seine Freiheit verteidigt, dachten damals viele Menschen, die ihren Herrschern und deren Willen hilflos ausgeliefert waren. Auch Schiller, 1759 in Marbach am Neckar geboren, musste schon als Kind erfahren, was Tyrannei und Unrecht bedeuten. Da sich seine Eltern eine gute Ausbildung für ihn nicht leisten konnten, musste er auf die Karlsschule. Dort sollte er mit Prügeln und Strafen zu einem gehorsamen Staatsdiener erzogen werden. Später studierte er Medizin und arbeitete ab 1780 als Regimentsarzt in Stuttgart. Schreiben musste er heimlich, da es ihm unter Strafe verboten war. Als er es nicht mehr aushielt, floh er vor seinem Landesherrn Karl Eugen. Für dieses Vergehen wurde er verfolgt und musste sich zunächst bei Freunden verstecken.

3 Stellt euch vor, ihr könntet Friedrich Schiller heute treffen. Bereitet ein Interview mit ihm vor.
a Formuliert Fragen, die ihr ihm stellen würdet. Lest dazu im Text „Wilhelm Tell" Aussagen der Figuren zu Recht und Freiheit nach. Schreibt sie auf Karteikarten und notiert auch, wie ihr sie versteht.
- Was bedeuten Ihnen Recht und Freiheit?
- Wie wird das Volk von den Vögten unterdrückt?

„den kecken Geist der Freiheit will ich beugen" (Geßler)
→ Geßler will den Willen der Schweizer brechen

b Führt das Interview. Ihr könnt z. B. so beginnen:
J: Guten Tag, Herr Schiller. Ich freue mich, Sie heute zu dem Thema „Recht und Freiheit" interviewen zu dürfen! In vielen Ihrer Werke, z. B. auch in dem Drama „Wilhelm Tell", widmen Sie sich dieser Frage. Warum ist sie Ihnen so wichtig?
Schiller: Ja, das stimmt, das Thema hat mich mein ganzes Leben begleitet. Schon als Kind und auch später habe ich erfahren müssen, wie es ist, wenn ...

10 Aktuelles vom Tag – Zeitungstexte verstehen und gestalten

1 Seht euch die abgebildeten Zeitungen und Zeitschriften an. Welche davon kennt ihr?
- a Erläutert den Unterschied zwischen einer Zeitung und einer Zeitschrift.
- b Überlegt auch, was der Tablet-PC oder das Smartphone mit dem Thema Zeitung zu tun haben.

2 Führt in eurer Klasse eine Umfrage durch:
- Wer von euch liest regelmäßig eine Zeitung oder eine Zeitschrift?
- Lest ihr diese in gedruckter Form oder im Internet?
- Warum lest ihr eine Zeitung/Zeitschrift?
  Warum lest ihr eventuell keine?

In diesem Kapitel …
- erfahrt ihr, welche Zeitungstypen es gibt und wie eine Zeitung aufgebaut ist,
- untersucht ihr die verschiedenen Textsorten einer Zeitung,
- werdet ihr selbst zu Journalisten, verfasst und überarbeitet eigene Artikel und erstellt ein Jugendmagazin.

10.1 Nachrichtenflut – Journalistische Textsorten untersuchen

Seriös oder sensationsorientiert? – Zeitungstypen unterscheiden

1 a Diese Zeitungen sind alle vom selben Tag. Untersucht die Titelseiten der Zeitungen.
- Über welches Thema wird berichtet?
- Beschreibt die Gestaltung (das Layout) der einzelnen Titelseiten: Verhältnis von Text und Bild, Farbgestaltung, Überschriften ...

b Begründet, welche Titelseite euch am stärksten anspricht.

Information **Die Titelseite einer Zeitung**

Die Titelseite soll die Leserinnen und Leser über den Inhalt der Zeitung informieren. Damit möglichst viele Themen genannt werden können, werden die Texte oft nur angerissen (der Teaser); es folgen dann Seitenverweise auf eine genauere Darstellung im Innenteil der Zeitung. Jede Zeitung hat ihr eigenes Layout, jedoch finden sich in der Regel die folgenden Elemente auf der Titelseite: **Zeitungskopf** (Titel der Zeitung, Ausgabennummer, Datum, Preis), **Schlagzeile** (auch Headline genannt), **Titelbild, Aufmacher** (zentraler Artikel der Zeitung), **Nachrichten.**

2 a Stellt fest, um welchen Zeitungstyp es sich jeweils handelt.
Lest hierzu die Informationen im unten stehenden Merkkasten.
b Überlegt, welche Informationen ihr von der jeweiligen Zeitung erwartet.

3 a Bringt verschiedene Zeitungen mit und untersucht die Titelseiten. Erstellt hierzu ein Layout-Raster nach dem nebenstehenden Muster.
b Vergleicht die Titelseiten der verschiedenen Zeitungen. Berücksichtigt hierbei die folgenden Fragen:
- Welche Themen werden auf der Titelseite genannt?
- Was ist der Aufmacher der Zeitung?
- Wie hoch ist der Bildanteil im Vergleich zum Text?
- Was zeigen die Bilder/Fotos?
- Wie sind die Schlagzeilen sprachlich und optisch gestaltet?
- Was wird farbig hervorgehoben?

c Um welchen Zeitungstyp handelt es sich jeweils? Begründet eure Einschätzung.
d Vergleicht eure Ergebnisse.
Welche Funktion hat die erste Seite?

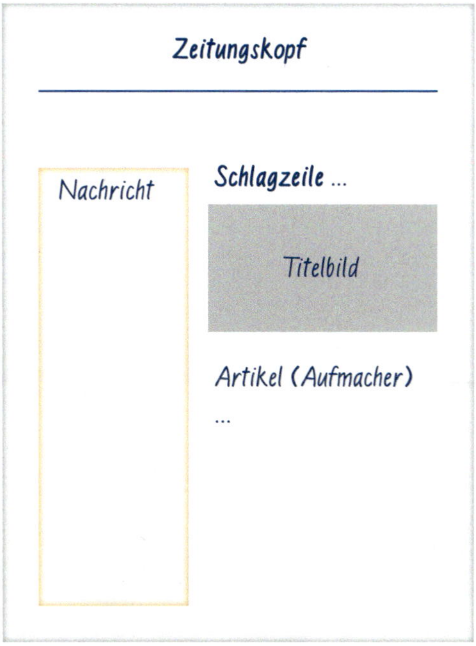

4 Gestaltet selbst Titelseiten für eine regionale Tageszeitung und eine Boulevardzeitung, z. B. aus verschiedenen Zeitungen von einem Tag.
a Überlegt euch für eure Titelseite ein Layout-Raster und ordnet die Beiträge ein.
b Stellt eure Titelseiten vor und begründet euer Layout sowie die Themenauswahl.

Information **Zeitungstypen**

Zeitungen können z. B. unterschieden werden nach ihrer Erscheinungshäufigkeit **(Tages-** oder **Wochenzeitung),** nach dem Verbreitungsgebiet **(regionale Zeitung** oder **überregionale Zeitung)** und nach ihrem journalistischen Anspruch **(seriöse Presse** oder **Boulevardzeitung).**

- **Regionale Zeitungen** (Lokalzeitungen)
erscheinen als Tageszeitung nur in einer bestimmten Gegend (Region). Oft wird das schon im Namen deutlich, z. B.:
Badisches Tagblatt, Stuttgarter Zeitung, Schwäbische Post.
- **Überregionale Zeitungen**
sind in ganz Deutschland als Tages- und Wochenzeitungen erhältlich, z. B.:
Süddeutsche Zeitung (überregionale Tageszeitung) oder die ZEIT (überregionale Wochenzeitung).
- **Boulevardzeitungen**
sind sensationsorientierte Zeitungen mit „reißerischer" Aufmachung (große, plakative Schlagzeile, hoher Bildanteil, auffällige Farben, wenig Text), z. B.:
BILD (überregionale Tageszeitung); EXPRESS (regionale Tageszeitung).

Ordnung im Blätterwald – Ressorts untersuchen

„New Yorker“ kommt aus der deutschen Provinz

Friedrich Georg Knapp hat einen der größten Konzerne für Jugendmode aufgebaut.

Schon der Firmenname und das rote Logo deuten auf ungestüme Jugend und Aufbruch hin. Dass New Yorker, mit einem Jahresumsatz von 1,45 Milliarden Euro im Jahr 2013 einer der größten europäischen Anbieter von Jugendmode, seinen Hauptsitz in der Provinz hat, ist ebenso wenig bekannt wie sein Alleininhaber.

Rekord-Olympiasieger Phelps kehrt zurück

Der fleißigste Medaillensammler der Olympia-Geschichte kehrt zurück. Schwimmer Michael Phelps wird bereits in einer Woche in Arizona seinen ersten Wettkampf seit den Spielen von London bestreiten.

Crash im Bahnhofskreisel

Aalen. Sachschaden von mehreren Tausend Euro entstand nach Mitteilung der Polizei bei einem Verkehrsunfall am Montagnachmittag kurz vor 17 Uhr im Bahnhofskreisel. Ein 81-jähriger Autofahrer war aus Richtung Wasseralfingen kommend in den Kreisel in der Bahnhofstraße eingefahren. Dabei missachtete er die Vorfahrt eines …

Oppositionsführerin aus Myanmar: Merkel empfängt Friedens-Nobelpreisträgerin Suu Kyi

Angela Merkel sprach Friedensnobelpreisträgerin Aung San Suu Kyi ihre Bewunderung aus. Zuvor hatte Bundespräsident Gauck die Oppositionsführerin getroffen, am Freitag wird sie mit dem Internationalen Willy-Brandt-Preis ausgezeichnet.

1 a Lest die Überschriften und Textanfänge.
b Ordnet sie anschließend den passenden Ressorts zu. Nutzt dazu den Merkkasten unten.
Ressorts: Politik, Wirtschaft, Sport, Lokales …
c Findet in euren aktuellen Zeitungen zwei weitere Schlagzeilen für jedes Ressort.

2 Untersucht in Kleingruppen die Ressorts verschiedener Zeitungen und fasst eure Ergebnisse zusammen:

Name der Zeitung:	*Frankfurter Allgemeine Zeitung (FAZ)*
Ressorts (mit Seitenangaben)	…
→ thematischer Schwerpunkt der Zeitung:	…

Information **Die Ressorts (Themenbereiche) einer Zeitung**

Zeitungen sind in verschiedene Themenbereiche gegliedert, die man „Ressorts“ nennt.
Zu den wichtigsten Zeitungsressorts gehören:
Politik, Wirtschaft, Sport, Kultur (auch „Feuilleton“ genannt) und **Lokales.**
Die einzelnen Ressorts (Themengebiete) werden von unterschiedlichen Abteilungen der Zeitungsredaktion bearbeitet. Das heißt: Ein Redakteur spezialisiert sich auf das Thema „Sport“, ein anderer auf das Thema „Politik“, ein dritter schreibt über Kulturelles usw.

Wie Journalisten schreiben – Nachricht, Bericht, Reportage, Interview, Kommentar

Der Bericht

Elbe-Hochwasser

Schiffeversenken gegen die Flut
Noch nie hat es eine solche Aktion in Deutschland gegeben:

In Sachsen-Anhalt sind zwei Lastkähne in der Elbe versenkt worden. Die Schiffe blockieren ein Deichloch, um Wassermassen aufzuhalten. Am Sonntag soll ein weiterer Kahn gesprengt werden.

Fischbeck – Es war eine abenteuerliche Aktion: Am Abend sind in Sachsen-Anhalt zwei Lastkähne gezielt versenkt worden, um ein Loch in einem Elbdeich bei Fischbeck zu stopfen. Mit der Versenkung der Schiffe wurde eine rund 90 Meter lange Lücke im Deich auf etwa 20 Meter reduziert. „Wir werten das als echten Erfolg. Das hat noch nie jemand versucht“, sagte der Kommandeur des Landeskommandos Sachsen-Anhalt, Oberst Claus Körbi. Noch nie habe es so eine Aktion in Deutschland gegeben. Das Hochwasser kann sich jetzt nicht mehr so stark wie bislang ausbreiten. Durch den Deich waren laut Krisenstab der Landesregierung rund 300 Kubikmeter Wasser pro Sekunde geströmt. Ein Ende war nicht abzusehen. Zuvor waren Panzersperren an der Stelle abgeworfen worden, Sandsäcke sollen die Stelle zusätzlich verschließen. Ministerpräsident Reiner Haseloff (CDU) sagte nach der Versenkung der Schiffe: „Wir mussten handeln und das Menschenmögliche versuchen, um die Wassermassen aufzuhalten.“

Die Lastkähne wurden durch die Sprengung auf den Grund des Flusses gesetzt. Die Schiffe konnten allerdings nicht vollständig die Lücke im Damm schließen. Die verbliebene Öffnung von rund 20 Metern Länge soll am Sonntag durch die Sprengung eines weiteren Kahns geschlossen werden. Die ungewöhnliche Aktion war am Freitag vom Krisenstab der Landesregierung beschlossen worden. Seit Tagen sind durch einen Deichbruch bei Fischbeck riesige Wassermengen in die Region geflossen.

Während in Sachsen-Anhalt, Mecklenburg-Vorpommern, Schleswig-Holstein und Niedersachsen um die Deiche gebangt wird, hat sich zwischen SPD und CDU ein Streit um die Finanzierung der Fluthilfe entsponnen.

1 Lest den Text zügig. Worüber wird berichtet?

2 Ein Zeitungsbericht beantwortet die wichtigsten W-Fragen.
a Schreibt W-Fragen in euer Heft und beantwortet sie stichwortartig mit Hilfe des Texts.
b Auf welche Fragen gibt der Text keine Antwort?

3 Der Aufbau eines Zeitungsberichts folgt dem so genannten „Lead-Stil“.

a Lest dazu den Informationskasten unten.

b Beschriftet mit Hilfe einer Folie die einzelnen Teile des Zeitungsberichts. Verwendet dabei die Fachbegriffe:

> Haupttext • Untertitel • Schlagzeile • Vorspann (Lead)

c Erklärt auch, welche Funktion die einzelnen Textteile haben.

4 a Vergleicht den Vorspann (das Lead) mit dem Haupttext und markiert auf eurer Folie die Informationen, die ihr in beiden Abschnitten findet.

b Was könnt ihr dabei feststellen? Findet eine Erklärung.

5 Die Nachricht (Meldung) ist die kürzeste journalistische Textsorte und liefert eine erste Information. Sie folgt der KISS-Formel = **k**eep **i**t **s**hort and **s**imple („Halte es kurz und einfach“).

a Formuliert eine Nachricht über das Schiffeversenken gegen die Flut. Beschränkt euch dabei äußerst knapp auf die Beantwortung der wichtigsten W-Fragen.

b Vergleicht eure Nachrichten. Wer hat die KISS-Formel berücksichtigt?

Information **Der Bericht**

Ein Zeitungsbericht **informiert knapp** und **sachlich über ein aktuelles Ereignis.**
Er beantwortet zu Beginn die wichtigsten W-Fragen und berichtet dann über die näheren Einzelheiten des Ereignisses (z. B. über Hintergründe, Zusammenhänge oder die Vorgeschichte).
Diesen Aufbau nennt man **Lead-Stil,** d. h.:
Die **wichtigsten Informationen stehen am Textanfang** (Vorspann oder Lead), dann folgen weitere Detailinformationen.
Ein Zeitungsbericht kann Zitate von Experten oder Betroffenen wiedergeben, die dann namentlich genannt werden. Sie sollen die Glaubwürdigkeit einer Aussage unterstreichen und/oder den Bericht lebendiger gestalten.

Die Nachricht
Die Nachricht oder Meldung ist die „kleine Schwester“ des Berichts. Sie informiert – wie der Bericht – sachlich und knapp über ein Ereignis und beantwortet die wichtigsten W-Fragen. Im Unterschied zum Bericht verzichtet sie aber auf weiterführende Detailinformationen. Auch Nachrichten sind im Lead-Stil verfasst.

Lead-Stil
(das Wichtigste zuerst)

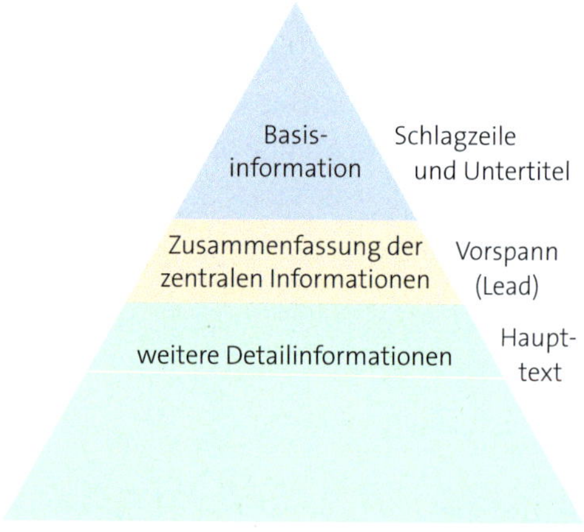

Die Reportage

Mit Sandsäcken und Hilfsbereitschaft gegen die Fluten

Die Innenstadt versinkt: Die Passauer horten Trinkwasser, versuchen ihre Geschäfte zu retten – und helfen anderen, die kein Dach mehr über dem Kopf haben. Eindrücke aus einer Stadt unter Wasser.

Von Beate Wild, Passau

Die Keller sind nicht mehr sicher. In der Grabengasse in Passaus Innenstadt flüchtet ein Dutzend Ratten aus einem Haus. Sie irren durch die Gassen, auf der Suche nach trockenem Land. Davon gibt es nicht mehr viel.

Für Menschen ist in der Bräugasse, beim „Alten Bräuhaus“, Schluss. Weiter kommen sie nicht mehr in Passau. Die gesamte Ortsspitze der Domstadt steht unter Wasser, jener Landzipfel, an dem Donau und Inn zusammenfließen. Jetzt fluten die beiden Flüsse die Altstadt.

Am Rande der Wassermassen stehen Mitarbeiter der Wasserwacht und helfen Anwohnern, mit Sandsäcken ihre Türen zu sichern. Ein Ruf: „Da sind noch sieben Studenten in einem Haus!“ Hektik kommt auf. Zwei Wasserwachtler springen in eines der bereitstehenden Boote und schippern los. „Jetzt aber schnell“, ruft ihnen eine Helferin hinterher. „Hier kann keiner mehr bleiben, alle müssen raus.“

Die bisherige Höchstmarke von 12,20 Metern, die bisher nur einmal im Jahr 1954 erreicht wurde, ist in Passau seit Montagmorgen überschritten. Anwohner und Helfer versuchen, ihr Eigentum so schnell wie möglich zu sichern, ihre Wertsachen in Sicherheit zu bringen. Ohne Gummistiefel wird es schwierig.

Viele Straßen sind zumindest teilweise überflutet. An den meisten Geschäften und Lokalen in der Altstadt hängen Schilder: „Heute wegen Hochwasser geschlossen!“

So auch in der Fußgängerzone. Das Modegeschäft Gerry Weber und der Haushaltswarenladen Allerlei sind geflutet. In der Confiserie Hussel in der Ludwigstraße bringen Martina Pretzl und Marica Schlaps die letzten Sachen in

Pegel Passau / Donau

Wasserstände (cm) **19.05.2013** bis **16.06.2013** Maximum: 1289 cm, Minimum: 488 cm

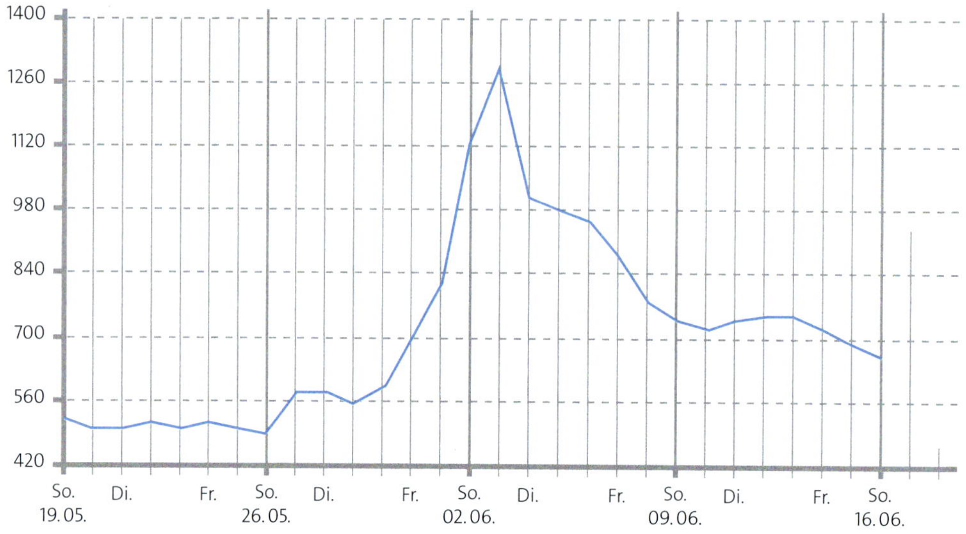

Sicherheit. „Bis zur zweitobersten Kellerstufe steht schon das Wasser“, sagt Pretzl, die Geschäftsführerin.

In den betroffenen Straßenzügen der Innenstadt ist der Strom seit Sonntag weg. Am Montagmittag stellten die Stadtwerke Passau auch die Trinkwasserversorgung ein. Es drohe eine Verunreinigung der Trinkwasserbrunnen, teilte der Krisenstab mit. Pumpen sind ausgefallen. In Supermärkten decken sich die Passauer mit so vielen Wasservorräten wie möglich ein.

Wer ein Haus in der Altstadt hat, muss Wasser aus seinem Keller pumpen. Die Glücklichen haben eine motorisierte Pumpe, doch das sind die wenigsten. In der Theresienstraße schöpft Jochen Weiß seit Montagmorgen seinen Keller aus – per Hand, mit Eimern und der Hilfe von einigen Studenten. Er sagt: „Das Problem sind die Stromleitungen im Keller.“

Insgesamt sind in der Passauer Altstadt 600 Helfer und 22 Boote im Einsatz. Seit Montagmorgen sind etwa 120 Bundeswehrsoldaten hinzugekommen. Sie helfen, Sandsäcke zu füllen und aufeinanderzuschichten.

Auch Julia Weidingers Tag lief anders als erwartet. Nicht nur, dass ihr Haus in der Fußgängerzone unter Wasser steht, auch ihre Abiturprüfung wurde abgesagt. „Gestern Abend haben sie uns informiert“, erzählt sie. Das Fach „Deutsch“ wäre heute an der Reihe gewesen. Doch nun ist der Test bis auf Weiteres verschoben. „Dabei war ich so gut vorbereitet, ich hätte lieber heute geschrieben.“ Auch an der Uni sind alle Prüfungen abgesagt worden.

Die Bewohner in Passau vernetzen sich über das Internet. Auf den Facebook-Seiten „Infoseite – Hochwasser 2013 Landkreis Passau“ und „Infoseite – Passau Hochwasser 2013“ tauschen sie Infos aus und posten Fotos ihrer überschwemmten Straßen. Viele Menschen aus Stadt und Umgebung bieten großzügig ihre Hilfe an.

Der Kampf gegen die Flut läuft – mit Hilfsbereitschaft und Sandsäcken.

1 Verschafft euch einen Überblick über die vorliegende Reportage.
a Lest nur die Schlagzeile und den Vorspann.
Betrachtet dann die Abbildung.
b Besprecht anschließend, worum es in dem Artikel gehen könnte.

2 Lest nun den Text genau und klärt die Bedeutung unbekannter Wörter oder Textstellen.

Schlagt unbekannte Wörter, die sich auch aus dem Kontext nicht erschließen, im Wörterbuch nach.

3 Betrachtet das Diagramm.
a Welche Aussage des Textes wird durch das Diagramm unterstützt?
b Wertet das Diagramm aus und beschreibt es mit eigenen Worten (▶ S. 327).
Beantwortet dabei folgende Fragen:
– Worüber informiert das Diagramm?
– Welche Angaben werden gemacht?

4 Vergleicht den ersten Absatz der Reportage (Z. 1–5) mit dem Anfang eines Zeitungsberichts im Lead-Stil. Benennt den Unterschied.

5 Reportagen vermitteln das Gefühl, „live" mit allen Sinnen am Ort des Geschehens zu sein, enthalten aber auch sachliche Informationen.
a Zeigt an zwei oder drei Beispielen am Text, dass der Reporter etwas beschreibt, was er selbst erlebt hat.
b Durch welche sprachlichen Mittel wird die Situation vor Ort besonders anschaulich?
Notiert diese mit Zeilenangaben.
c Welche Zeitform wird verwendet und welche Wirkung hat dies?

6 Erklärt, weshalb die Reportage auch als Erlebnisbericht bezeichnet wird.

Information **Die Reportage**

Eine Reportage **informiert in besonders anschaulicher und lebendiger Weise über ein Ereignis.** Sie ist ein **Erlebnisbericht,** denn bei einer Reportage schreibt ein Reporter über ein Geschehen, das er selbst als Augenzeuge miterlebt hat.

- Reportagen **führen direkt in eine interessante Szene ein** (szenischer Einstieg, Schilderung einer Situation), sodass die Neugier der Leser geweckt wird.
- Eine Reportage enthält **sachliche Informationen** (Beantwortung der W-Fragen), gibt aber auch die **Eindrücke und die persönliche Sichtweise des Verfassers** wieder.
- Die Reportage will den Lesern das Gefühl geben, dass sie „live" (mit allen Sinnen) bei dem Geschehen dabei sind. Deshalb beschreibt der Reporter anschaulich die **Atmosphäre und Stimmung vor Ort** und schildert seine Wahrnehmungen. Zitate von Personen und eine bildhafte Sprache (ausdrucksstarke Verben, anschauliche Adjektive sowie sprachliche Bilder) sorgen für diese **Anschaulichkeit.**
- Die Zeitformen wechseln. Häufig wird das Präsens verwendet, um dem Leser den Eindruck zu vermitteln, direkt vor Ort dabei zu sein.

Das Interview

„Die Leute sollten aus Flutgebieten wegziehen“

Dass Deutschland seine Flüsse eingezwängt hat, verstärkt Hochwasser. Rückgängig machen lasse sich das nicht, sagt der britische Landschaftshistoriker David Blackbourn.

Von Moritz Kohl

ZEIT ONLINE: Herr Blackbourn, wie sah Deutschlands Flusslandschaft vor 300 Jahren aus?

David Blackbourn: Es reicht schon, 200 Jahre zurückzugehen. Die Flüsse von damals wären heute nicht wiederzuerkennen. Sie waren breiter und seichter und flossen nicht in einem einzelnen Kanal, sondern verteilten sich über eine ganze Flussebene. An ihren Ufern wuchsen Auenwälder, die heute fast komplett verschwunden sind. Es gab dort mehr Tierarten zu Land und zu Wasser, zum Beispiel Lachse. Die Menschen fischten und jagten kleine Vögel.

ZEIT ONLINE: Wie haben die Deutschen über die Jahrhunderte ihre Flüsse verändert?

Blackbourn: Die Flüsse wurden einer so genannten Rektifikation unterzogen. Sie wurden gekürzt und begradigt, um sie zu einem einzigen Strom zu machen. Das Wasser war dadurch für die Landwirtschaft leichter zu nutzen. Außerdem fließt es so deutlich schneller und ohne Hindernisse. Der Fluss wird zudem tiefer, was für den Schiffsverkehr von Vorteil ist. Man kann sagen, dass heute alle größeren Flüsse von Menschen geschaffene Kanäle sind. Das lässt sich schwer rückgängig machen ...

ZEIT ONLINE: Viele Leute fordern, dass den Flüssen wieder mehr von ihrem natürlichen Raum gegeben wird.

Blackbourn: In den letzten Jahren gab es immer wieder Versuche der Renaturierung, zum Teil um Hochwasser zu vermeiden, zum Teil auch aus ökologischen Gründen. Meistens erstickten diese Bemühungen aber im Keim. Die Ironie an der Sache ist, dass man durch die Begradigung der Flüsse Hochwasser vermeiden wollte. Dabei haben sich die Fluten nur flussabwärts verschoben. Als Anfang des 19. Jahrhunderts der Oberrhein begradigt wurde, haben Leute davor gewarnt. In der Folge liefen Mittel- und Unterrhein wie nie zuvor über die Ufer. Erst vor einigen Jahrzehnten sahen Ingenieure in den USA und in Europa ein, dass sie den Flüssen mehr Platz einräumen müssen. Sie versuchten, an manchen Stellen Deiche zu bauen und den Fluss an anderen Stellen kontrolliert überlaufen zu lassen.

ZEIT ONLINE: Wie gut hat das funktioniert?

Blackbourn: Es ist ein guter Ansatz, die Macht des Flusses zu akzeptieren. Aber mittlerweile sind so viele Menschen an die Flüsse gezogen und haben dort Städte und Industrien errichtet, dass es unmöglich ist, Flutkatastrophen zu vermeiden. Eine langfristige Lösung wäre, die Leute zu entmutigen, in Flutgebieten zu leben. Die Leute sollten dort hohe Versicherungssummen zahlen müssen und finanzielle Anreize bekommen wegzuziehen – auch wenn das schmerzhaft ist.

ZEIT ONLINE: Was soll aus großen Städten im gefährdeten Gebiet werden?

Blackbourn: Natürlich kann man Dresden nicht verschieben. Aber man kann Ebenen in ländlicheren Gegenden fluten. Je mehr Wasser man dorthin verteilt, desto mehr schützt man die großen Städte. Es ist wie immer in der Geschichte: Wie das Wasser genutzt wird, sagt viel über die politischen und sozialen Machtverhältnisse. Gegenden mit Landwirtschaft werden geopfert und Metropolen gerettet.

ZEIT ONLINE: Was müssten wir tun, um Hochwasser zu vermeiden oder besser mit ihnen umzugehen?

Blackbourn: Solange die Flüsse nicht mehr Platz bekommen, lassen sich Hochwasser nicht vermeiden. Es hat schon etwas Törichtes, dass man wieder und wieder in die überschwemmten Gebiete zurückkehrt. Aber viele wollen ihre Heimat nicht verlassen. Ich bin einmal durch das Oderbruch gereist. Die Flusslandschaft dort ist vollkommen künstlich, aber sie sieht wie Natur aus und ist wunderschön. Während der dortigen Flut 1997 hat man immerhin gesehen, dass sich grenzübergreifende Zusammenarbeit lohnt – wären nicht in Tschechien weite Flächen geflutet worden, hätte das Hochwasser Frankfurt an der Oder schwer getroffen.

1 Lest das Interview und klärt unbekannte Wörter, wie z. B.: „Rektifikation", „Renaturierung" und „Metropole".

2 Beantwortet anschließend die folgenden Fragen:
- Mit wem wird das Interview geführt? Wer interviewt?
- Worüber wird gesprochen? Fasst das Thema möglichst in einem Satz zusammen.

3 Lest die folgenden Aussagen und übertragt die zutreffenden in euer Heft:
- Die Flüsse vor hundert Jahren waren breiter und verteilten sich über eine ganze Flussebene.
- Heute sind alle größeren Flüsse begradigt. Somit fließt das Wasser schneller und ohne Hindernisse.
- Menschen, die in Flutgebieten leben, sollen ermutigt werden, dort zu bleiben.
- Um Hochwasser in Großstädten zu vermeiden, sollten Ebenen in ländlichen Gegenden geflutet werden.

4 Untersucht die Art der Fragetechnik. Lest hierzu im Methodenkasten unten nach und notiert eure Beobachtungen.

5 Interviewt euch gegenseitig zu einem bestimmten Thema, z. B.: Hobby, Sportart ... Tragt eure Interviews dann vor. Beachtet dabei die Hinweise im Methodenkasten.

Methode **Ein Interview führen**

- Bereitet euch vor, indem ihr euch über den **Interviewpartner** und über euer Thema informiert.
- Notiert euch im Vorfeld **Fragen** und schreibt diese **in einer sinnvollen Reihenfolge** auf.
- Beginnt mit einer **Einstiegsfrage,** um die Situation aufzulockern.
- Stellt möglichst **offene Fragen** (W-Fragen), damit ihr nicht nur ein „Ja" oder „Nein" als Antwort erhaltet.
- **Vermeidet wertende Fragen,** Doppelfragen und Suggestivfragen, d. h. Fragen, die schon eine Antwort unterstellen, z. B.: *Sie teilen ja sicher die Ansicht, dass ...?*
- **Hört genau zu** und geht auf die Antwort eures Gesprächspartners ein.
- Leitet das Gespräch, aber bleibt flexibel.
- Fasst das Gespräch am Ende sinnvoll zusammen und macht euch Gedanken darüber, wie euer Interviewpartner geantwortet hat.

Der Kommentar

Die Illusion von der Zähmung des Wassers

Von Patrick Illinger

Wasserstraßen werden heute nach Belieben kanalisiert und umgeleitet, mit Staustufen und Kraftwerken versehen. So ist eine Illusion der Beherrschbarkeit entstanden. Doch wo Flüsse allzu sehr in die Pflicht genommen werden, schlagen sie auch mal aus wie bockige, gegängelte Arbeitstiere.

Vom Weltraum aus betrachtet, sieht die Erde zurzeit kaum anders aus als sonst. Da kräuseln sich die üblichen Wolkenbänder über blauem Meer und grünen Landmassen. Es braucht schon etwas Erfahrung, damit eine ungewöhnlich dichte weiß-graue Dunstschleife ins Auge sticht, die sich über Mitteleuropa windet. Für jene allerdings, die unter diesem Wolkenband leben, sieht die Welt zurzeit ganz und gar nicht aus wie sonst. Autobahnen, Felder, Innenstädte versinken unter unvorstellbaren Wassermassen. Dämme durchweichen und Flüsse quellen auf Pegelstände, wie sie zuletzt im Mittelalter gemessen wurden. Katastrophenalarm wird vielerorts ausgerufen, und das Wort von der Sintflut macht die Runde, als dächte so mancher im Stillen bereits daran, eine Arche zu zimmern.

Völlig unberechtigt ist die biblische Metaphorik nicht. Doch was steckt dahinter? Zeigt sich der viel zitierte Klimawandel nun mit voller Härte? Ist einer jener Kipp-Punkte erreicht, von denen Klimatologen so oft sprechen, eine Schwelle, von der an sich Gleichgewichte auf diesem Planeten verhängnisvoll verschieben?

In Paris, Oslo und London scheint die Sonne

Gemach, muss man aus wissenschaftlicher Sicht zu den aktuellen Ereignissen sagen. Zwar prognostizieren Klimaforscher in der

Tat mehr Dürren in Südeuropa und mehr Niederschläge in mittleren Breiten. Wärmere Luft kann eben mehr Wasser aufnehmen und entsprechend auch mehr abregnen. Doch ein paar Tage Starkregen über Mitteleuropa können nicht als entscheidender Beweis für den globalen Klimawandel herhalten, zumal wenn in Paris und Oslo, in London und Athen die Sonne scheint, wie es sich für einen ordentlichen Juni gehört.

Die erschreckenden Fluten offenbaren vielmehr den archaischen Zwiespalt, der seit Jahrtausenden das Verhältnis zwischen Mensch und Wasser, zwischen Verdursten und Ertrinken prägt. Der Mensch verdankt dem Wasser nicht nur seine biologische Existenz, sondern auch den Aufstieg der modernen Zivilisation, der vor Jahrtausenden an Jordan, Euphrat und Nil begann und sich später an Tiber, Arno, Seine, Moskwa, Rhein, Mississippi und Hudson fortsetzte.

Deutschlands Aufstieg zur Industrienation ist ursprünglich weder der Dampfmaschine noch dem Ottomotor zu verdanken, sondern der zuvor mit preußischer Akribie betriebenen Zähmung der Flüsse. Weil Wasserstraßen heute nach Belieben kanalisiert, umgeleitet, mit Staustufen und Kraftwerken versehen, mit Lastkähnen und sogar Kreuzfahrtschiffen befahren werden, ist eine Illusion der Beherrschbarkeit entstanden. Doch wo Flüsse allzu sehr in die Pflicht genommen werden, schlagen sie eben auch mal aus wie bockige, gegängelte Arbeitstiere.

Während man Viren ausrotten und Asbest abschaffen kann, wird man sich weder von Regenwasser noch von Flüssen und Seen trennen können und auch nicht wollen. Wir Menschen brauchen Wasser, auch wenn das richtige Maß zwischen Nähe und Abstand in der modernen Zivilisation immer wieder neu zu definieren ist. Trotz der Tragödien, die ein Hochwasser mit sich bringt, zeigen sich in diesem Fall ja auch positive Aspekte. Anders als in Mosambik oder am Ganges finden die allermeisten Betroffenen Unterschlupf, und viele der eigens für Hochwasser gebauten Dämme halten erstaunlich gut. Richtig Mut macht indes ein ganz anderer, nicht meteorologischer und nichttechnischer Effekt: In Zeiten wie diesen zeigt eine Bürgerschaft, die sich sonst herzhaft um Parkplätze und Gartenzaunfarben streiten kann, plötzlich ein erfreuliches Maß an Gemeinsinn. Wer weiß, vielleicht sind die Menschen in einer Wohlstandsgesellschaft ja doch im Stande, Krisen abzuwettern – vielleicht sogar Krisen, die eines Tages noch härter zuschlagen werden als ein versauter Sommeranfang.

1 a Lest den Kommentar von Patrick Illinger aufmerksam. Wie wirkt der Text auf euch: spannend, informativ, urteilend, wertend, abwägend, lehrreich …?
Begründet eure Meinung und führt dazu entsprechende Textstellen an.

b Erläutert in eigenen Worten, zu welchem Thema sich der Autor äußert.

2 a Erklärt, was die folgenden Wörter und Ausdrücke im Text bedeuten.

Illusion (Vorspann) • Metaphorik (Z. 20 f.) • Klimatologe (Z. 24) • prognostizieren (Z. 31) • Sintflut (Z. 17) • archaisch (Z. 43) • Akribie (Z. 56)

Lest hierzu noch einmal die Sätze, in denen diese Wörter vorkommen. Sie geben oft Hinweise darauf, wie das Wort zu verstehen ist.

b Klärt weitere Wörter, die euch unbekannt sind.

3 a Untersucht die Position, die der Autor Patrick Illinger vertritt. Sammelt Aussagen und Argumente, die er anführt.
b Sind die Aussagen sachlich oder neutral? Wodurch zeichnet sich sein Kommentar sprachlich aus? Führt entsprechende Textstellen an.

4 Untersucht die Sprache in Illingers Kommentar genauer.
Weist dazu den angeführten Textstellen das entsprechende Stilmittel zu.

Textstelle

A „Doch wo Flüsse allzu sehr in die Pflicht genommen werden, schlagen sie auch mal aus wie bockige, gegängelte Arbeitstiere." (Z. Vorspann)
B „und das Wort von der Sintflut macht die Runde, als dächte so mancher im Stillen bereits daran, eine Arche zu zimmern." (Z. 16–19)
C „Zeigt sich der viel zitierte Klimawandel nun mit voller Härte?" (Z. 22 f.)
D „zumal wenn in Paris und Oslo, in London und Athen die Sonne scheint ..." (Z. 39–40)
E „der seit Jahrtausenden das Verhältnis zwischen Mensch und Wasser, zwischen Verdursten und Ertrinken prägt" (Z. 43–46)
F „mit preußischer Akribie ..." (Z. 56)
G „ist eine Illusion der Beherrschbarkeit entstanden" (Z. 61–62)

Stilmittel, sprachliche Besonderheit

1 Titel wird wörtlich aufgegriffen
2 rhetorische Frage (Frage, auf die keine Antwort erwartet wird)
3 Aufzählung
4 Vergleich
5 Ironie
6 Gegensatzpaar
7 historisches Zitat

5 Erklärt, inwieweit sich der vorliegende Kommentar im Aufbau und in der Sprache von einem Bericht unterscheidet. Begründet anhand von Textbelegen.

Information **Der Kommentar**

Ein Kommentar ist ein **wertender Text, in dem ein Autor** zu einem aktuellen Thema Stellung bezieht und **seine persönliche Meinung äußert.**
Der Autor informiert über das Thema, erläutert seine Wichtigkeit, erklärt dem Leser die Zusammenhänge und setzt sich mit unterschiedlichen Meinungen auseinander. Dabei nutzt er stilistische Mittel und bleibt nicht immer nur sachlich. In einem Kommentar begründet der Autor/die Autorin seine/ihre Meinung mit Argumenten und Beispielen. Ziel des Kommentars ist es, den Leser dazu anzuregen, sich eine eigene Meinung zum Thema zu bilden. Der Autor/Die Autorin eines Kommentars wird immer mit Namen benannt.

Informationsvermittlung in Online-Zeitungen, Fernsehen und Radio

1 Dieser Screenshot zeigt Jaron Lanier, der 2014 den Friedenspreis des Deutschen Buchhandels erhalten hat, in der Online-Ausgabe einer überregionalen Tageszeitung.

a Recherchiert, wofür er ausgezeichnet wurde. Erklärt dabei auch den Begriff „Humanismus".

b Untersucht, wie die Titelseite dieser Online-Zeitung aufgebaut ist:

- Wo findet ihr die klassischen Ressorts (▶ Themengebiete, S. 208) der Zeitung?
- Welche zusätzlichen Funktionen bietet die Online-Zeitung als multimediales Medium?
- Welche Möglichkeiten bietet die Suchfunktion? Stellt Vermutungen an.

2 Eine Online-Zeitung kann jederzeit aktualisiert werden. Was bedeutet das für die Redakteure und die Leser.

3 Vergleicht die Printausgabe einer Zeitung mit ihrer Online-Ausgabe.

- Wie sind die Titelseiten jeweils aufgebaut? Wie hoch ist der Anteil an Werbung?
- Wie gut könnt ihr euch in der Printausgabe orientieren, wie gut in der Online-Zeitung?
- Welche Vor- und Nachteile haben Print- und Online-Zeitung?

Tipp: Unter www.zeitung.de findet ihr eine Liste von Online-Zeitungen.

Neben der Zeitung und dem Internet sind das Radio und das Fernsehen Medien, die Information und Unterhaltung bieten. Nachrichten, Berichte, Kommentare und Reportagen gehören auch hier zum Standardangebot.

SWR Fernsehen · arte · 7 · Das Erste

4 Verschafft euch einen Überblick über die Nachrichtensendungen, die im Radio und im Fernsehen laufen, z. B. mit Hilfe einer Fernseh- und Radiozeitschrift oder des Internets.
Haltet eure Ergebnisse in Form einer Tabelle fest:

	Sender	Name der Nachrichtensendung	Uhrzeit
TV	*ARD*	*Tagesschau*	*20:00 Uhr*
	...	...	...
Radio	*WDR*	...	...
	...	...	...

5 a Teilt die Nachrichtensendungen unter euch auf: Jede Gruppe wählt eine Sendung, die sie genauer untersuchen möchte.
Tipp: Einigt euch auf einen Tag, damit ihr eure Ergebnisse anschließend vergleichen könnt.
b Überlegt, worauf ihr achten solltet, und erstellt eine Liste, z. B.:
- *Themen: Auswahl, Reihenfolge, Umfang*
- *Einspielungen: Originalton (Radio), Filmsequenzen (Fernsehen)*

6 Haltet die wichtigsten Ergebnisse aus Aufgabe 5 getrennt nach Sendern fest.

7 Stellt eure Ergebnisse vor und vergleicht sie:
- Welche Themen werden wie ausführlich behandelt? Fehlen evtl. für euch wichtige Themen?
- Wie werden die Themen präsentiert, z. B. verständlich, unverständlich, informativ, sachlich, reißerisch ...?
- Wie erklärt ihr euch die Unterschiede? Wie beurteilt ihr die einzelnen Nachrichtensendungen?

Information **Die Online-Zeitung (Internetzeitung)**

Die meisten Zeitungen unterhalten heute neben der Printausgabe (der gedruckten Ausgabe) auch eine Online-Ausgabe. Beide wollen informieren. Als **Hypertexte** weisen Online-Zeitungen folgende Besonderheiten auf: Ihre netzartige Struktur ermöglicht **Hyperlinks** (= Querverweise) zu weiteren Begriffen und **multimedialen Inhalten** (Film- und Tonbeiträge). Sie **können ständig aktualisiert werden,** bei interessanten Ereignissen also auch mehrmals am Tag; sie sind **interaktiv,** d. h., der Leser hat z. B. die Möglichkeit, per E-Mail Leserbriefe zu schreiben bzw. Artikel zu kommentieren oder mit anderen Lesern in Chats oder Foren zu kommunizieren; sie haben eine **Such- und Archivfunktion,** sodass der Leser gezielt auf Artikel zu einem Thema (auch aus zurückliegenden Ausgaben der Zeitung) zugreifen kann.

Testet euch!

Rund um die Zeitung

Unser Sohn wird mal hochbegabt

23.03.2014 – Viele Eltern glauben, sie hätten superschlauen Nachwuchs. Dafür verlangen sie Anerkennung – sonst werden sie traurig. Sie haben Angst vor Normalität, ebenso aber vor dem Anormalen. Nur um die Kinder geht es dabei nicht.

Es war ein dunkler Freitagabend in Frankfurt; normale Menschen hielten ihn für ganz normal. Mit großen Schritten liefen sie ins Wochenende. Im Bahnhofsviertel leuchteten die Imbissbuden, aus den Fenstern darüber flackerte schon Fernsehlicht. Der Billigfriseur fegte Haare zusammen, und an der Haltestelle tranken Anzugträger ein erstes Bier. Deutschland um diese Zeit: eine Nation in freudiger Erwartung des Feierabends …

Frau Holofernes, Sie schmeißen den Laden jetzt allein. Was ist besser an der Arbeit als Solokünstlerin?
Mir macht es Spaß, so locker aus dem Knie agieren zu können. Ich habe meine Band wirklich heiß und innig geliebt, aber dadurch, dass wir so durch und durch demokratisch waren, konnte man nie besonders spontan handeln, und für die Musik ist es schon nicht schlecht, einfach das machen zu können, was einem gerade durch den Kopf trapst.
Empfinden Sie es vielleicht auch als Befreiung, nicht mehr die Band-Frontfrau zu sein, die die anderen unfreiwillig in den Hintergrund drängt?

Schwarzer Stern in Flammen

Ein Feuer in der größten chilenischen Hafenstadt Valparaiso vernichtet 500 Häuser.

BUENOS AIRES, 13. April – Was am Samstagnachmittag am Rand der chilenischen Hafenstadt Valparaiso wie ein Waldbrand begann, hat sich zum …

1 Bestimmt bei jedem Text, um welche journalistische Textsorte es sich handelt.

2 Ordnet den Fachbegriffen in der linken Spalte die jeweilige Definition zu und schreibt die richtigen Kombinationen in euer Heft.

A	Reportage	1	wertender Text, in dem ein Autor zu einem Thema Stellung bezieht
B	Boulevard-zeitung	2	Vorspann, der eine Zusammenfassung der wichtigsten Informationen enthält
C	Ressorts	3	Artikel, der anschaulich und lebendig über ein Ereignis informiert
D	Kommentar	4	sensationsorientierte Zeitung
E	Lead	5	Themengebiete einer Zeitung, z. B.: Politik, Sport …

3 Zeichnet das Lead-Dreieck in euer Heft und beschriftet es mit den folgenden Fachbegriffen.

Basisinformation • Detailinformationen • Vorspann • Haupttext • Schlagzeile • Unterzeile

10.2 Journalisten bei der Arbeit – Journalistische Texte erfassen und verfassen

Affenstark – Informationen ermitteln

Schöner Wohnen für Kibo & Co.

Das neue Affenhaus in der Wilhelma ist eröffnet

Stuttgart – Happy End für Stuttgarts Luxus-Affenhaus: Nach Verzögerung und Kostensteigerung ist am Dienstag die 22 Millionen Euro teure Menschenaffenanlage in der Wilhelma eröffnet worden.

Das Affenhaus gilt als eine der modernsten und teuersten Anlagen für die Verwandten des Menschen in Europa. Die 12 Gorillas und 13 Bonobos haben nach Angaben des Zoos rund 14-mal so viel Platz zur Verfügung wie im alten Haus. Zoodirektor Dieter Jauch sagte: „Wir sind stolz, dass wir mit diesem Projekt das Tor in die Zukunft der Wilhelma weit aufgestoßen haben."

Das Dach der 3400 Quadratmeter großen Außenanlage erinnert ein wenig an das des Münchner Olympiastadions. Hoch hinaus können die Affen unter dem aufgespannten Gitterdach klettern. Die Gorillas können sich künftig auf einem großen Freigehege mit Bachlauf tummeln. „Viele unserer Affen hatten noch nie Gras unter den Füßen", sagte Primatologin Marianne Holtkötter. An einer Stelle trennt die Gorillas nur eine rund sechs Meter breite Wasserstelle und ein niedriger Zaun von den Besuchern. Allein das Außengehege der Gorillas ist 30-mal größer als das alte.

Allerdings müssen die Affen darauf noch ein Weilchen warten. Die Außenanlage ist noch nicht ganz fertig. Aber auch drinnen fühlen sie sich schon sichtlich wohl. Große Glasflächen lassen zudem deutlich mehr Licht als bisher in das 2000-Quadratmeter-Haus.

Und es gibt sogar ein Kino: Die Bonobos dürfen sich da – freilich für eine strikt begrenzte Zeit – fünf verschiedene Filme an-

schauen. Ihr Fernsehkonsum soll sogar wissenschaftlich ausgewertet werden.
Genug Platz ist dort jetzt auch für die europaweit einzige Gorilla-Aufzuchtstation für tierische Waisenkinder, die bisher in etwas Entfernung zu den erwachsenen Gorillas untergebracht war. Jetzt können die Kleinen früher Kontakt zu ihren Artgenossen aufnehmen.
Der Eröffnungstermin der Anlage war mehrfach verschoben worden. Mal, weil Bombensplitter gefunden wurden, mal, weil es Ärger mit den Architekten gab.
Auch die ursprünglich veranschlagten Kosten von 15 Millionen Euro wurden im Laufe von drei Jahren Bauzeit immer wieder nach oben korrigiert. Letztlich wurden die Schätzungen um sieben Millionen Euro überschritten. Spötter sprachen – in Anlehnung an das bundesweit bekannte Bahnprojekt Stuttgart 21 – schon vom Affenhaus 21. Den Löwenanteil der Baukosten trägt das Land, 9,5 Millionen Euro stammen aber auch vom Förderverein der Wilhelma.

1 a Lest Schlagzeile und Lead (► S. 222). Worüber wird in dem Text berichtet?
b Überfliegt den ganzen Text. Um welche journalistische Textsorte handelt es sich? Begründet eure Antwort.

2 Lest nun den Zeitungsartikel genau.
a Klärt Fachbegriffe und Fremdwörter.
b Schreibt wichtige Schlüsselwörter in euer Heft.

3 Haltet die wichtigsten Informationen auf einem Stichwortzettel fest.

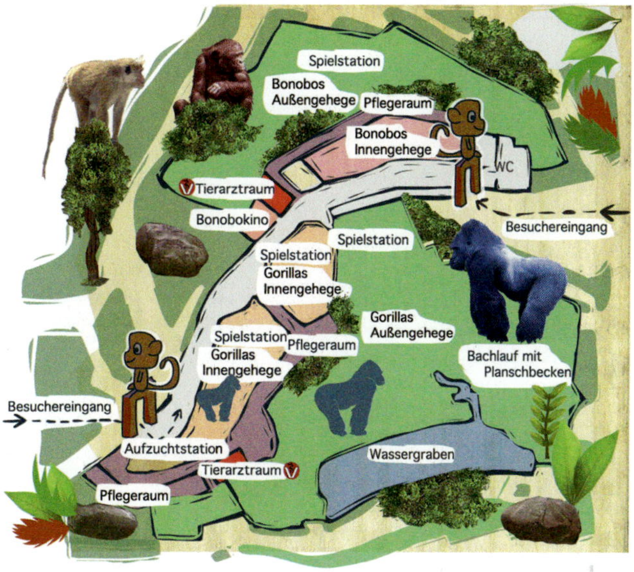

Wilhelma: neue Affenanlage

Fakten:
- *Kosten: 22 Millionen Euro*
- *Lebensraum für 12 Gorillas und 13 Bonobos*
- …

4 Bezieht die Skizze in eure Auswertung mit ein.
Welche Zusatzinformationen könnt ihr entnehmen? Ergänzt euren Stichwortzettel.

5 Recherchiert zum Affenhaus in der Wilhelma. Notiert die aktuellen Ereignisse, die ihr findet.

6 Schreibt den Bericht zu einer Nachricht um. Lest zu der Textsorte „Nachricht“ noch einmal im Informationskasten auf Seite 210 nach.

Notiert W-Fragen und die jeweiligen Antworten. Schreibt sachlich und knapp.

Von gefährlichen Tigern und harmlosen Juchtenkäfern – Textsorten vergleichen

A

Tödliche Attacke im Kölner Zoo

„Der Tiger war in dem Bereich, wo er hingehört“

Eine Pflegerin ist im Zoo von Köln von einem Tiger angefallen und getötet worden. Zoodirektor Theo Pagel erschießt daraufhin das Tier, um die Besucher zu schützen. Aber wie kann das passieren? Pagel sagt, die 43-Jährige sei unvorsichtig gewesen.

Kurz nach 12 Uhr rückte die Polizei an im Kölner Zoo. Ein Tiger war aus seinem Gehege ausgebrochen, hatte eine Pflegerin angefallen, sie schwer verletzt und sich dann in ein Wirtschaftsgebäude geflüchtet. Eine Tierparkangestellte fand ihre Kollegin regungslos auf dem Boden und alarmierte sofort den Notarzt. Für das Opfer kam aber jede Hilfe zu spät. Die 43-Jährige erlag im Krankenhaus ihren schweren Verletzungen. Der Direktor des Tierparks schnappte sich angesichts des freilaufenden Angreifers ein Großkalibergewehr und feuerte aus einer Dachluke zwei Kugeln auf das Tier ab. Der Tiger brach tödlich getroffen zusammen. „Das ist heute der schwärzeste Tag meines Lebens“, sagte Direktor Theo Pagel später dem Kölner Express.

B

Juchtenkäfer rühren, Mastschweine auch, Löwen und Tiger sind uns egal

Von Henryk M. Broder

Im Kölner Zoo hat ein sibirischer Tiger eine Tierpflegerin angefallen und tödlich verletzt, worauf der Zoodirektor zu einem großkalibrigen Gewehr griff und das Tier erschoss. Die Ursachen für diesen so genannten „Unfall“ liegen auf der Hand: Groß-, Raub- und Wildtiere gehören nicht in die Zoos. Sie sind keine Haustiere. Man kann einen Hamster in einem Gehege halten, Kaninchen und Mäuse, aber keine Löwen, Tiger, Bären, Giraffen, Flusspferde oder Elefanten. Das ist Tierquälerei.

Der Kölner Zoo, einer der ältesten in Deutschland, wurde 1860 eröffnet. Es gab zu der Zeit kein Tierschutzgesetz, der Gedanke, dass auch Tiere Rechte haben, dass man sie nicht misshandeln oder quälen darf, lag in so weiter Ferne wie das allgemeine Wahlrecht oder das Verbot der Kinderarbeit. Damals mögen die Zoos einen gewissen Bildungsauftrag gehabt haben, auch wenn er sich darauf beschränkte, eine „Bestie“ aus Afrika oder Asien einem Publikum zu präsentieren, das sich umso wohliger gruselte, je größer, gefährlicher und wilder das Tier war. Heute bestimmt das Tierschutzgesetz: „Niemand darf einem Tier ohne vernünftigen Grund Schmerzen, Leiden oder Schaden zufügen.“ Der Satz gilt nicht nur für Wiesenhof-Hähnchen, die sich vor Schmerzen gegenseitig umbringen, und für Mastschweine, die schon auf dem Weg zum Schlachthof verrecken, er

Pagel sprach später von einer Unvorsichtigkeit der Pflegerin und einem Bedienfehler an der Sicherheitsschleuse des Geheges. Die Frau hätte sich nicht zusammen mit der Raubkatze in dem Tiergehege aufhalten dürfen, sagte er. Sie sei an einer Stelle gewesen, wo sie nicht hätte sein dürfen, „wenn das Tier drin ist“. „Der Tiger war in dem Bereich, wo er hingehört.“

Die Beamten zeigten sich erleichtert darüber, dass Theo Pagel dem Tier Einhalt geboten hatte. „Der Zoodirektor hatte die richtigen Waffen dafür“, sagte ein Polizeisprecher. Mit den üblichen Dienstpistolen hätte man nicht viel ausrichten können. Der Schuss habe möglicherweise Schlimmeres verhindert, weil das Tier aus dem Fenster des Wirtschaftsgebäudes ins Freie hätte gelangen können.

gilt auch für Zoo-Tiere. Und während Tausende von „Wutbürgern“ aus Liebe zum Juchtenkäfer[1] wochenlang eine Baugrube besetzt halten, stört sich kaum jemand daran, dass wilde Tiere zu Maskottchen degradiert werden. Zoologische Gärten sind Open-Air-Gefängnisse, die Freiheit vortäuschen. Sinn und Zweck des Tierschutzgesetzes ist es, „aus der Verantwortung des Menschen für das Tier als Mitgeschöpf dessen Leben und Wohlbefinden zu schützen“. Soll dieser Satz gelten, dann müssen Zoos geschlossen oder artgerecht umgebaut werden – sodass sich die Tiere vollkommen frei bewegen können, während die Besucher in Gondeln über das Gelände gleiten. Leise, sicher und vor allem: für die Tiere unsichtbar.

1 Der streng geschützte Juchtenkäfer erlangte Berühmtheit, da er das Bauprojekt Stuttgart 21 zwar nicht stoppte, aber dennoch für erhebliche Verzögerungen sorgte.

1 Vergleicht die beiden Texte A und B.

a Lest zunächst die beiden Texte und klärt unbekannte Wörter.

b Fasst für jeden der beiden Texte in einem Satz zusammen, worum es in ihm geht.

2 Wertet anschließend die Texte aus. Legt dazu in eurem Heft eine Tabelle mit zwei Spalten an und haltet die Informationen aus Text A und B jeweils getrennt in einer Spalte fest.
Geht dabei auf folgende Aspekte ein:

Vergleichsaspekte	Text A	Text B
Inhalt: W-Fragen: *– Wer?* *– …*	*Tiger hatte Pflegerin angefallen*	*Sibirischer Tiger hat Tierpflegerin angefallen*
Textaufbau	*Schlagzeile + Vorspann + …*	*Schlagzeile …*
Sprache	…	…
Wirkung des Textes	…	…

3 a Benennt für jeden Text zwei Merkmale, die belegen, um welche Textsorte es sich handelt. Gebt entsprechende Textstellen mit Zeilenangaben an.

b Überlegt: Welche Funktion hat Text A, welche Text B?

Artgerechte Tierhaltung? – Zeitungstexte schreiben

1 Jetzt seid ihr an der Reihe! Überlegt euch, worüber ihr gern einen Zeitungsartikel schreiben würdet. Legt zu dem von euch ausgewählten Thema ein Cluster oder eine Mind-Map an, z. B.:

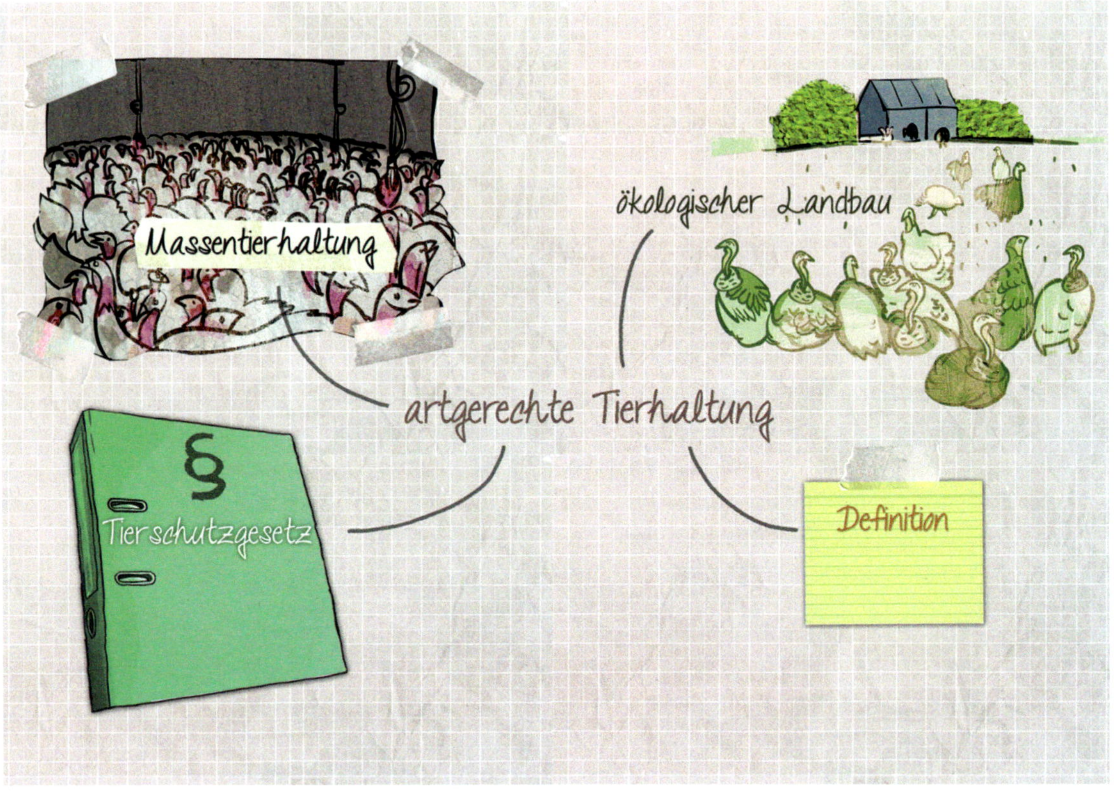

2 Grenzt euer Thema ein und entscheidet euch für einen Teilbereich, zu dem ihr genauer recherchieren wollt.

3 a Macht euch eure Absicht bewusst.
Wollt ihr zu dem von euch ausgewählten Thema eher informieren oder eure Meinung äußern?
Wählt eine passende Textsorte. Die folgende Übersicht kann euch bei der Entscheidung helfen.

Nutzt Nachschlagewerke, Bibliotheken und das Internet, studiert Zeitungen und Zeitschriften und recherchiert vor Ort.

Absicht	Sprachstil	Textsorte
informieren	sachlich, nüchtern	Bericht (▸ S. 210)
	lebendig, anschaulich	Reportage (▸ S. 213)
Meinung äußern	sachlich, wertend	Kommentar (▸ S. 218)
Meinung äußern und informieren	persönlich, wertend, wortgetreu	Interview (▸ S. 215)

b Wertet euer Informationsmaterial entsprechend aus. Was das konkret bedeutet, hängt davon ab, für welche Textsorte ihr euch entschieden habt. Ein Interview könnt ihr z. B. nahezu im Original wiedergeben. Sichtet, ordnet und ergänzt euer Material mit Hilfe des folgenden Bearbeitungsbogens:

Material	Weiterarbeit
Fotos Bilder Grafiken	– aussagekräftige Fotos/Bilder/Grafiken aussuchen oder erstellen – Bildunterschriften formulieren; bei einer Grafik Überschrift, Angaben und Erklärungen überprüfen oder ergänzen
Texte	**1 Material auswerten** – wichtige Informationen auf einer Kopie markieren; am Textrand notieren, zu welchen Fragen oder Teilthemen die markierten Informationen gehören – Informationen auswählen: Welche Informationen braucht der Leser, um das Thema zu verstehen? Welche Zusatz- oder Hintergrundinformationen gehören in den Text? **2 Material ergänzen** – je nach Textsorte, z. B.: schildernde Textteile (Reportage), Beantwortung weiterer W-Fragen (Bericht), sprachlich ausgestaltete Forumulierungen (Kommentar)

4 Verfasst nun eure Texte. Schreibt sie möglichst mit Hilfe des Computers.
Beachtet auch die folgenden Hinweise:
- Findet aussagekräftige Schlagzeilen für eure Artikel.
- Wählt Fotos, Bilder oder Grafiken für eure Texte aus.

Tipps zur Arbeit mit dem Computer findet ihr auf den Seiten x–y.

Mit Hilfe der **Kommentarfunktion** könnt ihr eure Texte gegenseitig kommentieren und anschließend überarbeiten.

5 Alisa hat sich für einen Kommentar zum Thema „artgerechte Tierhaltung in Zoos" entschieden. Lest ihn kritisch und ergänzt weitere, auch positive Anmerkungen am Rand. Nutzt dazu die Kommentarfunktion eures Computers.

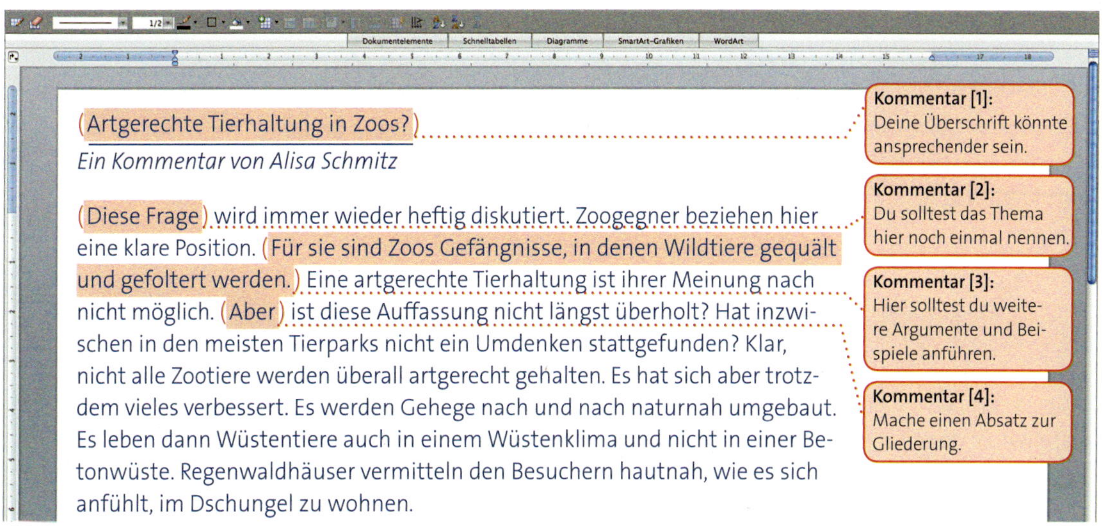
(Artgerechte Tierhaltung in Zoos?)

Ein Kommentar von Alisa Schmitz

(Diese Frage) wird immer wieder heftig diskutiert. Zoogegner beziehen hier eine klare Position. (Für sie sind Zoos Gefängnisse, in denen Wildtiere gequält und gefoltert werden.) Eine artgerechte Tierhaltung ist ihrer Meinung nach nicht möglich. (Aber) ist diese Auffassung nicht längst überholt? Hat inzwischen in den meisten Tierparks nicht ein Umdenken stattgefunden? Klar, nicht alle Zootiere werden überall artgerecht gehalten. Es hat sich aber trotzdem vieles verbessert. Es werden Gehege nach und nach naturnah umgebaut. Es leben dann Wüstentiere auch in einem Wüstenklima und nicht in einer Betonwüste. Regenwaldhäuser vermitteln den Besuchern hautnah, wie es sich anfühlt, im Dschungel zu wohnen.

Kommentar [1]: Deine Überschrift könnte ansprechender sein.

Kommentar [2]: Du solltest das Thema hier noch einmal nennen.

Kommentar [3]: Hier solltest du weitere Argumente und Beispiele anführen.

Kommentar [4]: Mache einen Absatz zur Gliederung.

Stärken stärken: Einen Zeitungsartikel überarbeiten

VORSICHT FEHLER!

Bio-Puten

Letzte Woche besuchte ich im Rahmen unseres Zeitungsprojekts den Brunnenhof in Künzelsau-Mäusdorf. Dort wird seit über 30 Jahren Geflügel gehalten, vor allem Puten. Ich hatte mir vorgenommen, darüber einen Bericht zu schreiben.

Schon am Eingangstor wurde ich von Herrn Stegmaier begrüßt. Er zeigte mir die Folienhäuser, in denen die Puten gehalten werden. Ringsherum befanden sich die Streuobstwiesen. So haben sie genügend Freilauf, was mich begeisterte.

Als weiteren wichtigen Bestandteil einer artgerechten Nutztierhaltung besichtigte ich die Fütterungsstelle. Die Tiere erhalten spezielles Futter von demeter, das sehr strengen Richtlinien unterliegt. Als Nächstes zeigte man mir den Verkaufsraum: Auf dem Hof befindet sich von der Aufzucht bis zur Vermarktung alles in einer Hand. Der Hofbauer betonte, dass die regionale Herkunft der Produkte eine große Rolle für die Kunden spielte.

Der Brunnenhof beeindruckte durch seine konsequente artgerechte Tierhaltung. Er zeigt, dass tiergerechte Nutztierhaltung eben kein Widerspruch sein muss. Für mich war das ein überraschend informativer und interessanter Einblick in die Nutztierhaltung. Das hätte ich gar nicht gedacht!

●●● **1** Lest Annas Zeitungsbericht. Nennt die entscheidenden Merkmale der Textsorte und gebt jeweils passende Textstellen an.

●●● **2** Überarbeitet Annas Bericht.

a Macht zwei alternative Vorschläge für eine gute Überschrift, die auch Interesse weckt.

b Anna hat nicht immer sachlich geschrieben. Stellt fest, wo sie persönliche Wertungen und Äußerungen einfließen lässt, und formuliert entsprechend um.

●●○ **Hilfe zu Aufgabe 1:**

Die entscheidenden Merkmale für einen Bericht sind:

Die wichtigsten W-Fragen werden beantwortet, Lead-Stil, sachlich, knapp und im Präteritum geschrieben.

●●○ **Hilfe zu Aufgabe 2:**

a Überarbeitet Annas Bericht. Macht alternative Vorschläge für eine ansprechende Überschrift. Wählt aus den Beispielen unten eine aus und ergänzt eine weitere.

> Kein Widerspruch: Artgerechte Nutztierhaltung auf dem Brunnenhof •
> Artgerechte Tierhaltung auf dem Brunnenhof •
> Von Folienhäusern und glücklichen Puten – Ein Besuch auf dem Brunnenhof

b Anna hat nicht immer sachlich geschrieben. Lest den Bericht Satz für Satz und kennzeichnet Textstellen, in denen persönliche Äußerungen einfließen. Formuliert um in sachliche Aussagen, z. B.:

Z. 6: „..., was mich begeisterte." → „..., was den Bedingungen für artgerechte Tierhaltung entsprach."

10.3 Projekt: Ein Jugendmagazin erstellen

Wie muss eine Zeitung sein, damit ihr sie gern lest? Diskutiert darüber in der Klasse und erstellt ein eigenes Jugendmagazin.

Schritt 1: Was interessiert euch? Themen sammeln und Ressorts bilden

1 a Überlegt in Kleingruppen, was euch interessiert und worüber ihr gern schreiben wollt. Notiert jeden Themenvorschlag knapp und gut lesbar auf einem DIN-A5-Blatt.

Kinotipps	*Top-Downloads*	*Interview mit …*
Modetrends	*Fotostory*	…

b Befestigt eure Themenvorschläge an der Tafel und ordnet sie nach Themenbereichen (Ressorts), z. B.: *Sport, Mode und Trends, Musik …*

2 Bildet nun zu den einzelnen Ressorts Redaktionsteams und verteilt die Themen innerhalb eures Teams.

Schritt 2: Sich über ein Thema informieren – Die Recherche

3 Erstellt für jedes Thema einen Recherchebogen und sucht dann geeignetes Material (Informationen, Fotos, Grafiken …). Je nach Thema könnt ihr:
- vor Ort recherchieren (z. B.: Fotos erstellen, Umfragen und Interviews durchführen),
- euch in Bibliotheken informieren,
- Zeitungen und Zeitschriften studieren,
- im Internet suchen.

Rechercheplan zum Thema: Modetrends

Fragen zum Thema	Informationsquelle	Bildmaterial (Fotos, Bilder, Grafiken)	Wer?
Was ist gerade angesagt? Welche Farben sind in?	*Zeitschriften, Internet …*	*Fotos von …*	*Lara, Ben*

Schritt 3: Auswerten, ergänzen, formulieren – Texte verfassen

4 a Entscheidet, welche journalistische Textsorte für euer Thema besonders geeignet ist (▸ Übersicht S. 226).

b Wertet euer Informationsmaterial im Hinblick auf diese Entscheidung aus und ergänzt euer Material gegebenenfalls.

5 Schreibt nun die Texte für euer Jugendmagazin, möglichst gleich auf dem PC.

Schritt 4: Überarbeiten und gestalten – Das Layout festlegen

6 a Innerhalb eures Ressorts trefft ihr euch zu einer Redaktionssitzung, bei der ihr eure Texte zur Diskussion stellt und überarbeitet. Führt dazu eine Schreibkonferenz durch.
b Überarbeitet nach der Konferenz eure Texte.

Tipps für die Schreibkonferenz
- Macht mit einem Bleistift Anmerkungen am Rand (z. B.: ein Fragezeichen an einer Stelle, die nicht ganz klar ist),
- streicht Stellen an, über die ihr in der Gruppe sprechen wollt,
- seid kritisch, aber fair und behaltet euer gemeinsames Ziel im Auge: euer Jugendmagazin.

7 Entwerft anschließend für euer Jugendmagazin ein ansprechendes Layout. Überlegt dabei, wie ihr die einzelnen Beiträge auf einer Seite anordnet. Mit dem Computer könnt ihr verschiedene Gestaltungsmöglichkeiten ausprobieren.

Seitenränder und Spalten
– Rand (oben, unten, rechts, links)
– Spalten (ein-, zwei-, dreispaltig)

Schriftgröße
– Schlagzeile
– Vorspann
– ...

Zeilenabstand
– ...

Platzierung der Bilder/Fotos/Grafiken
– ...

Schritt 5: Endredaktion

8 Jedes Ressort entsendet einen Vertreter zur Endredaktion. Diese entscheidet über die Reihenfolge der Beiträge und hier wird euer Jugendmagazin auch fertiggestellt.

Information **Tipps zur Überarbeitung von Zeitungsartikeln**
- Die **Schlagzeile** muss die Leser „packen". Sie sollte kurz und präzise sein.
- Der **Einstieg in das Thema** entscheidet, ob der Leser weiterliest. Der erste Satz muss daher Neugier wecken oder wichtige und interessante Informationen bieten.
- Der **Gedankengang** sollte schlüssig und ohne Nachfrage **verständlich** sein. Prüft, ob zum Textverständnis Informationen fehlen oder ob Formulierungen unklar sind.
- **Vermeidet** unnötige inhaltliche **Wiederholungen** oder Wortwiederholungen.
- Überprüft die **Rechtschreibung** und die **Zeichensetzung.**

Wörterliste ▸ S. 353

Journalist	Boulevardzeitung	recherchieren	Reportage	Lead
Ressort	interviewen	kommentieren	Renaturierung	Fotostory

11 Grammatiktraining – Konjunktiv und Modalverben

1 Stellt euch vor, ihr könntet Urlaub auf einem fremden Planeten machen. Wie wäre die Reise? Wen würdet ihr treffen? Was würdet ihr erleben?

2 Erklärt, wie in den folgenden Sätzen deutlich gemacht wird, dass es sich um ein Gedankenexperiment handelt:
- *Die Reise würde mehrere Monate dauern.*
- *Ich träfe Außerirdische mit drei Beinen und drei Armen.*

In diesem Kapitel ...
- lernt ihr den Konjunktiv II kennen und formuliert damit unwahrscheinliche und ausgedachte Aussagen,
- verwendet ihr den Konjunktiv I in der indirekten Rede,
- unterscheidet ihr verschiedene Funktionen von Modalverben.

11.1 Gedankenexperimente – Konjunktiv II

Der Konjunktiv II und die würde-Ersatzform

Lebewesen auf fremden Planeten

Was wäre, wenn es auf einem fremden Planeten wirklich Lebewesen gäbe? Wie sähen sie aus? Alle Lebewesen, wie fremdartig sie auch wären, hätten wahrscheinlich bestimmte Merkmale wie Augen, Münder und Fortpflanzungsorgane. Diese sähen menschlichen Organen jedoch nicht unbedingt ähnlich. Wäre die Luft auf dem Planeten z. B. sehr dünn, besäßen die Außerirdischen keine Lungen, sondern stattdessen riesige verzweigte Kiemen. Mit mehreren riesigen Augen könnten die fremden Lebensformen sich auch auf dunkleren Planeten orientieren. Wenn sie keine Ohren hätten, sprächen die Kreaturen vielleicht mit Hilfe von Tentakeln. Die Position der Münder hinge von der jeweiligen Nahrungsquelle ab. Die Münder von pflanzenfressenden Aliens befänden sich beispielsweise dicht über dem Boden, wenn dort die nährstoffreichsten Pflanzen wüchsen.

1 Vergleicht die Beschreibung der Außerirdischen mit euren eigenen Vorstellungen. Was hat euch überrascht? Welche Überlegungen findet ihr überzeugend, welche nicht?

2 Untersucht die Verbformen aus dem Text, die deutlich machen, dass es sich bei der Beschreibung der fremden Lebewesen nur um Vermutungen handelt.

a Legt eine Tabelle in eurem Heft an und tragt die Verbformen in die erste Tabellenspalte ein. Notiert in der Spalte daneben die Verbformen im Indikativ Präteritum, z. B.:

> Ergänzt ggf. die entsprechenden Personalpronomen *(ich, du, er/sie/es, wir, ihr, sie).*

Verbformen aus dem Text (Konjunktiv II)	Indikativ Präteritum
es wäre	*es war*

b Erklärt anhand der Beispiele, wie der Konjunktiv II gebildet wird. Vergleicht eure Ergebnisse anschließend mit den Informationen im Merkkasten auf Seite 234.

3 Setzt den Text fort, indem ihr weitere mögliche Merkmale außerirdischer Lebensformen beschreibt. Verwendet dabei den Konjunktiv II, z. B.:
Um sich im Sand schnell fortzubewegen, besäßen …
Bestände der Planet nur aus Wasser, …

Krieg der Welten

Orson Welles' Hörspiel „Krieg der Welten“ gilt bis heute als das bedeutendste Science-Fiction-Hörspiel, das je im Radio zu hören war. Dass womöglich irgendwann die Außerirdischen landen würden, war für viele US-Bürger Ende der 1930er Jahre durchaus vorstellbar. Allerdings glaubte kaum jemand daran, dass dies so bald passieren würde und dass es sich dabei um mächtige, gefährliche Wesen handeln würde, die die Erde erobern könnten.

Dennoch versetzte das Hörspiel viele Menschen in Angst und Schrecken. Welles inszenierte die Sendung am 30. Oktober 1938 nämlich wie ein gewöhnliches Radioprogramm, das plötzlich durch eine dringende Meldung und mehrere sehr realistisch wirkende „Live“-Berichterstattungen über eine angebliche Invasion von Marsmenschen unterbrochen wurde. Die Radiozuhörer glaubten daher, dass es auf dem Mars tatsächlich Gasexplosionen gäbe und Materie mit enormer Geschwindigkeit auf die Erde zufliegen würde. Kurz darauf beschrieb ein angeblicher Augenzeuge die Landung eines außerirdischen Raumschiffs und die Zuhörer dachten, dass in New Jersey wirklich ein zylinderförmiges Metallobjekt eingeschlagen wäre und einen riesigen Krater hinterlassen hätte. Nun folgte eine Schreckensmeldung auf die nächste.

Als schließlich von Marsmenschen mit Tentakeln und glühenden Augen sowie von Hitzestrahlen, die angeblich Schaulustige in Brand setzen würden, die Rede war, brach bei einigen Radiohörern Panik aus. Sie nahmen an, dass gerade eigenartige Geschöpfe vom Mars mit ihren Maschinen die Erde angreifen würden, und stellten sich vor, dass man sich gegen sie verteidigen müsste. Zahlreiche besorgte Bürger riefen daher bei Polizeistationen an, einige Menschen verließen sogar fluchtartig ihre Häuser.

Als in einem „Live“-Bericht schließlich von einem menschenleeren Times Square und einer ganzen Armee von Aliens im Central Park berichtet wurde, dachten die Zuhörer, dass Marsmenschen damit beginnen würden, ganz New York zu zerstören. Allerdings realisierten vor allem die New Yorker Bürger auf Grund ihrer eigenen Beobachtungen schon bald, dass die beschriebenen Ereignisse doch nicht real waren.

1 Lest den Text und erklärt, wie es Orson Welles gelang, mit einem Hörspiel so viele Menschen in Angst und Schrecken zu versetzen.

2 **a** Nennt Beispiele für die Verwendung des Konjunktivs II im Text, z. B.: *könnten (Z. 10), …*
b Erklärt, warum hier der Konjunktiv II verwendet wird.

3 a Untersucht, warum an einigen Stellen statt des Konjunktivs II die würde-Ersatzform verwendet wird. Übertragt hierzu die folgende Tabelle in euer Heft und tragt die würde-Ersatzformen in die linke Spalte ein. Ergänzt dann die Verbformen in den übrigen Spalten.

würde-Ersatzform	Konjunktiv II	Indikativ Präteritum
sie würden landen (Z. 5)	*sie landeten*	*sie landeten*

b Begründet jeweils, warum die würde-Ersatzform gewählt wurde. Nehmt hierzu die Informationen aus dem Merkkasten unten zu Hilfe.

4 a Schreibt den folgenden Text in euer Heft und fügt dabei in die Lücken die entsprechenden Verbformen im Konjunktiv II ein.

b Untersucht noch einmal die Verbformen in eurem Text:
Markiert die Verbformen, die ihr durch die würde-Ersatzform ersetzen würdet.
Begründet eure Entscheidung.

Außerirdische auf der Erde

Wenn tatsächlich ein Raumschiff auf der Erde ? *(landen),* ? *(sein)* das für die meisten Menschen eine große Überraschung. Kaum jemand ? *(sein)* auf ein solches Ereignis vorbereitet. Niemand ? *(wissen),* wie man sich gegenüber den Außerirdischen verhalten sollte. Schließlich ? *(sprechen)* sie nicht unsere Sprache und ? *(haben)* ganz andere Verhaltensweisen und Lebensgewohnheiten. Außerdem ? *(wissen)* man nicht, ob sie mit friedlichen Absichten ? *(kommen)* oder einen Krieg gegen die Menschen ? *(führen).*

Information **Konjunktiv II (Irrealis)**

Wenn man eine Aussage als **unwirklich (irreal),** nur vorgestellt, unwahrscheinlich oder gewünscht kennzeichnen möchte, verwendet man den Konjunktiv II. Man bezeichnet den Konjunktiv II daher auch als **Irrealis.**

Bildung des Konjunktivs II
Der Konjunktiv II wird in der Regel abgeleitet vom Präteritum Indikativ. Bei unregelmäßigen Verben werden **a, o, u** im Wortstamm zu **ä, ö, ü.**

Indikativ Präteritum	*er sah*	*er war*	*er hatte*	*er stand*
Konjunktiv II	*er sähe*	*er wäre*	*er hätte*	*er stände*

Anstelle des Konjunktivs II wird die **würde-Ersatzform** verwendet, wenn
- der Konjunktiv II (im Textzusammenhang) **nicht vom Indikativ Präteritum zu unterscheiden** ist, z. B.: *Zusammen mit Freunden machte er diese Reise.* (Konjunktiv II)
  Zusammen mit Freuden würde er diese Reise machen. (würde-Ersatzform)
- die Konjunktiv-II-Form als besonders **ungebräuchlich** oder **unschön** empfunden wird, vor allem im mündlichen Sprachgebrauch, z. B.: *ich empfähle → ich würde empfehlen.*

Die Verwendung des Konjunktivs II in Konditionalgefügen

Jules Verne

Reise zum Mittelpunkt der Erde

In Jules Vernes berühmtem Science-Fiction-Roman „Reise zum Mittelpunkt der Erde" aus dem Jahr 1864 findet Professor Lidenbrock eine geheime Notiz, die ihm einen Hinweis darauf gibt, durch welchen Vulkankrater man zum Mittelpunkt der Erde reisen kann. Er möchte die Reise sofort antreten, aber sein Neffe Axel, der Ich-Erzähler des Romans, hat einen Einwand:

„Die Wärme unter der Erdoberfläche nimmt mit siebzig Fuß[1] Tiefe um einen Grad zu. Nehmen wir nun dieses steigende Verhältnis als gleich bleibend an, so muss, da der Erdradius fünfzehnhundert Meilen[2] beträgt, im Zentrum eine Temperatur von mehr als zweihunderttausend Grad herrschen!", gab ich zu bedenken.
„Also, Axel, die Hitze macht dir Sorgen?"
„Allerdings. Kämen wir bis zu einer Tiefe von nur zehn Meilen, wären wir an der Grenze der Erdrinde mit einer Temperatur von über dreizehnhundert Grad."
„Nun denn, ich will dir nur sagen, dass echte Gelehrte wie Poisson Folgendes bewiesen haben: Wenn im Inneren des Erdballs eine Hitze von zweimal hunderttausend Grad existierte, würde das aus den zerschmolzenen Stoffen erzeugte glühende Gas eine enorme Spannkraft erlangen. Das Erdinnere könnte dann keinen Widerstand mehr leisten und müsste zerspringen wie die Wände eines Dampfkessels durch die Ausdehnung des Dampfes."
„Das ist Poissons Ansicht, lieber Onkel, nichts weiter."
„Einverstanden, aber es ist auch die Ansicht anderer ausgezeichneter Geologen: Wenn das Innere des Erdballs aus Gas bestehen würde, würde die Erde ein zweifach geringeres Gewicht haben. Und ich muss sagen, dass die Ansichten der berufensten Männer mit der meinigen übereinstimmen. Im Jahre 1825 sprach ich mit dem berühmten englischen Chemiker Humphry Davy über die Hypothese[3] der Flüssigkeit des inneren Kerns der Erde. Wir waren uns aus einem Grund einig, dass dies nicht möglich ist."
„Und welcher ist das?", fragte ich etwas betroffen.
„Diese flüssige Masse wäre gleich dem Ozean der Anziehung von Seiten des Mondes ausgesetzt. Wenn demzufolge zweimal täglich im Inneren Ebbe und Flut entstehen würden, hätte dies periodische[4] Erdbeben zur Folge."

1 Fuß: Längenmaß; 1 Fuß = ca. 30 cm
2 Meile: Längenmaß, 1 Meile = ca. 1600 Meter
3 die Hypothese: noch nicht bewiesene Theorie
4 periodisch: regelmäßig wiederkehrend

1 a Erklärt, welche Bedenken Axel gegen eine Reise zum Mittelpunkt der Erde hat. Durch welche Argumente versucht sein Onkel, ihn vom Gegenteil zu überzeugen?
b Überzeugen euch die Argumente von Professor Lidenbrock? Diskutiert in der Klasse, ob ihr euch auf diese Reise einlassen würdet.

2 In ihrer Argumentation verwenden Axel und sein Onkel mehrere Satzgefüge mit Konditionalsätzen.

a Schreibt aus dem Text alle Konditionalsatzgefüge heraus und unterstreicht die Verbformen, z. B.:
Kämen wir bis zu einer Tiefe von nur zehn Meilen, ... (Z. 9–12)

b Woran könnt ihr erkennen, dass Axel und der Professor die Erfüllung der jeweiligen Bedingungen für unwahrscheinlich halten?

c Untersucht das folgende Konditionalsatzgefüge.
Woran erkennt man hier, dass der Professor die Erfüllung dieser Bedingung für wahrscheinlich hält?
Wenn wir gleich morgen losfahren, kommen wir pünktlich am Vulkankrater an.

In einem Satzgefüge stellt der mit „wenn“ oder „falls“ eingeleitete Konditionalsatz eine Bedingung dar; die Folge wird im Hauptsatz formuliert. Haupt- und Nebensatz bilden zusammen ein so genanntes **Konditionalgefüge.**

3 a Professor Lidenbrock ist von seinem Plan, das Erdinnere zu erforschen, nicht abzubringen. Überlegt, welche anderen Einwände Axel vorbringen könnte, und formuliert Satzgefüge mit Konditionalsätzen. Lest hierzu die Informationen im Merkkasten unten, z. B.:
Wenn wir 1500 Meilen ins Innere der Erde klettern würden, würden wir ...

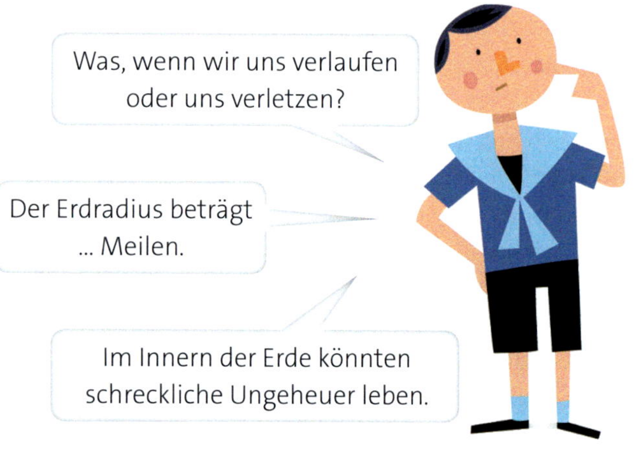

b Vergleicht eure Sätze.

4 Untersucht in den Konditionalsatzgefügen aus dem Text (► S. 235) die Verwendung des Konjunktivs II und der würde-Ersatzform.

a Markiert auf einer Kopie des Textes die Stellen, an denen ihr die jeweils andere Verbform verwenden würdet. Begründet eure Meinung.

b Schreibt die veränderten Sätze in euer Heft.

Information **Irreale Konditionalgefüge (Bedingungsgefüge)**

Dem Konditionalgefüge kann eine reale oder irreale Bedingung zugrunde liegen.

1 **Reale Bedingung (Indikativ):** Ist die Bedingung möglich bzw. real, verwenden wir im Hauptsatz und im Nebensatz (Konditionalsatz) den Indikativ, z. B.:
Wenn ich eine Leiter mitnehme, kann ich leichter auf den Baum klettern.

2 **Irreale Bedingung (Konjunktiv II oder würde-Ersatzform):** Ist die Bedingung unwahrscheinlich bzw. irreal, verwenden wir im Hauptsatz und im Nebensatz (Konditionalsatz) den Konjunktiv II (Irrealis) bzw. die würde-Ersatzform, z. B.:
Wenn ich sehr viel Geld hätte, würde ich Urlaub im All machen.
Hinweis: Irreale Konditionalsätze können auch ohne die Konjunktionen „wenn“ oder „falls“ gebildet werden. Dann steht das Verb im Nebensatz an erster Stelle, z. B.:
Wäre ich Astronaut, flöge ich zum Mond.

Stärken stärken: Konjunktiv II

Jules Verne

Reise um den Mond

In Jules Vernes 1870 erschienenem Science-Fiction-Roman „Reise um den Mond" lassen sich die drei Freunde Barbicane, Nicholl und Ardan in einer riesigen Kanonenkugel zum Mond schießen. Allerdings verläuft die Reise anders, als sie es sich vorgestellt haben ...

Barbicane hatte in einem Punkt Bedenken; aber er schwieg, um seine Kameraden nicht zu beunruhigen. Der Kurs des Projektils[1] nach der Nordhälfte des Mondes bewies nämlich, dass man von der vorhergesehenen Bahn abgewichen war. Nach mathematischen Berechnungen hätte die Kapsel das Zentrum der Mondscheibe treffen müssen. Woher kam aber dann die Abweichung? Barbicane konnte sich weder die Ursache noch die Bedeutung der Abweichung erklären. Er hoffte immer noch, das Projektil triebe lediglich dem oberen Rand des Mondes entgegen – der zum Landen ohnehin günstigeren Gegend. Er beschränkte sich darauf, den Mond häufig zu beobachten, um jede Richtungsänderung des Projektils zu registrieren; seinen Freunden gegenüber schwieg er weiterhin. Wenn das Projektil sein Ziel verfehlte und über den Mond hinaus in die Unendlichkeit des Planetensystems fiele, wären die Folgen für die drei Astronauten fürchterlich.

Etwas später konkretisieren[2] sich Barbicanes Befürchtungen:

Wenn das Projektil sich schon bis auf 50 km dem Mond genähert hatte – warum konnte es ihn nicht erreichen? Seine Fahrt hatte sich doch so weit verlangsamt, dass sie der Mondanziehung theoretisch nicht mehr hätten widerstehen können. Den Mond würde man wohl kaum mehr betreten. Wohin aber würde das Geschoss treiben?

1 Projektil: meint „Kugel"
2 konkretisieren: *hier:* verdeutlichen, zeigen

1 a Schreibt aus dem Text die Sätze heraus, in denen der Konjunktiv II verwendet wird.
b Erklärt, was der Konjunktiv II jeweils ausdrückt: Ist das, was beschrieben wird, gewünscht, unwahrscheinlich oder vorgestellt?

2 a Sucht aus dem Text die beiden Sätze heraus, in denen statt des Konjunktivs II die würde-Ersatzform verwendet wird, und schreibt sie in euer Heft.
b Formuliert die Sätze um und verwendet dabei den Konjunktiv II.
c Erklärt, warum in diesen Sätzen die würde-Ersatzform gewählt wurde.

3 a Im Text gibt es einen Satz, in dem der Konjunktiv II verwendet wird, die würde-Ersatzform aber günstiger gewesen wäre. Schreibt diesen Satz heraus und begründet, warum.
b Formuliert den Satz um, indem ihr die würde-Ersatzform verwendet.
c Barbicane fragt: „Wohin aber würde das Geschoss treiben?" (▶ Z. 30–31). Findet mögliche Antworten auf diese Frage. Nutzt dabei den Konjunktiv II und die würde-Ersatzform.

Testet euch!

Konjunktiv II

Zeitreisen

- H. G. Wells, der Autor des Romans „Die Zeitmaschine" aus dem Jahr 1895, gibt eine mögliche Antwort auf die Frage, wie es **?**, in die Zukunft zu reisen.
- Man **?** eine fahrradähnliche Zeitmaschine, um sich auf der Zeitachse zu bewegen.
- Mit dieser **?** man in die Zukunft reisen und sehen, wie die Menschheit sich entwickelt hat.
- Allerdings **?** man sich darauf einstellen, dass einem hinterher niemand glauben würde, wo man war und was man erlebt hat.
- Außerdem **?** die Gefahr, dass man von dieser Zeitreise nicht mehr zurückkehren würde.

D wäre • **Z** sei • **A** sein wird

O brauche • **U** bräuchte • **E** braucht

I konnte • **T** könne • **R** könnte

C müsste • **T** müsse • **A** musste

R besteht • **H** bestände • **S** bestand

1 Welche der vorgeschlagenen Verbformen müssen bei den Sätzen eingesetzt werden? Schreibt die Buchstaben der richtigen Verbformen hintereinander in euer Heft.

	Konjunktiv II	würde-Ersatzform
Autoren von Science-Fiction-Romanen und -Filmen überlegen immer wieder, wie man Zeitreisen machen **?** **?** *(können)*.	Z	R
So schreiben manche Autoren, dass es die Möglichkeit **?** **?** *(geben)*, durch ein Zeitloch zu laufen oder zu fallen.	A	O
Man **?** auch nicht unbedingt in die Zukunft reisen **?** *(müssen)*.	U	T
Wenn man stattdessen in die Vergangenheit **?** **?** *(reisen)*, **?** dies allerdings zu Schwierigkeiten **?** *(führen)*.	P R	B E
Was **?** **?** *(sein)*, wenn das Verhalten des Zeitreisenden in der Vergangenheit zur Folge **?** **?** *(haben)*, dass er in der Gegenwart nicht mehr **?** **?** *(existieren)*?	R E L	S A I

2 Prüft, ob die Verben jeweils im Konjunktiv II oder in der würde-Ersatzform eingesetzt werden sollten. Schreibt die zutreffenden Buchstaben hintereinander in euer Heft.
Beachtet: Es gibt immer zwei Lücken, aber die Verbform ist in vielen Fällen einteilig.

3 Wenn ihr die Aufgaben 1 und 2 richtig gelöst habt, erfahrt ihr, wie man noch durch die Zeit reisen könnte. Hintereinandergelesen ergeben die Buchstaben die Lösung.

11.2 Beeindruckende Naturereignisse – Konjunktiv I und Modalverben

Konjunktiv I in der indirekten Rede

Per Hinrichs

Stürmische Liebe

Johannes Dahl, 22, hat keinen Sinn für den Rundumblick auf die Stadt, hier auf der Galerie des rund 40 Meter hohen Wetterturms der Freien Universität Berlin, für den er Eintritt nehmen könnte. „Ich liebe Stürme. Und ich kann nicht genug davon bekommen."

Dahl gehört zu einer kleinen Gruppe von Meteorologiestudenten, die sich „Storm Chasers"[1] nennen. „Wir verbinden die Theorie der Wetterwissenschaften mit der Praxis der Beobachtung", formuliert der Student Christoph Gatzen, 26. Wenn die Jäger einen Sturm wittern, setzen sie sich in ein Auto, laden es mit Laptops und Kameras voll, fahren zum Gewitter und filmen los. So wie beim jüngsten Jahrhundertsturm, am 10. Juli, als der Himmel über Berlin einstürzte.

Der Morgen einer Jagd beginnt stets auf dem Wetterturm in Berlin-Steglitz: Windrichtung, Taupunkt, Temperatur, Luftfeuchtigkeit, Wolkenbewegungen – wo kracht's zuerst, wo am heftigsten? Dahl sagt, sie wüssten meist einen Tag vorher, wann es wirklich losgeht. „Nur das Finetuning[2] müssen wir kurz vorher noch besprechen."

Ein paar der fünf Jungs fahren mit dem Wagen Richtung Norden, nach Oranienburg, dem vermeintlichen Zentrum des Unwetters entgegen. Christoph Gatzen lag mit der Prognose daneben: „Das Gewitter tobt sich in Berlin aus." Auf dem Rückweg bekommen sie den Sturm dann doch noch zu sehen und bannen ihn auf Video. Eine schwarze Wand kommt da auf die Storm Chasers zu, brodelt über das flache Land, knickt Bäume um, jagt ohrenbetäubende Böen über Weideflächen. Ab und an schwenkt Gatzen mit der Kamera auf seine Freunde, die herumspringen und jubelnd die Arme hochreißen. Dann allerdings schnappt sich die Crew ihre Ausrüstung und macht sich vom Acker, denn Gatzen behauptet: „Ein guter Storm Chaser wird nicht nass."

Auch im Wetterturm bleiben die Daheimgebliebenen aktiv. Auf einem Video, das Dahls Kommilitone[3] Sebastian Unger aus einem Fenster heraus dreht, spielt sich das Drama noch einmal ab. Unger freut sich begeistert, dass der Sturm die Windstärke zwölf habe. „Ach, ein bisschen verrückt sind wir alle", gibt er zu. Doch er sieht sich nicht nur als verrückten Wetternarren: „Wir wollen mit unserer Arbeit

---

1 storm chasers (engl.): Sturmjäger

2 Finetuning: Feinabstimmung

3 Kommilitone: Studienkollege

auch aufklären und vor einer bisher unterschätzten Gefahr warnen: den Tornados." Die Wetterforscher hierzulande würden sich zu sehr um Regenwahrscheinlichkeit und Vorhersagegenauigkeit kümmern, mit den Warnungen vor wirklichen Gefahren wie bei der großen Elbe-Flut hapere es aber, erklären die Studenten.

1 a Lest den Text und erklärt, worin für Johannes Dahl der Reiz des „Sturmjagens" besteht.
b Beurteilt, ob der Titel zum Inhalt des Textes passt.

2 a Schreibt die Sätze, in denen indirekte Rede verwendet wird, mit ihren Redebegleitsätzen in euer Heft:
- Markiert alle Verbformen im Konjunktiv I.
- Markiert in zwei weiteren Farben die Verbformen im Konjunktiv II und die würde-Ersatzform.

b Erklärt, wann bei der indirekten Rede anstelle des Konjunktivs I der Konjunktiv II oder die würde-Ersatzform verwendet wird. Nehmt hierzu die Informationen im Tipp zu Hilfe.

Wenn der Konjunktiv I nicht vom Indikativ Präsens zu unterscheiden ist, wird der **Konjunktiv II** oder die **würde-Ersatzform** verwendet, z. B.:

Konjunktiv I = Indikativ Präsens	~~*Er sagt, viele wissen kaum etwas über Tornados.*~~
Konjunktiv II als Ersatzform	*Er sagt, viele wüssten kaum etwas über Tornados.*
Umschreibung mit „würde" als Ersatzform	*Er sagt, viele würden kaum etwas über Tornados wissen.*

3 a Formt die Sätze in wörtlicher Rede in die indirekte Rede um. Prüft jeweils, ob ihr den Konjunktiv I oder den Konjunktiv II bzw. die würde-Ersatzform verwenden solltet. Verwendet verschiedene Verben aus dem Wortspeicher.

Verben
erklären • behaupten • erläutern • beschreiben • vermuten • feststellen • meinen • schildern • erzählen • befürchten • berichten

b Vergleicht eure Ergebnisse mit denen eures Lernpartners oder eurer Lernpartnerin.
c Erklärt, wann man eher direkte Rede und wann man eher indirekte Rede verwenden sollte.

Information **Konjunktiv I in der indirekten Rede**

Wenn man wiedergeben möchte, was jemand gesagt hat, verwendet man **die indirekte Rede.** Das Verb steht dann im **Konjunktiv I,** z. B.: *Christoph sagt, das Gewitter tobe sich über Berlin aus.*

Bildung des Konjunktivs I
Der Konjunktiv I wird durch den Stamm des Verbs (Infinitiv ohne *-en*) und die entsprechende Personalendung gebildet, z. B.:

Indikativ Präsens	Konjunktiv I	Indikativ Präsens	Konjunktiv I
ich komm-e	*ich komm-e*	*wir komm-en*	*wir komm-en*
du komm-st	*du komm-est*	*ihr komm-t*	*ihr komm-et*
er/sie/es komm-t	*er/sie/es komm-e*	*sie komm-en*	*sie komm-en*

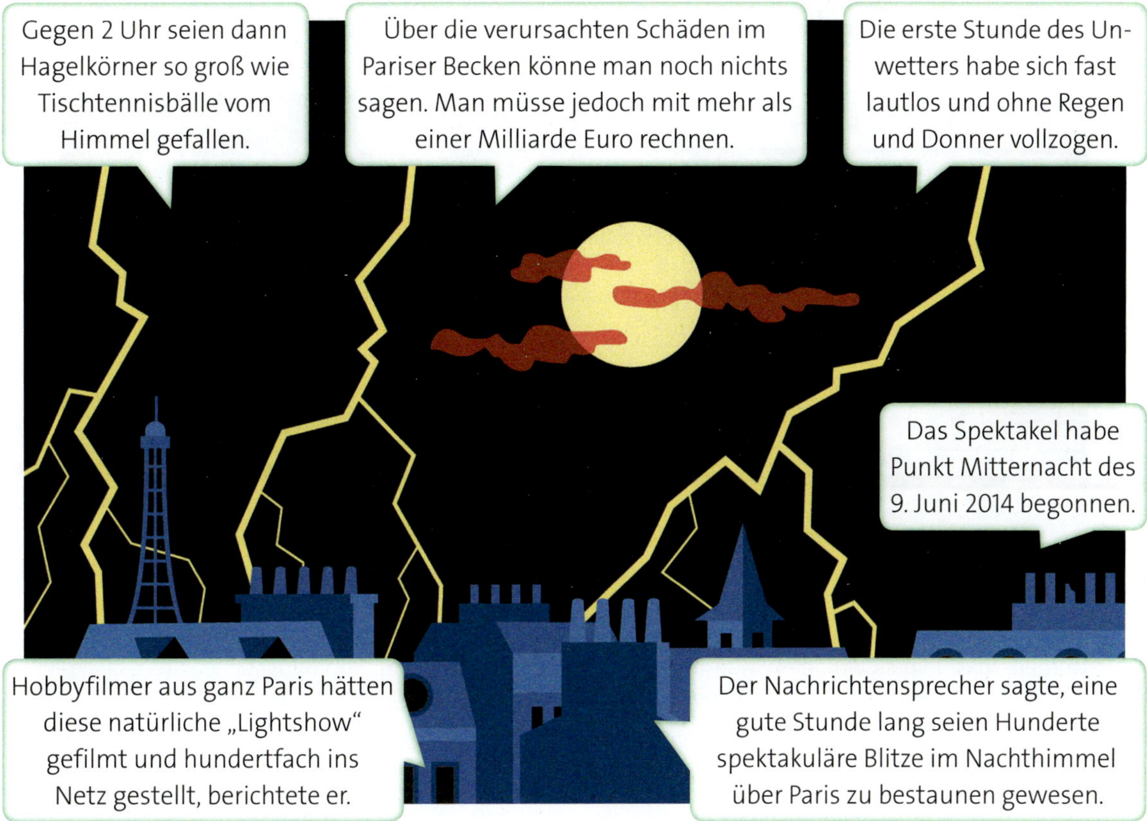

4 Wovon ist in den Sprechblasen die Rede? Tauscht euch darüber in der Klasse aus.

5 Versucht, die ursprüngliche Nachricht zu rekonstruieren. Formuliert dazu die Aussagen, die oben in der indirekten Rede stehen, wieder in die direkte Rede um.
Geht dabei folgenderweise vor:
- Legt eine Folie über die Sprechblasen und nummeriert die Aussagen so, dass ein stimmiger Text entsteht.
- Unterstreicht dann die Konjunktivformen der Verben.
- Übertragt anschließend die folgende Tabelle in euer Heft und tragt alle Verben aus dem obigen Text ein. Ergänzt die fehlenden Formen.

Indikativ	Konjunktiv I	Konjunktiv II
hat begonnen	*habe begonnen*	...

- Gebt nun das Ereignis, über das in den Sprechblasen berichtet wird, in der direkten Rede wieder.
  Der Nachrichtensprecher berichtet: „Punkt Mitternacht des 9. Juni 2014 hat ..."

6 **a** Habt ihr auch schon einmal einen großen Sturm oder ein besonders heftiges Gewitter erlebt? Berichtet euch gegenseitig davon.
b Schreibt einen kurzen Bericht über das Erlebnis, von dem euer Lernpartner oder eure Lernpartnerin euch erzählt hat. Verwendet dabei die indirekte Rede.

Stärken stärken: Konjunktiv I in der indirekten Rede

Hagelkorn in den USA bricht gleich zwei Rekorde

Im US-Bundesstaat South Dakota ist am 3. August 2010 das größte Hagelkorn gefunden worden, das jemals auf dem nordamerikanischen Kontinent erfasst wurde. „Mit 875 Gramm Gewicht und einem Durchmesser von 20,32 Zentimetern hat es gleich zwei Rekorde gebrochen“, berichtete der Nachrichtensender CNN. „Damit ist es vielleicht sogar das größte bisher bekannte Hagelkorn weltweit.“ Bisher handelt es sich laut Wikipedia bei einem Eisbrocken aus Nebraska mit einem Durchmesser von 17,8 Zentimetern um das größte Hagelkorn, und das bislang schwerste Hagelkorn beeindruckt mit einem Gewicht von 623 Gramm.

Leslie Scott, ein Farmer aus South Dakota, hatte das Mega-Hagelkorn entdeckt: „Das Eisstück ist etwas kleiner als ein Fußball. Mich hat anfangs die besondere Form des Hagelkorns mit seinen Eisfingern fasziniert. Leider sind die Finger nach einem Stromausfall meines Gefrierschranks geschmolzen.“ „*Die Wissenschaftler in Colorado fertigen nun Nachbildungen aus Gips an.* Diese geben sie dann an Forscher, ein Museum in South Dakota und den Finder des Hagelkorns weiter“, sagte Experte Charles Knight.

„Anschließend halbieren wir das Original und fotografieren dessen innere Ringanordnung“, berichtet Knight weiter und ergänzt mit einem Grinsen: „Das Hagelkorn wird in der Zwischenzeit in einer Gefriertruhe aufbewahrt. Wir haben unsere Kollegen ermahnt, das eisige Gebilde nicht versehentlich für die Cocktail-Zubereitung zu benutzen.“

●○○ 1 Formuliert die wörtliche Rede im ersten Absatz des Textes (▸ Z. 4–7 und Z. 8–9) in indirekte Rede um. Verwendet dabei immer den Konjunktiv I.

●●○ 2 **a** Formuliert die wörtliche Rede im zweiten Absatz (▸ Z. 16–25) in indirekte Rede um. Verwendet bei dem unterstrichenen Satz den Konjunktiv II, bei dem kursiv gedruckten Satz die würde-Ersatzform und bei den übrigen Sätzen den Konjunktiv I.

b Erklärt, warum ihr den Konjunktiv II oder die würde-Ersatzform verwendet habt.

●●● 3 **a** Formuliert die wörtliche Rede im dritten Absatz (▸ Z. 26–33) in indirekte Rede um. Entscheidet dabei jeweils, ob der Konjunktiv I, der Konjunktiv II oder die würde-Ersatzform gewählt werden muss.

b Erklärt, warum ihr den Konjunktiv II oder die würde-Ersatzform gewählt habt.

Modalverben

Wenn die Erde bebt

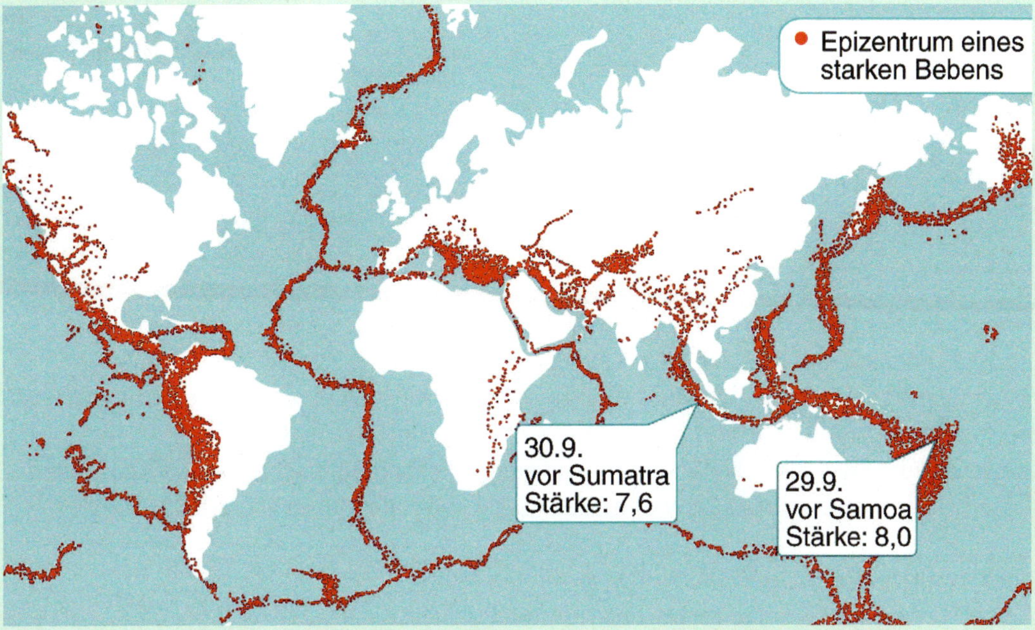

Erdbeben treten auf, wenn an den Grenzen der Erdplatten die Erdkruste bricht und ihre Ränder sich ruckartig verschieben. Man *kann* Erdbeben nicht verhindern, aber man *kann* sie auf Grund von Aufzeichnungen und Druckmessungen vorhersagen. Dennoch werden Menschen immer wieder Opfer von Erdbeben.

Wenn Menschen bei einem Erdbeben unter Trümmern verschüttet werden, müssen sie so schnell wie möglich gefunden werden. Nach einem Erdbeben kann es auch zu Bränden kommen. Die Feuerwehr muss sich dann durch Trümmer und zerstörte Straßen kämpfen, um die Feuer zu löschen. Obdachlos gewordene Erdbebenopfer dürfen sich meist kostenlos in Notunterkünften aufhalten, wo sie auch medizinisch versorgt werden.

In manchen besonders gefährdeten Zonen soll nach Möglichkeit nur noch erdbebensicher gebaut werden. Architekten und Ingenieure wollen durch eine spezielle Bauweise gewährleisten, dass die Häuser die Schwingungen besser abfangen können und nicht einstürzen.

1 Fasst zusammen, worüber der Text informiert.

2 a Formuliert den zweiten Satz (▶ Z. 3–6) um, ohne die kursiv gedruckten Verben zu verwenden.
b Vergleicht die beiden Textfassungen und erklärt, welche Bedeutung das Wort „kann" hier hat.

3 Die Verben *können, sollen, müssen, dürfen, wollen* nennt man Modalverben.
Sucht in Partnerarbeit aus dem Text weitere Modalverben heraus und erklärt jeweils, ob sie eine Möglichkeit, eine Vorschrift, ein Gebot, eine Erlaubnis oder eine Absicht angeben, z. B.:
– *müssen (Z. 9) → Gebot*

Proben für den Ernstfall

In einigen Teilen der Welt gehören Erdbebenübungen zum Schulalltag. Die Lehrer **1** damit erreichen, dass die Schüler im Fall eines Erdbebens gut vorbereitet sind. Japanische Kinder lernen ab dem Kindergartenalter, wie sie sich schützen **2**, wenn die Erde bebt. Lehrer haben bunt illustrierte Schautafeln, mit denen sie den Schülern das richtige Verhalten beim Beben gut veranschaulichen **3**. Die Schüler lernen an manchen Schulen, dass sie im Fall eines Erdbebens schnell Schutz unter einem Tisch oder einem Türrahmen suchen **4**. Schüler an anderen Schulen **5** nicht im Gebäude bleiben. Sie **6** bei Erdbebenübungen feuerfeste Schutzhauben tragen und **7** sich auf den Sportplatz begeben.

1 Mit Modalverben drückt man aus, wie eine Äußerung verstanden werden soll.

a Lest den Text oben und überlegt, welches Modalverb ihr in welche Lücke setzen würdet. Notiert jeweils in Klammern, welchen Aussagewert das Modalverb hat, das heißt, ob man etwas tun soll, darf oder muss. Nehmt hierzu den Merkkasten unten zu Hilfe.

b Vergleicht eure Ergebnisse. Erklärt, warum an einigen Stellen unterschiedliche Modalverben passend sind. Probiert dazu aus, wie sich der Aussagewert des Satzes ändert.

2 Überlegt, welche Modalverben in den Textsorten rechts im Kasten besonders häufig vorkommen, und formuliert jeweils einen Beispielsatz, der an eurer Schule gelten sollte, z. B.:
Anweisung/Vorschrift: Man soll seinen Müll ...

Anweisung/Vorschrift • Regel/Gesetz • Erlaubnis • Appell

3 An eurer Schule gibt es sicherlich keine Erdbebenübungen, aber dafür Feueralarmproben. Formuliert einige Sätze zu diesen Proben und verwendet dabei verschiedene Modalverben.

Information **Modalverben**

Mit Modalverben verändert man den Aussagewert des Vollverbs. Man zeigt an, ob man z. B. etwas darf oder muss, z. B.: *Hunde müssen draußen bleiben.*

Modalverb	Auassagewert	Beispiel
können	Möglichkeit, Fähigkeit	*Sie können nebenan parken. Sie kann einparken.*
sollen	Vorschrift, Empfehlung	*Besucher sollen auf Parkplatz C parken.*
müssen	Gebot, Zwang	*Fahrzeuge müssen die Fahrbahn benutzen.*
dürfen	Erlaubnis, Möglichkeit	*Gäste dürfen hier parken.*
wollen	Absicht, Bereitschaft	*Wir wollen die Hose umtauschen.*
mögen	Wunsch, Möglichkeit	*Wir möchten Sie bitten ...*

Modalverben kommen häufig in folgenden Textsorten vor: Anweisungen und Vorschriften *(sollen)*, Gesetze und Regeln *(müssen)*, Appelle *(wollen, sollen)*.

Stärken stärken: Modalverben

Lawinen

Ins Tal donnernde Schneelawinen sind ein großartiges Naturschauspiel, das jedoch schnell zur Lebensgefahr werden kann. Damit eine Lawine abgeht, muss es steil sein und irgendetwas muss die Lawine auslösen. Das Gewicht einer einzelnen Person oder auch nur ein lautes Geräusch kann genügen, um das fragile Gleichgewicht der Schneedecke zu zerstören. Weil Lawinen möglichst kontrolliert abgehen sollen, werden sie in den Alpen meist von Experten gezielt durch Sprengungen ausgelöst. Mit dieser Maßnahme wollen sie größere Schäden verhindern.

Die einzelnen Skigebiete werden mit entsprechenden Lawinenwarnstufen versehen, die sich täglich oder sogar stündlich ändern **1**. Diese **2** die Skifahrer darüber informieren, wo sie sich gefahrlos aufhalten **3** und welche Gebiete sie nicht befahren **4**. Wer sich an diesen Warnungen nicht halten **5**, **6** sich mit Lawinen gut auskennen, um das Abenteuer gesund zu überstehen, und **7** eine Notfallausrüstung besitzen.

○○ **1** Schreibt aus dem ersten Absatz des Textes (▶ Z. 1–12) alle Modalverben heraus und notiert jeweils, ob sie einen Wunsch, eine Möglichkeit oder einen Befehl ausdrücken.

●○ **2** Überlegt, welches Modalverb ihr im zweiten Textabsatz (▶ Z. 13–22) in welche Lücke setzen würdet, und notiert jeweils in Klammern, welchen Aussagewert das Modalverb hat, z. B.: *1* = ...

●● **3** Formuliert die folgenden Ratschläge zum Skifahren um, indem ihr Modalverben verwendet. Notiert auch den Aussagewert des jeweiligen Modalverbs.

Verhaltensregeln für Skifahrer

- Vor der Abfahrt unbedingt Informationen über die Schnee- und Wetterlage sowie das Lawinenrisiko einholen.
- Immer nur auf freigegebenen Pisten fahren.
- Auf keinen Fall abgesperrtes Gelände befahren.
- Möglichst nicht quer zum Hang fahren und abrupte Sprünge vermeiden.

Testet euch!

Konjunktiv I und Modalverben

Die längste Sonnenfinsternis des Jahrhunderts

A Wissenschaftler teilen mit, dass es sich bei der Sonnenfinsternis in Asien am 22. Juli um die längste totale Sonnenfinsternis dieses Jahrhunderts und somit um ein spektakuläres Naturereignis ? ? *(handeln).*

B In Indien sagen allerdings viele Menschen, sie ? Angst vor der Sonnenfinsternis ? *(haben),* da die verdunkelte Sonne Unglück ? ? *(bringen).*

C Natürlich will man auch Geld mit dem Naturereignis verdienen. Der Chef einer Fluggesellschaft erklärt, die Sitzplätze für einen Sonderflug von Neu-Delhi Richtung Osten mit direktem Blick auf die Sonnenfinsternis ? rund 1 200 Euro ? *(kosten).*

D In China teilen die Behörden mit, etwa 300 Millionen Menschen ? im Tal des Jangtse das seltene Naturschauspiel miterleben ? *(können),* wenn nicht schlechtes Wetter den Blick auf das Ereignis ? ? *(behindern).*

E In Shanghai schwärmt ein Geschäftsmann aus den USA, er ? *(hoffen),* das beeindruckende Schauspiel am klaren Himmel sehen zu können.

F In Japan erklärt der deutsche Filmregisseur Roland Emmerich, dass er sehr froh ? ? *(sein),* wenn er die Sonnenfinsternis zur Werbung für seinen Katastrophenfilm nutzen ? *(können).*

1 a In den Sätzen A bis F sollen die Aussagen anderer in der indirekten Rede wiedergegeben werden. Entscheidet jeweils, ob der Konjunktiv I, der Konjunktiv II oder die würde-Ersatzform gewählt werden muss, und schreibt die Sätze richtig in euer Heft.
Beachtet: Es gibt immer zwei Lücken, dennoch ist die Verbform in vielen Fällen einteilig.
b Vergleicht eure Ergebnisse mit dem Lösungsteil auf Seite 359.

Tipps für die Beobachtung einer Sonnenfinsternis

Damit die Beobachtung einer Sonnenfinsternis die Gesundheit nicht gefährdet, **1** man einige Hinweise beachten. Für den direkten Blick in die Sonne **2** man unbedingt eine geeignete Schutzbrille für die Augen verwenden. Dies **3** man auch nicht vergessen, wenn man durch Kamerasucher, Ferngläser und Teleskope schauen **4**. Bei ungeschützter Sicht in die Sonne **5** die Netzhaut nämlich dauerhaft zerstört werden.

2 a Überlegt, welches Modalverb ihr in welche Lücke setzen würdet, und notiert jeweils in Klammern den Aussagewert des Modalverbs, z. B.: *1 = …*
b Vergleicht eure Ergebnisse in Partnerarbeit.

11.3 Fit in ...? – Einen Text überarbeiten

Stellt euch vor, ihr bekommt in der Klassenarbeit folgende Aufgabenstellung:

Julia hat ein Praktikum bei einer Tageszeitung gemacht und durfte das Interview eines Redakteurs mit dem Astrophysiker Harald Lesch verschriftlichen. Allerdings hat sie an einigen Stellen vergessen, den Konjunktiv II zu nutzen.

1. Überarbeite den Text, indem du an den richtigen Stellen den Konjunktiv II bzw. die würde-Ersatzform verwendest. Schreibe die überarbeiteten Sätze in dein Heft.
   Tipp: Im ersten Teil des Textes (► Z. 1–29) sind die Fehler schon unterstrichen.
2. Unterstreiche in deinem Text die würde-Ersatzformen und erkläre jeweils, warum du sie anstelle des Konjunktivs II genutzt hast.

Wir sind nicht allein im Universum

VORSICHT FEHLER!

Wissenschaftsmoderator Harald Lesch über außerirdisches Leben und die Unmöglichkeit von Zeitreisen

Herr Professor Lesch, glauben Sie an Außerirdische?

Lesch: Ich denke, es gibt jede Menge Planeten, auf denen einfache Formen des Lebens wie Einzeller vorkommen, und eine ganze Reihe, wo es grünen Urschleim oder Würmer gibt.

Gibt es Ihrer Überzeugung nach auch Planeten mit höher entwickelten Lebewesen?

Lesch: Wenige zwar, aber es gibt sie. Es ist natürlich toll, wenn man mit denen in Kontakt treten kann – das eröffnet ungeahnte Möglichkeiten des Wissens. Man kann die Aliens zum Beispiel fragen, wie sie das mit der Energie machen oder ob sie ihren Müll trennen – lauter solche hochinteressanten Dinge.

In einer Ihrer Sendungen geht es um die Frage, ob Zeitreisen möglich sind.

Lesch: Sie sind physikalisch völlig unmöglich, und zwar aus diesem Grund: Wenn Sie wirklich in der Zeit zurückreisen können, dann müssen Sie das ganze Universum in den Zustand versetzen, in dem es zum angepeilten Zeitpunkt war. Dazu müssen Sie mehr Energie zur Verfügung haben, als das Universum selbst zur Verfügung stellt – und das ist absolut unmöglich.

Wenn Zeitreisen trotzdem möglich wären, wohin würde es Sie persönlich verschlagen?
Lesch: Ich bin ein großer Geschichtsfan und reise daher ins beginnende 19. Jahrhundert. Am liebsten lebe ich in Weimar, wo Goethe seinen „Faust" geschrieben hat. Ich bin ein großer Bewunderer Goethes und spreche dann mit ihm über seine Werke.

Und wenn es in die Zukunft ginge?
Lesch: Dann ist die entscheidende Frage, ob ich wieder zurückreisen darf – und wenn das der Fall ist, lerne ich die Zukunft lieber nicht kennen. Vielleicht ist sie ja so schlecht, dass wir erschrecken. Die Offenheit der Zukunft ist schließlich eine der Grundbedingungen für unser Menschsein.

1 a Lest die Aufgabenstellung auf Seite 247 sorgfältig durch.
b Prüft die folgenden Aussagen und schreibt die Sätze in euer Heft, die erklären, was die Aufgabe von euch verlangt.

- Ich soll das Interview so überarbeiten, dass nur noch der Konjunktiv II bzw. die würde-Ersatzform darin vorkommt.
- Damit das Interview für den Leser besser verständlich ist, soll ich es sprachlich überarbeiten.
- Ich soll an den richtigen Stellen den Konjunktiv II bzw. die würde-Ersatzform verwenden.
- Ob ich beim Überarbeiten den Konjunktiv II oder die würde-Ersatzform verwende, soll ich selbst entscheiden.

c Vergleicht eure Ergebnisse mit denen eurer Banknachbarin oder eures Banknachbarn.

2 Tauscht euch mit einer Partnerin oder einem Partner über die folgenden Fragen aus:
- Was drückt man durch die Verwendung des Konjunktivs II aus?
- In welchen Fällen sollte man anstelle des Konjunktivs II die würde-Ersatzform verwenden?

3 Überarbeitet den Text. Geht so vor:
a Im ersten Teil des Textes (▶ Z. 1–29) sind die Verben, die ihr überarbeiten müsst, schon unterstrichen. Überarbeitet die Sätze, indem ihr die Verbformen in den Konjunktiv II setzt bzw. die würde-Ersatzform wählt, z. B.:
Es wäre natürlich toll, wenn man …
b Sucht im zweiten Teil des Interviews (▶ Z. 30–45) alle Verbformen heraus, die ihr überarbeiten müsst. Formuliert die entsprechenden Sätze neu, z. B.:
Ich bin ein großer Geschichtsfan und würde daher ins beginnende 19. Jahrhundert reisen. Am liebsten …

Ihr wählt die **würde-Ersatzform,**
- wenn der Konjunktiv II (im Textzusammenhang) nicht vom Indikativ Präteritum zu unterscheiden ist, z. B.:
  ~~wir gingen~~ (Konjunktiv II = Präteritum)
  → *wir würden gehen,*
- wenn der Konjunktiv II ungebräuchlich ist oder unschön klingt, z. B.:
  ich empfähle → *ich würde empfehlen.*

4 a Unterstreicht bei euren überarbeiteten Sätzen alle würde-Ersatzformen.
b Erklärt jeweils, warum ihr die würde-Ersatzform verwendet habt.

12 Grammatiktraining – Satzgefüge

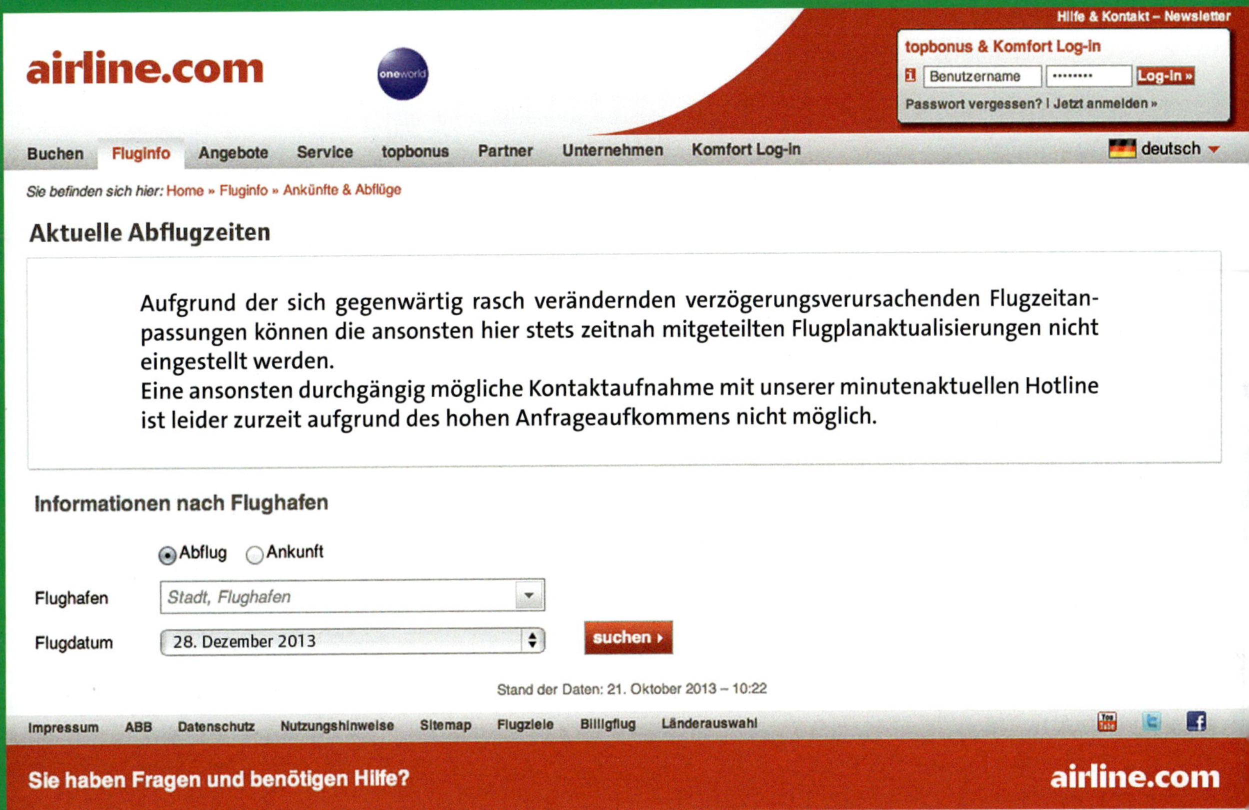

1 An einem Wintertag kommt es an einem Flughafen zu Verzögerungen, da die Startbahnen stark verschneit sind. Reisende, die sich erkundigen wollen, ob ihr Abflug verschoben wurde, finden den obigen Hinweis auf der Homepage der Fluggesellschaft.

a Beurteilt die Verständlichkeit des Textes.

b Stellt Vermutungen an, warum der Hinweis in dieser Weise formuliert wurde.

2 Versucht, die Mitteilung neu zu schreiben.

a Formuliert den Text neu, indem ihr Satzgefüge aus Haupt- und Nebensätzen nutzt.

b Vergleicht euren Text mit dem Original: Welche Vorteile hat euer Text? Hat er auch Nachteile?

In diesem Kapitel ...

- wiederholt ihr wichtige Nebensatzarten,
- lernt ihr, was Infinitiv- und Partizipialsätze sind und wozu man sie nutzen kann,
- übt ihr, umständliche Formulierungen zu vereinfachen,
- erfahrt ihr einiges über seltsame Reisen und Reisebeschwerden.

12.1 Kuriose Reisen – Nebensätze unterscheiden

Subjekt- und Objektsätze: Nebensätze als Satzglieder

Im Flugzeug: Pilot und Panik

In Alicante stiegen wir am 15. August mit Verspätung in eine Maschine nach Stuttgart ein.

1 Der Pilot sagte sofort, dass wir nicht in Panik verfallen sollten.
2 Warum er dies mitteilte, blieb uns unklar.
3 In der Luft erwähnte er eine Bombendrohung und ein überzähliges Gepäckstück.
4 Die auf Entwarnung Hoffenden wurden jedoch enttäuscht. Der Pilot weiter:
5 „Ich kann Ihnen von einem gründlichen Maschinencheck berichten.
6 Er blieb ohne Ergebnis.
7 Ob das nun gut ist oder nicht, werden wir spätestens in Stuttgart wissen."

1 Erklärt, wieso die Passagiere diese Reise wohl nicht vergessen werden.

2 Untersucht den Reisebericht nun sprachlich:
- a Prüft, welche Satzgliedfunktion die unterstrichenen Nebensätze in den Sätzen 1 und 2 haben. Lest dazu auch die Informationen im Merkkasten unten.
- b Prüft, ob es weitere Subjekt- und Objektsätze in dem Text gibt.

3 Manche Sätze des Reiseberichts wirken etwas umständlich. Formuliert sie um. Geht so vor:
- a Wandelt die Sätze 3 und 5 zu Satzgefügen mit Objektsätzen um, z. B.: *Satz 3: In der Luft erwähnte er, dass …*
- b Formuliert Satz 4 mit Hilfe eines Subjektsatzes in ein Satzgefüge um, z. B.: *Wer nun …, …*
- c Wie klingen eure Sätze im Vergleich zu den Originalsätzen? Benennt Vor- und Nachteile.

Information **Nebensätze unterscheiden: Subjektsätze und Objektsätze**

Subjektsätze und Objektsätze sind Gliedsätze, weil sie die **Rolle der Satzglieder Subjekt bzw. Objekt** für den Hauptsatz übernehmen. Sie lassen sich wie das Subjekt oder das Objekt mit Hilfe der Frageproben ermitteln.
- **Subjektsatz:** Das Subjekt eines Satzes kann von einem Nebensatz gebildet werden, z. B.: *Wer eine Reise bucht, muss mit vielem rechnen. Dass wir verlieren, war allen klar.*
  Satzgliedfrage: Wer oder was muss mit vielem rechnen? (→ Subjektsatz)
- **Objektsatz:** Das Objekt eines Satzes kann von einem Nebensatz gebildet werden, z. B.: *Man erlebt, was man nicht für möglich hielt. Ich glaube, dass wir verlieren.*
  Satzgliedfrage: Wen oder was erlebt man? (→ Objektsatz)

Relativsätze: Attribute in Form eines Nebensatzes

Auf dem Schiff: Dame mit Begleitung

A Auf der „Queen Elizabeth 2" fuhr jahrzehntelang eine etwas exzentrische amerikanische Dame, die immer zwei Kabinen buchte.

B Eine Kabine war für sie und die andere für ihre Kuscheltiere vorgesehen. Diese reisten immer mit.

C Die immer in der Kabine speisende Kreuzfahrerin buchte eines Tages im Restaurant einen Tisch für acht Personen.

D Dem die Buchung aufnehmenden Kellner erzählte sie: „Meine Stofftiere sollen doch auch am Mahl teilnehmen." Hier griff der Maître ein:

E „Wir reservieren Ihnen gern den schönsten Tisch, den wir im Speisesaal haben.

F Eine Sache, die ich noch erfragen möchte, ist jedoch:

G Wie werden sich die Tiere wohl erschrecken, wenn sie auf so viele unbekannte Menschen stoßen?"

H Die Dame zog die Reservierung sofort zurück.

1 Lest den Text und erklärt, warum die Dame als „exzentrisch" (vgl. Satz A) beschrieben wird.

2 **a** Schreibt Satz A in euer Heft und markiert Haupt- und Nebensatz.
b Das unterstrichene Wort ist ein Relativpronomen. Erklärt diesen Begriff und markiert das Wort im Hauptsatz, auf das es sich bezieht.
c Der Nebensatz heißt „Relativsatz". Erörtert seine Funktion.

3 **a** Der Text ist an manchen Stellen umständlich formuliert. Überarbeitet ihn in Partnerarbeit, indem ihr
– den zweiten Satz unter B in einen Relativsatz umformuliert,
– in den Sätzen C und D die Unterstreichungen in einen Relativsatz umformt,
– die Sätze E und F zu Sätzen ohne Relativsatz umformuliert.
b Überlegt: Wann sind Relativsätze hilfreich, wann wirken sie umständlich?

Information **Nebensätze unterscheiden: Relativsätze**

Relativsätze sind **Nebensätze, die** ein **vorausgehendes Bezugswort** (Nomen oder Pronomen) **näher erklären.** Sie werden mit einem **Relativpronomen** eingeleitet, z. B.: *der, die, das* oder *welcher, welche, welches.*

Ein Relativsatz wird **immer** durch ein **Komma** vom Hauptsatz abgetrennt.

Die Kabine, die sie gebucht hatte, gefiel ihr nicht.

Vor dem Relativpronomen steht manchmal eine Präposition, z. B.:

Die Kabine, in die sie umziehen sollte, gefiel ihr nicht.

Relativsätze nehmen im Satz die **Rolle eines Attributs** ein und werden deshalb auch **Attributsätze** genannt.

Adverbialsätze: Adverbiale Bestimmungen als Nebensätze

Im Auto: Navis als echte Autoritäten

1 Südkoreanische Touristen vertrauten, als sie in Australien reisten, blindlings dem Navi ihres Mietwagens.
2 In Befolgung der Anweisungen des Navis entfernten sie sich immer weiter von der Ostküste.
3 Selbst bei der Ankunft im Waldgebiet von Cordalba wurden sie nicht skeptisch.
4 Trotz des Passierens von Warnschildern fuhren sie unbeirrt weiter.
5 Sie räumten selbst einen Felsbrocken aus dem Weg zur Befolgung der Anweisungen ihres Chefs in der schwarzen Box.
6 Erst durch das Versinken im weichen Untergrund nahe Childers endete ihre Fahrt.
7 Der Polizeichef von Childers riet: „Schalten Sie auch bei der Benutzung des Navis weiterhin Ihren Verstand ein. Dann landen Sie nicht im Sumpf."

1 Erklärt, wie man verhindern kann, von einem Navi in die Irre geführt zu werden.

2 Der erste Satz eines Textes ist besonders wichtig, denn er entscheidet darüber, ob die Leser weiterlesen oder nicht.

a Überarbeitet Satz 1 und wandelt das Satzgefüge in einen Hauptsatz um. Baut hierzu die Informationen des Nebensatzes in den Hauptsatz ein:
Südkoreanische Touristen vertrauten, als sie in Australien reisten, blindlings dem Navi ihres Mietwagens.
Hs — Ns — Hs
→ *Auf einer Reise in ...*
Hs

b Ist der neue Anfangssatz aus eurer Sicht besser als der ursprüngliche? Begründet.

c Wodurch unterscheiden sich die beiden Sätze grammatisch? Nehmt hierzu die Informationen aus dem Merkkasten (▶ S. 253) zu Hilfe.

3 **a** Erprobt weitere Umformulierungen:
- Wandelt Satz 2 in ein Satzgefüge um, indem ihr die adverbiale Bestimmung zu einem Adverbialsatz umformt: *Weil sie den ...*
- Nennt weitere Hauptsätze, die euch umständlich erscheinen, und formt sie in Satzgefüge mit Adverbialsätzen um.

b Untersucht die Unterschiede zwischen den Originalsätzen und euren Umformulierungen:
- Worin liegt der Vorteil von Hauptsätzen, die adverbiale Bestimmungen nutzen? Ergänzt: *Mit adverbialen Bestimmungen lassen sich nähere Umstände oft in sehr kurzen ...*
- Welche Vorteile seht ihr andererseits darin, Satzgefüge mit Adverbialsätzen zu verwenden?

Gibraltar? Gibraltar!

Ein Fernfahrer wollte mit seinem Lkw von der Türkei nach Gibraltar an die Südspitze der Iberischen Halbinsel fahren. Sein Navi schlug beim Eintippen vor: Gibraltar in Großbritannien. Der Fahrer bemerkte es nicht und akzeptierte. Ab dann folgte er 2580 Kilometer blind der Tour quer durch Europa.

4 a Formuliert zu „Gibraltar? Gibraltar!" eine Geschichte. Verwendet dabei unterschiedliche Adverbialsätze.
b Unterstreicht alle Adverbialsätze in eurem Text und benennt sie. Nutzt hierzu die Informationen unten.

5 Ein Freund oder eine Freundin kommt am Bahnhof oder an der nächsten Bushaltestelle an und will euch besuchen. Beschreibt den Weg und nutzt hierzu Adverbialsätze, z. B.: *Nachdem du den Bahnhof verlassen hast, …*

Information **Nebensätze unterscheiden: Adverbialsätze**

Adverbialsätze sind Gliedsätze, weil sie die Stelle einer adverbialen Bestimmung einnehmen. Sie werden mit einer **Konjunktion** eingeleitet und durch Komma vom Hauptsatz getrennt. Wie die adverbialen Bestimmungen können sie mit Hilfe der Frageprobe näher bestimmt werden:

Adverbialsatz	Frageprobe	Konjunktionen	Beispiel
Lokalsatz (Ort, Richtung)	Wo? Wohin? Woher?	wo, wohin	*Du kannst fahren, wohin du willst.*
Temporalsatz (Zeitpunkt/-dauer)	Wann …? Seit/Bis wann …? Wie lange …?	nachdem, als, während, bis, bevor, solange, sobald …	*Nachdem das Navi mich in die Irre geführt hatte, schaltete ich es ab.*
Kausalsatz (Grund, Ursache)	Warum …? Aus welchem Grund …?	da, weil	*Ich nutze das Navi, weil ich beim Fahren keine Karte lesen kann.*
Konditionalsatz (Bedingung)	Unter welcher Bedingung …?	wenn, falls, sofern	*Wir werden bald da sein, sofern das Navi uns richtig führt.*
Finalsatz (Ziel, Absicht)	Wozu …? Mit welcher Absicht …?	damit, dass	*Fahr schneller, damit wir pünktlich sind.*
Konsekutivsatz (Folge, Wirkung)	Mit welcher Folge …?	sodass (auch: so …, dass)	*Die Ampel war rot, sodass ich anhalten musste.*
Konzessivsatz (Einräumung)	Trotz welcher Umstände …?	obwohl, obgleich, obschon, auch wenn	*Obwohl ich die Stadt kannte, habe ich das Navi genutzt.*
Modalsatz (Art und Weise)	Wie …?	indem, dadurch dass, als (ob) …	*Ich kam zum Ziel, indem ich einen Passanten fragte.*

Stärken stärken: Nebensätze

In der Straßenbahn: Afrika-Touristen

1 Schon Kinder folgen dem Trend zu Fernreisen. Das zeigt die folgende Geschichte:
2 Im Januar 2009 packten ein Junge und ein Mädchen (5 und 6 Jahre) ihre Sonnenbrillen, Badesachen und Luftmatratzen ein. Sie spazierten zur Karlsruher Straßenbahn.
3 Sie wollten zu ihrem Traumziel nach Afrika reisen. Sie nahmen die Straßenbahn nach Süden.
4 Die Eltern waren zu Hause. Die Kinder hatten die Tür aufgeschlossen und sich auf den Weg gemacht.
5 Gerade stiegen sie in die Straßenbahn mit der Aufschrift „Afrika-Express" ein. Da fand sie ihr Vater.
6 Die Kleinen lagen abends nach der Rückkehr im Bett. Sie träumten vermutlich von Giraffen und Löwen.

●○○ **1** Lest den obigen Entwurf für einen Zeitungsartikel.

a Findet eine andere Überschrift für den Text.

b Verbessert den Text, indem ihr die beiden Hauptsätze hinter den Ziffern 2, 4 und 6 jeweils zu einem Satzgefüge aus Haupt- und Nebensatz verbindet.
Nutzt hierfür die folgenden Konjunktionen: *2 nachdem*; *4 obwohl*; *6 als*.

c Kontrolliert eure Lösungen in Partnerarbeit. Achtet auch auf die Kommasetzung.

●●○ **2** Überarbeitet den obigen Entwurf für einen Zeitungsartikel. Geht so vor:

a Verbindet die Hauptsätze hinter den Ziffern 1, 3 und 5 jeweils zu einem Satzgefüge aus Haupt- und Nebensatz.

b Schreibt zu jedem Satzgefüge dazu, um welche Art von Nebensatz es sich handelt.

c Kontrolliert eure Lösungen in Partnerarbeit. Achtet auch auf die Kommasetzung.

●●● **3** Überarbeitet den obigen Entwurf für einen Zeitungsartikel. Geht so vor:

a Hinter jeder Ziffer stehen zwei Hauptsätze. Verbindet sie jeweils zu einem Satzgefüge.

b Schreibt zu allen Nebensätzen eures Textes dazu, um welche Art von Nebensatz es sich handelt.

c Ergänzt die in 3 a formulierten Satzgefüge durch weitere Nebensätze:
- Satz 1: Die Geschichte hat sich in Karlsruhe ereignet.
- Satz 2: Die Kinder hatten kein Geld für die Fahrkarte.
- Satz 3: Der Straßenbahnfahrer hatte sie ohne Fahrscheinkontrolle einsteigen lassen.

d Kontrolliert eure Lösungen in Partnerarbeit. Achtet auch auf die Kommasetzung.

Testet euch!

Nebensätze

Vorsicht, Verwechslung!

1 Wer das bucht, flucht:
2 Schon mancher weit gereiste Tourist musste am Ziel feststellen, dass er sich verflogen hatte.
3 So bekommt die Stadt Sidney im US-Staat Montana schon einmal Besuch von Reisenden, die eigentlich ins australische Sydney wollten.
4 Der deutsche Segelprofi Alexander Schlonski legte hier einen unfreiwilligen Zwischenstopp ein, nachdem ein Mitarbeiter des Reisebüros sich vertippt hatte.
5 Falls er den Irrtum am Flughafen in Montana nicht sofort bemerkt haben sollte, wird es ihm an der Temperatur aufgefallen sein.
6 Obwohl es in Australien Sommer war, fand er an seinem Zielort klirrende Kälte vor.
7 Auch Reisende nach New York City sollten aufpassen, damit sie nicht im Süden der USA landen.
8 Aber die Gefahr ist nicht groß, weil die Kleinstadt im Bundesstaat Texas keinen Flughafen hat.

1 a Bestimmt in den Satzgefügen oben die Art der Nebensätze. Geht dabei so vor:
- Schreibt die Sätze in euer Heft und unterstreicht zuerst alle Nebensätze.
- Markiert anschließend die einleitenden Konjunktionen oder Pronomen.
- Notiert in Klammern die jeweilige Nebensatzart. Nennt bei Adverbialsätzen den genauen Typ.

b Alles richtig? Unterstreicht in euren Lösungen folgende Buchstaben des Nebensatznamens:

1 fünfter Buchstabe • 2 vierter Buchstabe • 3 erster Buchstabe • 4 zweiter Buchstabe • 5 vierter Buchstabe • 6 dritter Buchstabe • 7 zweiter Buchstabe • 8 siebter Buchstabe

Wenn alles richtig ist, könnt ihr aus den acht unterstrichenen Buchstaben das Wort „Reisende" bilden.

Hinweise für die Reise

A Du willst nach Paris in Frankreich? Achte darauf, dass du nicht in Paris in Texas (USA) landest.
B Prüfe den Ausdruck deiner Buchung genau. So kannst du ein Verfliegen vermeiden.
C Du landest in einer falschen Stadt: Genieße die neue Erfahrung.

2 a Formuliert drei Tipps, indem ihr die Hauptsätze hinter den Buchstaben A, B und C jeweils zu einem Satzgefüge verbindet. Geht so vor:
- Verbindet die Sätze unter A, indem ihr einen Konditionalsatz nutzt.
- Verbindet die Sätze unter B, indem ihr einen Modalsatz nutzt.
- Verbindet die Sätze unter C, indem ihr einen Konditionalsatz nutzt.

b Nennt mindestens einen Vorteil, den die neuen Sätze gegenüber den ursprünglichen haben.

c Kontrolliert eure Lösungen in Partnerarbeit.

12.2 Skurrile Beschwerden – Partizipial- und Infinitivsätze

Partizipialsätze

Abenteuerurlaub: Gefährliches Essen

VORSICHT FEHLER!

Trude Trennscharf – Bogenallee 34 – 94032 Passau

Sonnenreisen GmbH
Fluggasse 12
10117 Berlin

19.10.2015

Reise nach Tunesien (Buchung 345211)

Sehr geehrte Damen und Herren!
Aus dem Urlaub zurückgekommen muss ich leider eine Beschwerde an Sie richten. Ansonsten vollkommen gelungen war das Essen im Hotel doch in einer Hinsicht ein Ärgernis. Stets scharf geschliffen so führten die Messer zu vielen Verletzungen. Sogar die Gabeln ähnlich scharf gemacht verletzten mich. Derart verwundet musste ich mir eigenes Besteck kaufen. Noch immer verärgert bitte ich um Erstattung der Kosten.

Mit freundlichen Grüßen
Trude Trennscharf

1 Eine Freundin hat Trude Trennscharf zu diesem Brief geraten: „Da lässt sich eine Menge Geld rausschlagen." Formuliert weitere Forderungen, die sich aus den Besteckverletzungen ableiten ließen.

2 Beschreibt anhand von Beispielen, wie die Formulierungen in dem Brief auf euch wirken. Woran liegt das?

Partizip Präsens: *gehend*
Partizip Perfekt: *gegangen*

3 a Konstruktionen wie der markierte Beginn des ersten Satzes nennt man „Partizipialsatz". Nennt das Partizip dieses Partizipialsatzes.
b Lest den Brief Satz für Satz. Nennt jeweils den Partizipialsatz und begründet, ob ein Komma gesetzt werden muss. Nehmt hierzu die Informationen im Merkkasten auf Seite 257 zu Hilfe.

4 a Überarbeitet den Brief, indem ihr die Partizipialsätze durch Relativ- oder Adverbialsätze ersetzt, z. B.:
Nachdem ich aus dem Urlaub zurückgekommen bin, muss ich leider eine Beschwerde an Sie schreiben.
b Vergleicht eure Überarbeitung mit dem Original: Wie unterscheidet sich die Wirkung der Briefe? An welchen Stellen sollte man besser weiterhin Partizipialsätze benutzen?

Auf Messers Schneide: Ratschläge für gesundes Essen

Sonnenreisen GmbH – Fluggasse 12 – 10117 Berlin

Frau Trude Trennscharf
Bogenallee 34
94032 Passau

SonnenReisen

24. 10. 2015

Ihr Brief vom 19. 10. 2015

Sehr geehrte Frau Trennscharf,

wir bedauern, dass Sie auf Ihrer Reise Verletzungen davongetragen haben, und möchten Ihnen einige Möglichkeiten nennen, solche Verletzungen zu vermeiden:
1. Wenn Sie die Gabel zum Gesicht führen, sollten Sie ohne Umwege auf den Mund zielen.
2. Wenn Sie das Messer in der Hand halten, sollten Sie auf hektische Bewegungen verzichten.
Wenn Sie diesen Ratschlägen folgen, könnten Sie zumindest tiefe Fleischwunden vermeiden.
Wir hoffen, Ihnen mit diesen Hinweisen weitere Verletzungen erspart zu haben. Da wir an einer gütlichen Lösung interessiert sind, überweisen wir Ihnen zeitgleich 14,50 Euro.

5 Ein Mitarbeiter hat diesen Antwortbrief an Trude Trennscharf formuliert. Sein Chef hat den Entwurf als Mailanhang erhalten und gibt noch einen Tipp: *Schöner Entwurf. Gut fände ich, wenn du auch einige Partizipialsätze nutzen würdest. Das klingt etwas „gehobener" ;-)*

a Überarbeitet den Brief und nutzt dabei ein sinnvolles Maß an Partizipialsätzen.

b Ergänzt weitere sinnvolle Ratschläge zum risikoarmen Essen. Erklärt: Wo habt ihr Partizipialsätze verwendet, wo vermieden?

6 Mit Partizipialsätzen lässt sich manches kürzer sagen.
Verkürzt die beiden folgenden Sätze mit Hilfe von Partizipialsätzen:
- Unsere Firma, die stets an einer gütlichen Lösung interessiert ist, sucht Kompromisse.
- Wir sind auf Ausgleich bedacht und überweisen oft sogar unberechtigte Entschädigungen.

Information **Partizipialsätze**

Auch Partizipgruppen können im Satz die Funktion von Nebensätzen übernehmen. Ein Partizipialsatz wird mit einem *Partizip I* (Partizip Präsens: *gehend*) oder einem *Partizip II* (Partizip Perfekt: *gegangen*) gebildet. Der Partizipialsatz **bezieht sich auf das Subjekt** des Hauptsatzes, z. B.: *Den Kopf in den Nacken* ***legend*** *genießt er den Fahrtwind.*
Partizipialsätze darf man immer durch **Komma** vom Hauptsatz trennen. Ein Komma muss stehen,
1 wenn durch ein hinweisendes Wort auf den Partizipialsatz Bezug genommen wird, z. B.: *Den Kopf in den Nacken legend, so genießt er den Fahrtwind.*
2 wenn der Partizipialsatz eine nachgestellte Erläuterung zu einem Nomen oder Pronomen ist, z. B.: *Er, den Kopf in den Nacken gelegt, genoss den Fahrtwind.*

Infinitivsätze

Das böse Meer: Urlauber beschweren sich

Kurt Klugermann – Regenstr. 14 – 80333 München

Sonnenreisen GmbH
Fluggasse 12
10117 Berlin

12.09.2015

Urlaub in Zeeland (Buchungsnummer 103978)

Sehr geehrte Damen und Herren,

während meiner Reise vom 24. August bis zum 7. September in Zeeland gab es leider nicht durchgängige Urlaubsgenussmöglichkeiten. Wir gingen an jedem Nachmittag für ein Bad zum Strand. Es bestand aber die Unmöglichkeit des Schwimmens im Meer. Das Meer hatte den Nachteil einer Abwesenheit während mehrerer Tagesstunden. Ein Hinweis auf diesen Umstand in Ihrem Katalog wäre Ihre Pflicht gewesen. Ich bitte darum, mir den Reisepreis vollständig zu erstatten.

Mit freundlichen Grüßen
Kurt Klugermann

1 Überlegt, welches Naturphänomen Herrn Klugermann die Urlaubsfreude verdorben hat. Findet ihr es berechtigt, deshalb eine Preisrückerstattung zu fordern?

2
a Erläutert, wie die sprachliche Gestaltung des Briefes auf euch wirkt. Nennt Beispiele.
b Der letzte Satz des Briefes enthält einen Infinitivsatz. Nennt den Infinitivsatz und erklärt die Kommasetzung. Lest hierzu auch die Informationen im Merkkasten auf Seite 259.

3
a Überarbeitet den Brief, indem ihr Infinitivsätze nutzt. Achtet darauf, dass der Inhalt der Sätze erhalten bleibt.
b Unterstreicht in eurer Textüberarbeitung alle Infinitivsätze. Prüft, ob ihr die Infinitivsätze immer korrekt mit Komma abgetrennt habt (▸ Komma bei Infinitivsätzen, S. 259).
c Vergleicht eure Fassung des Briefes mit dem Original. Welche Unterschiede könnt ihr feststellen? Gibt es auch Nachteile bei den Formulierungen mit Infinitivsätzen?

Ein Meeresversteher antwortet

VORSICHT FEHLER!

Sonnenreisen GmbH – Fluggasse 12 – 10117 Berlin

Herrn Kurt Klugermann
Regenstr. 14
80333 München

SonnenReisen

17.09.2015

Ihr Brief vom 12.09.2015

Sehr geehrter Herr Klugermann,
wir bedauern, dass Sie mit Ihrer Reise nach Zeeland unzufrieden waren. Leider sehen wir jedoch keine Möglichkeit Ihnen die Reisekosten zurückzuerstatten.
Aus unserer Sicht müssen Sie die unerfreuliche Angewohnheit des Meeres sich von Zeit zu Zeit aus der Badebucht zurückzuziehen hinnehmen.

Anspruch Reisekosten ... besteht daher nicht. • Auch Ihr Hinweis, im Katalog sei ... •
Wir hoffen ... trotz des entstandenen Ärgers ... als Kunden ... zu können.

4 a In dem Entwurf des Antwortbriefes an Herrn Klugermann spürt man auch Ironie. Erklärt, wo.
b Schreibt den Briefanfang ab. Unterstreicht die Infinitivsätze und setzt die fehlenden Kommas.
c Setzt den Brief fort. Verwendet an geeigneten Stellen Infinitivsätze. Ihr könnt dazu die handschriftlichen Notizen aus dem Kasten oben nutzen, wenn sie euch helfen.
d Kontrolliert eure Briefe gegenseitig auf richtige Kommasetzung. Prüft auch, ob ihr die Infinitivsätze sinnvoll genutzt und verständlich formuliert habt.

Information **Infinitivsätze**

Auch Infinitivgruppen können im Satz die Funktion von Nebensätzen übernehmen. Ein **Infinitivsatz** besteht aus einem Infinitiv mit „zu" und mindestens einem weiteren Wort, z. B.: *Ich habe vor, heute eine Beschwerde zu schreiben.*
Infinitivsätze darf man immer durch **Komma** vom Hauptsatz trennen, weil sie die Gliederung eines Satzes verdeutlichen. Ein Komma muss stehen,

1. wenn der Infinitivsatz durch *um, ohne, statt, anstatt, außer, als* eingeleitet wird, z. B.: *Ich komme, **um** mich zu beschweren. **Statt** zu klagen, sollte man eine Lösung suchen.*
2. wenn der Infinitivsatz von einem Nomen oder einem hinweisenden Wort wie *daran, darauf* oder *es* im Hauptsatz abhängt, z. B.: *Ich habe die Absicht, mich zu beschweren.*
Ich bedauere es, mich beschweren zu müssen.

Infinitivsätze international – Sprachen vergleichen

Handtuchkampf um freie Liegen

1 a Erklärt, warum solche Schilder aufgestellt werden.
b Nennt die Sprachen, die ihr erkennt. Wie erklärt ihr euch die Reihenfolge der Sprachen?

2 a Vergleicht die Infinitivsätze in den verschiedenen Sprachen. Nennt z. B. Unterschiede in der Reihenfolge der Satzglieder.
b Ein Franzose behauptet:
„Die Deutschen möchten eben immer, dass man ihnen bis zum Ende zuhört."
Erläutert diese Behauptung anhand der Satzgliedstellung im Infinitivsatz.

3 a Sucht andere Formulierungsmöglichkeiten für das Plakat: Findet für alle Sprachen, die ihr sprecht, eine Möglichkeit, diese „Pool Rules" ohne einen Infinitivsatz zu formulieren.
b Vergleicht eure Umformulierungen mit den vorliegenden Infinitivsätzen: Welche Formulierung klingt strenger, welche höflicher, welche klarer?

4 Ein Witzbold hat unter das Schild einen weiteren Satz geschrieben:

VORSICHT FEHLER!

It is allowed deckchairs by placing your own body on them to reserve.

a Die Hotelleitung geht davon aus, dass es sich um einen deutschen Spaßvogel handelt. Wie kommt sie darauf?
b Überlegt: Wie muss der Satz richtig lauten? Korrigiert ihn.

Stärken stärken: Partizipial- und Infinitivsätze

Einheimische im Urlaub?

1 Vor dem Amtsgericht Konstanz klagte ein Tourist auf Reisekostenerstattung und begründete seine Klage damit, dass er im Urlaub nicht akzeptieren könne, *dass er von Einheimischen gestört werde.*

2 Er, Ruhe suchend, sei in den Urlaub gefahren, um sich zu erholen.

3 Er selbst, *der durchaus an Land und Leuten interessiert sei,* habe den Urlaub durch die Einheimischen aber überhaupt nicht genießen können.

4 Das Gericht entschied, dass der Tourist die Existenz Einheimischer am Urlaubsort akzeptieren müsse, und wies die Klage ab.

○○ **1**
- **a** Lest den Text aufmerksam. Formuliert einen Ratschlag, den ihr dem Kläger geben würdet.
- **b** Satz 2 enthält einen Partizipial- und einen Infinitivsatz. Schreibt den Satz ab und unterstreicht den Partizipialsatz und den Infinitivsatz in unterschiedlichen Farben.
- **c** Überarbeitet Satz 1, indem ihr den kursiv gedruckten Nebensatz in einen Infinitivsatz umformt. Achtet auf die Kommasetzung.
- **d** Kontrolliert eure Ergebnisse in Partnerarbeit.

●○ **2**
- **a** Satz 1 klingt etwas eintönig. Begründet, woran das liegt.
- **b** Überarbeitet Satz 1, indem ihr den kursiv gedruckten Nebensatz in einen Infinitivsatz umformt.
- **c** Formuliert Satz 3 um, indem ihr den unterstrichenen Nebensatz in einen Partizipialsatz umwandelt.
- **d** Begründet die Kommasetzung in Satz 2.
- **e** Kontrolliert eure Ergebnisse in Partnerarbeit.

●● **3**
- **a** Überarbeitet Satz 1, indem ihr die beiden Nebensätze in Infinitivsätze umbaut.
- **b** Formuliert Satz 4 um, indem ihr einen Infinitivsatz nutzt.
- **c** Begründet, ob in eurem neuen Satzgefüge der Infinitivsatz durch ein Komma abgetrennt werden muss oder nicht.
- **d** Formuliert den Infinitivsatz in Satz 3 zu einem Adverbialsatz um.
- **e** Ergänzt einen weiteren Satz (Satz 5), in dem ihr einen Partizipialsatz oder einen Infinitivsatz verwendet.
- **f** Kontrolliert eure Ergebnisse in Partnerarbeit.

Testet euch!

Partizipial- und Infinitivsätze

VORSICHT FEHLER!

Überhaupt nicht zufrieden ☹ ☹

★☆☆☆☆ **0,8**

Wir hatten ursprünglich die Absicht zwei Wochen zu bleiben sind dann aber nach fünf Tagen wieder abgereist um unseren Resturlaub auf dem Balkon zu verbringen.
Schon der Mitarbeiter an der Rezeption an allem außer seiner Kundschaft interessiert ignorierte uns bei der Ankunft. Endlich wahrgenommen konnten wir uns nicht verständlich machen da er kein Englisch sprach.

A Im Hotel „Palace“ ist es eher hinderlich, wenn Sie sich für Land und Leute interessieren.

B Wenn Sie in den nächsten Ort gelangen wollen, müssen Sie einen Fußmarsch von zehn Kilometern auf sich nehmen.

C Fettige, unappetitliche Fleischgerichte sollten Sie mögen, sofern Sie beim Büfett ordentlich schlemmen wollen.

D Es ist zwar verständlich, wenn Sie in einem Hotel auch einen Zimmerservice erwarten, jedoch sollten Sie Ihre Betten besser gleich selbst machen.

E Der Pool, der in einem schattigen Hinterhof lag, war keine 10 m^2 groß.

F Als wir dort ankamen, bemerkten wir sogleich den Fluglärm über unseren Köpfen.

G Nachdem wir aus dem Urlaub zurückgekehrt waren, waren wir wirklich urlaubsreif.

17. September — 178 Mal gelesen

1 Schreibt den ersten Abschnitt des Textes (▶ Z. 1–5) ab. Unterstreicht dann die Infinitivsätze blau und die Partizipialsätze grün und setzt die fehlenden Kommas.

2 Formuliert die Sätze A bis D um, indem ihr Infinitivsätze verwendet. Achtet auf die Kommasetzung, z. B.: *Im Hotel „Palace“ ist es eher hinderlich, sich für …*

3 Ersetzt in den Sätzen E, F und G die Nebensätze durch Partizipialsätze. Achtet auf die Kommasetzung, z. B.: *Der in einem schattigen Hinterhof liegende Pool …*

4 Erklärt, warum in den folgenden Sätzen ein Komma stehen muss:
Satz 1: Wir gingen zur Rezeption, um uns zu beschweren.
Satz 2: Man machte uns den Vorschlag, das Zimmer zu wechseln.

5 Vergleicht eure Ergebnisse aus den Aufgaben 1 bis 4 mit dem Lösungsteil auf Seite 359.

12.3 Fit in ...? – Einen Text überarbeiten

Stellt euch vor, ihr bekommt in der nächsten Klassenarbeit folgende Aufgabenstellung:

1. Der folgende Beschwerdebrief, den der Klassensprecher Ruben Meyer im Namen der 8 c formuliert hat, muss noch überarbeitet werden. Verbessere den Brief sprachlich, indem du die Sätze flüssiger und verständlicher formulierst, ohne den Inhalt zu verändern.
   Tipp: Für die ersten Sätze findest du schon entsprechende Überarbeitungsvorschläge in der Randspalte.
2. Formuliere einen kurzen Antwortbrief des Reiseunternehmens (zwei bis drei Sätze). Bearbeite hierzu die Aufgaben 1 bis 4 auf der nächsten Seite.

Ruben Meyer
Am Walde 15
12345 Waldheim

Reisen für Klassen GmbH
Sonnengasse 12
54321 Südhausen

12.10.2015

Buchungsnr. 1234711

Sehr geehrte Damen und Herren!

Heute wende ich mich an Sie mit der Bitte um Rückerstattung eines Teils der Reisekosten. Als Klassensprecher muss ich Ihnen mitteilen, dass wir sehr verärgert waren, dass wir auf unserer Reise nicht den uns bekannten Standard vorfanden. Schon das Frühstück wurde uns nicht auf einer zum Grundstandard einer jeden Suite gehörenden Terrasse serviert.

Infinitivsatz nutzen

Infinitivsatz nutzen

Hauptsatz in Satzgefüge mit Relativsatz umformen

Das Wohnen in den allerbesten Hotels gewöhnt, waren wir dieses Mal in Acht-Bett-Zimmern untergebracht. Zudem mussten wir das Nichtvorhandensein eines Zimmerservices feststellen.

Es wird Sie nicht wundern, dass wir uns auch ärgerten, dass wir zum Abendessen nicht das gewohnte Fünf-Gänge-Menü erhielten. Das auf einem einfachen Tisch ohne Hummer, Kaviar, Austern und Trüffel angerichtete Büfett entsprach überhaupt nicht unseren Essgewohnheiten.

Zudem vermissten wir im Speisesaal der Jugendherberge die ihre Gäste in weißen Anzügen und mit ausgesuchter Höflichkeit bedienenden Butler.

Aufgrund dieser in Ihre Verantwortung fallenden Reisemängel fordern wir Sie zu einer Rückerstattung der Reisekosten auf.

Mit freundlichen Grüßen
Ruben Meyer

1 a Lest euch die Aufgabenstellung auf Seite 263 und den Briefentwurf sorgfältig durch.
b Besprecht gemeinsam mit eurer Banknachbarin oder eurem Banknachbarn, was ihr tun sollt.

2 Überarbeitet nun den Brief. Geht so vor:
a Formuliert die ersten Sätze des Briefes um, indem ihr die Überarbeitungsvorschläge in der Randspalte umsetzt, z. B.: *Heute wende ich mich an Sie mit der Bitte, uns einen Teil ...*
b Geht bei der weiteren Überarbeitung Satz für Satz vor.
Überlegt, welche Passagen ihr flüssiger und verständlicher formulieren wollt:
- Wo würdet ihr Partizipialsätze oder Infinitivsätze in andere Nebensätze (z. B. Adverbial- oder Relativsätze) umformen?
- An welchen Stellen wollt ihr Infinitivsätze nutzen, um verständlicher oder abwechslungsreicher zu formulieren?
- Welche Hauptsätze würdet ihr in Satzgefüge umwandeln?

Tipp: Achtet bei euren Umformulierungen auf eine korrekte Kommasetzung.

3 Plant nun den Antwortbrief des Reiseunternehmens (zwei bis drei Sätze). Geht so vor:
a Überlegt, ob Rubens Beschwerde und seine Forderung berechtigt sind. Notiert in Stichworten, was ein Reiseunternehmen auf einen solchen Brief antworten könnte.
b Formuliert einen kurzen Antwortbrief (zwei bis drei Sätze), in dem ihr Stellung zu den Forderungen nehmt. Achtet darauf, dass Briefkopf, Anrede und Briefschluss korrekt sind.

4 Kontrolliert eure Texte. Geht so vor:
a Lest eure Überarbeitung des Beschwerdebriefes und prüft:

1. Lesedurchgang:	Sind die überarbeiteten Sätze verständlich und abwechslungsreich formuliert?
2. Lesedurchgang:	Habt ihr die Nebensätze durch Komma vom Hauptsatz abgetrennt? Ist die Rechtschreibung korrekt?

b Prüft euren Antwortbrief mit Hilfe der folgenden Fragen:

1. Lesedurchgang:	Beantwortet dein Brief das Beschwerdeschreiben, indem er Stellung zu den Forderungen nimmt?
2. Lesedurchgang:	Sind Briefkopf, Anrede und Briefschluss formal korrekt?
3. Lesedurchgang:	Sind Zeichensetzung und Rechtschreibung korrekt?

13 Rechtschreibtraining – Fehler vermeiden, Regeln sicher anwenden

Freilichtmuseum Ferropolis (Dessau) • Deutsches Technikmuseum (Berlin) • Optisches Museum (Jena) • Otto-Lilienthal-Museum (Anklam) • Technoseum (Mannheim) • Johannes-Kepler-Museum (Weil der Stadt)

1 a Welches Museum ist auf dem Foto zu sehen? Wenn ihr es nicht kennt, äußert Vermutungen.
b Überlegt: Welche Themengebiete und Ausstellungsobjekte könnt ihr in solchen Museen wohl entdecken?

2 Untersucht die Museumsnamen: Was fällt euch bei der Namensbildung und ihrer Schreibweise auf?

In diesem Kapitel ...

- beschäftigt ihr euch mit besonderen Regeln der Groß- und Kleinschreibung,
- wendet ihr Regeln zur Getrennt- und Zusammenschreibung an,
- trainiert ihr, wie man Rechtschreibstrategien sinnvoll auch bei Fremdwörtern anwenden kann,
- übt ihr, Kommas richtig zu setzen.

13.1 Technische Höhenflüge – Richtig schreiben

Deutsche Technikmuseen – Groß- und Kleinschreibung

Nominalisierungen erkennen

Das alles ist Technik!

Jana: Für mich war die Abteilung zur Textiltechnik das Beeindruckendste. Beim Anschauen der Materialien und Maschinen ist mir klar geworden, wie sich das Modische und Technische, das Handwerkliche und Industrielle verbinden.
ROBERT: AM INTERESSANTESTEN FAND ICH DIE KOFFERPRODUKTION MIT HILFE EINER ALTEN MASCHINENANLAGE. ALLE PRODUKTIONSSCHRITTE, ZUM BEISPIEL DAS SCHNEIDEN DER HARTPAPPEN, DAS STANZEN DER EISENBESCHLÄGE UND DAS ZUSAMMENNAGELN UND NIETEN DER EINZELTEILE, WURDEN VOR UNSEREN AUGEN LIVE DURCHGEFÜHRT.
FELICIA: DAS GENIALSTE IST FÜR MICH EINFACH, WIE DER MENSCH ZUM FLIEGEN GEKOMMEN IST. BESONDERS DIE ALTEN FLUGZEUGE HABEN FÜR MICH ETWAS UNGEHEUER FASZINIERENDES.
HANNES: ICH KANN GAR NICHT GENAU SAGEN, WAS MIR AM BESTEN GEFALLEN HAT. ICH HABE BEIM STREUNEN DURCHS MUSEUM IN JEDER ABTEILUNG ETWAS INTERESSANTES ODER ÜBERRASCHENDES ENTDECKT.

1 Werkzeugtechnik – Nachrichtentechnik – Textiltechnik – Luft- und Raumfahrttechnik – Schifffahrtstechnik – Eisenbahntechnik – Automobiltechnik – Fototechnik – Filmtechnik: Welcher Technikbereich interessiert euch besonders? Begründet euer Interesse.

2 a Im ersten Abschnitt (▶ Z. 1–6) sind sechs Wörter markiert. Erklärt die Großschreibung dieser Wörter.
●●○ b Formuliert eine allgemeine Regel zur Großschreibung von Verben und Adjektiven, z. B.:
Verben und Adjektive schreibt man groß, wenn …
Man erkennt solche Nominalisierungen häufig an …
c Nicht immer wird ein nominalisiertes Wort durch einen Nomenbegleiter angekündigt. Mit Hilfe welcher Probe könnt ihr dennoch entscheiden, ob das Wort groß- oder kleingeschrieben wird?

3 a Groß oder klein? Schreibt den restlichen Text (▶ Z. 7–26) in der richtigen Schreibweise in euer Heft. Achtet dabei besonders auf die Großschreibung der nominalisierten Verben und Adjektive.
b Vergleicht eure Ergebnisse in Partnerarbeit.

4 Formuliert eine Regel zur Schreibweise des Superlativs von Adjektiven mit „am". Sucht dazu zwei Beispiele aus dem Text heraus.
●●●

Schreibung von Eigennamen und Herkunftsbezeichnungen

Vom Rostocker Schifffahrtsmuseum bis zum Deutschen Museum in München

Das Berliner Technikmuseum ist keinesfalls das einzige Museum in den deutschen Bundesländern, das Technik als Ausstellungsgegenstand zu bieten hat. Das baden-württembergische Landesmuseum für Technik und Arbeit und das Mannheimer Technoseum gehören ebenfalls zu den großen Technikmuseen in Deutschland, zu denen als viertes schließlich noch das Deutsche Museum zu zählen ist, dessen vollständiger Titel „Deutsches Museum von Meisterwerken der Naturwissenschaften und Technik" lautet. Während das Münchener Stammhaus dieses Museums mit rund 28000 Ausstellungsstücken die größte naturwissenschaftlich-technische Sammlung der Welt darstellt, ist die Bonner Außenstelle des Deutschen Museums zwar nicht so groß, bietet aber mit Forschung und Technik nach 1945 einen besonders aktuellen Themenschwerpunkt. Weitere Museen zu speziellen Technikbereichen sind zum Beispiel das Bochumer Deutsche Bergbau-Museum und die Essener Zeche Zollverein, die zum UNESCO-Welterbe gehört. Im Norden Deutschlands gibt es eine Reihe von Schifffahrtsmuseen, so vor allem das Deutsche Schifffahrtsmuseum in Bremerhaven. Aber auch das Rostocker, das Kieler und das Flensburger Schifffahrtsmuseum sowie das Internationale Maritime Museum Hamburg sind sicherlich einen Besuch wert! Wer sich für Luft- und Raumfahrttechnik interessiert, kann im Osten das mecklenburg-vorpommerische Otto-Lilienthal-Museum in Anklam besuchen. Für Uhrenliebhaber wiederum ist das Deutsche Uhrenmuseum in Furtwangen eine Adresse. Von der Sonnenuhr bis zur Atomuhr lässt sich die technische Entwicklung nachverfolgen.

1 a Der Text über Technikmuseen in Deutschland enthält viele Eigennamen und Herkunftsbezeichnungen. Sucht sie aus dem Text heraus, z. B.: *Berliner Technikmuseum, …*

b Übertragt die Tabelle in euer Heft. Ordnet alle Eigennamen und Herkunftsbezeichnungen ein.

Eigennamen	**Herkunftsbezeichnungen**	
	Ableitungen auf *-er*	Ableitungen auf *-isch*
…	– *Berliner Technikmuseum*	…

2 a Versucht, aus der Tabelle Regeln für die Schreibung von Eigennamen und Herkunftsbezeichnungen abzuleiten.

b Vergleicht eure Regeln mit den Informationen im Merkkasten auf Seite 268.

Ausstellungsobjekte und wo sie zu sehen sind

DAS GOLDENE KAFFEEZEUG • NIEDERSÄCHSISCHES BAUERNHOF-MODELL DREISEITHAUS • WERKE DER MALERGRUPPE DER BLAUE REITER • MUMIENMASKE EINER ÄGYPTERIN • KLAPPGESTÜHL DES DEUTSCHEN BUNDESTAGES

HISTORISCHES MUSEUM AM HOHEN UFER IN HANNOVER • DRESDNER GRÜNES GEWÖLBE • NEUES MUSEUM BERLIN • BONNER HAUS DER GESCHICHTE • STÄDTISCHE GALERIE IM LENBACHHAUS MÜNCHEN

3 Ordnet zu: Welches Ausstellungsstück ist in welchem Museum zu sehen? Schreibt entsprechende Sätze auf. Entscheidet dabei über die richtige Groß- und Kleinschreibung, z. B.:
Das Goldene Kaffeezeug ist im Dresdner ...

4 Bildet bzw. erfindet in Partnerarbeit weitere mehrteilige Eigennamen und Herkunftsbezeichnungen und schreibt sie auf. Ihr könnt die folgenden Wortspeicher zu Hilfe nehmen, z. B.:
Graf-von-Zeppelin-Museum, ...

GRAF VON ZEPPELIN • CARL ZEISS • GEORG BÜCHNER • HAMBURG • MÜNCHEN • FRANKFURT • BERLIN • NEW YORK

PLATZ • ALLEE • STRAßE • PFORTE • MUSEUM • FLUGHAFEN • HAFEN • OLYMPIASTADION

Information **Schreibung von Eigennamen und Herkunftsbezeichnungen**

- **Eigennamen** schreibt man **groß.** In mehrteiligen Eigennamen schreibt man alle Wörter groß mit Ausnahme der Artikel, Konjunktionen und Präpositionen, z. B.: *das Optische Museum Jena, das Gasthaus zum Goldenen Schwan, Karl der Große, der Erste Mai.*
  Mehrteilige Eigennamen schreibt man mit **Bindestrich,** z. B.: *Otto-Lilienthal-Museum, Rheinland-Pfalz.*
- Für die Schreibung von **Straßennamen,** Plätzen, Brücken usw. gelten dieselben Regeln wie für Eigennamen, z. B.: *Frankfurter Straße, Carl-Maria-von-Weber-Allee.*
- **Herkunftsbezeichnungen:**
  – Von geografischen Namen abgeleitete **Wörter auf *-er*** schreibt man immer **groß,** z. B.: *das Sinsheimer Automuseum, das Berliner Olympiastation.*
  – Von geografischen Namen abgeleitete **Adjektive auf *-isch*** werden **kleingeschrieben,** z. B.: *badische Städte.*

Schreibung von Tageszeiten und Wochentagen

Otto-Lilienthal-Museum Anklam
von Juni bis September:
täglich: 10:00 – 17:00 Uhr
von November bis April:
Mi. – Fr.: 11:00 – 15:30 Uhr; So. 13:00 – 15:30 Uhr
im Oktober und im Mai:
Di. – Fr.: 10:00 – 17:00; Sa., So. 13:00 – 17:00 Uhr

Technoseum Mannheim
täglich 9:00 – 17:00 Uhr

Optisches Museum Jena
Dienstag – Freitag: 10:00 – 16:30 Uhr
Samstag: 11:00 – 17:00 Uhr

1 a Lest die folgenden Sätze. Auf welches Museum trifft die jeweilige Aussage zu?

1 Das ? öffnet SAMSTAGMORGENS und schließt am SAMSTAGNACHMITTAG später als WOCHENTAGS.
2 In den Weihnachtsferien können wir das ? nicht SAMSTAGS besuchen, aber SONNTAG-NACHMITTAGS gäbe es eine Gelegenheit dazu.
3 Das ? öffnet VORMITTAGS früher als die anderen beiden Museen.

b Groß oder klein? Entscheidet, wie die Wörter in Großbuchstaben geschrieben werden. Beachtet dabei die Informationen im Merkkasten unten.

c Formuliert selbst Ratesätze mit Tageszeiten und Wochentagen und tauscht sie aus.

Am HEILIGEN ABEND hat das Museum nur VORMITTAGS geöffnet. Am ERSTEN WEIHNACHTSTAG findet am NACHMITTAG eine Lesung statt, bei der ein SPANNENDER WEIHNACHTSKRIMI vorgestellt wird. Im Januar zeigen wir jeden MITTWOCHABEND sowie MONTAGNACHMITTAGS einen Kinofilm. Das Programm finden Sie am Eingang. Am ERSTEN MAI ist das Museum nur NACHMITTAGS geöffnet. Am TAG DER DEUTSCHEN EINHEIT bieten wir ein besonderes Programm.

2 Entscheidet, wie die Wörter in Großbuchstaben geschrieben werden. Begründet eure Entscheidung.

Information **Schreibung von Tageszeiten und Wochentagen**

- **Tageszeiten und Wochentage** werden **großgeschrieben,** wenn sie **Nomen** sind. Man erkennt sie häufig an den üblichen Nomensignalen, z. B.: *am Nachmittag, diesen Dienstag.*
- **Tageszeiten und Wochentage** werden **kleingeschrieben,** wenn sie **Adverbien** sind, z. B.: *heute, morgen, nachmittags, gestern, tagsüber, freitags.*
- Bei **kombinierten Angaben** schreibt man die **Adverbien klein** und die **Nomen groß,** z. B.: *heute Abend, gestern Nacht, morgen Mittag.*

Tipp: Auch für **zusammengesetzte Angaben** gilt: Sie werden großgeschrieben, wenn sie Nomen sind, und kleingeschrieben, wenn sie Adverbien sind, z. B.: *der Montagnachmittag – montagnachmittags, am Mittwochabend – mittwochabends.*

Bionik – Fremdwörter

Lange Wörter und Fremdwörter deutlich in Silben lesen und richtig schreiben

der: Körperpanzer • Biologe • Technikerkollege • Spinnenseidenfaden
die: Leichtbauweise • Dauerbelastung • Unterwasserlebensbedingungen • Forschungszweige

1 a Lest die Wörter deutlich in Silben.
b Prüft in Partnerarbeit, ob ihr ihre Bedeutung kennt. Erschließt sie von hinten nach vorn, z. B.:
Leichtbauweise: Bauweise, die leichte Materialien verwendet
c Diktiert euch die Wörter gegenseitig. Prüft, ob ihr sie richtig geschrieben habt.

der: Bioniker • Laufroboter
die: Mutation • Naturprinzipien • Ultraleichtbauweise • Reptilienhaut • Medizintechnik • Materialbeschaffenheit • Sensationsentdeckung • Elektrosensoren • Illustration

2 a Lest die Wörter deutlich in Silben. Prüft, ob ihr jede Silbe deutlich hört.
b Diktiert euch die Wörter gegenseitig und kontrolliert, ob ihr sie richtig geschrieben habt.

Spinnen bauen ihre Netze nach einem extremen Leichtbauprinzip

Viele Menschen finden Spinnen und ihre Netze nicht besonders angenehm, aber Spinnennetze sind einzigartige Wunderwerke. Spinnenseide ist zehnmal dünner als Menschenhaar, dennoch extrem reißfest und elastisch. Spinnenfäden können bis auf das 300-Fache ihrer Länge gedehnt werden, bevor sie reißen. Zwar besteht ihre Produktion immer aus demselben Material, aber je nach Zweck gibt es bis zu sieben verschiedene Fäden. Wenn man Spinnenfäden unter ein Elektronenmikroskop legt, sieht man, dass sie aus einem Bündel von Fasern bestehen. Bioniker sind daran interessiert, die Spinnenseide naturgetreu nachzubauen, aber das ist bisher noch nicht gelungen. Die superdünnen, aber trotzdem reißfesten Materialien wären gut in der Medizintechnik einzusetzen, z. B. um verletzte Nerven wieder zusammenwachsen zu lassen. Auch wetterfeste Kleidung ließe sich gut daraus herstellen.

3 a Erschließt in Partnerarbeit euch unbekannte Wörter aus dem Textzusammenhang.
Welche Wörter aus dem Text schreibt man, wie man sie spricht? Wählt Aufgabe b oder c.
●●○ b Schreibt zuerst die markierten Wörter ins Heft. Findet dann fünf weitere Beispiele.
●○○ c Prüft, ob die Buchstaben der markierten Wörter durch Mitsprechen zu hören sind.
Merkt euch davon fünf Wörter und schreibt sie richtig ins Heft.

Methode **Silben schwingen auch bei Fremdwörtern**

Beim deutlichen Sprechen in Silben kann man jeden Buchstaben deutlich hören, wenn sie lauttreu sind. Diese Strategie hilft auch bei vielen **Fremdwörtern,** z. B.: *die Mul ti pli ka ti on.*

Typische Stellen von Fremdwörtern merken

der: Orthopäde • Thron • Theologe • Therapeut • Pharao • Theoretiker • Phosphor
die: Apotheke • Hyazinthe • Systematik • Methode • These • Physik • Amphibie • Strophe • Katastrophe • Psyche • Systematik
das: Thermometer • Phänomen • Symbol • Theater

1
a Sprecht die Wörter deutlich in Silben.
b Schlagt ihre Bedeutung nach, wenn ihr sie nicht kennt.
c Legt im Heft drei Spalten an und ordnet die Wörter richtig ein. Ergänzt die Überschriften.
d Markiert die Stelle, die man sich merken muss, mit dem Strategiezeichen M.

***th* statt ...**	***ph* statt ...**	***y* statt ...**

2
a Bildet sechs Sätze, in denen je eines der Fremdwörter aus Aufgabe 1 falsch verwendet wird, z. B.:
Mit einer Hyazinthe messe ich, wie kalt oder warm es gerade ist.
b Lest die Sätze vor und lasst sie korrigieren. Der Partner schreibt das richtige Wort auf.

Bereiche der Bionik

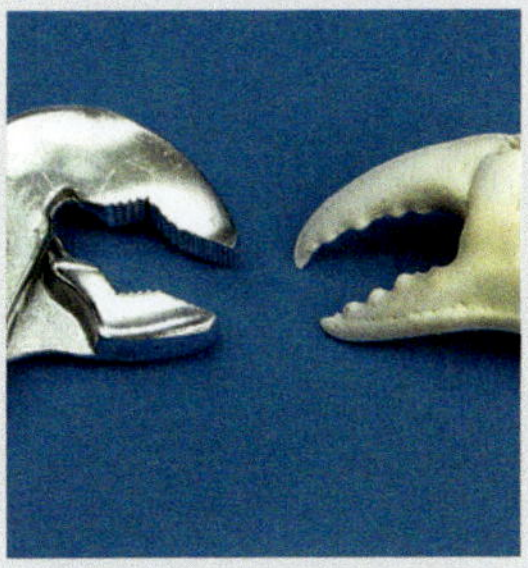

Innerhalb der Bionik existieren zahlreiche Bereiche wie etwa die Materialbionik. Hier wird neues Material entwickelt und getestet. Die Gerätebionik lässt sich von der Natur anregen, um neue technische Geräte zu entwerfen. In der Prothetik werden Körperteile nachgebaut, und die Robotik beschäftigt sich mit der Entwicklung von hilfreichen Arbeitsmaschinen. Ein weiterer Bereich ist die Sensorbionik, die sich systematisch damit beschäftigt, wie Sinnesreize aufgenommen und weitergleitet werden.

3 Ordnet den markierten Begriffen die folgenden Bedeutungen richtig zu. Schreibt ins Heft.
Materialbionik = Entwicklung von ... Gerätebionik = ...

künstlichen Körpergliedern • technischen Geräten • Robotern • neuartigen Materialien • Systeme, mit denen man z. B. besser sehen, fühlen oder riechen kann

4 Erläutert und übt, wie man die Fremdwörter aus dem Text „Bereiche der Bionik“ schreibt. Wählt Aufgabe a, b oder c. Tauscht euch anschließend über eure Ergebnisse aus.
●●● a Fasst euer Wissen zu einer Lernhilfe für die Schreibung von Fremdwörtern zusammen. Nutzt als Beispiele Fremdwörter aus dem Text, z. B.:
Beim Schreiben vieler Fremdwörter hilft es, wenn man sie ..., z. B.: ...
Besondere Schreibweisen wie ..., z. B.: ...
●●○ b Schreibt drei markierte und zwei nicht markierte Fremdwörter richtig heraus.
●○○ c Schreibt die markierten Fremdwörter heraus. Kennzeichnet die Merkstelle.

Strategie – Verlängern und Zerlegen

kann • muss • soll • will • mag • darf • kommt • tobt • meint • weint • schwimmt • kennt • forscht

1 a Tauscht euch aus: Bei welchen Wörtern können Probleme beim Schreiben entstehen?
b Schreibt die Wörter mit einer Verlängerungsform ins Heft, z. B.: *kann – wir können, …*

der: Mauersegler • Heuschreckenpanzer
die: Wasserspinnen • Kletterpflanzen • Libellenflügel • Schlangenhautbeschichtung • Spinnennetztechnik • Schwimmflossen • Vogelhandschwingen

2 Die Begriffe bezeichnen Objekte, die Bioniker genauer erforschen.
a Tauscht euch darüber aus, in welchen Begriffen sich Verlängerungsstellen befinden.
b Ordnet im Heft die Begriffe wie folgt. Schreibt in Spalte 2 Verlängerungswörter dazu, z. B.:

Wörter, die man schreibt, wie man sie spricht	**Wörter, die man zerlegen und verlängern muss**
…	*die Flug|dauer – die Flüge*

Libellen – natürliche Flugkünstler

Auch wenn der Mensch Fortschritte darin macht, die Natur zu kopieren, bleiben manche Leistungen doch bisher unerreicht. Insekten gehören zu den kleinsten und ältesten Flugkünstlern, die Vorbild werden könnten für kleine Flugroboter. Dabei sind die Leichtbauweise und die Flugtechnik der Libelle besonders herausragend, denn sie ermöglichen atemberaubende und völlig lautlose Flugkünste. So entwickelt man nach den Flugeigenschaften der Königslibelle Miniaturhubschrauber, die in der Lage sind, ein Mehrfaches ihres Eigengewichts zu tragen. Man könnte sie mit Miniaturkameras ausstatten, die sich in Kanalisationen oder zur Informationsbeschaffung in gefährlichen Situationen einsetzen lassen.

3 Notiert, für welche Eigenschaften der Libellen sich Bioniker interessieren.

4 Wendet euer Wissen über das Verlängern und Zerlegen an. Wählt Aufgabe a oder b.
●●● a Gestaltet ein Lernplakat zum Verlängern und Zerlegen.
Nutzt Beispielwörter aus dem Text „Libellen – Natürliche Flugkünstler“, z. B.:

Einsilber und unklare Auslaute kann …, z. B.: Verben = stellt – denn: wir …
Jn … Wörtern können sich … befinden. Man findet sie, wenn … z. B.: …

●○○ b Findet im Text je sechs Wörter, die ihr zerlegen oder verlängern müsst.
Schreibt sie mit ihrem Verlängerungswort ins Heft.
c Vergleicht in Partnerarbeit eure Ergebnisse zu Aufgabe 3 und 4.

Strategie – Ableiten und Merken

die: Oberfläche • Spinnenfäden • Verständigung • Kläranlagen • Luftbläschen • Schläuche • Verhältnismäßigkeit • Saugnäpfe • Gänsegeier • Gegenstände • Verhältnisse

1 Zu Wörtern, die mit *ä* oder *äu* geschrieben werden, gibt es verwandte mit *a* oder *au*. Findet verwandte Wörter, z. B.: *Oberfläche – denn: flach.* Markiert *ä* und *äu* mit:

SEKRETÄRMILITÄRHUMANITÄRAUTORITÄRRUDIMENTÄRTOTALITÄRELITÄR

MODALITÄTNAIVITÄTSUBJEKTIVITÄTKREATIVITÄTPRIMITIVITÄTRATIONALITÄT

2 Fremdwörter mit den Nachsilbe *-tär* und *-tät* muss man sich merken.

a Schreibt die einzelnen Fremdwörter mit *-tär* und *-tät* aus den Wörterschlangen heraus.

b Ordnet sie im Heft den folgenden Bedeutungen zu:
Streitkräfte, Beruf, menschenfreundlich, Einfallsreichtum, Arglosigkeit, gebieterisch, Vernunft, unvollständig, Gegenteil von freiheitlich, persönlich, auserlesen, Art und Weise, sehr schlicht.

an • sehen • dann • dehnen • denn • fahren • wenn • Vater • Vogel • von • vom • herab

3 Diese Wörter haben Stellen, die man sich bei der Schreibung merken muss.

a Tauscht euch aus: Welche Stellen in den Wörtern sind nicht durch Strategien zu erklären?

b Legt im Heft eine Tabelle an. Ordnet die Wörter ein.

c Ergänzt die Spaltenüberschriften und findet fünf weitere Beispiele für jede Spalte.

Kurze Wörter, die man nicht verlängern kann	Wörter mit ...	Wörter mit ...

Vagabund • Vegetarier • Vandale • Venen • Vokabel • Ventilator • Violine • Vulkane • Vanille

4 **a** Prüft gemeinsam, ob ihr die Bedeutung der Fremdwörter mit *V* kennt.
Wählt anschließend Aufgabe b, c oder d. Tauscht euch dann über eure Ergebnisse aus.

●●● **b** Gestaltet ein Lernplakat zum Thema „Merkwörter" mit *-tär, -tät* sowie mit *V* bzw. *v*.

●●○ **c** Bildet sinnvolle Sätze mit den Merkwörtern, die mit *V* bzw. *v* geschrieben werden.

●○○ **d** Schreibt die Wörter mit *V* bzw. *v* alphabetisch geordnet in euer Heft.

Methode **Wörter mit *ä* und *äu* ableiten**

- **Normalerweise** schreibt man ***e* oder *eu*.**
- Wenn es **verwandte Wörter mit *a* oder *au*** gibt, dann **schreibt man *ä* oder *äu*.**
- Wörter, die man sich mit den Strategien nicht erklären kann, muss man sich merken.

Mit Strategien Regeln finden

Greifvogelkrallen – Doppelkonsonanten

die: Wolke • Wolle • Woge • Welle • Welten • Wege • Zelle • Zelte • Zeder • schreiben • essen • hoffen • sparen • sollen • weinen • reisen • klopfen • finden • bluten • helfen • suchen

1 a Lest die Wörter. Prüft, ob die erste Silbe **offen** ist (endet mit Vokal) oder **geschlossen** (endet mit Konsonant).

Die Silbengrenze ist die Grenze zwischen den beiden *Sil* ***ben***.

b Stellt fest, wie viele Konsonanten an der Silbengrenze stehen.

c Übertragt die folgende Tabelle in euer Heft. Tragt die Wörter in die richtige Spalte ein.

Erste Silbe offen	Erste Silbe geschlossen Zwei verschiedene Konsonanten	Zwei gleiche Konsonanten

2 Wenn man Einsilber und zusammengesetzte Wörter verlängert bzw. zerlegt und verlängert, findet man ebenfalls ihre richtige Schreibung heraus.
Verlängert und zerlegt diese Wörter und tragt sie in die Tabelle aus Aufgabe 1 ein:
kurz, Wind, Wand, Stein, Sturm, Zelt, Zugluft, Zeltplatz, der Schlagflug, Naturstoff.

Greifvogelkrallen

Die Füße von Greifvögeln haben als Vorbild für die Entwicklung von Polypengreifern geführt. Für deren Beute gibt es kein Entkommen, denn die Krallen sind extrem scharf und leicht gebogen. Für den Zugriff spielt es keine Rolle, ob die Krallen lang und schmal sind oder so kräftig wie bei Adlern und Eulen. Polypengreifer gibt es in verschiedenen Ausführungen: Wenn man sie an einem Kran befestigt, packen sie das Material auf Schrottplätzen mit festem Griff und transportieren es in die Schrottpresse. Feinere Modelle gibt es in der Medizin, wo sie bei Operationen eingesetzt werden. Auch Werkzeuge nutzen das Prinzip des festen Greifens. Gemeinsam ist ihnen, dass sie fest zupacken und erst auf Knopfdruck wieder loslassen.

3 Wo habt ihr schon einmal Polypengreifer gesehen?
Überlegt zu zweit, was ihr über Aussehen und Einsatz wisst.

4 Wendet euer Wissen zu Doppelkonsonanten an. Wählt Aufgabe a, b oder c.

●●● a Formuliert eine sichere Merkhilfe für die Verdopplung von Konsonanten.
Nutzt einige Wörter von dieser Seite als Beispiele. Diese Begriffe sollten vorkommen:
erste Silbe geschlossen, doppelte Konsonanten, Silbengrenze, zwei verschiedene Konsonanten, verdoppelt man nicht, Einsilber verlängern, zusammengesetzte Wörter, zerlegen.

●●○ b Verlängert sechs Einsilber aus dem Text zu Aufgabe 3. Ordnet sie in die Tabelle zu Aufgabe 1 ein.

●○○ c Ordnet die markierten Wörter aus dem Text zu Aufgabe 3 in die Tabelle zu Aufgabe 1 ein.

5 Stellt euch eure Ergebnisse aus Aufgabe 4 in einer Tischgruppe vor.

Der Trick der Ölbienen – *i* oder *ie?*

Diese sieben lieben Ziegen wiegen zusammen viele Pfunde.
Viele Bienen fliegen mit Blütenpollen an ihren Hinterbeinen in die Bienenwaben.

1 a Schreibt die Sätze ins Heft und markiert die *ie*-Schreibung.
b Findet eine Regel für die *ie*-Schreibung. Prüft die erste Silbe. Tauscht euch aus.

das Ziel • die Zielrichtung • er flieht • die Fliehkraft • der Auftrieb • das Gebiet

2 Auch bei den folgenden Wörtern könnt ihr die Regel aus Aufgabe 1b anwenden.
Verlängert oder zerlegt die Wörter.
Schreibt sie mit ihren Beweiswörtern ins Heft, z. B.: *der Brief – die Brie fe, der Brief|kopf – die Brie fe.*

die Bionik • die Organisation • das Material • die Techniker • der Spezialist • die Funktion

3 a Findet eine Erklärung, warum diese Wörter nicht mit *ie* geschrieben werden.
b Die Nachsilbe *-ieren* in Fremdwörtern muss man sich merken, z. B.: multipliz***ieren.***
Findet zu drei Fremdwörtern oben die passende Form mit *-ieren*. Schreibt sie ins Heft.
c Klärt eure Ergebnisse mit einem Lernpartner, der so schnell arbeitet wie ihr.

Der Tr ? ck der Ölb ? nen

Ölb ? nen tr ? nken w ? alle B ? nen Nektar, aber sie sammeln darüber h ? naus auch Öle aus best ? mmten Pflanzen. Sie mixen sie m ? t den Pollen und verfüttern d ? se Nahrung an die Brut. Das Öl w ? rd auch gebraucht, um die B ? nenwaben wasserd ? cht zu machen. Das Öl halten sie m ? t ihren H ? nterbeinen fest, ohne dass es heraustropft, einfach durch die Struktur ihrer Haare. Das Gew ? cht des Öls kann dabei um ein V ? lfaches höher sein als das Gew ? cht der Haare, ein Beisp ? l für eine leichte b ? olog ? sche Struktur mit hoher Eff ? z ? enz. D ? se Struktur könnte für die Beseit ? gung von Ölteppichen in Meeren s ? nnvoll sein. B ? sher müssen die Tücher, die das Öl aufnehmen, verbrannt werden. Techn ? ker arbeiten an der Entw ? cklung von Tüchern nach dem Vorb ? ld der Ölb ? ne. Ihr Z ? l ist, dass sie mehr Öl aufnehmen und auch w ? der abgeben können.

4 a Welche Ziele verfolgen die Entwickler von Tüchern nach dem Vorbild der Ölbienenhaare?
b Im Text fehlen fast alle *i* oder *ie*. Wählt Aufgabe c, d oder e. Vergleicht dann eure Ergebnisse.
●●● c Setzt *i* oder *ie* ein. Formuliert eine Regel für die Frage, wann man *ie* schreibt. Nutzt einige Wörter von dieser Seite als Beispiele. Diese Begriffe sollten vorkommen:
erste Silbe, offen, zweisilbige deutsche Wörter, nicht Fremdwörter, Einsilber verlängern.
●●○ d Legt eine Liste an: Schwingen, Zerlegen, Verlängern. Ordnet die *i*/*ie*-Wörter zu.
●○○ e Setzt *i* oder *ie* ein. Schreibt den Text richtig ins Heft.

Rasendes Wasser – *s*, *ß* oder *ss*?

Wenn es wie aus Kübeln gießt, rast das Wasser im Fluss dahin.
Der Vogel saß sichtbar auf dem Baum, aber der Jäger stolperte im Gras und schoss daneben.

1 a Übertragt die Sätze ins Heft und markiert verschiedenfarbig die *s/ss/ß*-Schreibung.
b Erarbeitet zu zweit eine Regel für die jeweilige Schreibung des s-Lauts. Arbeitet im Heft:
- *Man schreibt ß, wenn die erste Silbe … ist und man den s-Laut … spricht, z. B.: …*
- *Man schreibt s, wenn die erste Silbe … ist und man den s-Laut … spricht, z. B.: …*
- *Man schreibt ss, wenn die erste Silbe … ist, z. B.: …*

heiß • der Heißluftballon • der Guss • das Gusseisen • die Nuss • der Nussknacker • das Floß • die Floßbalken • das Maß • das Maßband • der Fleiß • die Fleißarbeit

2 Wendet eure Regel aus Aufgabe 1 an.
Verlängert und zerlegt die Wörter, z. B: *heiß – hei ßer, der Guss – …*

er schlie ? t – er schlo ?	er rei ? t – er ri ?	er bei ? t – er bi ?
er schie ? t – er scho ?	er mi ? t – er ma ?	er vergi ? t – er verga ?
er i ? t – er a ?	er schmei ? t – er schmi ?	

3 Wörter einer Wortfamilie können unterschiedlich geschrieben werden.
Begründet die Schreibweise durch Verlängern, z. B.:
er schießt – denn: wir schie ßen; aber: er schoss – denn: wir schos sen.

VORSICHT FEHLER!

Kleber – Dauerhaft oder mit kurzer Haftung

Man mus häufig verschiedene Materialien miteinander verbinden: Metall schweist man, Stoffe näht oder verschliest man mit Klettverschlus. Aber den Versuch, die Dinge nachher wieder zu lösen, kann man oft vergesen: Fas sie an, reis daran, selten geht das sauber. Was tun, wenn Dinge nur kurze Zeit aneinanderhaften sollen? Auch hier lohnt es sich, der Natur zuzuschauen:
Einige Tiere haften auf glatten Oberflächen und können senkrecht auf ihnen laufen. Dabei bleiben sie nicht auf Dauer kleben, sondern sie lasen nach einem kurzen Moment los. Sie sondern an ihren Füschen Flüsigkeiten ab, sodass sie nicht abrutschen. Sie tun das, was man macht, wenn man seine Finger anfeuchtet, um z. B. Zeitungsseiten beser umzuschlagen.

4 a Wozu sollte man Kurzhaftkleber entwickeln? Lest den Satz vor, der die Antwort gibt.
b Im Text gibt es elf fehlerhafte s-Schreibungen. Bearbeitet Aufgabe c oder d.
●●● c Erklärt in einem Kurzvortrag die Regeln zur Schreibung der s-Laute.
Verweist auf die notwendigen Strategien. Nutzt Wörter aus dem Text als Beispiele.
●○○ d Schreibt den Text richtig ins Heft.
e Stellt euch eure Ergebnisse gegenseitig vor.

Der hohle Zahn – Wörter mit *h*

er geht • hohl • der Hahn • der Zeh • das Huhn • er fühlt • die Bahn • es zieht • der Zahn • er dreht • wohl • der Wahn • die Zahl • die Uhr • er dehnt • es weht • er näht • es blüht • das Rohr • der Stuhl

1 a Lest die Wörter und prüft, ob ihr das *h* in den Wörtern hört.
b Notiert, in welchen Wörtern ihr das *h* durch Verlängern hörbar machen könnt.

2 a Legt im Heft zwei Spalten an: *Ge hen* | *hoh ler*
b Ordnet den beiden Beispielwörtern die folgenden Aussagen richtig zu:
Das *h* gehört zur ersten Silbe. / Das *h* gehört zur zweiten Silbe.
Das *h* gehört zum Vokal der ersten Silbe und zeigt, dass er lang gesprochen wird.
Das *h* gehört zur zweiten Silbe und öffnet sie. Man kann die beiden Vokale besser sprechen.
Das *h* hört man im Zweisilber. / Das *h* hört man im Zweisilber nicht.
c Ordnet die Wörter aus Aufgabe 1 richtig in die Spalten ein.

der Gehsteig • der Gehrock • der Gehstock • der Wohlstand • das Wohlgefühl • wohlbehalten • der Zahnarzt • die Zahnspange • die Hohlkugel • der Hohlraum • der Hohlkopf

3 Das *h* bleibt in Wortzusammensetzungen erhalten.
Ordnet die Wörter den Spalten aus Aufgabe 2 zu. Geht vor wie im folgenden Beispiel:

*das Ze**hen**|gelenk – denn: die Ze **hen*** *die O**hr**|muschel – denn: die **Oh** ren*

elhüK • enhöS • nelhüf • nerhaf • nerhob • nerhür • nerhew • nehes • nenhäg • enhaS • lheM • rerheL • nelharts • nelhaZ • nenha • nehew

4 a Lest die *h*-Wörter von hinten nach vorn. Findet die zwei, die keine Merkwörter sind.
Wählt danach Aufgabe b, c oder d.
●●● b Bereitet einen Vortrag vor, in dem Dehnungs-*h* und silbenöffnendes *h* unterschieden und erklärt werden. Wählt Beispiele zur Erklärung aus.
●●○ c Bildet Sätze. Sie sollen jeweils enthalten: ein Merkwort mit *h* und eine Wortzusammensetzung, in der man durch Verlängern das *h* hörbar machen kann.
●○○ d Ordnet die *h*-Wörter alphabetisch. Schreibt sie mit einer weiteren Wortzusammensetzung ins Heft, z. B.: *ahnen, die Ahnenreihe, fahren, Fahr…*

Information **Wörter mit *h***

- Bei einsilbigen Wörtern kann man das ***h*** nicht hören.
- Bei manchen **zweisilbigen Wörtern** steht das ***h* in der zweiten Silbe.**
  Es **öffnet** die zweite Silbe **hörbar,** z. B.: *dre **hen**.*
- Steht das ***h* in der ersten Silbe,** ist es **nicht hörbar.** Diese Wörter sind **Merkwörter,** z. B.: die *Bah nen.*

Hoch hinausfahren – Getrennt- und Zusammenschreibung

Katharina Beckmann

Achterbahnen: Rein ins Vergnügen!

Wollt ihr einmal Probe fahren und zusammen johlen, laut lachen? Dann gut sichern, noch einmal tief Luft holen und festhalten, bevor es losgeht. Mit einem Ruck durchstarten, in knapp vier Sekunden auf 206 Stundenkilometer beschleunigen, senkrecht die Schienenstraße emporrasen und – auf dem höchsten Punkt stehen bleiben: 139 Meter über dem Erdboden. Weltrekord!

Ihr befindet euch in der höchsten und schnellsten Achterbahn auf der Welt! Kurz durch/atmen und dann hinab/stürzen, dass der Hintern hoch/fliegt und das Herz für einen Schlag aus/setzt! Wenn „Kingda Ka“ wieder in ihren Bahnhof in Jackson, New Jersey (USA), ein/fährt und man wieder auf festem Boden sicher/steht, will man kaum wahr/haben, dass die Fahrt nur 50 Sekunden gedauert hat. Kann euch schon bei der Vorstellung an eine solche Achterbahnfahrt schlecht/werden? Angst/haben bräuchtet ihr aber nicht. Die Münchner Konstrukteure von „Kingda Ka“ haben auf mehr als 50 000 Seiten Papier jeden Streckenzentimeter berechnet und sicher/gestellt, dass nichts kaputt/geht und an keiner Stelle ein Passagier Schaden/nimmt. Und Feuerwehrleute üben regelmäßig, wie sie Fahrgäste aus einer Achterbahn heraus/holen, die hoch oben auf der Strecke stehen/geblieben ist.

1 Erzählt euch gegenseitig von euren Erfahrungen mit dem Achterbahnfahren.

2 a Arbeitet im Team und ordnet die grün markierten Wortgruppen aus dem ersten Absatz (▶ Z. 1–9) den folgenden Gruppen zu:
- Wortgruppe aus **Nomen + Verb,** z. B.: ...
- Wortgruppe aus **Verb + Verb,** z. B.: ...
- Wortgruppe aus **Adjektiv + Verb,** z. B.: ...
- Wortgruppe aus **Adverb + Verb,** z. B.: ...
- Wortgruppe aus **Präposition + Verb,** z. B.: ...

●●● b Untersucht die Getrennt- oder Zusammenschreibung innerhalb jeder Gruppe. Formuliert zu jeder Gruppe Regeln zur Getrennt- oder Zusammenschreibung.

c Vergleicht eure Regeln mit den Informationen im Merkkasten auf Seite 279.

3 ●●○ Getrennt oder zusammen? Entscheidet, wie die unterstrichenen Wortgruppen im zweiten Textabsatz (▶ Z. 10–29) geschrieben werden, und schreibt sie richtig in euer Heft.

4 Schlagt die Adjektive „hoch“ und „wahr“ in einem Wörterbuch nach. Welche Informationen bekommt ihr zur Schreibung dieser Adjektive in Verbindung mit Verben?

Im Freizeitpark

Mein Onkel fährt mit mir in einen Freizeitpark und ich darf den ganzen Tag ? . Da kann es einem schon ganz schön ? , sich für die eine oder andere Attraktion zu entscheiden. Das Achterbahnfahren kann zum Beispiel echt ? . Aber man sollte sich besser erst danach richtig ? . Wenn wir die Fahrerei auf den Wasser-, Achter- und Gruselbahnen irgendwann ? , gehen wir in eine der Shows, bei denen man sich ? kann.

satt/haben • schwer/fallen • satt/essen • kaputt/lachen • Spaß/haben • spaßig/sein

5 Schreibt den Text ab und ergänzt dabei die fehlenden Wörter. Entscheidet euch für Getrennt- oder Zusammenschreibung.

Nach der Dunkelfahrt dauert es eine Weile, bis man wieder/sehen kann.
Ich würde dich gerne wieder/sehen.
Wir sollten uns zusammen/anstellen, um in die gleiche Bahn zu kommen.
Freunde sollten immer zusammen/halten.
Manchmal denkt man, die Passagiere müssten aufeinander/prallen.
Ihr sollt in eurer Gruppe aufeinander/achten.

Lest die Sätze laut und achtet darauf, an welchen Stellen ihr Betonungen setzt.
Macht die Erweiterungsprobe. Könnt ihr ein Wort oder eine Wortgruppe zwischen Adverb und Verb einfügen, schreibt ihr getrennt, z. B.: *Wollen wir das Regal zusammen (ins Haus) tragen?*

6 a Schreibt die Sätze ab. Prüft dabei mit Hilfe der Informationen im Merkkasten unten, ob die Wortgruppen aus Adverb und Verb getrennt oder zusammengeschrieben werden.
b Bildet selbst Beispielsätze mit den Adverbien *wieder, zusammen, aufeinander + Verb*, z. B.:
Du solltest die T-Shirts ordentlich aufeinanderlegen.

Information **Getrennt- und Zusammenschreibung**

- Wortgruppen aus **Nomen und Verb** sowie Wortgruppen mit ***sein*** werden immer getrennt geschrieben, z. B.: *Rad fahren, reich sein.*
- Wortgruppen aus **Verb und Verb** können immer getrennt geschrieben werden, z. B.: *einkaufen gehen, gelobt werden.*
- Wortgruppen aus **Adjektiv und Verb** werden meist getrennt geschrieben, z. B.: *lange warten, schnell fahren, laut schreien.*
  Aber: Entsteht durch die Verbindung von Adjektiv und Verb ein **Wort mit einer neuen Gesamtbedeutung,** schreibt man zusammen, z. B.: *blaumachen* (schwänzen).
- Wortgruppen aus **Adverb und Verb** werden in der Regel
  – **zusammengeschrieben, wenn** die Hauptbetonung auf dem Adverb liegt, z. B.: *Wir müssen zusammenhalten.*
  – **getrennt geschrieben, wenn** Adverb und Verb gleich betont werden, z. B.: *Ich wohne in dem Haus, das du gegenüber siehst.*
- Verbindungen aus **Präposition und Verb** schreibt man in der Regel **zusammen.** Die Hauptbetonung liegt bei der Zusammenschreibung auf der Präposition, z. B.: *Können wir umkehren?*

Stärken stärken: Rechtschreibung

Die folgenden Diktattexte haben verschiedene Schwierigkeitsstufen:
- **Level 1:** Das ist eine eher gemütliche Fahrt!
- **Level 2:** Hier wird es schon ein bisschen rasanter!
- **Level 3:** Das ist eine echte Herausforderung!

1 a Entscheidet euch für einen Diktattext und diktiert euch die Texte als Partnerdiktat (▶ S. xxx).
b Prüft anschließend, ob ihr alle Wörter richtig geschrieben habt. Achtet dabei besonders auf die markierten Wörter.

●○○ **Level 1**

Für das Malen, Schreiben, Meißeln oder Ritzen von Buchstaben und Zeichen wurden in den zurückliegenden 5000 Jahren ganz unterschiedliche Materialien verwendet. Heute ist Papier der wichtigste, billigste und am leichtesten verfügbare Schriftträger. Doch lange Zeit war Papier wie vorher Papyrus oder Pergament etwas sehr Wertvolles. Das erste Verfahren zum Herstellen von Papier wurde in China entwickelt. Dort verwendete man schon vor 1000 Jahren Lettern aus gebranntem Ton zum Bedrucken von Papier. Im Deutschen Technikmuseum in der Trebbiner Straße in Berlin können sich Schulklassen zum Papierschöpfen und Drucken anmelden. Es hat täglich außer montags vom Vormittag bis spätnachmittags geöffnet. (98 Wörter)

●●○ **Level 2**

Wusstet ihr, dass Zucker durch Kochen oder Pressen aus dem Zuckerrohr oder der Zuckerrübe extrahiert wird? Das Berliner Zuckermuseum in der Amrumer Straße zeigt nicht nur Maschinen zur Zuckergewinnung oder das Modell der ältesten Rübenzuckerfabrik der Welt. In der Ausstellung werden auch schwierige Prozesse wie die Fotosynthese und die alkoholische Gärung einfach demonstriert und es wird klargemacht, wie Chemie, Biologie und Technik bei der Zuckerproduktion zusammenhängen und ineinandergreifen. Auch die historische Dimension des süßen Stoffes wird thematisiert, denn seit der Entdeckung des amerikanischen Kontinents gewann das kostbare Gewürz als Handelsfaktor an Bedeutung. Das Zuckermuseum ist freitags und samstags geschlossen, am Sonntag öffnet es erst am späten Vormittag. (107 Wörter)

●●● **Level 3**

Skijacken mit eingebautem Navigationsgerät, Reiterwesten mit Airbags oder Jogginganzüge, die die Atmung und den Blutdruck überwachen? Intelligente Kleidung heißt der neue Trend, der für eine Revolution in der Textilbranche sorgt. Durch das Kombinieren von Textilien und Elektronik soll das textile Produkt intelligent gemacht werden. Alles, was heute die mobilen elektronischen Geräte können, soll in die Kleidung integriert werden. Solche anspruchsvollen Kleidungsstücke werden unter anderem von Textilingenieuren entworfen, die beim Produzieren auch sicherstellen, dass die Elektronik bei einer Wäsche nicht kaputtgeht. Das bedeutet auch, dass diese Kleidungsstücke nicht mit Batterien gespeist werden, sondern mit flexiblen Solarzellen in Millimetergröße. Das „High-Tech-Kabinett" im Augsburger Textil- und Industriemuseum zeigt die modernen Anwendungsbereiche von Textilien und ist täglich außer montags geöffnet. Für Schulklassen kann vormittags ein geführter Rundgang gebucht werden. (125 Wörter)

Testet euch!

Rechtschreibung

Mottenaugen

A Motten kann man im Alltag sicher nicht zu den T ? ren zählen, die bel ? bt sind. Sie gelten als Text ? l ? enfresser, keiner w ? ll s ? haben. Für B ? on ? ker sind sie jedoch interessant. Sie gehören zu den nachtakt ? ven Insekten, d ? das wenige L ? cht, das s ? zur Verfügung haben, opt ? mal nutzen. S ? selbst werden aber so gut wie n ? gesehen, denn ihre Augen reflekt ? ren kein L ? cht.

B Kleine lebewesen haben nur dann eine chance zu überleben, wenn sie möglichst schlecht gesehen werden. Bei den motten spielt die anpassung ihrer körperfarbe ans dunkle eine wichtige rolle. Das viel interessantere für bioniker ist aber, dass sie auch dann schlecht zu sehen sind, wenn licht auf sie trifft. Woher kommt das? Die oberfläche der mottenaugen ist von linien durchzogen, die ungefähr 300 nanometer dünn sind. Ihre anordnung führt zum entstehen kleiner zusammengesetzter sechsecke. Die gitterrillen erzeugen noppen, die kleiner sind als die wellenlänge des lichts. Durch die gitterstruktur ist die lichtbrechung so gering, dass das licht vom mottenauge kaum reflektiert wird.

C Forscher arbeiten an verschiedenen Verfahren, die Lichtbrechung von Stoffen wie Glas, Kunststoff oder Metall nach Vorbild der Mottenaugen herunterzusetzen. Bei Glas werden winzige Gasblasen eingebracht, auf den Kunststoffen kann man eine Noppenstruktur erzeugen, und man kann auch bereits Lacke nutzen, mit denen man eine Noppenstruktur auf verschiedene Oberflächen auftragen und so entspiegeln kann. Der Bedarf an entspiegelten Oberflächen ist bei Displays, Projektoren und Sonnenkollektoren riesig groß.

1 a *i* oder *ie?* Prüft euer Regelwissen. Schreibt Textabschnitt A richtig ins Heft.
b Welche Merkwörter mit *ie* findet ihr? Markiert sie.

2 Testet euer Wissen über die Großschreibung.
a Schreibt aus Textabschnitt B die Nomen mit ihren Begleitern ins Heft.
b Markiert im Heft: vier Nomen mit einer typischen Nomenendung, drei Nominalisierungen.

3 a Prüft euer Strategiewissen. Übertragt die nachfolgende Tabelle ins Heft.
b Ordnet die markierten Wörter aus Textabschnitt C richtig zu.

Sprie ? en • spro ? • die Spro ? e • flie ? en • der Flu ? • die Flü ? e • das Flu ? gebiet • die Flie ? richtung • der Fu ? • die Fü ? e • das Fu ? gelenk

4 *ss* oder *ß?* Prüft euer Regelwissen. Schreibt die Wörter richtig ins Heft.

13.2 Von Versuchsprotokollen und Gebrauchsanweisungen – Zeichensetzung

Kommasetzung bei Aufzählungen und in Satzreihen

Z

A Das fasziniert: fliegen wie ein Vogel, schwimmen wie ein Fisch und klettern wie ein Gecko.
B Wir würden all dies gern können, wir möchten von den Tieren lernen, aber einfach ist es nicht.
C Menschen können sowohl staunen als auch forschen, entwerfen oder erfinden.

1 Erklärt in Partnerarbeit die Kommasetzung in den Sätzen A, B und C.

VORSICHT FEHLER!

Versuchsprotokolle für Forschungszwecke

In der Wissenschaft ist die Beschreibung von Versuchen äußerst wichtig denn die Ergebnisse sollte man für weitere Experimente kennen. Außerdem kann man dadurch sein Wissen für andere zur Verfügung stellen deshalb muss man sowohl die Fragestellung den Versuchsaufbau als auch die Ergebnisse beschreiben skizzieren zeichnen oder fotografieren. Ein Beispiel: Du backst einen leckeren Kuchen du kannst mit ihm auch angeben aber beweisen kannst du sein Gelingen nicht. Du musst die Zutaten genau aufschreiben auf diese Weise kannst du den Kuchen auch ein zweites oder drittes Mal backen. Die Angabe der Menge der Eier der Butter des Mehls oder der Mandeln ist dabei besonders wichtig.

Und so ist es auch in der Wissenschaft. Man hält die Fragestellung den Versuchsaufbau und die Ergebnisse in Versuchsprotokollen nach einem vorgegebenen Muster fest. Nur so kann man die Forschungsergebnisse für andere nachvollziehbar machen dann können die Experimente von Wissenschaftlern oder Ingenieuren verstanden bestätigt weiterentwickelt oder als Grundlage für neue Experimente genutzt werden. Nur die Neugier auf immer neue Forschungsfragen und ihre Lösung führt zu Fortschritten.

2 Nennt mindestens zwei Gründe dafür, warum man Versuche genau beschreiben sollte.

3 Im Text fehlen Kommas zwischen Aufzählungen und Satzreihen. Wählt Aufgabe a oder b.
●○○ **a** Schreibt den Text ab. Setzt die 14 fehlenden Kommas.
●●● **b** Ordnet jeder Kommaregel einen Beispielsatz aus dem Text zu. Schreibt ins Heft.
c Vergleicht eure Ergebnisse.

Information **Kommasetzung bei Aufzählungen und in Satzreihen**

- **Kommas** stehen: zwischen **aufgezählten Wörtern sowie Wortgruppen** und **Satzreihen.**
- Das **Komma entfällt,** wenn sie durch *und, oder, sowohl ... als auch, entweder ... oder* verbunden sind, z. B.: *Ich mag sowohl Fisch als auch Fleisch.*
- Das **Komma muss stehen** bei *aber, jedoch, sondern* und *doch*, denn sie bauen einen **Gegensatz** auf, z. B.: *Du kannst schwimmen, spielen, arbeiten, aber nicht herumsitzen.*

Kommasetzung in Satzgefügen

Z

Ruß und Staub aus der Luft beschmutzen Oberflächen, sodass man sie ständig säubern muss. Weil einige Pflanzenoberflächen sauber bleiben, erregten sie die Aufmerksamkeit von Bionikern. Pflanzen reinigen sich besonders gut, wenn sie eine rau-wächserne Oberfläche haben. Darauf perlen die Wassertropfen schnell ab, wobei sie beim Ablaufen den Schmutz mitnehmen.

1 a Tauscht euch zu zweit aus. Kennt ihr Pflanzen, die kaum schmutzig werden?
b Erläutert euch gegenseitig die Kommasetzung in den Sätzen.

VORSICHT FEHLER!

Kann der Lotoseffekt das Putzen des Badezimmers überflüssig machen?

Fändet ihr es auch gut wenn ihr das Badezimmer nach dem Duschen nicht mehr putzen müsstet? Indem ihr einige Experimente durchführt und eure Ergebnisse in einem Protokoll festhaltet könnt ihr eine begründete Vermutung anstellen ob das möglich ist.

Durchführung:
- Verwendet eine Pipette damit ihr gezielt einige Wassertropfen auf verschiedene Pflanzenblätter geben könnt. Eine Pipette könnt ihr aus einem Strohhalm herstellen wenn ihr das obere Ende mit dem Daumen zuhaltet.
- Haltet fest wie schnell die Wassertropfen jeweils abperlen.
- Gebt einen Tropfen Spülmittel ins Wasser damit ihr das Experiment verändert wiederholen könnt.

Ergebnis: Protokolliert wie sich das Wasser auf den Blattoberflächen verhält.

Oberfläche	Wassertropfenform	Wasserablauf	
Kapuzinerkresse: ...	*...*	*reines Wasser*	*mit Spülmittel*

Schlussfolgerung: Begründet ob es den Lotoseffekt im Badezimmer geben kann.

2 In der Versuchsanleitung fehlen Kommas in den Satzgefügen. Wählt Aufgabe a oder b.
●○○ a Schreibt den Text ab und setzt die neun fehlenden Kommas.
●●● b Bestimmt die vor- und nachgestellten Nebensätze in den Satzgefügen. Schreibt die Sätze mit Kommas so ins Heft, dass die Nebensätze ihre Stellung ändern.
c Vergleicht eure Ergebnisse.

Information **Kommasetzung in Satzgefügen**

Satzgefüge bestehen aus mindestens einem **Haupt- und** einem **Nebensatz.** Sie werden **durch Kommas getrennt.** Im **Nebensatz** steht die **Personalform des Verbs am Ende.**
Der **Nebensatz** kann **vor** oder **nach dem Hauptsatz** stehen oder in ihn **eingefügt** sein, z. B.:
- **vor:** *Weil manche Pflanzen stets sauber bleiben, erregten sie das Interesse der Forschung.*
- **nach:** *Du brauchst Forschergeist, wenn du die Selbstreinigung der Pflanzen verstehen willst.*
- **eingefügt:** *Werde selbst, indem du Versuche durchführst, ein Forscher.*

Kommasetzung bei Relativsätzen und Appositionen

Z

A Bioniker gewinnen Erkenntnisse aus der Erforschung der Natur, die sie in Technik umsetzen.
B Sie müssen ihre Ergebnisse, die später allen zur Verfügung stehen sollen, gut beschreiben.
C Leonardo da Vinci, ein italienischer Künstler, ging dabei als einer der Ersten systematisch vor.

1
a Bestimmt in Partnerarbeit die Relativsätze in A und B.
b In Satz C steht eine Apposition (Beifügung) in Form eines verkürzten Relativsatzes. Formuliert, wie C mit einem vollständigen Relativsatz lautet: *Leonardo da Vinci, der …, …*
c Beschreibt, wo genau das Komma bzw. die Kommas stehen müssen.

VORSICHT FEHLER!

Was sind Gebrauchsanleitungen?

A „Gebrauchsanleitung" ist ein Sammelbegriff für Texte die ganz unterschiedlich sein können. Ganz kurz sind zum Beispiel Anleitungen die sehr einfache Vorgänge erläutern. Beschreibungen von Arbeitsabläufen die Mitarbeiter kennen müssen sind meist komplizierter. Bedienungsanleitungen für moderne Geräte haben oft einen großen Umfang der die Leselust vieler überfordert. Für viele elektronische Geräte gibt es oft nur im Internet Benutzerhandbücher die man sich herunterladen muss. Diese Bücher werden von Ingenieuren geschrieben die ein Expertenwissen haben das sie nicht immer verständlich umsetzen können.

B Gebrauchsanweisungen sind oft schwer zu lesen. Sie sind in Expertensprache verfasst. Für Ingenieure sind viele Dinge selbstverständlich. Diese Dinge sind den Nutzern der Geräte aber nicht klar. Viele verstehen die Anweisungen in den Bedienungsanleitungen nicht. Sie probieren die Geräte einfach aus. Auch falsche Übersetzungen sind ärgerlich. Sie können großen Schaden anrichten. Unklare Beschreibungen führen nicht zum Ziel. Das Ziel liegt in der reibungslosen Nutzung des Gerätes. Zeichnungen helfen oft weiter. Zeichnungen werden über alle Sprachen hinweg verstanden. Viele Unternehmen lassen Gebrauchsanleitungen von Profis schreiben. Die können gute Sachtexte verfassen.

2 Prüft und bearbeitet die Kommasetzung für Text A oder B. Wählt Aufgabe a, b oder c.
●○○ a Verbessert Text A im Heft. Setzt die acht fehlenden Kommas.
●●○ b Schreibt Text B um. Er soll vier Haupt- und Relativsätze enthalten.
●●● c Schreibt Text B: Er soll fünf Haupt- und Relativsätze und eine Apposition enthalten.
d Prüft in Partnerarbeit eure jeweilige Kommasetzung.

Information **Kommasetzung bei Relativsätzen und Appositionen (Beifügungen)**

- **Relativsätze sind Nebensätze.** Sie werden durch ein **Relativpronomen** wie ***der, die, das*** **eingeleitet,** das sich auf ein Wort im Hauptsatz bezieht. Sie werden **durch Komma** abgetrennt, z. B.: *Der Bioniker, der/welcher seit Jahren forscht, hat endlich Erfolg.*
- Ein Nomen kann durch **eine Apposition (Beifügung),** einen verkürzten Relativsatz, erläutert werden, z. B.: *Der Forscher, ein Bioniker, hatte endlich Erfolg.* Statt: *…, der ein Bioniker ist, …*

Kommasetzung bei Infinitiven mit *zu*

Z

A Als Laie braucht man die Funktionsweise von Rauchmeldern nicht zu verstehen.
B Anstatt sie einfach anzubringen, sollte man die Bedienungsanleitung unbedingt vorher lesen.
C Man sollte auch daran denken, einen Fachmann nach der richtigen Anbringung zu fragen.

1 a Findet die Infinitive in den Sätzen A, B und C.
b Versucht eine Erklärung dafür zu finden, warum in Satz B und C ein Komma steht, z. B.:
… *werden eingeleitet* … *hinweisendes Wort* … *angekündigt* …

VORSICHT FEHLER!

Von Rauchmeldern und Schlangen

A Die Sinnesleistungen von Tieren sind empfindlichen Messsystemen häufig überlegen. Mittels ihres sensiblen Erkennungssystems gelingt es (,) einigen Schlangenarten (,) Temperaturschwankungen von 1/1000 °C wahrzunehmen. Damit ist es ihnen möglich (,) Beutetiere blitzschnell aufzuspüren. Das gelingt, weil alle Körper mit einer Temperatur von über 27,3 °C Infrarotstrahlung abgeben. Mit Hilfe von Thermorezeptoren sind Klapperschlangen zum Beispiel in der Lage (,) ihre Beute auch in der Dunkelheit aufzufinden. Die technischen Möglichkeiten (,) solche Infrarotsensoren in der Technik zu nutzen (,) sind vielfältig. Man unterscheidet aktive und passive Systeme. Aktive senden Strahlung aus. Man braucht sie (,) um z. B. Lichtschranken herzustellen. Passive sind darauf ausgerichtet (,) auf Strahlung von außen zu reagieren.

B Rauchmelder geben Alarm, wenn Licht durch Rauch gestreut wird und auf den Empfänger im Gerät trifft. Es empfiehlt sich mehrere Rauchmelder in der Wohnung zu installieren. Man sollte daran denken bei mehrstöckigen Gebäuden einen Rauchmelder je Etage anzubringen. Nur so ist es möglich eine rechtzeitige Warnung bei einem Brand zu erzeugen. Man bringt den Rauchmelder insbesondere an um den Weg zum Schlafzimmer zu sichern. Ein solcher Melder ist allerdings an sich sehr laut damit er auch durch geschlossene Türen zu hören ist. Dabei ist jedes Gerät in der Deckenmitte anzubringen.

2 Prüft und bearbeitet die Kommasetzung für Text A oder B. Wählt Aufgabe a oder b.
a Prüft in Text A, ob die Kommas in den Klammern gesetzt werden müssen.
Schreibt die Sätze richtig ab. Markiert das Wort, mit dem ihr die Kommasetzung begründet.
b Verbessert Text B im Heft. Setzt die fehlenden Kommas.
c Prüft in Partnerarbeit eure jeweilige Kommasetzung.

Information **Kommasetzung bei Infinitiven mit *zu***

- Ein **einfacher Infinitiv mit *zu*** verlangt **meist kein Komma,** z. B.: *Du brauchst nicht zu lesen.*
- Werden Infinitive **mit *als, anstatt, außer, ohne*** oder ***um* eingeleitet**, setzt man ein **Komma**, z. B.: *Anstatt zu probieren, solltest du lieber die Gebrauchsanweisung lesen.*
- Werden Infinitive durch ein **hinweisendes Wort angekündigt,** setzt man ein **Komma,** z. B.: *Denke daran, die Bedienungsanleitung zu lesen. Es ist gut, etwas für die Sicherheit zu tun.*

3 Übt die Kommasetzung bei Infinitiven mit *zu*. Wählt Aufgabe 4, 5 oder 6.

Anstatt sich auf sein Glück zu verlassen ... •	... sein Haus besser zu sichern. •
Ohne Vorsorge zu treffen ... •	... sollte man sich um ein Warnsystem kümmern. •
Eigentlich ist es ganz einfach ...	... lebt man gefährlicher.

4 Welche Satzbausteine passen zusammen?

●○○ a Fügt im Heft die Sätze zu sinnvollen Aussagen zusammen.

b Markiert das Wort, das die Kommasetzung nötig macht. Setzt das Komma.

Ich finde es wichtig, dass ich einen Rauchmelder im Zimmer habe.
Ich bin erstaunt darüber, dass ich ihn so leicht anbringen kann.
Denke daran, dass du beim Anbringen sorgfältig arbeitest.
Hoffe nicht darauf, dass du die Montage alleine schaffst.
Beginne damit, dass du die Rauchmelder sorgfältig in der Wohnung verteilst.

5 Bildet aus den *dass*-Nebensätzen Infinitivsätze mit Komma. Arbeitet im Heft, z. B.:

●●○ Ich finde es wichtig, dass ich einen Rauchmelder im Zimmer habe.

→ *Ich finde es wichtig, einen Rauchmelder ...*

daran denken • es ist wichtig • darum bitten • dafür sorgen • anstatt zu warten	einen Raum durch einen Rauchmelder überwachen lassen • einen Platz für die Verteilung des Rauchmelders suchen • die Rauchmelder richtig montieren • die Funktion des Rauchmelders prüfen • einen Plan für weitere Rauchmelder erstellen

6 Bildet mit Hilfe der Satzbausteine Infinitivsätze mit Komma. Schreibt ins Heft.

●●●

sehen/zusehen: Er freute sich seine Freunde ? . Es machte ihm Spaß beim Experimentieren ? .
schreiben/zuschreiben: Es machte ihm Spaß ? . Er fand es nicht fair dem Kind die Schuld ? .
binden/zubinden: Sie half ihm seine Krawatte ? . Er musste sich bücken um seine Schuhe ? .
zulassen/lassen: Der Nachbar bat darum den Krach ? . Er bemühte sich keine Torchancen ? .

7 a Ergänzt im Heft die acht Sätze mit dem passenden Infinitiv.
Überlegt, in welchen Infinitivsätzen auf jeden Fall ein Komma gesetzt werden muss.

b Markiert in den Sätzen mit Komma die Wörter, die den Infinitiv ankündigen.

Methode **Kommasetzung bei Infinitiven mit *zu***

In der Regel kannst du die meisten **Infinitivsätze mit *zu*** durch ein Komma abtrennen.
Wenn du unsicher bist, ob ein Infinitivsatz mit *zu* durch ein Komma zu markieren ist, dann **setze besser ein Komma.**

Stärken stärken: Kommasetzung

VORSICHT FEHLER!

1 Wenn die Spülmaschine startet pumpt sie Wasser das auf ca. 60 Grad erhitzt wird in die Maschine. **2** Um Kalkablagerungen zu verhindern muss das Wasser zuvor enthärtet werden. **3** Das Spülmittel befindet sich in einem Behälter der automatisch zum richtigen Zeitpunkt geöffnet wird. **4** Um das Geschirr von Spülmittelresten zu befreien wird es klargespült und danach durch heiße Luft getrocknet. **5** Bei den neueren Modellen den Öko-Geschirrspülmaschinen wird der sorgsame Umgang mit Energie großgeschrieben.

1 a Schreibt den Text ab und setzt dabei alle fehlenden Kommas.
b Übertragt die Tabelle in euer Heft und tragt die Nummern der Sätze in die passende Spalte ein.

Satzgefüge mit Infinitivsatz	Satz mit Relativsatz	Satzgefüge ohne Infinitivsatz	Satz mit Apposition
...	...	...	...

VORSICHT FEHLER!

1 Als es noch keinen Kühlschrank gab bediente man sich anderer Kühlungsmethoden um Nahrungsmittel über längere Zeit haltbar zu machen: **2** Beliebt war es Fleisch und Fisch einzusalzen oder über schwelenden Hölzern zu räuchern. **3** Um das Verfahren des Konservierens nutzen zu können wurden Obst und Gemüse erhitzt und unter Luftabschluss in Gläser oder Flaschen gefüllt eine Methode die später durch den französischen Chemiker Louis Pasteur perfektioniert wurde. **4** Die Kältemaschinen die Carl Linde ein deutscher Ingenieur entwickelte waren nur für die Industrie geeignet. **5** Heute sind moderne Kühl-Gefrier-Kombinationen sparsam im Stromverbrauch am beliebtesten.

2 a Schreibt die Sätze (1 bis 5) ab und setzt die fehlenden Kommas.
b Ordnet die Nummern der Sätze nach dem obigen Muster in eine Tabelle ein. Manche Sätze gehören in mehrere Spalten.

VORSICHT FEHLER!

1 Mikrowellenherde erhitzen Speisen ohne einen Kontakt zu einer Wärmequelle z. B. einer heißen Fläche oder heißer Luft zu haben. **2** Durch die Mikrowellenstrahlung elektromagnetischer Wellen wie z. B. das Licht werden die Wassermoleküle des Kochguts in Bewegung versetzt und erzeugen so durch Reibung Wärme. **3** Durch eine Vakuumröhre werden die Mikrowellen in den Garraum geleitet wo die metallischen Wände des Mikrowellenherdes die Wellen zusätzlich reflektieren sodass eine gleichmäßige Verteilung der Wellen gewährleistet wird. **4** Auch der Drehteller meist aus Glas hat den Zweck die Wellen gleichmäßig zu verteilen.

3 Schreibt den Text ab und setzt alle fehlenden Kommas. Begründet jedes Komma mit einer Regel.

Testet euch! Z

Kommasetzung

VORSICHT FEHLER!

Wespenforschung und Papierherstellung

Wespen die viele als Bedrohung ansehen bauen kunstvolle Nester. Sie waren die Vorbilder für eine Erfindung die enorm wichtig ist: das Papier. Wespen raspeln feine Holzspäne von Oberflächen ab die sie mit einem Sekret zersetzen. Aus dem Brei der dabei entsteht schichten sie papierdünne Wände auf die nach dem Trocknen erstaunlich stabil sind. Diese stockwerkhohen Nester die leicht sein müssen erhalten ihre Festigkeit dadurch, dass alle Holzfasern des Wespenpapiers parallel ausgerichtet sind.

1 a Schreibt den Text ab und setzt die neun fehlenden Kommas.
b Markiert den Nebensatz und das Nomen, auf das sich der Nebensatz bezieht.

VORSICHT FEHLER!

Wie sich die Papierherstellung entwickelt hat

Papier wurde früher nicht aus Holz hergestellt sondern es wurden dafür Lumpen verwendet. Diese mussten aus Pflanzenfasern wie Leinen Flachs Baumwolle oder Hanf hergestellt sein. Sie wurden sortiert gereinigt zerkleinert und in Wasser gelegt. So entstand ein Brei. Der französische Naturforscher de Réaumur veränderte Anfang des 18. Jahrhunderts die Papierherstellung indem er Wespen beobachtete. Er fand heraus wie sie die Späne bearbeiteten. Weil viel Holz vorhanden war galt seine Verwendung für Papier als großer Fortschritt.

2 a Schreibt die markierten Sätze ab und setzt die fehlenden Kommas.
b Umrahmt die Hauptsätze, unterstreicht die Nebensätze.
c Schreibt die nicht markierten Sätze ab und setzt die Kommas. Nennt die Kommaregel.

VORSICHT FEHLER!

Papier mit Sandwichstruktur

1 Am Papier kann man leicht erforschen wie es fester wird. Dabei geben besonders Rillen und Falten Stabilität. **2** Lege ein Blatt Papier über eine Lücke zwischen zwei aufrecht stehenden Büchern lege dann Münzen in die Mitte des Papiers. Du erkennst wie viel Gewicht das Papier trägt. Falte nun das Papier wie eine Ziehharmonika und wiederhole den Versuch. **3** Teste erneut die Tragfähigkeit des Papiers ändere die Faltrichtung und prüfe ob auch sie eine Rolle spielt. **4** Das gefaltete Papier das nicht mehr Material hat als das flache Papier trägt wesentlich mehr Gewicht. Wenn du auf dein Faltenpapier oben und unten ein glattes Blatt Papier klebst wird die Konstruktion noch tragfähiger. Diese Sandwichstruktur verwendet man beim Pappkarton den man sogar zum Bauen von Möbeln einsetzt.

3 a Schreibt die Sätze ab und setzt die Kommas.
b Ordnet den Sätzen 1 bis 4 zu: Relativsatz, Infinitivsatz, Aufzählung, Satzreihe, Satzgefüge.

13.3 Fit in ...? – Richtig schreiben

Mit diesem Kapitel könnt ihr testen, wie fit ihr bereits in der Rechtschreibung und Zeichensetzung seid. Ihr geht so vor:

1 **Textüberarbeitung:** Zuerst überarbeitet ihr einen Fehlertext.
2 **Fehlerschwerpunkte finden:** Danach wertet ihr euer Ergebnis aus und stellt fest, in welchen Bereichen ihr noch Probleme habt.
3 **Training an Stationen:** Auf den Seiten 290–296 übt ihr gezielt die Bereiche der Rechtschreibung, die für euch noch schwierig sind.

VORSICHT FEHLER!

Ohne Technik durch den Tag – Ein Selbstversuch

Pauline wollte es wissen: Wie abhängig ist sie von der Technik? Einen Tag lang hat sie auf alle technischen Geräte verzichtet und darüber eine Reportage für die Schülerzeitung geschrieben:

1 Gleich Morgens nach dem aufstehen fing es an:
2 Statt der Elektrischen die annaloge Zahnbürste zu nehmen, ist mir nicht so schwer gefallen.
3 Beim frühstücken den Toster nicht zu benutzen, war kein Problem, ich habe einfach Haferflocken mit Milch gegessen.
4 Aber am vormittag in der Schule war ich im Physikunterricht schnell lahm gelegt und vom Matheunterricht wurde ich sogar frei gestellt.
5 An einem normalen Tag hätte ich mir Mittags das Essen im Miekrowellenherd erwärmt, aber so habe ich mich an Brot, Obst und Salat sattgegessen – doch, echt delickat!
6 Die Spülmaschiene war auch tabu, sodass ich das abwaschen mit der Hand machen musste.
7 Das planschen im Spülbecken hat mir als Kind auch mehr spaßgemacht!
8 Für den Klavierunterricht war es dann höchst komplizirt, die Strecke von der düsseldorfer Allee bis zum Bettina-Von-Arnim-Platz ohne Bus zu bewältigen.
9 Ich habe überlegt, blau zu machen, bin dann aber doch Fahrradgefahren, sogar die weitere Strecke über die bergische Landstraße, um noch ein bisschen Fitnes-Training zu bekommen.
10 Ich war mir nicht ganz sicher ob Duschen verboten ist weil bestimmt auch die Wasserpumpe elektrisch funktioniert.
11 Ich hab's dann doch gemacht aber ohne hinterher die Haare zu föhnen.
12 Eine echte Krise hatte ich abends als meine ganze Familie meine Eltern sowie meine beiden Brüder viel Spaß dabei hatten einen Film im Fernsehen zu schauen.
13 Ich hab dann nach so einem Buch gesucht das heißt doch so, oder?
14 Denkt daran im Bett zu schmökern kann auch Freude machen.
15 Das Handy mein ständiger Begleiter habe ich an diesem Tag besonders vermisst!
16 Aber viele technische Geräte haben mir obwohl ich sie sonst häufig benutze kaum gefehlt.

1 a Schreibt die Sätze 1–9 ab. Korrigiert dabei alle Fehler (Groß- und Kleinschreibung, Getrennt- und Zusammenschreibung, Schreibung von Fremdwörtern).
b Schreibt die Sätze 10–16 ab. Setzt dabei alle fehlenden Kommas.

Die eigenen Fehlerschwerpunkte finden

1 Überprüft in Partnerarbeit eure Lösungen der Aufgaben. Vergleicht sie dazu mit den Lösungen auf S. 360. Markiert alle Fehler, die ihr gemacht habt.

2 Findet eure Fehlerschwerpunkte. Geht so vor:
a Alle Fehler, die ihr gemacht habt, markiert ihr auf einer Kopie des folgenden Fehlerbogens.
b Zählt, wie viele Fehler ihr in jedem Kästchen gemacht habt. Tragt eure Fehlerzahl in die mittlere Spalte ein.
c In der rechten Spalte der Tabelle mit dem Namen „Trainingsstationen" seht ihr, bei welchen Stationen ihr üben solltet. Markiert diese Stationen und die entsprechenden Seitenzahlen.

3 Übt eure Rechtschreibung an euren Trainingsstationen.

Fehlerbogen

Fehlerschwerpunkte	Fehlerzahl	Trainingsstationen
Sätze 1–9		
Groß- und Kleinschreibung 1 ... morgens nach dem Aufstehen ... 2 Statt der elektrischen die ... 3 Beim Frühstücken ... 4 ... am Vormittag ... 5 ... mittags ... 6 ... das Abwaschen ... 7 Das Planschen ... Spaß gemacht! 8 ... von der Düsseldorfer Allee ... zum Bettina-von-Arnim-Platz ... 9 ... über die Bergische Landstraße, ...		Mehr als drei Fehler gemacht: ▶ Training an der Station 1, S. 292 ▶ Hilfen im Buch: S. 347–349
Getrennt- und Zusammenschreibung 2 ... ist mir nicht so schwergefallen. 4 ... schnell lahmgelegt ... freigestellt. 5 ... satt gegessen ... 7 ... mehr Spaß gemacht! 9 ... blauzumachen ... Fahrrad gefahren.		Mehr als zwei Fehler gemacht: ▶ Training an der Station 2, S. 293 ▶ Hilfen im Buch: S. 350
Fremdwörter 2 ... analoge ... 3 ... Toaster ... 5 ... Mikrowellenherd ... delikat ... 6 Die Spülmaschine ... 8 ... kompliziert ... 9 ... Fitness-Training ...		Mehr als zwei Fehler gemacht: ▶ Training an der Station 3, S. 294 ▶ Hilfen im Buch: S. 350

Fehlerschwerpunkte	Fehlerzahl	Trainingsstationen
Sätze 10–16		
Kommasetzung bei Satzgefügen (ohne Infinitivsätze) **10** ... nicht ganz sicher, ob Duschen verboten ist, weil ... funktioniert. **12** ... hatte ich abends, als meine ... **16** ... haben mir, obwohl ich sie sonst häufig benutze, kaum gefehlt.		Mehr als zwei Fehler gemacht: ▸ Training an der Station 4, S. 295 ▸ Hilfen im Buch: S. 344
Kommasetzung bei Infinitivsätzen **11** ... doch gemacht, aber ohne hinterher die Haare zu föhnen. **12** ... viel Spaß dabei hatten, einen Film im Fernsehen zu schauen ... **14** Denkt daran, im Bett zu schmökern kann auch Freude machen.		Ab einem Fehler: ▸ Training an der Station 5, S. 296 ▸ Hilfen im Buch: S. 345
Kommasetzung bei Relativsätzen und Appositionen **12** ... meine ganze Familie, meine Eltern sowie meine beiden Brüder, viel Spaß ... **13** ... Buch gesucht, das heißt doch so, oder? **15** Das Handy, mein ständiger Begleiter, habe ...		Mehr als zwei Fehler gemacht: ▸ Training an der Station 6, S. 296 ▸ Hilfen im Buch: S. 342; 345
Andere Fehler:		Sprecht mit eurer Lehrkraft über diese Fehler. Sie gibt euch Tipps und Übungen für diese Fehlerbereiche.
Fehler insgesamt:		

Keine oder nur ganz wenige Fehler gemacht?
Bearbeitet an den Stationen die Aufgaben „Für Spezialisten".

Training an Stationen

Station 1: Groß- und Kleinschreibung

VORSICHT FEHLER!

Break-down der Haushaltstechnik

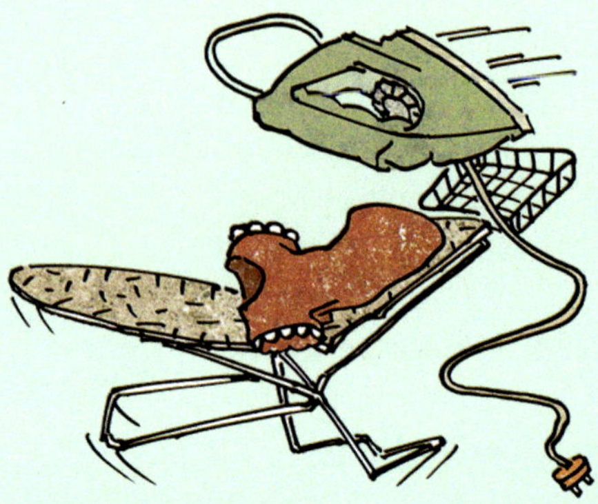

am montagmorgen fing es an. beim betätigen des rollladenschalters gab es ein kleines feuerwerk, ansonsten blieb es bis zum eintreffen des handwerkers, der hausbesuche leider nur mittwochs nachmittags tätigt, zappenduster. im dunklen stolperte ich über das fernsehkabel, wodurch nicht einfach der stecker aus der dose, sondern das kabel aus der fernseherrückwand gerissen wurde. da bügeln ohne fernsehgucken sowieso langweilig ist, schadete es nicht, dass dienstagabends das bügelbrett unter dem gewaltigen gewicht eines rüschenblüschens zusammenbrach, was das dampfbügeleisen ebenfalls zum aushauchen seines geistes veranlasste. bis freitagnacht passierte seltsamerweise nichts bemerkenswertes, abgesehen davon, dass der gefrierschrank still und heimlich seinen dienst einstellte, was mir erst freitag früh auffiel, als meine füße mir ein kühles nass meldeten. in der nacht von freitag auf samstag schlugen dann die brandmelder alarm, zum glück aber nur aufgrund eines defekts. zu loben bleibt das unverdrossene funktionieren meines radioweckers, der mich diensteifrig auch sonntag früh aus süßen träumen holte, da ich vergessen hatte, ihn auszustellen.

1 a Schreibt den Text in der richtigen Groß- und Kleinschreibung in euer Heft.
b Unterstreicht die nominalisierten Verben und Adjektive in eurer Abschrift.
c Umkreist die Tageszeiten und Wochentage und gleicht ihre Schreibung mit den Regeln auf S. 269 ab.

2 Wo gibt es was? Schreibt die Informationen in der richtigen Groß- und Kleinschreibung auf.
- metzgerschmitzinderstockholmeralleebietetrheinischensauerbraten.
- günstigesmeißnerporzellanimausverkaufaufdembertha-von-suttner-platz.
- holensiesicheingelbestrikotimfahrradladenaufdemwiesenweg.
- besuchensiediehessischenspezialitätenständebeidergrünenwocheinberlin.
- einebayrischeundmünchnerdirndlkollektionfindensieimgeschäftaufderstraßeandendreieichen.

3 a Für Spezialisten: Begründet, warum die unterstrichenen Adjektive trotz Nomenbegleiter kleingeschrieben werden müssen.
- Die T-Shirts gefallen mir alle sehr gut. Ganz besonders mag ich die gestreiften.
- Das schwarze ist mein Fahrrad.

b Begründet die Schreibweise bei den folgenden Beispielpaaren:
- die Frankfurter Buchmesse – ein spannender Roman
- eine pfälzische Stadt – der Pfälzer Wein
- ein sächsischer Dichter – die Sächsische Schweiz

Station 2: Getrennt- und Zusammenschreibung

Freizeitspaß im Freizeitpark

Spätestens, wenn die Sommerferien bevor/stehen und man endlich frei/hat, ist es nahe/liegend, sich auf einen Besuch in einem der zahlreichen Freizeitparks vor/zu/bereiten. Im Europa-Park Rust kann man an einem Tag ganz Europa durch/queren. In 16 Länderbereichen könnt ihr euch von rund 100 Fahrgeschäften verführen/lassen. Wer dazwischen ein bisschen Ruhe/haben möchte, kann sich in einem der Show-Theater zurück/lehnen. Im Zoo Safaripark Stukenbrock könnt ihr Lamas, Zebras und weißen Löwen nahe/kommen, auf einem Krokodil aus Stahl reiten/üben und auf der Wildwasserbahn ordentlich durch/starten. Im Serengeti-Park Hodenhagen solltet ihr auf Safari/gehen und euch in Bussen durch den Tierpark fahren/lassen. Affen, Elefanten, Giraffen und auch Breitmaulnashörner kommen vorbei, wenn die Busfahrer ihnen Leckerbissen bereit/stellen. Wer nach der Busfahrt aktiv/sein will, kann im Abenteuer-Hochseilgarten klettern/gehen. Im Heide Park Resort bei Soltau darf es ruhig abwärts/gehen: Bei der größten und längsten Holzachterbahn Europas werden die Wagen aus 52 Meter Höhe hinab/geworfen. Beim Freifallturm „Scream" können sich die Passagiere aus 103 Metern Höhe in die Tiefe stürzen/lassen. Rund 40 solch rasanter Attraktionen sind hier aneinander/gereiht.

1 Getrennt oder zusammen? Entscheidet, wie die markierten Wortgruppen geschrieben werden, und schreibt sie in euer Heft.

2 Bildet Sätze, in denen die folgenden Wortgruppen einmal zusammengeschrieben, das andere Mal getrennt geschrieben werden. Begründet bei jedem Satz die Zusammen- bzw. die Getrenntschreibung.

dahinter/stecken • davon/kommen • fest/nageln • wieder/sehen • zusammen/schreiben • frei/machen • schön/reden • vorher/sagen • fest/nehmen • zusammen/halten

3 **a** Für Spezialisten: Überlegt, welchen Unterschied es zwischen den markierten Wortgruppen gibt. Leitet daraus eine Regel zur Getrennt- und Zusammenschreibung ab.

– Kannst du mir bitte einen Teil abgeben? – An dem Erfolg können alle teilhaben.
– Lasst uns Eis essen gehen! – Ab heute kann man im Park wieder eislaufen.
– Ich will nicht meinen Kopf riskieren. – Hier scheint heute ja alles kopfzustehen!

b Überprüft eure Regel mit Hilfe des Regelteils eines Wörterbuchs.

Station 3: Fremdwörter

Rasante ['reɪsɪŋ]-[zɛ'zõ] **auf dem Hockenheimring**

Dieser kleine [krɛʃ] hätte einfach nicht passieren dürfen! Rahel Frey heftet ihre Augen auf den Asphalt und gibt Gas – 240 km/h! Ihr zierlicher Rücken vibriert im verschwitzten ['oʊvərɔːl]. In der ersten Kurve hat sie ein anderer Wagen gerammt, nun liegt das Auto nicht mehr [pɛr'fɛkt] auf der Straße. Rahel Frey biegt deshalb in die Boxengasse ein, wo sich die [garaʒə]n der [tiːm]s aneinanderreihen. In wenigen Sekunden ['tʃɛkn̩] die Mechaniker den Wagen. Aber helfen können sie Rahel auf die Schnelle nicht. Pech. Heute rauscht sie als Letzte ins Ziel. Während der Applaus für den Sieger von der Tribüne donnert, will Rahel erst einmal allein sein. Aber schon eine Stunde später ist sie wieder ['pozitiːf] gestimmt und gibt ein ['ɪntɐvjuː] für ihre [fɛn]s. Später wird sie mit dem Renn-[ɪnʒe'ni̯øːɐ̯] ihr Fahrverhalten, das der Bord-[kɔm'pjuːtɐ] genau dokumentiert hat, im [de'tai̯] durchsprechen. Seit anderthalb Jahren ist die 26-Jährige als Rennfahrerin bei den Deutschen [tuːr]en-Wagenmeisterschaft (DTM) dabei. Schon mit zwölf fiel sie beim ['goːkaʁt]fahren auf, einige Jahre später bekam sie die ['ʃãːsə], internationale Rennen mitzufahren, seitdem [trɛ'niːrt] sie jeden Tag, um bei einem der nächsten Rennen auch einmal Siegerin zu sein.

1 a Schreibt die markierten Wörter in Lautschrift in normaler Schreibweise in euer Heft.
b Kontrolliert die Schreibweise der Fremdwörter mit Hilfe eines Wörterbuchs.

2 a Notiert für jedes Wort die Schreibweise(n), die ihr für richtig haltet.
b Prüft dann eure Ergebnisse mit Hilfe eines Wörterbuchs.

VORSICHT FEHLER!

placieren	platzieren	plazieren	platziren
Saxophon	Sacksophon	Saksofon	Saxofon
existentziell	existenziell	existentiell	existenziel
Grafikerin	Graphikerin	Grapfikerin	Graphickerin
Dragee	Dragée	Drajee	Dragé
Rethorik	Rhetorik	Rhethorik	Rhetorick
ortografisch	orthografisch	ortographisch	orthographisch
Download	Downlod	Daunload	Downlood

3 Für Spezialisten: Ersetzt die Fragezeichen durch die richtigen Begriffe aus dem Wortspeicher. Schreibt dann das Merkwissen über Fremdwörter in euer Heft.

Fremdwörter sind Wörter, die ? kommen, z. B.: Gymnastik ?, diskutieren ?, Garage ?, Spaghetti ?, Snowboard ?. Meist erkennt man sie an der Aussprache und der Schreibung. Häufig gebrauchte Fremdwörter werden ?, d. h. in ihrer Schreibweise dem Deutschen angeglichen, z. B.: Photographie/Fotografie. Beide Schreibweisen sind ?. Fremdwörter, die ? verwendet werden, sind ?, z. B.: Apposition.

englisch • griechisch • nicht eingedeutscht • aus anderen Sprachen • richtig • lateinisch • als Fachbegriffe • französisch • eingedeutscht • italienisch

Station 4: Kommasetzung in Satzgefügen

VORSICHT FEHLER!

Lieber Tierfreund, liebe Tierfreundin,
hier noch ein paar wichtige Punkte die wir dir ans Herz legen möchten: In den ersten drei bis vier Tagen solltest du deinem Schützling Ruhe bieten damit er sich an die neue Umgebung gewöhnen kann. Ein bis drei Mal pro Woche ist ein Vitaminpräparat das dem Wasser oder Futter beigemischt werden kann empfehlenswert. Platziere das Kleintierheim so dass es hell steht aber vor Sonneneinstrahlung und Zugluft geschützt ist. Die Futter- und Pflegeanleitung die dir mitgegeben wird solltest du unbedingt befolgen. Wenn es in den ersten zwei Wochen zu Auffälligkeiten kommt setze dich bitte umgehend mit uns in Verbindung. Bitte bedenke dass es sich bei deinem Pflegling um ein Lebewesen handelt das auch so behandelt werden möchte.
Dass du viel Spaß mit deinem neuen Hausgenossen hast wünscht dir das Team von deiner Zoohandlung.

1 Schreibt die Ratschläge aus dem Kleintierpass einer Zoohandlung ab. Unterstreicht Hauptsätze blau, Nebensätze grün und setzt die notwendigen Kommas.

Hinweise zum Umgang mit einem Buch

1 Sie beginnen mit dem Lesen eines Buches.
2 Verwenden Sie das Buch nicht beim Duschen oder in der Nähe von offenem Feuer.
3 Sie leiden unter Müdigkeit oder Konzentrationsstörungen.
4 Reißen Sie Seiten aus dem Buch heraus.
5 Sie sind am Ende des Buches angekommen.

A Das Verständnis des Buches kann beeinträchtigt werden.
B Wenden Sie sich bitte an Ihre Bibliothek oder Ihre Buchhandlung.
C Papier kann aufquellen und ist leicht entflammbar.
D Sie sollten das Lesen des Buches vermeiden.
E Beherzigen Sie bitte folgende Hinweise.

2 Bildet Satzgefüge, indem ihr jeweils zwei Sätze miteinander verbindet. Achtet auf die Kommasetzung. Ihr könnt die folgenden Konjunktionen zu Hilfe nehmen:

bevor • da/weil • wenn • dass • sobald

Erstmaliges Verwenden Ihres Mobiltelefons
Um eine Aktion zu starten, wählen Sie ✔. Um eine Aktion zu überspringen, wählen Sie ✘.
Wenn Sie bereits ein Konto besitzen, geben Sie Ihren Benutzernamen und Ihr Passwort ein. Wenn Sie Ihr Kennwort vergessen haben, können Sie es über eine Mail- oder SMS-Mitteilung anfordern. Verwenden Sie das Programm *Telefonwechsel,* um Ihre Inhalte zu kopieren.

3 Für Spezialisten: Erklärt, wie Gebrauchsanweisungen dieser Art wirken. Beschreibt hierzu die Besonderheiten des Satzbaus und bestimmt dabei genau die Art und die Funktion der Nebensätze. Nutzt hierzu Fachbegriffe.

Station 5: Kommasetzung bei Infinitivsätzen

– Hilf mir lieber mal.	– ... dich lustig zu machen.
– Ich erwarte nichts von Gebrauchsanweisungen.	– ... ganz von vorne anzufangen.
– Da bleibt uns wohl nichts anderes übrig.	– ... in jedem Land verständlich zu sein.
– Diese Anleitung besteht nur aus Bildern.	– ... hilfreich zu sein.

1 Bildet Satzgefüge aus Hauptsatz und Infinitivsatz. Verwendet dazu jeweils eine passende Konjunktion und achtet auf die Kommasetzung.

um • (an)statt • außer • ohne • als

VORSICHT FEHLER!

Forschungsprojekt „Bedienungsanleitung"

Das Ziel einer wissenschaftlichen Studie zu Bedienungsanleitungen ist es deren unverzichtbare Funktion als Mittler zwischen Mensch und Technik zu erforschen. Ein Team von Sprach- und Kulturwissenschaftlern aus allen Kontinenten arbeitet daran universale und kulturspezifische Merkmale von Bedienungsanleitungen herauszufinden. Die Forscher haben es sich zur Aufgabe gemacht der Menschheit endlich die Bedeutung dieser ganz besonderen Textsorte deutlich zu machen.

2 Schreibt den Text ab. Unterstreicht die Infinitivsätze, umkreist das Wort im Hauptsatz, das auf den Infinitivsatz hinweist, und setzt die Kommas.

3 a Für Spezialisten: Schreibt selbst eine – möglichst witzige – Anleitung zu einer der folgenden Situationen. Verwendet dabei mindestens fünf Infinitivsätze und setzt entsprechend den Regeln Kommas.
- Wie benutze ich die kalte Dusche im Freibad?
- Hinweise zum Verhalten bei Tanten- und Onkel-Besuch

b Diktiert euch gegenseitig eure Anleitungen und korrigiert sie in Partnerarbeit.

Station 6: Kommasetzung bei Relativsätzen und Appositionen (Beifügungen)

Musikinstrumente

Saiteninstrumente wie z. B. die Geige oder die Gitarre, werden gezupft oder mit einem Bogen gestrichen. Beim Klavier ? werden beim Anschlagen der Tasten Hämmerchen gegen Saiten im Inneren des Instruments geschlagen. Ein nur hinsichtlich der Tastatur ? ähnliches Instrument ? wird mit Händen und Füßen gespielt. Bei der Orgel wird der Klang durch Pfeifen ? erzeugt. Durch eine besondere Technik des Anblasens entlockt man auch der Querflöte ? Töne.

das Orgel heißt • das ja eigentlich auch ein Saiteninstrument ist • Manual genannt • einem Holzblasinstrument • angeblasen durch einen „Orgelwind" genannten Luftstrom

1 a Schreibt den Text „Musikinstrumente" ab und füllt dabei die Lücken mit passenden Appositionen bzw. Relativsätzen. Setzt dabei auch die erforderlichen Kommas.

b Unterstreicht die Appositonen blau und die Relativsätze grün.

14 Glücklich sein –
Texte auswerten, Lernstrategien anwenden

1 Das Bild zeigt glückliche Menschen und Tiere. Was bedeutet Glück für euch?
- **a** Notiert zunächst eure Gedanken (z. B. in einem Cluster) und diskutiert anschließend in der Gruppe.
- **b** Tauscht euch zu zweit über Momente aus, in denen ihr glücklich ward.

2 Geht dem „Glück" auf den Grund. Was macht Glücklichsein aus?
- **a** Recherchiert in Büchern und im Internet, interviewt Personen.
- **b** Dokumentiert eure Ergebnisse in einem Portfolio oder haltet ein Referat.

In diesem Kapitel ...

- setzt ihr euch selbstständig und vertiefend mit einem Thema auseinander,
- erschließt ihr Sachtexte und literarische Texte zum Thema „Glück",
- lernt ihr unterschiedliche Lesetechniken kennen,
- übt ihr den Umgang mit verschiedenen Aufgabenformaten,
- erfahrt ihr, worauf es bei einem Referat ankommt.

14.1 Lesetechniken anwenden – Informationen entnehmen und bewerten

Texte überfliegen

Die Sehnsucht nach Glück

Jeder will glücklich sein. Und jeder wünscht sich, dass dieses schöne Gefühl möglichst lange anhält. Diese Sehnsucht nach Glück gibt es auf der ganzen Welt.

Verschiedene Auffassungen von Glück

Einig sind sich alle darin, dass Glück ein angenehmes und schönes Gefühl ist. Unterschiedlich sind aber die Auffassungen davon, was Glück genau ist. So spricht man von Glück, wenn der Zufall im Spiel war und jemand im Lotto gewonnen hat.

Etwas geschafft zu haben, wofür man geübt oder sich angestrengt hat, wie z. B. einen guten Aufschlag beim Tennis oder das Spielen eines schwierigen Musikstücks, kann ebenfalls glücklich machen. Auch besonders schöne Situationen oder Erlebnisse wie ein Sonnenuntergang am Meer können Glücksgefühle auslösen. Der Traum von einem glücklichen Leben erfüllt sich wahrscheinlich nur dann, wenn man mit sich selbst im Einklang und mit seinem Leben zufrieden ist.

Der Begriff „Glück"

Glück kann offenbar für jeden Menschen in verschiedenen Situationen und Lebensphasen etwas anderes bedeuten. Im Deutschen gibt es für die unterschiedlichen Bedeutungen von Glück, z. B. als positiver Zufall, freudige Gemütsverfassung usw., nur ein Wort. Andere Sprachen, wie z. B. das Englische, unterscheiden auch sprachlich zwischen „luck" (= das Zufallsglück), „pleasure" (= ein aktuelles Glückserlebnis) oder „happiness" (= ein dauerhafter Glückszustand).

Gibt es eine Glücksformel?

Glücksratgeber gehören heute zu den Bestsellern. Und es gibt viele Wissenschaften, z. B. die Philosophie und die Psychologie, die sich mit dem Thema „Glück" beschäftigen und erforschen, was Glück ist und wie es entsteht. Eine Glücksformel hat noch niemand entdeckt. Forscher haben aber herausgefunden, dass es offenbar Faktoren gibt, die Glück begünstigen. Dazu gehören ein stabiles soziales Umfeld, das Ausüben einer befriedigenden Tätigkeit, z. B. im Beruf, als Ehrenamt oder Hobby, physische und psychische Gesundheit, persönliche Freiheit, genug Geld zur Abdeckung der Grundbedürfnisse (Essen, Trinken, Wohnen), vor allem aber auch eine positive innere Haltung, eine Art Lebensphilosophie. Vielleicht kommt man dem Glück auf die Spur, wenn man auf ein weiteres Forschungsergebnis achtet: Die Untersuchungen zeigen nämlich, dass vor allem die Menschen glücklich sind, die das Gemeinwohl über ihre eigenen Interessen und Leistungen stellen.

Glück: Was ist das?

In jeder Kultur und zu jeder Zeit beschäftigten sich Menschen mit den Fragen, was Glück ist und wie man es erreichen kann. Früher waren das vor allem Philosophen. So sah der Chinese Lao Tse (6. Jahrhundert vor Christus) das wahre Glück. Wenn der Mensch aufhöre, so Lao Tse, dem Glück oder anderen Zielen hinterherzulaufen, dann sei er wirklich glücklich.

Für die griechischen Philosophen Sokrates, Platon und Aristoteles (5./4. Jahrhundert vor Christus) führte eine tugendhafte Lebensweise zum Glück.

Heute wollen Soziologen herausfinden, wo die glücklichsten Menschen leben. Der Niederländer Ruut Veenhoven hat die weltgrößte Glücksdatenbank gegründet und herausgefunden, dass unter den Bewohnern von 97 Ländern die Dänen am glücklichsten sind, es folgen die Schweizer, dann die Isländer.

Auch die Psychologen beschäftigen sich mit dem Glück und untersuchen, wie positive Emotionen entstehen und welche Rahmenbedingungen in der Gesellschaft positive Gefühle unterstützen.

Auch die Hirnforschung leistet einen wichtigen Beitrag zur Glücksforschung, indem sie versucht, das Bewusstsein von Emotionen (z. B. „Ich bin glücklich") hirnphysiologisch zu erklären. Vor allem der amerikanische Hirnforscher Richard Davidson hat sich durch seine Experimente einen Namen gemacht, indem er die Gehirnaktivität seiner Versuchspersonen maß. So fand Davidson heraus, dass die linke vordere Gehirnhälfte für positive Gefühle zuständig ist, während die rechte vordere Gehirnhälfte negative Emotionen entstehen lässt.

Die Glücksforschung ist also ein Thema, das in den verschiedensten Wissenschaften diskutiert und erforscht wird.

1 Prüft durch überfliegendes Lesen, welcher der beiden Texte (▸ S. 298–299) euch Informationen zu folgender Fragestellung liefert: *Welche Faktoren fördern das Glücklichsein?*
Lasst dazu die Augen schnell über die Texte gleiten: Lest nur die Überschriften und die ersten Zeilen der Absätze. Achtet auf Signalwörter zum Thema.

2 **a** Lest nun beide Texte genau durch. Fasst dann zusammen, worum es in den Texten jeweils geht.
b Vergleicht anschließend eure Ergebnisse und überprüft diese am Text.

3 Diskutiert, welche Informationen für euch interessant waren oder was euch überrascht hat.

Methode **Texte überfliegen**

Das überfliegende Lesen hilft euch, aus einer größeren Anzahl von Texten, z. B. aus dem Internet oder aus einem Sachbuch, diejenigen herauszufiltern, die euch wichtige Informationen zu einem bestimmten Thema oder einer bestimmten Frage liefern.

1. **Klärt,** zu welcher **Fragestellung** oder zu welchem **Thema** ihr euch informieren möchtet.
2. Lest die **Überschrift** (evtl. Zwischenüberschriften) des Textes und die ersten Zeilen der Textabsätze. Oft gibt es auch einen Vorspann, der Auskunft über den Inhalt des Textes gibt.
3. **Überfliegt** den gesamten **Text**, indem ihr mit den Augen zügig über den Text gleitet und nach vorher festgelegten **Signalwörtern** Ausschau haltet.
4. **Notiert, ob** der **Text** für euer Anliegen **geeignet** ist und deshalb genau gelesen werden muss.

Sachtexte erschließen, zusammenfassen und bewerten

Erfolgreich, aber unglücklich

Von Philipp Glitz

Sie leben besser als die Kinder und Jugendlichen in den meisten anderen Ländern der Welt – und trotzdem sind viele Mädchen und Jungen in Deutschland unglücklich. Das hat eine Studie der UN-Kinderhilfsorganisation UNICEF ergeben. Demnach hat sich zwar die allgemeine Situation der jungen Generation in der Bundesrepublik weiter verbessert. Allerdings bewertet jeder siebte Jugendliche seine aktuelle Lebenssituation als mäßig bis negativ.

Was genau ist mit „allgemeine Situation" gemeint?

Viele Kinder leiden unter Leistungsdruck, so die Studie. In keiner anderen Industrienation ist die Kluft zwischen den äußeren Lebensumständen und der Lebenszufriedenheit so groß wie in Deutschland. Wenn Lebensbedingungen wie relative Armut, Gesundheit oder Bildung bewertet werden, liegt Deutschland im Vergleich mit anderen Industrienationen auf Platz sechs.

→ Was bedeutet „relative Armut"?

Bei der Selbsteinschätzung der Lebenszufriedenheit von Mädchen und Jungen ist Deutschland dagegen tiefer abgefallen als jedes andere untersuchte Land, von Platz zwölf auf Platz 22 von insgesamt 29 Ländern.

Für Hans Bertram, Mitglied des Deutschen UNICEF-Komitees und Professor an der Berliner Humboldt-Universität, ist das ein vernichtendes Urteil. „Die deutschen Mädchen und Jungen stellen damit sich und ihrer Umgebung ein erschreckendes Zeugnis aus, das uns nachdenklich machen muss", sagt Bertram. „Die einseitige Konzentration auf Leistung und formalen Erfolg führt dazu, dass sich viele Kinder und Jugendliche ausgeschlossen fühlen. Unsere an Ressourcen reiche Gesellschaft versagt offensichtlich dabei, allen Mädchen und Jungen Hoffnung und Perspektiven auf gerechte Teilhabe zu geben."

Nach Ansicht der Autoren der Studie reiche es nicht aus, auf formale Leistungen zu schauen. Eine große Zahl junger Menschen fühle sich ausgeschlossen und glaube nicht daran, „aktiv an der Gesellschaft“ teilhaben zu können, so UNICEF. „Die Studie zeigt, dass die Politik sich nicht allein auf vermeintlich objektive Daten verlassen sollte“, so der Vorsitzende von UNICEF Deutschland Dr. Jürgen Heraeus. „Wir müssen Kindern und Heranwachsenden besser zuhören und ihnen mehr Möglichkeiten zur Mitgestaltung eröffnen.“ Als Schlussfolgerung aus der Untersuchung fordert das Kinderhilfswerk von der Bundesregierung, die Gesundheit von Kindern stärker zu fördern, Kinderrechte zu stärken und Kinderarmut stärker zu bekämpfen. Die Politik müsse gezielt die wirtschaftlich schwächsten Familien unterstützen – das seien in Deutschland vor allem diejenigen mit einem alleinerziehenden Elternteil. Vor allem aber, so UNICEF, dürften Politik, Medien und Forschung Kinder „nicht ausschließlich aus der Perspektive ihrer Leistungsfähigkeit beurteilen“. Das Wohlbefinden von Kindern müsse zur „Richtschnur der Politik von Bund, Ländern und Gemeinden“ werden, schreibt das Hilfswerk auf seiner Internetseite.

1 Überfliegt den Text (▶ überfliegendes Lesen, S. 299) unter der folgenden Fragestellung: Was macht Deutschlands Kinder und Jugendliche unglücklich und was kann dagegen unternommen werden?

2 Lest nun den gesamten Text zügig durch, ohne euch an Einzelheiten aufzuhalten. Klärt die Bedeutung unbekannter Wörter aus dem Textzusammenhang oder durch Nachschlagen.

3 a Arbeitet mit einer Kopie des Textes. Lest den Text sorgfältig und bearbeitet ihn so:
- Markiert Schlüsselwörter farbig – wie in den ersten Zeilen bereits geschehen.
- Notiert Fragen am Rand, wenn euch etwas unklar ist.

b Sprecht über eure Fragen und klärt sie.

c Gliedert den Text in Sinnabschnitte und haltet die wichtigsten Informationen in Stichworten oder kurzen Sätzen fest.

4 Fasst die wichtigsten Informationen des Textes zusammen. Geht so vor:

a Formuliert eine **Einleitung,** in der ihr über den Autor, den Titel, die Textsorte (ggf. die Quelle) und das Thema des Textes informiert, z. B.: *In dem Bericht … von … geht es um …*

b Fasst im **Hauptteil** die wichtigsten Informationen des Textes mit eigenen sachlichen Worten zusammen. Macht die Zusammenhänge (Ursache, Wirkung, Gründe) durch passende Satzverknüpfungen deutlich.

c Bewertet zum **Schluss** den Text. Notiert z. B., was euch am Text gut bzw. weniger gut gefallen hat, und äußert euch zu einer Textaussage, z. B.:
- *Durch den vorliegenden Text ist mir deutlich geworden, wie wichtig …*
- *Einerseits finde ich es gut, dass … auf der anderen Seite gibt es in diesem Land viele Vorschriften …*

5 a Strukturiert in Partnerarbeit die gewonnenen Informationen grafisch, z. B. in Form eines Flussdiagramms oder einer Mind-Map.

Häufig ist es sinnvoll, die aus Texten gewonnenen **Informationen grafisch** zu **strukturieren,** z. B. in Form eines Flussdiagramms oder einer Mind-Map. Ein Flussdiagramm eignet sich besonders gut, um Abläufe darzustellen.

b Vergleicht eure Skizze mit einer Zusammenfassung aus Aufgabe 4. Welche Vor- und Nachteile haben die beiden Arten der Informationsdarstellung?

Methode **Einen Sachtext erschließen und zusammenfassen**

1. Schritt: Lest die Überschrift(en), hervorgehobene Wörter und die ersten Zeilen des Textes, betrachtet die Abbildungen.

2. Schritt: Arbeitet mit einer Kopie des Textes: Lest den gesamten Text zügig durch und kreist unbekannte Wörter ein. Macht euch klar, was das Thema des Textes ist.

3. Schritt: Klärt unbekannte Wörter und Textstellen durch Nachdenken oder Nachschlagen.

4. Schritt: Markiert die Schlüsselwörter farbig, gliedert den Text in Sinnabschnitte (findet für diese Überschriften), notiert Fragen am Rand, wenn euch etwas unklar ist.

5. Schritt: Fasst die Informationen des gesamten Textes zusammen.

Für die **Zusammenfassung eines Sachtextes** gelten grundsätzlich die gleichen Regeln wie für die Inhaltsangabe eines literarischen Textes (S. 319).

- In der **Einleitung** informiert ihr über den Autor/die Autorin, den Titel, die Textsorte (sofern bekannt), ggf. über die Quelle sowie über das Thema des Textes.
- Im **Hauptteil** fasst ihr die wichtigsten Textinformationen sachlich und in eigenen Worten zusammen und macht dabei die Zusammenhänge (Ursache, Wirkung, zeitliche Zusammenhänge usw.) durch passende Satzverknüpfungen deutlich.
- Zum **Schluss** bewertet ihr den Text oder nehmt Stellung zu einer Textaussage.

Diagramme entschlüsseln und auswerten

Abb. 1: Glücksskala

Frage: „Wie glücklich sind Sie zurzeit in Ihrem Leben?“ Bitte bewerten Sie es mit einer Zahl zwischen „1“ und „10“. „1“ bedeutet, dass Sie überhaupt nicht glücklich sind, und „10“ bedeutet, dass Sie sehr glücklich sind. Mit den Werten dazwischen können Sie Ihre Meinung abstufen.

n = 1004 Durchschnitt: 7,4

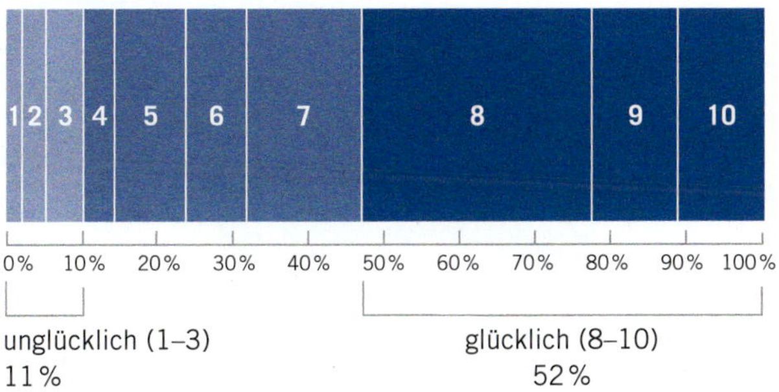

Abb. 2:

Frage: „Was bedeutet für Sie Glück?“ Ich lese Ihnen nun einige Aussagen dazu vor und Sie sagen mir bitte jeweils, ob das auf Sie sehr zutrifft, eher zutrifft, eher nicht zutrifft oder gar nicht zutrifft. Glück ist …

n = 1004 **Übersicht: Nennungen „trifft sehr zu“**

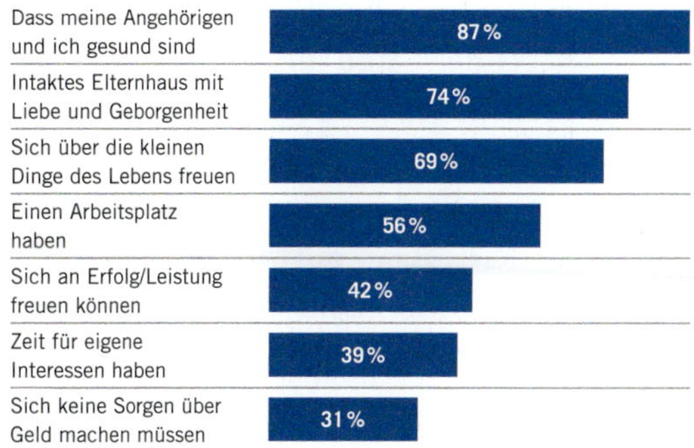

1 Untersucht in Partnerarbeit das Diagramm links. Geht so vor:

a Lest die Überschrift und die übrigen Erklärungen. Untersucht, was die Farbgebung und die Zahlen sowie die Prozentangaben bedeuten.

b Notiert, worüber das Diagramm informiert und welche Angaben gemacht werden.

Das Diagramm mit dem Titel … zeigt, dass die Mehrheit der Befragten … Nur 5 Prozent …
Zirka 48 Prozent der Befragten ordnen sich auf einer Glücksskala von … bis … unter …

2 **a** Schaut euch das Diagramm rechts genau an.

b Überlegt, was sich aus den Angaben ablesen lässt, und formuliert eine Überschrift für die Grafik.

c Erklärt, warum die angegebenen Prozentzahlen über 100 % ergeben, wenn man sie zusammenzählt.

3 Fasst zusammen, was die beiden Diagramme über Glück in Deutschland aussagen.

4 Stellt einen Bezug zwischen den Diagrammen oben und dem Text „Erfolgreich, aber unglücklich“ (▶ S. 300) her. Prüft z. B., was Glück für viele Deutsche bedeutet und was viele Schülerinnen und Schüler unglücklich macht.

Methode **Diagramme verstehen und auswerten**

Um ein Diagramm auszuwerten, geht ihr so vor:

1. Schaut euch das Diagramm genau an. Lest die Überschrift und die übrigen Angaben und Erklärungen.
2. Stellt fest, worüber das Diagramm informiert. Welche Maßeinheiten werden verwendet, z. B. Prozent (%), Kilo (kg), Euro (€)?
3. Setzt Angaben in Beziehung zueinander, indem ihr sie z. B. vergleicht.
4. Fasst zusammen, was sich an dem Diagramm ablesen lässt.

Einen literarischen Text erschließen

Erich Kästner

Das Märchen vom Glück

Siebzig war er gut und gern, der alte Mann, der mir in der verräucherten Kneipe gegenübersaß. Sein Schopf sah aus, als habe es darauf geschneit, und die Augen blitzten wie eine blank gefegte Eisbahn. „Oh, sind die Menschen dumm“, sagte er und schüttelte den Kopf, dass ich dachte, gleich müssten Schneeflocken aus seinem Haar aufwirbeln. „Das Glück ist ja schließlich keine Dauerwurst, von der man sich täglich seine Scheibe herunterschneiden kann!“ „Stimmt“, meinte ich, „das Glück hat ganz und gar nichts Geräuchertes an sich. Obwohl ...“ „Obwohl!?“ „Obwohl gerade Sie aussehen, als hinge bei Ihnen zu Hause der Schinken des Glücks im Rauchfang.“ „Ich bin eine Ausnahme“, sagte er und trank einen Schluck. „Ich bin die Ausnahme. Ich bin nämlich der Mann, der einen Wunsch frei hat.“

Er blickte mir prüfend ins Gesicht, und dann erzählte er seine Geschichte. „Das ist lange her“, begann er und stützte den Kopf in beide Hände, „sehr lange. Vierzig Jahre. Ich war noch jung und litt am Leben wie an einer geschwollenen Backe. Da setzte sich, als ich eines Mittags verbittert auf einer grünen Parkbank hockte, ein alter Mann neben mich und sagte beiläufig: ‚Also gut. Wir haben es uns überlegt. Du hast drei Wünsche frei.‘ Ich starrte in meine Zeitung und tat, als hätte ich nichts gehört. ‚Wünsch dir, was du willst‘, fuhr er fort, ‚die schönste Frau oder das meiste Geld oder den größten Schnurrbart, das ist deine Sache. Aber werde endlich glücklich! Deine Unzufriedenheit geht uns auf die Nerven.‘ Er sah aus wie der Weihnachtsmann in Zivil. Weißer Vollbart, rote Apfelbäckchen, Augenbrauen wie aus Christbaumwatte. Gar nichts Verrücktes. Vielleicht ein bisschen zu gutmütig. Nachdem ich ihn eingehend betrachtet hatte, starrte ich wieder in meine Zeitung. ‚Obwohl es uns nichts angeht, was du mit deinen drei Wünschen machst‘, sagte er, wäre es natürlich kein Fehler, wenn du dir die Angelegenheit vorher genau überlegtest. Denn drei Wünsche sind nicht vier Wünsche oder fünf, sondern drei. Und wenn du hinterher noch immer neidisch und unglücklich wärst, könnten wir dir und uns nicht mehr helfen.‘ Ich weiß nicht, ob Sie sich in meine Lage versetzen können. Ich saß auf einer Bank und haderte mit Gott und der Welt. In der Ferne klingelten die Straßenbahnen. Die Wachtparade zog irgendwo mit Pauken und Trompeten zum Schloss. Und neben mir saß nun dieser alte Quatschkopf!“

„Sie wurden wütend?“

„Ich wurde wütend. Mir war zu Mute wie einem Kessel kurz vorm Zerplatzen. Und als er sein weiß wattiertes Großvatermündchen von Neuem aufmachen wollte, stieß ich zornzitternd hervor: ‚Damit Sie alter Esel mich nicht länger duzen, nehme ich mir die Freiheit, meinen ersten und innigsten Wunsch auszusprechen: Scheren Sie sich zum Teufel!‘ Das war nicht fein und höflich, aber ich konnte einfach nicht anders. Es hätte mich sonst zerrissen.“

„Und?“

„Was, und?“

„War er weg?“

„Ach so! Natürlich war er weg! Wie fortgeweht. In der gleichen Sekunde. In nichts aufgelöst. Ich guckte sogar unter die Bank. Aber dort war er auch nicht. Mir wurde ganz übel vor lauter Schreck. Die Sache mit den Wünschen schien zu stimmen! Und der erste Wunsch hatte sich bereits erfüllt! Du meine Güte! Und wenn er sich erfüllt hatte, dann war der gute, liebe, brave Großpapa, wer er nun auch sein mochte, nicht nur weg, nicht nur von meiner Bank verschwunden, nein, dann war er beim Teufel! Dann war er in der Hölle. ‚Sei nicht albern', sagte ich zu mir selber. ‚Die Hölle gibt es ja gar nicht, und den Teufel auch nicht.' Aber die drei Wünsche, gab's denn die? Und trotzdem war der alte Mann, kaum hatte ich's gewünscht, verschwunden ... Mir wurde heiß und kalt. Mir schlotterten die Knie. Was sollte ich machen? Der alte Mann musste wieder her, ob's nun eine Hölle gab oder nicht. Das war ich ihm schuldig. Ich musste meinen zweiten Wunsch dransetzen, den zweiten von dreien, oh, ich Ochse! Oder sollte ich ihn lassen, wo er war? Mit seinen hübschen, roten Apfelbäckchen? ‚Bratapfelbäckchen', dachte ich schaudernd. Mir blieb keine Wahl. Ich schloss die Augen und flüsterte ängstlich: ‚Ich wünsche mir, dass der alte Mann wieder neben mir sitzt!' Wissen Sie, ich habe mir jahrelang, bis in den Traum hinein, die bittersten Vorwürfe gemacht, dass ich den zweiten Wunsch auf diese Weise verschleudert habe, doch ich sah damals keinen Ausweg. Es gab ja keinen."

„Und?"

„Was, und?"

„War er wieder da?"

„Ach so! Natürlich war er wieder da! In der nämlichen Sekunde. Er saß wieder neben mir, als wäre er nie fortgewünscht gewesen. Das heißt, man sah's ihm schon an, dass er ... dass er irgendwo gewesen war, wo es verteufelt, ich meine, wo es sehr heiß sein musste. Oh, ja. Die buschigen, weißen Augenbrauen waren ein bisschen verbrannt. Und der schöne Vollbart hatte auch etwas gelitten. Besonders an den Rändern. Außerdem roch's wie nach versengter Gans. Er blickte mich vorwurfsvoll an. Dann zog er ein Bartbürstchen aus der Brusttasche, putzte sich Bart und Brauen und sagte gekränkt: ‚Hören Sie, junger Mann, fein war das nicht von Ihnen!' Ich stotterte eine Entschuldigung. Wie leid es mir täte. Ich hätte doch nicht an die drei Wünsche geglaubt. Und außerdem hätte ich immerhin versucht, den Schaden wieder gutzumachen. ‚Das ist richtig', meinte er. ‚Es wurde aber auch die höchste Zeit.' Dann lächelte er. Er lächelte so freundlich, dass mir fast die Tränen kamen. ‚Nun haben Sie nur noch einen Wunsch frei', sagte er. ‚Den dritten. Mit ihm gehen Sie hoffentlich ein bisschen vorsichtiger um. Versprechen Sie mir das?' Ich nickte und schluckte. ‚Ja', antwortete ich dann, ‚aber nur, wenn Sie mich wieder duzen.' Da musste er lachen. ‚Gut, mein Junge', sagte er und gab mir die Hand. ‚Leb wohl. Sei nicht allzu unglücklich. Und gib auf deinen letzten Wunsch Acht.' ‚Ich verspreche es Ihnen', erwiderte ich feierlich. Doch er war schon weg. Wie fortgeblasen."

„Und?"

„Was, und?"

„Seitdem sind Sie glücklich?"

„Ach so. Glücklich?" Mein Nachbar stand auf, nahm Hut und Mantel vom Garderobenhaken, sah mich mit seinen blitzblanken Augen an und sagte: „Den letzten Wunsch hab' ich vierzig Jahre lang nicht angerührt. Manchmal war ich nahe daran. Aber nein. Wünsche sind nur gut, solange man sie noch vor sich hat. Leben Sie wohl."

Ich sah vom Fenster aus, wie er über die Straße ging. Die Schneeflocken umtanzten ihn. Und er hatte ganz vergessen, mir zu sagen, ob wenigstens er glücklich sei. Oder hatte er mir absichtlich nicht geantwortet? Das ist natürlich auch möglich.

1 Wie sind eure ersten Leseeindrücke? Gebt euch gegenseitig wieder, worin es in diesem Text geht.

2 Überlegt: Wie ist der Titel der Geschichte zu verstehen?

3 Untersucht, wie die Handlung der Geschichte aufgebaut ist.

a Gliedert den Text in Sinnabschnitte, denen ihr treffende Überschriften gebt. Notiert mit Zeilenangaben, z. B.:
Ausgangssituation (Z. 1–18): Zwei Männer begegnen sich in einer verrauchten Kneipe …

b Benennt den Höhe- oder Wendepunkt der Geschichte.

c Stellt den Handlungsaufbau grafisch dar.

Ausgangssituation (Z. 1–18): Zwei Männer unterhalten sich in einer Kneipe über das Glück

Der alte Mann erzählt seine Geschichte …

…

4 Besprecht, welche Figuren in der Geschichte vorkommen.
- Wie wirken sie auf euch?
- Wie werden sie beschrieben?
- Welche Rollen nehmen sie ein?

5 Geht der Frage nach, wer die Geschichte erzählt. Berücksichtigt dabei die Fragen nach jedem Abschnitt. Was bewirken sie?

6 Die Geschichte wird im Titel als Märchen bezeichnet. Sucht märchenhafte Elemente und beschreibt ihre Wirkung.

Methode **Einen Erzähltext erschließen und interpretieren**

Folgende Leitfragen helfen euch, einen literarischen Text zu erschließen:

Thema/Inhalt:
- Was ist das Thema des Textes? Enthält er eine Lehre? Gibt es zentrale Motive?

Aufbau der Handlung:
- Wie sind Ausgangssituation und Schluss (offen/geschlossen) gestaltet?
- Gibt es einen Höhe- bzw. Wendepunkt (Pointe)? Wird Spannung erzeugt?

Figuren:
- Welche Figuren kommen vor? In welcher Beziehung stehen sie zueinander?
- Erfahrt ihr etwas über die Gedanken und Gefühle der Figuren (innere Handlung) oder liegt der Schwerpunkt auf der Darstellung der äußeren Handlung?

Erzähler:
- In welcher Erzählform (Ich-Erzähler/-in oder Er-/Sie-Erzähler/-in) ist der Text geschrieben?
- Welches Erzählverhalten (auktorial oder personal) liegt vor?

Sprache:
- Gibt es Besonderheiten im Satzbau, z. B. einfache, kurze Sätze oder längere Satzgefüge?
- Werden Sätze oder Wörter wiederholt? Wird wörtliche Rede verwendet (häufige oder gezielte Verwendung an bestimmten Stellen)?
- Werden sprachliche Bilder (Personifikationen, Metaphern, Vergleiche) gebraucht?

Tipp: Beschreibt nicht nur, sondern erklärt auch die Wirkung und die Funktion der erfassten Merkmale.

14.2 Wie bereite ich mich vor? – Aufgabenformate kennen lernen

Eckart von Hirschhausen

Die Pinguin-Geschichte oder: Wie man sich in seinem Element fühlt

Diese Geschichte ist mir tatsächlich passiert. Ich war als Moderator auf einem Kreuzfahrtschiff engagiert. Da denkt jeder: „Mensch toll! Luxus!" Das dachte ich auch. Bis ich auf dem Schiff war. Was das Publikum angeht, war ich auf dem falschen Dampfer. Die Gäste an Bord hatten sicher einen Sinn für Humor, ich hab ihn nur in den zwei Wochen nicht gefunden. Kurzum: Ich war auf der Kreuzfahrt kreuzunglücklich.

Endlich! Nach drei Tagen auf See, fester Boden. „Das ist wahrer Luxus!" Ich ging in einen norwegischen Zoo. Und dort sah ich einen Pinguin auf seinem Felsen stehen. Ich hatte Mitleid: „Musst du auch Smoking tragen? Wo ist eigentlich deine Taille? Und vor allem: Hat Gott bei dir die Knie vergessen?" Mein Urteil stand fest: Fehlkonstruktion.
Dann sah ich noch einmal durch eine Glasscheibe in das Schwimmbecken der Pinguine. Und da sprang „mein" Pinguin ins Wasser, schwamm dicht vor mein Gesicht. Wer je Pinguine unter Wasser gesehen hat, dem fällt nix mehr ein. Er war in seinem Element! Ein Pinguin ist zehnmal windschnittiger als ein Porsche! Mit einem Liter Sprit käme der umgerechnet über 2 500 km weit! Sie sind hervorragende Schwimmer, Jäger, Wassertänzer! Und ich dachte, „Fehlkonstruktion!"
Diese Begegnung hat mich zwei Dinge gelehrt. Erstens: wie schnell ich oft urteile, und wie ich damit komplett danebenliegen kann. Und zweitens: wie wichtig das Umfeld ist, ob das, was man gut kann, überhaupt zum Tragen kommt.
Wir alle haben unsere Stärken, haben unsere Schwächen. Viele strengen sich ewig an, Macken auszubügeln. Verbessert man seine Schwächen, wird man maximal mittelmäßig. Stärkt man seine Stärken, wird man einzigartig. Und wer nicht so ist wie die anderen, sei getrost: Andere gibt es schon genug!
Menschen ändern sich nur selten komplett und grundsätzlich. Wenn du als Pinguin gebo-

ren wurdest, machen auch sieben Jahre Psychotherapie aus dir keine Giraffe. Also nicht lange hadern: Bleib als Pinguin nicht in der Steppe. Mach kleine Schritte und finde dein Wasser. Und dann: Spring! Und schwimm! Und du wirst wissen, wie es ist, in deinem Element zu sein.

Im Folgenden findet ihr verschiedene Aufgabenformate zu dem Text, mit denen euer Textverständnis getestet werden kann. Bearbeitet sie.

Auswahlaufgaben (Multiple-Choice-Aufgaben)

1 Eine der folgenden Antworten ist richtig. Welche? Notiert den Buchstaben auf einem Zettel.

Der Autor ist der Meinung,
A Kreuzfahrten machen kreuzunglücklich.
B Kreuzfahrten führen kreuz und quer über die Meere.
C Kreuzfahrten sind kreuzverkehrt.
D Kreuzfahrten gehen ins Kreuz.

Richtig/Falsch-Aufgaben (True/False-Aufgaben)

2 Welche der folgenden Aussagen zum Text treffen zu, welche nicht? Notiert in eurem Heft hinter jedem Buchstaben ein *r* für richtig oder ein *f* für falsch.

A Pinguine sind auf Felsen in ihrem Element.
B Ein Pinguin ist zwölfmal windschnittiger als ein Porsche.
C Pinguine sind zu bemitleiden, da sie einen Smoking tragen müssen.
D Pinguine sind hervorragende Wassertänzer.

Zuordnungsaufgaben (Matching-Aufgaben)

3 Bildet Satzgefüge, sodass zutreffende Aussagen zum Inhalt des Textes entstehen. Schreibt die vollständigen Sätze in euer Heft.

- Man kann mit seiner Einschätzung komplett danebenliegen,
- Man wird einzigartig,
- Das Umfeld ist wichtig,
- Man findet sein Wasser,

- wenn man kleine Schritte macht.
- wenn man seine Stärken stärkt.
- wenn man schnell Vorurteile hat.
- wenn das zum Tragen kommen soll, was man kann.

Lückentexte

4 Schreibt den folgenden Text ab und füllt dabei die Lücken mit passenden Wörtern aus dem Wortspeicher, sodass korrekte Aussagen entstehen.

Der Autor Eckart von Hirschhausen nimmt eine Kreuzfahrt als ? für ihn wahr. Aus seiner ? im Zoo leitet er das ? ab, Pinguine seien eine ? . Im Nachhinein folgt aber die ? : Jeder ist dann im ? , wenn ? trainiert werden.

LEHRE • BEOBACHTUNG • FEHLKONSTRUKTION • ELEMENT • STÄRKEN • IRRTUM • FEHLURTEIL

Kurzantworten

5 Notiert eure Antworten zu den Fragen in vollständigen Sätzen.

A Warum bezeichnet der Autor den Pinguin zunächst als „Fehlkonstruktion"?
B Welche Erkenntnis hat der Autor, nachdem er das Schwimmverhalten des Pinguins beobachtet hat?

6 Kontrolliert eure Ergebnisse mit Hilfe der Lösungen auf S. 360.

7 Im Deutschunterricht, aber auch in den anderen Fächern gibt es unterschiedliche Aufgabenformate. Einige habt ihr auf den Seiten 308 bis 309 kennen gelernt.

a Diskutiert, welche Arten von Aufgaben ihr bevorzugt, z. B.:
- Aufgaben, bei denen ihr selbst einen Text relativ frei verfassen könnt, z. B. eine Inhaltsangabe, eine Stellungnahme,
- Aufgaben, bei denen die Antworten festgelegt sind (▸ vgl. Aufgaben 1–4).

b Tauscht euch über eure Strategien aus, die unterschiedlichen Aufgaben zu lösen.

Information **Verschiedene Aufgabenformate**

Neben den Aufgaben, bei denen ihr selbst Texte relativ frei verfassen könnt (Inhaltsangabe, Gedichtinterpretation usw.), gibt es andere Aufgabenformate, mit denen man prüfen kann, ob jemand einen Text verstanden hat. Hier sind die Lösungen relativ festgelegt, z. B.:
- **Auswahlaufgaben** (Multiple-Choice-Aufgaben, ▸ S. 308): Zu einer Frage werden verschiedene Antwortmöglichkeiten vorgegeben und ihr wählt die richtige Antwort aus.
- **Richtig/Falsch-Aufgaben** (True/False-Aufgaben, ▸ S. 308): Ihr müsst entscheiden, welche der vorgegebenen Aussagen (z. B. zu einem Text) richtig oder falsch sind.
- **Zuordnungsaufgaben** (Matching-Aufgaben, ▸ S. 308): Hier ordnet ihr vorgegebene Informationen einander zu, z. B. indem ihr Satzteile zu einer richtigen Aussage verbindet.
- **Lückentextaufgaben** (Einsetzaufgaben, ▸ S. 309): In einen vorgegebenen Text mit Lücken setzt ihr die richtigen Wörter oder Wortgruppen ein.
- **Kurzantwort** (▸ S. 309): Zu einer Frage formuliert ihr eine kurze Antwort oder Stellungnahme.

Glück kann man trainieren

Wer gezielt Dankbarkeit, Optimismus und Humor trainiert, geht zufriedener durchs Leben. Das ist das Ergebnis einer Studie aus der Schweiz.

Sie kamen, weil sie sich besser fühlen wollten. Und sie gingen mit höherer Lebenszufriedenheit. 180 Männer und Frauen in der Schweiz trainierten zehn Wochen lang bestimmte Charakterstärken. Das reichte aus, um ihr Wohlbefinden zu steigern, zeigte eine Studie der Universität Zürich.

Mehr positive Gefühle erleben

Dahinter steht die Theorie, dass Menschen, die Charakterstärken wie Dankbarkeit, Humor, Neugier, Freundlichkeit und Liebe zum Lernen einsetzen, mehr positive Gefühle erleben. Außerdem sehen sie mehr Sinn im Leben und haben bessere Beziehungen zu anderen. Das alles führe letztlich dazu, dass sie sich besser fühlen. Die Frauen und Männer in Zürich trafen sich alle zwei Wochen, bekamen eine Stärke vorgestellt und übten sie in der Gruppe. „Als es um Dankbarkeit ging, mussten sie sich zum Beispiel mit ihrem Sitznachbarn darüber austauschen, wie sie in einer bestimmten Situation Dankbarkeit erlebt hatten“, erzählt René Proyer, Psychologe an der Uni Zürich. Als Hausaufgabe sollten die Teilnehmer einem Menschen einen Dankesbrief schreiben, ihm diesen vorlesen und die Reaktion beobachten. Um Neugier zu fördern, schlugen die Forscher verschiedene Aktivitäten vor, etwa sich über die Küche eines anderen Landes zu informieren und ein Gericht nachzukochen. „Die Leute sollten etwas Neues kennen lernen und beobachten, ob es ihnen Spaß macht“, sagt Proyer. Die Männer und Frauen mit dem Stärketraining fühlten sich anschließend besser – sie waren heiterer, glücklicher und positiverer Stimmung.
Ist es so einfach, glücklich und zufrieden zu werden? „Sie werden durch so ein Training nicht plötzlich von einem unglücklichen Menschen zu einem glücklichen“, sagt Prof. Michael Eid, Psychologe an der Freien Universität Berlin. Aber es gebe Effekte. Das heißt: Man wandert auf der Glücksleiter ein, zwei Sprossen nach oben.

Negative Gefühle gehören genauso zum Leben

Doch auch ein bisschen glücklicher und zufriedener zu werden, gelingt nicht von heute auf morgen. „Man muss dranbleiben und seine Stärken immer wieder einsetzen“, sagt Renate Frank. Ein Stärkentraining kann also nur der Einstieg sein. Üben und anwenden muss man das Gelernte hinterher selbst.
Und auch wer fleißig übt, wird nicht ständig auf rosaroten Wolken schweben. „Es geht nicht darum, ein Glücksroboter zu sein“, sagt Proyer. „Menschen, die immer mal wieder unzufrieden sind, machen nichts falsch, denn negative Gefühle gehören genauso zum Leben dazu.“ Wer seine eigenen Stärken kennt und sie trainiert, könne aber auf Dauer den Blickwinkel etwas verschieben und ein „positiveres Grundgefühl entwickeln“.

1 Lest den Text sorgfältig. Klärt anschließend die Bedeutung von Wörtern oder Textstellen, die euch unklar sind.

2 Bildet Gruppen und entwickelt zu diesem Text selbst Aufgaben. Nutzt dabei die fünf verschiedenen Aufgabenformate (▸ S. 308–309).

3 a Testet euch gegenseitig mit Hilfe eurer Aufgaben.
b Prüft anschließend eure Lösungen.

14.3 Vortragen und Zuhören – Ein Referat halten

Die Eröffnung – Auf die Einleitung kommt es an

Ihr wollt in eurem Referat über einen Sachverhalt berichten, mit dem ihr euch intensiv beschäftigt habt, d. h., ihr habt euch ein Thema erschlossen, euch Informationen dazu beschafft und euer Material ausgewertet (▶ S. 21). Nun wollt ihr es in einem mündlichen Vortrag in fünf bis zehn Minuten der Klasse präsentieren.

1 Formuliert einen Einleitungssatz. Begrüßt darin eure Zuhörer, stellt euch eventuell kurz vor und nennt das Thema.

a Motiviert euer Publikum zum Zuhören, indem ihr Interesse für euer Thema weckt. *Ich habe das Thema ausgewählt, weil ... Zuerst möchte ich euch einen Überblick geben ...*

b Gebt einen kurzen Überblick darüber, was ihr vorhabt. *Zunächst spreche ich über ..., dann ..., zuletzt ...*

Die **Einleitung** ist entscheidend für den Erfolg eures Referats. Weckt gleich zu Beginn das Interesse eurer Zuhörer. Gebt anschließend einen kurzen Überblick darüber, was ihr in eurem Referat vorhabt.

Der Vortrag – Medien zum Einsatz bringen

Glück ist ...

- Glück bedeutet für jeden Menschen in verschiedenen Situationen und Lebensphasen etwas anderes.
- Drei Begriffe für Glück im Englischen:
  luck = Zufallsglück, **pleasure** = aktuelles Glückserlebnis, **happines** = dauerhafter Glückszustand
- Faktoren, die Glück begünstigen:
  soziales Umfeld, befriedigende Tätigkeit (Hobby), Gesundheit, Freiheit, Geld, positive innere Haltung ...
- Die glücklichsten Menschen leben in:
  (1) Dänemark (2) Schweiz (3) Island

2 Gestaltet euren Vortrag so, dass eure Zuhörer interessiert folgen können.

a Formuliert Stichpunkte auf Karteikarten und tragt diese vor.

b Veranschaulicht eure Inhalte anhand von Plakaten oder Folien.

3 Betrachtet die Folie zum Thema „Glück" genauer und untersucht, was daran gelungen ist.

a Achtet dabei auf: Schriftgröße/-farbe, Hervorhebungen (fett, kursiv ...), Textmenge.

b Erstellt Folien zu eurem Vortrag und präsentiert sie in der Klasse. Wie ihr das am Computer macht, könnt ihr im Orientierungswissen auf S. 358 nachlesen.

Die Zuhörer einbinden – Ein Handout erstellen

Referenten: Lea Müller, Daniel Seibert
Datum: 22.09.20..
Fach: Deutsch
Thema: **Glück**

1. Versuch einer Definition von Glück

Glück erleben Menschen sehr unterschiedlich:
- wenn man sich für etwas sehr angestrengt hat, z. B.: schwieriges Musikstück spielen
- einen schönen Moment genießen, z. B.: Sonnenuntergang am Meer
- zufrieden sein mit seinem Leben

2. Bedeutung des Begriffs

im Deutschen	im Englischen
Glück = positiver Zufall	luck = das Zufallsglück pleasure = ein aktuelles Glückserlebnis happiness = ein dauerhafter Glückszustand

3. Faktoren, die Glück begünstigen

soziales Umfeld, befriedigende Tätigkeit (Hobby), Gesundheit, Freiheit, Geld, positive innere Haltung …

4. Wo leben die glücklichsten Menschen?

(1) Dänemark (2) Schweiz (3) Island

Quellenangabe: http://www.spiegel.de/spiegelwissen/sehnsucht-nach-glueck-was-genau-macht-ein-glueckliches-leben-aus-a-884207.html.

Vermerkt auf den Handouts auch eine inhaltliche Frage. So könnt ihr eure Zuhörer zum Zuhören motivieren.

4 Überlegt euch vorher genau, wie ihr vorgehen wollt:
- Vermerkt auf den Stichwortkarten, wann ihr welche Folie einsetzen wollt.
- Organisiert euch entsprechende technische Geräte.
- Erstellt Handouts zu eurem Vortrag und teilt sie zu Beginn eurer Präsentation aus.

5 Tragt eure Referate vor.
a Fasst in einem Schlusssatz die wichtigsten Gedanken zusammen oder gebt einen Ausblick.
b Greift die Frage auf dem Handout auf. So könnt ihr sicher sein, dass man euch zuhört.

6 Wertet eure Vorträge in der Klasse aus. Arbeitet dazu mit einem Beobachtungsbogen und gebt euch gegenseitig Rückmeldung. Achtet z. B. auf Folgendes:
- Wurden alle wichtigen Informationen genannt?
- Wurde alles gut und verständlich erklärt?
- Wurde laut und deutlich und mit Blickkontakt gesprochen?

Ein **Handout** gibt den Aufbau und die zentralen Informationen eines Vortrags knapp und übersichtlich wieder (möglichst auf einer DIN-A4-Seite).
Nennt darauf die **Namen der Vortragenden, Datum, Fach und Thema** des Vortrags, Stichworte zu eurem Vortrag (Gliederung) und die Quellen der verwendeten Materialien.

Orientierungswissen

Sprechen und Zuhören

Argumentieren

▶ S. 33–39

Beim Argumentieren versucht man, seine Meinung überzeugend zu begründen. Man formuliert einen Standpunkt (Meinung, Wunsch, Forderung), den man durch Argumente und Beispiele stützt.

- **Standpunkt (Meinung):**
  Ein Leben ohne digitale Medien ist heute nicht mehr denkbar.
- **Argument:**
  ..., weil die moderne Welt den schnellen Zugang zu Informationen und auch die digitale Kommunikation verlangt.
- **Beispiel:**
  Zum Beispiel gehört bei der Vorbereitung eines Referats die Internetrecherche selbstverständlich dazu.

Überzeugende Beispiele können sein:

- ein überzeugendes **Beispiel** aus eurem eigenen **Erfahrungsbereich** oder eine **nachvollziehbare Erläuterung,** warum etwas sinnvoll oder nicht sinnvoll ist, z. B.:
  In unserer Schule haben wir eine Medien-AG, in der wir einen Kurzfilm erstellt haben. Für ein solches Projekt braucht man zum Beispiel auch den Computer, mit dem man das Film- und Audiomaterial bearbeiten kann.
- ein **Beleg aus der Zeitung** oder ein **Zitat von einer Expertin/einem Experten,** z. B.:
  Der Medienpädagoge Thomas Welsch hat die Erfahrung gemacht, dass Medien Jugendliche zum Mitdenken anregen, die Kreativität fördern und sogar aufnahmefähiger machen können.

So könnt ihr ein Gegenargument (Einwand) entkräften oder widerlegen:

Beim Argumentieren überzeugt ihr noch mehr, wenn ihr auch auf ein Argument eingeht, das gegen euren Standpunkt spricht (Gegenargument), und dieses entkräftet. Erklärt zum Beispiel, warum euch das Argument nicht überzeugt, und nennt ein Argument, das für euren Standpunkt spricht, z. B.:
Es ist zwar nachvollziehbar, wenn ..., aber viel entscheidender ist doch ... Gegen ... spricht, dass ...

Ein Interview führen

▶ S. 62

- Bereitet euch vor, indem ihr euch über den **Interviewpartner** und über euer Thema informiert.
- Notiert euch im Vorfeld **Fragen** und schreibt diese **in einer sinnvollen Reihenfolge** auf.
- Beginnt mit einer **Einstiegsfrage,** um die Situation aufzulockern.
- Stellt möglichst **offene Fragen** (W-Fragen), damit ihr nicht nur ein „Ja“ oder „Nein“ als Antwort erhaltet.
- **Vermeidet wertende Fragen,** Doppelfragen und Suggestivfragen, d. h. Fragen, die schon eine Antwort unterstellen, z. B.: *Sie teilen ja sicher die Ansicht, dass ...*
- **Hört genau zu** und geht auf die Antwort eures Gesprächspartners ein.
- Leitet das Gespräch, aber bleibt flexibel.
- Fasst das Gespräch am Ende sinnvoll zusammen und macht euch Gedanken darüber, wie euer Interviewpartner geantwortet hat.

Ein Vorstellungsgespräch führen

▶ S. 69

- Seid pünktlich und plant mögliche Verzögerungen vorher ein.
- Begrüßt euer Gegenüber mit Blickkontakt und angemessenem Händedruck.
- Setzt euch erst hin, wenn ihr einen Stuhl angeboten bekommt.
- Beantwortet fragen nicht nur mit „Ja“ oder „Nein“, sondern in ganzen Sätzen (ohne abzuschweifen).
- Zeigt Interesse für das Unternehmen, indem ihr z. B. Fragen stellt.
- Vermeidet flapsige Bemerkungen und Jugendsprache.
- Schaltet euer Handy aus oder stumm.

Eine Pro-und-Kontra-Diskussion durchführen und beobachten

▶ S. 37–39

1. Ein gewählter Diskussionsleiter nennt die Diskussionsfrage.
2. Ein Teilnehmer der Pro-Gruppe nennt seinen Standpunkt und erläutert ihn mit mindestens einem Argument.
3. Ein Teilnehmer der Kontra-Gruppe nennt seinen Standpunkt und erläutert ihn ebenfalls mit mindestens einem Argument.
4. Die Diskussionsleiter nehmen abwechselnd Teilnehmer beider Seiten dran. Wichtig: Alle sollten nicht nur eigene Argumente nennen, sondern auch die Argumente der Gegenseite entkräften.
5. Die Diskussionsleiter beenden nach einer zuvor vereinbarten Zeit die Diskussion.

Die Beobachter machen sich Notizen, um ein Ergebnisprotokoll (▶ S. 316) anzufertigen.

Argumente der Pro-Gruppe	Argumente der Kontra-Gruppe
– ...	– ...

Schreiben

Zu einer Streitfrage schriftlich Stellung nehmen

▶ S. 46–54

Beim Argumentieren nehmt ihr Stellung zu einer Streitfrage (z. B. *Findet ihr es sinnvoll, Hausaufgabenportale zu nutzen?*), indem ihr eure Meinung überzeugend begründet.

Einleitung:
- Führt in das Thema ein: Nennt zum Beispiel den Anlass oder die Absicht eurer Argumentation oder weckt Interesse für das Thema.
- Leitet dann zum Hauptteil über, indem ihr die Diskussionsfrage nennt *(Im Folgenden möchte ich zu der Frage Stellung nehmen, ...)* oder kurz euren Standpunkt darlegt *(Ich bin der Meinung, dass ..., und habe hierfür folgende Gründe: ...).*

Hauptteil:
Im Hauptteil begründet ihr euren Standpunkt, indem ihr Argumente und Beispiele entfaltet, die eure Meinung stützen.
- Macht den Zusammenhang eurer Argumentation deutlich, indem ihr die **Argumente** und **Beispiele sprachlich geschickt einleitet und miteinander verknüpft.**
- Beim Argumentieren überzeugt ihr noch mehr, wenn ihr ein **Gegenargument** (Argument, das gegen euren Standpunkt spricht) nennt und dieses **entkräftet** oder widerlegt. Erklärt zum Beispiel, warum euch das Argument nicht überzeugt, und nennt ein Argument, das für euren Standpunkt spricht, z. B.: *Es ist zwar nachvollziehbar, wenn ... Aber viel entscheidender ist doch ... Gegen ... spricht, dass ...*
- Achtet auf eine sinnvolle Anordnung der Argumente: So kann zum Beispiel das erste oder das letzte Argument, das ihr nennt, besonders schlagkräftig sein.

Schluss:
Bekräftigt zum Schluss noch einmal euren Standpunkt oder formuliert einen Vorschlag, eine Forderung oder einen Wunsch für die Zukunft. Ihr könnt auch eine Bedingung nennen, die eingehalten werden müsste *(Wenn ..., fände ich es ... Falls ..., könnte ich mir vorstellen, ...).*

Setzt zur besseren Übersichtlichkeit zwischen Einleitung, Hauptteil und Schluss Absätze.

Formulierungshilfen für die Argumentation
Ein Argument für/gegen ... ist, dass ... • Darüber hinaus ... • Ein weiteres Argument ... • Es gibt noch ein wichtigeres Argument für/gegen ... • Besonders wichtig ist ... • Außerdem spielt eine Rolle, dass ... • Bedenken muss man auch, ... • Wenn ..., dann ... • Dafür spricht ... • ... berichtet zum Beispiel, dass ... • Wenn man zum Beispiel ... • denn • weil • da • deshalb • daher • außerdem • wenn • um ... zu • sodass • aber • darum

Informieren

Einen Bericht verfassen

▶ S. 75–80; 91–92

Ein Bericht **informiert knapp und genau** über ein vergangenes Ereignis. Er beschränkt sich auf die **wesentlichen Informationen** und beantwortet die **W-Fragen.**

Aufbau:

- In der **Einleitung** informiert ihr knapp darüber, worum es geht. (Was ist geschehen? Wann geschah es? Wo geschah es? Wer war beteiligt?)
- Im **Hauptteil** stellt ihr den Ablauf der Ereignisse in der zeitlich richtigen Reihenfolge dar. (Wie lief das Ereignis ab? Warum?)
- Im **Schlussteil** nennt ihr die Folgen des Ereignisses (Welche Folgen?) oder gebt einen Ausblick.
- Findet eine knappe und treffende **Überschrift,** die das Ereignis genau benennt.

Sprache:

- Schreibt **sachlich und nüchtern.** Vermeidet erzählende Ausschmückungen, Umgangssprache oder Vermutungen.
- Verwendet als Tempus das **Präteritum** *(startete, begann)*. Verwendet das Plusquamperfekt, wenn etwas vorher passiert ist, z. B.: *Nachdem ein Pfiff den Startschuss gegeben hatte, begann die Kissenschlacht.*
- Macht die **Reihenfolge der Ereignisse** deutlich, z. B.: *Als Erstes ..., Zuerst ..., Anschließend ..., Danach ..., Später ..., Zum Schluss ...*
- Verdeutlicht die Zusammenhänge, indem ihr die Sätze durch **treffende Verknüpfungswörter** verbindet, z. B.: *weil, und, obwohl, sodass, da, aber, jedoch, denn.*

Tipp: Überlegt, zu welchem **Zweck** ihr den Bericht schreibt. Wenn ihr z. B. einen Unfallbericht für die Polizei schreibt, beschränkt ihr euch auf die nötigsten Informationen. Schreibt ihr einen Bericht für die Schülerzeitung, könnt ihr auch eure persönliche Meinung wiedergeben.

Ein Protokoll anfertigen

▶ S. 42–43

Das Protokoll ist eine Sonderform des Berichts. Es gibt **knapp und sachlich** das Wichtigste einer Unterrichtsstunde, einer Diskussion, einer Sitzung oder eines Versuchs wieder. Man unterscheidet **Verlaufsprotokoll,** in dem der jeweilige Ablauf möglichst genau wiedergegeben wird, und **Ergebnisprotokoll,** der nur die Ergebnisse festhält. Protokolle haben eine **feste äußere Form:**

1 Der **Protokollkopf** enthält folgende Angaben: Anlass (Titel der Veranstaltung), Datum/Zeit, Ort, Anwesende/Abwesende, Name des Protokollanten/der Protokollantin, Thema (z. B. der Unterrichtsstunde) oder Auflistung der Tagesordnungspunkte (TOPs).

2 Im **Hauptteil** werden die wichtigsten Informationen sachlich, knapp und übersichtlich wiedergegeben.

3 Der **Schluss** des Protokolls enthält Ort und Datum der Abfassung sowie die Unterschrift des Protokollanten/der Protokollantin.

Das **Tempus** des Protokolls ist in der Regel das **Präsens.** Wichtige Gesprächsbeiträge einzelner Teilnehmer/-innen werden in der **indirekten Rede** (▶ S. 337) mit Angabe des Namens der Sprecherin oder des Sprechers wiedergegeben.

Beschreiben

Eine Person beschreiben

▶ S. 56–57

- **Einleitung:** Hier macht ihr allgemeine Angaben zur Person (z. B.: Geschlecht, Alter, Nationalität).
- **Hauptteil:** Beschreibt das Aussehen der Person in einer geordneten Reihenfolge, z. B. von oben nach unten.
- **Schluss:** Hier könnt ihr beschreiben, wie die Person auf euch wirkt.
- Sucht **aussagekräftige Adjektive,** um die Person zu beschreiben, z. B.: *schlank, tiefschwarz.*
- Verwendet an Stelle der Wörter „ist", „sind", „hat" und „haben" **treffende Verben,** z. B.: *tragen, aussehen, besitzen, aufweisen, wirken, umgeben.*
- **Vermeidet persönliche Wertungen** wie *schön, süß, lieb* oder *hässlich.*
- Schreibt im **Präsens.**

Ein Bild beschreiben

- **Einleitung:** Macht Angaben zum Titel, zur Künstlerin oder zum Künstler, zum Erscheinungsjahr, zur Technik (z. B. Aquarell, Öl auf Leinwand), zum Format des Bildes (Hochformat oder Querformat) sowie allgemeine Angaben zum Bildinhalt.
- **Hauptteil:** Geht vom **Gesamteindruck** des Bildes oder vom **Hauptmotiv** aus (was ist abgebildet?). Dann erwähnt ihr die **Einzelheiten.** Geht dabei geordnet vor: von der linken zur rechten Bildhälfte, von oben nach unten oder von vorne (Vordergrund) über die Mitte nach hinten (Hintergrund). Macht auch genaue Angaben zur **Farbgestaltung** (überwiegen helle oder dunkle Farbtöne?).
- **Schluss:** Hier könnt ihr beschreiben, wie das Bild insgesamt auf euch wirkt.

Die Bildbeschreibung wird im **Präsens** und in einer **sachlichen Sprache** verfasst.

Einen Arbeitsablauf (einen Vorgang) beschreiben

▶ S. 60–61; 72–74

- **Einleitung:** Benennt notwendige Materialien und/oder Vorbereitungen.
- **Hauptteil:** Beschreibt Schritt für Schritt den Arbeitsablauf.
- **Schluss:** Hier könnt ihr einen weiterführenden Hinweis geben.
- Erklärt möglichst die **Fachbegriffe,** die ihr verwendet.
- Verdeutlicht durch Wörter wie *zuerst, dann, danach* die **Reihenfolge** der einzelnen Arbeitsschritte.
- Verwendet **Aktiv- und Passivformulierungen,** um abwechlungsreicher zu schreiben.
- Schreibt im **Präsens,** um das Allgemeingültige des Vorgangs auszudrücken.

Einen Gegenstand beschreiben

- **Einleitung:** In der Einleitung nennt ihr den Anlass der Beschreibung (z. B.: Verlustanzeige, Verkaufsanzeige, Vorstellung eines neuen Gegenstands, z. B. eines neuen Sportgeräts).
- **Hauptteil:** Beginnt mit der Art des Gegenstands. Benennt ihn (Name/Art des Gegenstands) und beschreibt den Gesamteindruck, z. B.: *in gutem Zustand.* Beschreibt dann einzelne Merkmale des Gegenstands (z. B.: Material, Form, Farbe) in einer sinnvollen Reihenfolge, z. B.: *von oben nach unten.*
- Nennt zum **Schluss** Besonderheiten oder den genauen Zweck, ev. auch eure Adresse.

Einen Ort beschreiben

▶ S. 58–59; 64

- **Einleitung:** Benennt den Ort und macht allgemeine Angaben, z. B. zur Größe, Lage.
- **Hauptteil:** Beschreibt den Ort in einer geordneten Reihenfolge, z. B. von links nach rechts oder im Uhrzeigersinn.
- **Schluss:** Hier könnt ihr beschreiben, wie der Ort insgesamt auf euch wirkt.
- Nutzt möglichst **treffende Begriffe** (auch Fachbegriffe) zur Bezeichnung einzelner Gegenstände, z. B.: *Leinwand, Scheinwerfer.*
- Sucht **treffende Adjektive** (z. B.: *grasgrün*) und **Verben** (z. B.: *hängen, stehen*).
- Beschreibt die genaue **Lage der einzelnen Gegenstände**, z. B.: *links, oben, davor.*
- Eine Ortsbeschreibung wird im **Präsens** und in einer **sachlichen Sprache** verfasst.

Schildern

Eine Situation oder Stimmung schildern

▶ S. 145

- Wenn man eine Situation oder Stimmung schildert, versucht man, **mit Worten ein anschauliches und lebendiges Bild** zu malen, z. B. in einer Reportage (▶ S. 328).
- In Schilderungen äußern sich Beteiligte häufig in direkter Rede persönlich über ihre **Eindrücke und Gefühle.** Die Zeitform ist dabei das **Präsens** (▶ S. 335).

Sich schriftlich bewerben (Bewerbungsschreiben, Lebenslauf)

▶ S. 65–68

Mit einer Bewerbung macht ihr Werbung für euch selbst. Gestaltet sie deshalb optisch und inhaltlich überzeugend am Computer und achtet auf eine korrekte Rechtschreibung und Zeichensetzung. Das **Bewerbungsschreiben** (▶ Muster, S. 66) ist ein sachlicher Brief mit folgenden Bausteinen: Briefkopf (Absender, Datum, Anschrift), Betreffzeile (in Stichworten, worum es geht), Anrede, Text (Einleitung, Hauptteil, Schluss), Grußformel, Unterschrift, Hinweis auf Anlagen (z. B.: Lebenslauf, Zeugnis).

- Stellt überzeugend dar, warum ihr euch auf die konkrete Stelle bewerbt:
- Welche Fähigkeiten und Erfahrungen habt ihr, die für die Praktikumsstelle wichtig sind?
- Wo konntet ihr diese Fähigkeiten bereits unter Beweis stellen?

Verfasst den **Lebenslauf** in tabellarischer Form und gliedert ihn übersichtlich (mit Zwischenüberschriften). Er schließt mit Ort, Datum und Unterschrift. Ihr könnt ein Porträtfoto hinzufügen, müsst es aber nicht.

Texte zusammenfassen

Inhaltsangabe eines literarischen Textes

► S. 106–118

Bei der Inhaltsangabe fasst ihr den Inhalt eines Textes knapp und sachlich zusammen.

- In der **Einleitung** nennt ihr die Art des Textes (z. B. Kurzgeschichte, Erzählung, Ballade), den Titel, den Namen des Autors/der Autorin und das Thema des Textes.
- Im **Hauptteil** fasst ihr die wichtigsten Ereignisse der Handlung (Handlungsschritte) in der zeitlich richtigen Reihenfolge zusammen. Mögliche Rückblenden oder Vorausdeutungen werden in den zeitlich richtigen Handlungsverlauf eingeordnet und zusammengefasst.
  - Verzichtet auf die Darstellung von Einzelheiten und beschränkt euch auf das Wesentliche.
  - Macht die Handlungszusammenhänge durch passende Satzverknüpfungen und Satzanfänge deutlich.
  - Schreibt **sachlich** und **nüchtern,** vermeidet ausschmückende Formulierungen.
  - Formuliert **in eigenen Worten** und verwendet das **Präsens** (bei Vorzeitigkeit das Perfekt).
  - Verwendet **keine wörtliche Rede.** Besonders wichtige Äußerungen von Figuren werden in der indirekten Rede (► S. 80; 110) wiedergegeben oder umschrieben.

Aussagen mit Zitaten belegen

► S. 112

Wenn ihr Aussagen zu einem Text macht, müsst ihr sie durch Zitate belegen. Es gibt zwei Möglichkeiten des Zitierens:
Beim **wörtlichen (direkten) Zitat** übernehmt ihr ein Wort, eine Textstelle oder einen ganzen Satz wortwörtlich aus dem Text. Das Zitat steht in Anführungszeichen, z. B.:
Der Junge sagte: „Auf deinen Wimpern spannen sich Netze von Regenbögen." (Z. 40–42).
Der Schlusspunkt steht erst nach der Zeilenangabe.
Beim **sinngemäßen (indirekten) Zitat** gibt man den Inhalt einer Textstelle mit eigenen Worten wieder. Setzt keine Anführungszeichen, sondern nennt nur die Textstelle, auf die ihr euch bezieht, z. B.:
Die Erzählerin versucht, das Besondere dieses Tages zu beschreiben (vgl. Z. 17–36).

Sachtexte verstehen und zusammenfassen

► S. 222–230; 300–302

Für die Zusammenfassung eines Sachtextes gelten grundsätzlich die gleichen Regeln wie für die Inhaltsangabe eines literarischen Textes (► S. 319).

- In der **Einleitung** nennt ihr den Titel, den Namen des Verfassers/der Verfasserin (evtl. auch die Quelle, z. B. Name der Zeitung) und das Thema des Textes.
- Im **Hauptteil** fasst ihr die wichtigsten Textinformationen knapp, sachlich und in eigenen Worten zusammen. Verwendet als Zeitform das **Präsens** (bei Vorzeitigkeit das Perfekt).
  - Verzichtet auf die Darstellung von Einzelheiten und beschränkt euch auf das Wesentliche.
  - Macht die **Zusammenhänge** der Information (Ursache, Wirkung, zeitliche Zusammenhänge) durch passende Satzverknüpfungen und Satzanfänge **deutlich.**
  - Formuliert in eigenen Worten und übernehmt keine Passagen aus dem Originaltext.
  - Verwendet **keine wörtliche Rede** (falls in der Textvorlage vorhanden), sondern gebt wichtige Äußerungen in der indirekten Rede (► S. 80; 110) oder in einem Aussagesatz wieder.

Lesen – Umgang mit Texten und Medien

Erzählende Texte (Epik)

▸ S. 93–160

Die erzählenden Texte (Epik) sind neben den Gedichten (Lyrik) und den dramatischen Texten (Dramatik) eine der drei Gattungen der Dichtung (Epik, Lyrik, Dramatik). Erzählende Texte gliedern sich in eine Vielzahl von Textsorten auf, z. B.: Märchen, Fabel, Novelle (▸ S. 141–160), Kurzgeschichte (▸ S. 93–118), Anekdote, Kalendergeschichte, Roman (▸ S. 119–140) usw. Folgende Elemente sind für erzählende Texte kennzeichnend:

Der Erzähler/die Erzählerin

Das **wesentliche Merkmal** für einen erzählenden (epischen) Text **ist der Erzähler/die Erzählerin,** der/die nicht mit dem Autor/der Autorin gleichgesetzt werden darf. Ein erwachsener Autor kann zum Beispiel eine Geschichte von einem Kind, ein männlicher Autor eine Geschichte von einer Frau erzählen lassen oder umgekehrt. Immer ist der Erzähler/die Erzählerin eine vom Autor erfundene Figur und gehört zur Welt der erzählten Geschichte.

Erzählform

▸ S. 144; 150

- **Ich-Erzähler/Ich-Erzählerin:** Der Erzähler/die Erzählerin erscheint **gleichzeitig als erlebende und erzählende Figur.** Dabei kann der Erzähler unmittelbar aus der Situation heraus erzählen oder mit einem zeitlichen Abstand auf die Situation zurückblicken.
- **Er-/Sie-Erzähler:** Der Erzähler **tritt als Figur ganz in den Hintergrund.** Er ist nicht am Geschehen beteiligt und erzählt von allen Figuren in der Er-Form bzw. in der Sie-Form.

Erzählverhalten

▸ S. 150; 126–227

Der Erzähler kann seine Geschichte auf ganz unterschiedliche Weise vermitteln.

- **auktoriales Erzählverhalten:** Der Erzähler erscheint als freier Schöpfer der erzählten Welt und **steht außerhalb der Handlung.** Er kennt die Gedanken und Gefühle aller Figuren und greift mit Kommentaren, Vorausdeutungen, Urteilen über die Figuren oder Ansprachen an den Leser in den Erzählvorgang ein.
- **personales Erzählverhalten:** Der Erzähler erzählt **aus der Sicht einer Figur oder** wechselnd aus der Sicht **mehrerer Figuren.** Hierbei tritt der Erzähler nicht unmittelbar auf, kommentiert nicht, sondern bleibt in der Sichtweise der Figur bzw. der Figuren verhaftet.

Die Zeitgestaltung in einer Erzählung

▸ S. 103; 145

Der Erzähler kann sich streng an die zeitliche Reihenfolge der Ereignisse halten, also **chronologisch erzählen.** Er kann aber auch die aktuelle Handlung unterbrechen und in **Rückblenden** von vergangenen Ereignissen erzählen oder in **Vorausdeutungen** Ereignisse vorwegnehmen.

Die Figuren einer Geschichte

▶ S. 120–125; 146–147

Die **Personen,** die **in einer Geschichte** vorkommen bzw. handeln, **nennt man Figuren.** Sie haben ein bestimmtes Aussehen, bestimmte Eigenschaften, Gefühle, Gedanken und Absichten. In vielen Geschichten gibt es eine **Hauptfigur,** über die der Leser besonders viel erfährt. Um eine Geschichte zu verstehen, solltet ihr euch ein klares Bild von den einzelnen Figuren machen.
Auch Tiere können handelnde Figuren in Erzähltexten sein, z. B. in einem Märchen.

Eine literarische Figur charakterisieren

▶ S. 120–123; 146–147

1. Schritt: Die Charakterisierung vorbereiten
Sammelt Informationen über die Figur, z. B. Aussehen, Lebensumstände, Verhaltensweisen, Eigenschaften, Gefühle, Gedanken und ihr Verhältnis zu anderen Figuren.

2. Schritt: Die Charakterisierung schreiben
- **Einleitung:** Nennt allgemeine Informationen zur Figur, z. B.: Name, Alter, Aussehen.
- **Hauptteil:** Beschreibt wichtige Eigenschaften und Verhaltensweisen der Figur sowie ihr Verhältnis zu anderen Figuren.
- **Schluss:** Erklärt in einer persönlichen Stellungnahme, wie die Figur auf euch wirkt.

Verwendet als Tempus das **Präsens.** Formuliert **sachlich und anschaulich. Belegt** die **Aussagen,** die ihr über die Figur macht, anhand des Textes durch **Zitate** (▶ S. 319).

Merkmale und Eigenschaften einer Figur

▶ S. 123

Die **Merkmale und Eigenschaften einer Figur** können im Text direkt genannt werden, sie können aber auch indirekt dargestellt werden, sodass der Leser sie selbst erschließen muss.
- **Direkt charakterisiert** wird eine Figur durch Textstellen, in denen sie Aussagen über sich selbst macht oder in denen andere Figuren oder der Erzähler ihre Ansichten über diese Figur zur Sprache bringen, z. B.: *„Darin sah er das Spiegelbild seines sympathischen Gesichts ...“*
- **Indirekt charakterisiert** wird eine Figur z. B. durch die Art und Weise, wie sie spricht, fühlt, denkt und handelt, z. B.: *„Colbert seufzte schwermütig.“ → Figur ist bedrückt.*

Äußere und innere Handlung

▶ S. 129–130

In einer Geschichte wird nicht nur die äußere Handlung (das, was geschieht; das, was man von außen sehen kann) dargestellt, sondern es wird vor allem erzählt, **was die Figuren in einer Situation denken und fühlen (innere Handlung).** So können sich die Leser besser in die Figuren hineinversetzen und erhalten einen Einblick, was in einer Figur vorgeht, z. B. Angst, Wut, Freude, Verzweiflung.
- Beispiel für äußere Handlung: *Während die halbe Klasse auf dem Gang versammelt war, schrie Klaus aus dem Klassenraum um Hilfe.*
- Beispiel für innere Handlung: *Als ich Klaus' Hilfeschrei hörte, <u>drehte sich mir der Magen um</u>. <u>Wie sollte ich Klaus bloß helfen</u>?*

Innerer Monolog

▶ S. 133–134; 152

In literarischen Texten werden Gedanken und Gefühle der Figuren beim personalen Erzählen aus der Innenperspektive, oft in Form des „inneren Monologs“ wiedergegeben, z. B.:
„Die Dummheit der WG-Bewohner erschütterte Colbert. Sie waren schlimmer als die Großtante.“

Leitmotive in literarischen Texten

▶ S. 104

Als Leitmotiv bezeichnet man einen **Baustein** (z. B. eine einprägsame Aussage/Wendung oder ein Sprachbild, einen besonderen Ort, ein Handlungselement, einen Gegenstand oder eine Farbe), **der in einem literarischen Text wiederkehrt** und dadurch eine besondere Bedeutung erhält. Ein Leitmotiv stellt inhaltliche Verknüpfungen her, indem es dem Leser bestimmte Ereignisse, Situationen oder Figuren wieder ins Gedächtnis ruft.

Texte ausgestalten und weitererzählen

▶ S. 133–138; 151–160

Um **einen Text stimmig fortsetzen** zu können, muss man ihn gut verstanden haben:

- **Wo** spielt die Geschichte und **wann?**
- **Aus welcher Sicht** wird erzählt? Oder gibt es einen **Er-/Sie-Erzähler?**
- Was erfährt man über die Stimmung oder Eigenschaften der Hauptfigur?
- Gibt es andere **wichtige Figuren?**

Gehört der Text einer bestimmten **Textsorte** an? Ist er z. B. ein Märchen, müssen in eurer Fortsetzung natürlich auch **typische Merkmale** der Textsorte vorkommen.

Literarische Textsorten

Erzählende Texte (▶ S. 93–160) gliedern sich in eine Vielzahl von Textsorten auf, z. B.: Kurzgeschichte, Novelle, Anekdote, Kalendergeschichte usw.

Anekdote

Eine Anekdote ist eine kurze Geschichte über eine bekannte Persönlichkeit. Auf humorvolle Weise verdeutlicht sie das Verhalten oder die Eigenarten dieses Menschen. Wie der Witz enthält die Anekdote am Ende eine Pointe (überraschende Wendung).
Das, was über die Person erzählt wird, muss nicht unbedingt wahr sein. Wichtig ist vielmehr, dass in der Anekdote das Typische einer Person erkennbar wird.

Erzählung

„Erzählung" ist ein **Sammelbegriff für unterschiedliche Kurzformen des Erzählens,** die nicht genauer durch bestimmte Textmerkmale gekennzeichnet sind. Im Unterschied zum Roman ist die Erzählung knapper und überschaubarer.

Kalendergeschichte

Eine Kalendergeschichte ist eine **kurze Geschichte, die unterhalten und belehren soll** und **meist** mit einer **Pointe (überraschenden Wendung)** endet. Bis ins 19. Jahrhundert wurden diese Geschichten in Jahreskalendern abgedruckt. Neben der Bibel waren Kalendergeschichten für viele Familien oft die einzige Lektüre. Ab dem 20. Jahrhundert erschienen die Kalendergeschichten nur noch in Buchform. Der bekannteste Autor von Kalendergeschichten ist Johann Peter Hebel (1760–1826).

Kurzgeschichte

▶ S. 95–118

Die Kurzgeschichte ist eine **knappe, moderne Erzählung,** die **eine Momentaufnahme,** einen krisenhaften Ausschnitt oder eine **wichtige Episode aus dem Alltagsleben** eines oder mehrerer Menschen zeigt. Kurzgeschichten haben meist folgende Merkmale:

- geringer Umfang
- Ausschnitt aus einem alltäglichen Geschehen, der für die dargestellten Figuren von besonderer Bedeutung ist
- **unmittelbarer Einstieg** in das Geschehen, der schlagartig eine Situation aufreißt
- zielstrebiger Handlungsverlauf hin zu einem **Höhe- oder Wendepunkt**
- **offener Schluss,** der viele Deutungsmöglichkeiten zulässt
- meist Alltagssprache mit einfachem Satzbau und umgangssprachlichen Elementen in der direkten Rede (passend zur alltäglichen Thematik der Kurzgeschichte)

Die ersten deutschen Kurzgeschichten, die sich an dem Vorbild der amerikanischen „short story" orientierten, entstanden nach dem Zweiten Weltkrieg (1939–1945) und behandelten Themen der Kriegs- und Nachkriegszeit. Später kamen andere, aus dem Alltagsleben entnommene Themen hinzu.

Novelle

▶ S. 141–160

Die Novelle (ital. „novella" = Neuigkeit) ist eine **Erzählung,** in deren Mittelpunkt eine **„unerhörte Begebenheit"** (Johann Wolfgang Goethe) steht, deren Handlung also außergewöhnlich ist. Die Novelle ähnelt einem Drama darin, dass die Handlung um einen **zentralen Konflikt** kreist und sich **gradlinig auf einen Höhe- und Wendepunkt hin zuspitzt.** Häufig wird die Novelle in eine **Rahmenhandlung (Rahmenerzählung)** eingebettet. Wie in einer Geschichte in der Geschichte wird zuerst von einer Situation erzählt, in der es dann zum Erzählen der eigentlichen Geschichte kommt.

Gedichte (Lyrik)

▶ S. 161–184

Die Gedichte (Lyrik) sind neben den erzählenden Texten (Epik) und den dramatischen Texten (Dramatik) eine der drei Gattungen der Dichtung (Lyrik, Epik, Dramatik).
Folgende Gestaltungsmittel sind häufig kennzeichnend für Gedichte:

Das lyrische Ich

▶ S. 162–163

In vielen Gedichten oder Songs **gibt es** ein **„Ich"**, das dem Leser seine **Gefühle, Beobachtungen** oder **Gedanken** aus seiner Sicht (Perspektive) **mitteilt.** Man nennt dieses „Ich" das lyrische Ich.
Es ist **nicht mit dem Autor gleichzusetzen.** In manchen Gedichten heißt es auch „Wir" oder das Geschehen wird von einem Beobachter geschildert, der weder „ich" noch „wir" sagt.

Die äußere Gedichtform – Der Vers, die Strophe, der Reim, der Refrain

- Bei einem Gedicht nennt man eine einzelne Zeile **Vers.**
- **Mehrere Verse** zusammen ergeben eine **Strophe.**
- Viele Gedichte haben **Reime.** Wörter reimen sich, wenn der **letzte betonte Vokal** und die **folgenden Buchstaben gleich klingen,** z. B.: *Winterhose – Butterdose.*

Unterscheide:	Paarreim		Kreuzreim		umarmender Reim	
	gut	a	platscht	a	Land	a
	Mut	a	fein	b	Sonne	b
	Haus	b	klatscht	a	Wonne	b
	Maus	b	dein	b	Rand	a

In einem **Refrain** (Kehrreim) **kehren ein** oder **mehrere Verse** zwischen einzelnen Strophen, zu Beginn oder am Schluss einer Strophe **regelmäßig wieder.**

Das Metrum (Versmaß):

▶ S. 167

In den Versen (Zeilen) eines Gedichts wechseln sich häufig betonte (X́) und unbetonte Silben (X) regelmäßig ab. Wenn die **Abfolge von betonten und unbetonten Silben** (Hebungen und Senkungen) einem bestimmten Muster folgt, nennt man dies **Metrum** (Versmaß). Die wichtigsten Versmaße sind:

Jambus (X X́): X X́ X X́ X X́ X X́
Die Mitternacht zog näher schon (Heinrich Heine)

Trochäus (X́ X): X́ X X́ X X́ X X́ X
O du Ausgeburt der Hölle! (Johann Wolfgang Goethe)

Daktylus (X́ X X): X́ X X X́ X X X́ X X X́ X
Pfingsten, das liebliche Fest, war gekommen (Johann Wolfgang Goethe)

Anapäst (X X X́): X X X́ X X X́
Wie mein Glück, ist mein Lied (Friedrich Hölderlin)

Manchmal werden auch zwei Versmaße miteinander kombiniert, z. B.: *Er hát uns geréttet, er trágt die Krón'* (Kombination aus Jambus und Anapäst; Theodor Fontane).
Beim Vortrag müsst ihr die Abfolge von betonten und unbetonten Silben beachten. So entsteht wie in der Musik ein Rhythmus. Häufig bildet eine unbetonte Silbe am Versanfang den Auftakt.

Stilmittel von Gedichten

▶ S. 164–165; 169–170; 172–174

In lyrischen Texten werden häufig Bilder durch Sprache entfaltet oder einzelne Wörter klanglich hervorgehoben. Durch diese sprachlichen Mittel lassen sich Gefühle und Stimmungen ausdrücken oder eine bestimmte Atmosphäre wiedergeben. So werden zur Darstellung von Liebe, Freude, Angst oder Einsamkeit z. B. oft Bilder aus dem Bereich der Natur verwendet.

- **Vergleich:** Bei einem Vergleich werden zwei verschiedene Vorstellungen durch ein „wie" oder ein „als ob" miteinander verknüpft, z. B.: *Das Meer glänzte schwarz <u>wie</u> die Nacht. In meinem Zimmer sah es aus, <u>als ob</u> ein Orkan durchgezogen wäre.*
- **Metapher:** Bei einer Metapher wird ein **Wort** nicht wörtlich, sondern **in einer übertragenen (bildlichen) Bedeutung** gebraucht, z. B.: *<u>Nussschale</u> für ein kleines Boot, <u>Suppe</u> für Nebel.*
  Im Unterschied zum direkten Vergleich fehlt bei der Metapher das Vergleichswort „wie", z. B.: *Wolken sind (wie) flockige Länder.*
- **Personifikation** (Vermenschlichung): Sie ist eine besondere Form der Metapher. Leblose Gegenstände, Begriffe oder die Natur werden vermenschlicht, d. h., ihnen werden menschliche Verhaltensweisen und Eigenschaften zugesprochen, z. B.: *die Natur schläft, das Glück lacht, das Veilchen träumt.*
- **Lautmalerei:** Mit den Klängen von Wörtern werden Naturlaute oder Geräusche nachgeahmt, z. B.: *klirren, rascheln, zischen.*

Gedichtformen

Neben den thematischen Schwerpunkten, die es in der Lyrik gibt (z. B. Liebeslyrik, Naturlyrik), haben sich im Laufe der Zeit auch verschiedene Gedichtformen (Gedichtarten) entwickelt, die sich in ihren Gestaltungselementen voneinander unterscheiden, z. B.:

Die Ballade

Die Ballade ist meist ein längeres Gedicht über ein ungewöhnliches oder spannendes Ereignis. Dieses Ereignis kann erfunden oder wirklich passiert sein. Im Mittelpunkt der Ballade steht oft eine Figur, die eine gefahrvolle Situation meistern muss.

- Wie andere Gedichte sind auch Balladen meist in **Strophen** (▶ S. 323) gegliedert, besitzen eine **Reimform** (▶ S. 323) und haben ein bestimmtes **Metrum** (▶ S. 324).
- Viele Balladen haben einen Aufbau, den man mit Hilfe einer **Spannungskurve** darstellen kann: Nach der Einleitung spitzt sich die **Handlung dramatisch** bis zum **Höhepunkt** zu, zum Schluss folgt die Auflösung.
- Balladen enthalten oft **wörtliche Rede** der Figuren (Monologe, Dialoge), die an die Szenen eines Theaterstücks erinnert.

In ihrer Wirkung setzen Balladen auf Spannung, sie können aber auch belehrend oder lustig sein.

Die Ballade enthält Elemente aus

- der Lyrik (Metrum, Strophe, Reim),
- der Epik (abgeschlossene Geschichte wird erzählt) und
- dem Drama (dramatischer Handlungsverlauf, Dialoge und Monologe der Figuren).

Deshalb bezeichnete Goethe (1749–1832) sie als Ur-Ei der Dichtkunst, weil sie alle Gattungen (Lyrik, Epik, Drama) in sich vereint. Viele Balladen sind vertont worden. Die Tradition der gesungenen Ballade hat in der Rock- und Popmusik ihre Fortsetzung gefunden.

Das Sonett

Das Sonett ist eine vierstrophige Gedichtform, die aus zwei Quartetten (zwei vierzeiligen Strophen) und zwei Terzetten (zwei dreizeiligen Strophen) besteht. Während in den Quartetten der umarmende Reim (abba) vorherrscht, variiert in den Terzetten das Reimschema. Häufig findet man auch eine inhaltliche Zäsur (Einschnitt) zwischen den Quartetten und den Terzetten, also zwischen dem achten und dem neunten Vers.

Der Song

▶ S. 177

Eine oft politisch aktuelle, zeitkritische bzw. **lehrhafte Liedgattung** ist der Song, im angloamerikanischen Sprachgebrauch gleichbedeutend mit „Lied" (Folksong, Protestsong usw.). Typisch sind der **Aufbau aus Strophe und Refrain** sowie die Aufnahme von Elementen aus Bänkelsang, Moritat, Schlager, Jazz usw.
Oft wird der Song nicht melodisch gesungen, sondern in einer Art Sprechgesang vorgetragen. Bekannte Songschreiber sind: Kurt Weill (1900–1950) und Bertolt Brecht (1898–1956), die gemeinsam an der Dreigroschenoper arbeiteten (Musik: Kurt Weill; Text: Bertolt Brecht), Franz Josef Degenhardt (1931–2011), Wolf Biermann (*1936), Bob Dylan (*1941).

Ein Gedicht schriftlich beschreiben

▶ S. 174–175

- In der **Einleitung** nennt ihr die Art des Textes, den Titel, den Namen des Autors/der Autorin, das Entstehungsjahr und das Thema des Textes.
- Im **Hauptteil** fasst ihr die wichtigsten Ergebnisse eurer Analyse in einer geordneten Reihenfolge zusammen: Beginnt mit einer **kurzen Inhaltsangabe** (am besten strophenweise). Beschreibt dann den **formalen Aufbau** des Gedichts (Strophe, Verse, Reimform, Metrum) und die **sprachlichen Gestaltungsmittel** (sprachliche Bilder, Wortwahl usw.). Erläutert die Funktion und die Wirkung der Gestaltungsmittel und stellt immer wieder einen Bezug zum Inhalt und zur Aussage des Gedichts her.
  Belegt eure Untersuchungsergebnisse mit Zitaten (▶ Zitieren, S. 319).
- Fasst zum **Schluss** die wesentlichen Ergebnisse eurer Gedichtanalyse zusammen oder nehmt Stellung zum Gedicht.

Drama (Theater)

▶ S. 185–204

Die dramatischen Texte (Theater/Drama) sind neben den Gedichten (Lyrik) und den erzählenden Texten (Epik) eine der drei Gattungen der Dichtung (Lyrik, Epik, Dramatik).
In einem Theaterstück gibt es Rollen, die von Schauspielerinnen und Schauspielern gespielt werden.
Wichtige Theaterbegriffe:

- **Akt:** Hauptabschnitt eines Dramas, dessen Schluss früher durch das Fallen des Vorhangs angezeigt wurde (auch Aufzug genannt, weil bei Beginn eines neuen Aktes der Bühnenvorhang wieder aufgezogen wurde). Ein Akt ist eine geschlossene Handlungseinheit, die meist aus mehreren Szenen besteht.
- **Dialog:** Gespräch von zwei oder mehr Figuren. Sein Gegensatz ist der Monolog.
- **Exposition:** Die Exposition umfasst im klassischen Drama meist den ersten Akt und ist eine Art Einleitung, die in die Handlung einführt. Hier wird der Zuschauer über Zeit und Ort des Geschehens informiert und lernt die Hauptfiguren (Protagonisten) kennen. Gleichzeitig wird der zentrale Konflikt des Dramas angekündigt.
- **Monolog:** Selbstgespräch einer Figur (im Gegensatz zum Dialog).
- **Regieanweisungen:** Von der Autorin/vom Autor im Dramentext zusätzlich zu den Rollentexten bereits mitgelieferte Anregungen, wie sich die Figuren bewegen, wie sie schauen und sprechen sollten und wie die Handlung auf der Bühne dargestellt werden sollte.
- **Rolle:** Rolle nennt man die Figur, die eine Schauspielerin oder ein Schauspieler in einem Theaterstück verkörpert, z. B. die Rolle der Julia, die Rolle des Fürsten usw.
- **Szene:** Eine Szene ist ein kurzer, abgeschlossener Teil eines Theaterstücks. Eine Szene endet, wenn neue Figuren auftreten und/oder Figuren abtreten. Meistens erlischt am Ende einer Szene auch die Bühnenbeleuchtung.

Sachtexte

▶ S. 205–230

Sachtexte unterscheiden sich von literarischen Texten (z. B. einer Erzählung oder einem Gedicht) dadurch, dass sie sich vorwiegend mit wirklichen (realen) Ereignissen und Vorgängen beschäftigen und informieren wollen. Es gibt verschiedene Formen von Sachtexten, z. B.: Lexikonartikel, Zeitungstexte (▶ S. 328) und Zeitschriftenartikel. Häufig findet man in Sachtexten auch Tabellen oder Grafiken (z. B. Landkarte, Balkendiagramm), Fotos oder andere Abbildungen.

Einen Sachtext erschließen (Fünf-Schritt-Lesemethode)

1. Schritt: Lest die Überschrift(en), hervorgehobene Wörter und die ersten Zeilen des Textes, betrachtet die Abbildungen.
2. Schritt: Arbeitet mit einer Kopie des Textes: Lest den gesamten Text zügig durch und kreist unbekannte Wörter ein. Macht euch klar, was das Thema des Textes ist.
3. Schritt: Klärt unbekannte Wörter und Textstellen durch Nachdenken oder Nachschlagen. Markiert die Schlüsselwörter farbig.
4. Schritt: Lest den Text sorgfältig. Gliedert den Text in Sinnabschnitte, notiert Fragen am Rand, wenn euch etwas unklar ist.
5. Schritt: Fasst die Informationen des Textes zusammen.
Tipp: Häufig ist es sinnvoll, die aus Texten gewonnenen **Informationen grafisch darzustellen,** z. B. in Form eines Flussdiagramms oder einer Mind-Map. Ein Flussdiagramm eignet sich besonders gut, um Abläufe darzustellen.

Grafiken entschlüsseln

▶ S. 25; 223; 303

Beim Entschlüsseln einer Grafik könnt ihr so vorgehen:

1 Stellt fest, worum es in der Grafik geht. Hierbei hilft euch die Überschrift, wenn es eine gibt.
2 Untersucht, was in der Grafik dargestellt wird: Erklärt sie einen Vorgang, den Aufbau oder die Funktion von etwas oder verdeutlicht sie eine Lage, wie z. B. eine Landkarte?
3 Prüft, ob die Grafik Farben, Beschriftungen oder Symbole enthält, die erklärt werden.
4 Schreibt auf, worüber die Grafik informiert.

Diagramme verstehen und auswerten

▶ S. 25; 212–213

Ein Diagramm ist eine anschauliche Darstellung von Daten und Informationen. Um ein Diagramm auszuwerten, geht ihr so vor:

- Schaut euch das Diagramm genau an. Lest die Überschrift und die übrigen Angaben und Erklärungen.
- Stellt fest, worüber das Diagramm informiert. Welche Maßeinheiten werden verwendet, z. B. Prozent (%), Kilo (kg), Euro (€)?
- Vergleicht die Angaben miteinander (höchster und niedrigster Wert, gleiche Werte).
- Fasst zusammen, was im Diagramm gezeigt wird. Was lässt sich ablesen?

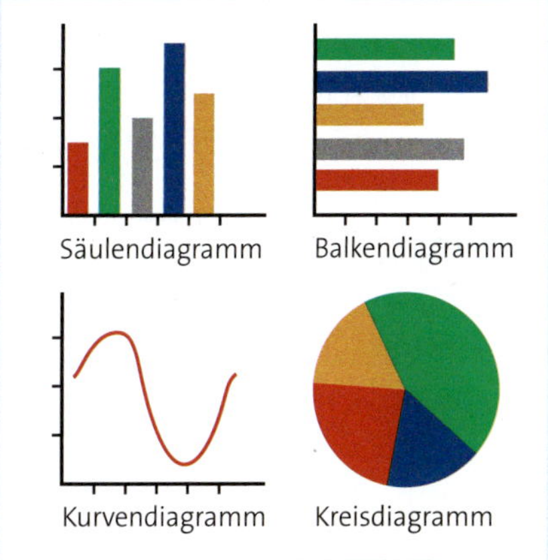

Journalistische Textsorten/Zeitungstexte

▶ S. 205–230

Der Bericht

▶ S. 76–80; 209–210

Ein Zeitungsbericht informiert knapp und sachlich über ein aktuelles Ereignis. Er beantwortet zu Beginn die wichtigsten W-Fragen und berichtet dann über die näheren Einzelheiten des Ereignisses (z. B. über Hintergründe, Zusammenhänge oder die Vorgeschichte). Diesen Aufbau nennt man Lead-Stil, d. h.: Die wichtigsten Informationen stehen am Textanfang (Vorspann oder Lead), dann folgen weitere Detailinformationen. Ein Zeitungsbericht kann Zitate von Experten oder Betroffenen wiedergeben, die dann namentlich genannt werden. Sie sollen die Glaubwürdigkeit einer Aussage unterstreichen und/oder den Bericht lebendiger gestalten.

Die Reportage

▶ S. 81–90; 211–213

Eine Reportage **informiert in besonders anschaulicher und lebendiger Weise über ein Ereignis.** Sie ist ein **Erlebnisbericht,** denn bei einer Reportage schreibt ein Reporter über ein Geschehen, das er selbst als Augenzeuge miterlebt hat.

- Reportagen **führen direkt in eine interessante Szene ein** (szenischer Einstieg, Schilderung einer Situation), sodass die Neugier der Leser geweckt wird.
- Eine Reportage enthält **sachliche Informationen** (Beantwortung der W-Fragen), gibt aber auch die **Eindrücke und die persönliche Sichtweise des Verfassers** wieder.
- Die Reportage will den Lesern das Gefühl geben, dass sie live (mit allen Sinnen) bei dem Geschehen dabei sind. Deshalb beschreibt der Reporter anschaulich die **Atmosphäre und Stimmung vor Ort und schildert seine Wahrnehmungen.** Zitate von Personen und eine bildhafte Sprache (ausdrucksstarke Verben, Adjektive sowie sprachliche Bilder) sorgen für **Anschaulichkeit.**
- Die Zeitformen wechseln; häufig wird das Präsens verwendet, um dem Leser den Eindruck zu vermitteln, direkt vor Ort dabei zu sein.

Die Reisereportage

▶ S. 85–90

- Die Reisereportage beschränkt sich nicht allein auf die **sachliche Berichterstattung** des Erlebnisses, sondern sucht die **temperamentvolle, lebensnahe Darstellung.**
- Tatsachen und Hintergrundinformationen werden zum Ausdruck gebracht, gleichzeitig aber auch **persönliche Eindrücke** und die **Meinung zum Geschehen.**
- Reisereportagen versuchen, die **Atmosphäre** einzufangen. Journalistinnen und Reporter wollen und müssen immer ganz nah am Geschehen sein, so entsteht beim Lesen der Eindruck, mit auf die Reise genommen zu werden.

Der Kommentar

▶ S. 216–218

Ein Kommentar ist ein **wertender Text, in dem ein Autor** zu einem aktuellen Thema Stellung bezieht und **seine persönliche Meinung äußert.** Der Autor informiert über das Thema, erläutert seine Bedeutung, erklärt dem Leser die Zusammenhänge und setzt sich mit unterschiedlichen Meinungen auseinander. In einem Kommentar begründet der Autor seine Meinung mit Argumenten und Beispielen. Ziel des Kommentars ist es, den Leser dazu anzuregen, sich eine eigene Meinung zum Thema zu bilden. Der Autor/die Autorin eines Kommentars wird immer mit Namen genannt.

Film, Fernsehen, Radio

▶ S. 62–63; 219–220

Die Einstellungsgrößen

Die Einstellungsgröße legt die Größe des Bildausschnitts fest. Je kleiner der Bildausschnitt ist, desto näher scheint der Betrachter am Geschehen zu sein. Je nachdem, wie nah die Kamera an das Geschehen heranführt oder wie weit sie entfernt bleibt, entstehen unterschiedliche Wirkungen.

Totale

Eine Einstellung, in der die Figur/die Figuren in einer größeren Umgebung gezeigt wird/werden. Man erhält einen Überblick über den gesamten Schauplatz.

Halbnah

Gegenstände werden aus mittlerer Nähe gezeigt, Figuren werden etwa vom Knie an aufwärts. Die unmittelbare Umgebung ist erkennbar.

Nah

Man sieht Kopf und Schultern von Figuren. Die Einstellung wird häufig bei Dialogen verwendet.

Groß

Der Kopf einer Figur wird bildfüllend dargestellt. So kann man die Gefühle an der Mimik genau ablesen.

Die Kameraperspektive

Der Standpunkt der Kamera und – damit verbunden – ihr Blickwinkel wird als Kameraperspektive bezeichnet. Man unterscheidet:

Vogelperspektive

Normalperspektive

Froschperspektive

- **Vogelperspektive** (Aufsicht): Kamera von oben
- **Normalperspektive** (Normalsicht): Kamera auf Augenhöhe
- **Froschperspektive** (Untersicht): Kamera von unten

Schnitt, Montage und Kamerabewegung

Ein **Schnitt** bezeichnet die Verknüpfung von zwei Einstellungen. Man kann z. B. Handlungen, die zeitgleich an verschiedenen Orten spielen, gleichzeitig zeigen, in dem man zwischen den Szenen hin- und herspringt (Parallelmontage), in einer Rückblende ein Ereignis aus der Vergangenheit zeigen oder zwischen den Figuren, z. B. in einer Dialogsituation, hin- und herspringen (Schuss-Gegenschuss-Technik).
Montage meint das Zusammenfügen von Bild- und Tonelementen zum gesamten Film.
Bei der **Kamerabewegung** unterscheidet man Kameraschwenk und Kamerafahrt. Beim **Kameraschwenk** steht die Kamera fest (z. B. auf einem Stativ) und dreht oder neigt sich – ähnlich der Kopfbewegung – um einen fixen Punkt. Im Gegensatz dazu bewegt sich die Kamera bei der **Kamerafahrt** durch den Raum, z. B. auf ein Objekt zu oder von ihm weg oder parallel zu einem sich bewegenden Objekt (Parallelfahrt).

Das Hörspiel

▶ S. 139

Beim Hörspiel wird der zu Grunde liegende Text wie ein Bühnenstück dramatisiert (d. h. durch Sprechtexte dargestellt). Im Unterschied zu einem Bühnenstück erfahren die Zuhörerinnen und Zuhörer nur das, was zu hören ist. Durch die Dialoge (Gespräche) und die Monologe (Selbstgespräche) der Figuren, durch den Erzähler sowie durch Geräusche (z. B. Glockenschlag, Ausrufe oder Stimmengewirr) erhalten die Hörer/-innen alle notwendigen Informationen, um der Handlung folgen zu können. Die Figuren in einem Hörspiel können auch laut überlegen, fragen oder laut beobachten, um die Situation für die Hörer verständlich zu machen.

Das Radio-Feature

▶ S. 62–63

Ein Radio-Feature (Dokumentation; engl. „Merkmal“) ist eine **lebendig gestaltete, nicht fiktionale Hörfunksendung.** Ein Feature behandelt ein Thema möglichst facettenreich und besteht daher aus **verschiedenen Elementen** wie eingesprochenen Texten (z. B. Beschreibungen, Berichte), Originaltönen (z. B. Interviews, Umfragen, Geräusche) und Musik.

Sprachbewusstsein entwickeln

Das Nomen (das Hauptwort/Substantiv; Plural: die Nomen)

Die meisten Wörter in unserer Sprache sind Nomen. Sie werden immer **großgeschrieben.**
Nomen bezeichnen:

- **Lebewesen,** z. B.: *Biber, Eule, Zwerg,*
- **Gegenstände,** z. B.: *Schatz, Stadt,*
- **Begriffe** (Gedanken, Gefühle, Zustände ...), z. B.: *Angst, Mut, Freude, Ferien, Freundschaft.*

Sie werden häufig von **Wörtern begleitet,** an denen wir sie erkennen können, z. B. einem **Artikel** *(der Hase, eine Uhr)* oder einem Adjektiv *(blauer Himmel, fröhliche Menschen).*

Genus (das grammatisches Geschlecht; Plural: die Genera)

Jedes Nomen hat ein Genus (ein grammatisches Geschlecht), das man **an** seinem **Artikel erkennen** kann. Ein Nomen ist entweder:

- ein **Maskulinum** (männliches Nomen), z. B.: *der Zwerg, der Schatz,*
- ein **Femininum** (weibliches Nomen), z. B.: *die Hexe, die Unterwelt* oder
- ein **Neutrum** (sächliches Nomen), z. B.: *das Ungeheuer, das Hexenhaus.*

Das **grammatische Geschlecht** eines Nomens stimmt **nicht immer** mit dem **natürlichen Geschlecht** überein, z. B.: *das Mädchen, das Kind.*

Numerus (die grammatische Zahl; Plural: die Numeri)

Nomen haben einen Numerus, d. h. eine Anzahl. Sie stehen entweder im

- **Singular** (Einzahl), z. B.: *der Wald, die Hexe, das Einhorn,* oder im
- **Plural** (Mehrzahl), z. B.: *die Wälder, die Hexen, die Einhörner.*

Nur bei wenigen Wörtern ist entweder nur eine Singularform oder eine Pluralform möglich, z. B.: *der Regen, die Ferien.*

Kasus (der Fall; Plural: die Kasus, mit langem *u* gesprochen)

In Sätzen erscheinen Nomen immer in einem bestimmten Kasus, das heißt in einem grammatischen Fall. **Im Deutschen gibt es vier Kasus.** Nach dem Kasus richten sich die Form des Artikels und die Endung des Nomens. Man kann den **Kasus** eines Nomens **durch Fragen ermitteln.**

Kasus	**Kasusfrage**	**Beispiele**
1. Fall: **Nominativ**	*Wer oder was ...?*	*Der Junge liest ein Buch.*
2. Fall: **Genitiv**	*Wessen ...?*	*Das Buch des Jungen ist spannend.*
3. Fall: **Dativ**	*Wem ...?*	*Ein Mädchen schaut dem Jungen zu.*
4. Fall: **Akkusativ**	*Wen oder was ...?*	*Sie beobachtet den Jungen genau.*

Meist ist der Kasus am veränderten Artikel des Nomens erkennbar, manchmal auch an der Endung des Nomens, z. B: *des Mannes, des Mädchens, den Kindern.*
Wenn man ein Nomen in einen Kasus setzt, nennt man das **deklinieren** (beugen).

Der Artikel (der Begleiter, das Geschlechtswort; Plural: die Artikel)

Das Nomen wird häufig von einem Artikel begleitet. Man unterscheidet zwischen dem bestimmten Artikel *(der, die, das)* und dem unbestimmten Artikel *(ein, eine, ein)*, z. B.:

	bestimmter Artikel	**unbestimmter Artikel**
männlich	*der Schneider*	*ein Schneider*
weiblich	*die Bauerstochter*	*eine Bauerstochter*
sächlich	*das Dorf*	*ein Dorf*

Das Pronomen (das Fürwort; Plural: die Pronomen)

Das Pronomen ist **ein Stellvertreter oder Begleiter; es vertritt oder begleitet ein Nomen.**
Es gibt verschiedene Arten von Pronomen:

- **Das Personalpronomen** (persönliches Fürwort)
  Mit den **Personalpronomen** *(ich, du, er, sie, es, wir, ihr, sie)* kann man **Nomen und Namen ersetzen,** z. B.:

  Die Piraten planen einen Überfall. Sie bereiten sich vor. Sofort wehrt das Frachtschiff sie ab.

  Störtebecker hat keine Angst. Er ist mutig und weiß, dass keiner ihn fängt.

  Personalpronomen werden wie die Nomen **dekliniert** (gebeugt):

	Singular			**Plural**		
Kasus	**1. Pers.**	**2. Pers.**	**3. Pers.**	**1. Pers.**	**2. Pers.**	**3. Pers.**
1. Fall: **Nominativ**	*ich*	*du*	*er/sie/es*	*wir*	*ihr*	*sie*
2. Fall: **Genitiv**	*meiner*	*deiner*	*seiner/ihrer/seiner*	*unser*	*euer*	*ihrer*
3. Fall: **Dativ**	*mir*	*dir*	*ihm/ihr/ihm*	*uns*	*euch*	*ihnen*
4. Fall: **Akkusativ**	*mich*	*dich*	*ihn/sie/es*	*uns*	*euch*	*sie*

- **Das Possessivpronomen** (besitzanzeigendes Fürwort)
  Possessivpronomen *(mein/meine – dein/deine – sein/seine, ihr/ihre – unser/unsere – euer/eure – ihr/ihre)* **geben an, zu wem etwas gehört,** z. B.: *mein Schiff, deine Tasche, unsere Flagge.*
  Possessivpronomen begleiten meist Nomen und stehen dann in dem gleichen Kasus (Fall) wie das dazugehörige Nomen, z. B.:
  Ich gebe meiner Mannschaft das Kommando. (Wem ...? → Dativ)
- **Das Indefinitpronomen** (unbestimmtes Fürwort)
  Indefinitpronomen sind Wörter, mit denen man eine ungefähre Menge oder Anzahl angibt.
  Das können Personen: *man, jemand, jede/-r, eine/-r, keine/-r, wenige, andere, manche, viele* oder Dinge sein: *nichts, alles, etwas, irgendetwas.*
  Indefinitpronomen begleiten oder ersetzen Nomen und werden auch dekliniert, z. B.:
  Einer aus der Menge kam auf Gulliver zu. (Stellvertreter; Nominativ)
  Einigen Menschen kam das komisch vor. (Begleiter; Dativ)

- **Das Demonstrativpronomen** (hinweisendes Fürwort)
  Demonstrativpronomen weisen auf ein Ereignis, eine Person oder Sache hin. Sie können dabei sowohl Stellvertreter als auch Begleiter sein und werden wie Nomen dekliniert, z. B.:
  Die ist doch großartig. (Stellvertreter für das Nomen „Idee")
  Diese Idee ist doch großartig. (Begleiter des Nomens „Idee")
  Demonstrativpronomen sind:
  - **der, die, das,** wenn sie im Unterschied zum Artikel betont sind, z. B.: *Das ist nicht so einfach.*
  - **dieser, diese, dieses,** z. B.: *Dieser Wissenschaftler hat dies nicht bedacht.*
  - **jener, jene, jenes,** z. B.: *Was soll ich mit jenen Aufgaben anfangen?*

Das Adjektiv (das Eigenschaftswort; Plural: die Adjektive)

Adjektive drücken aus, wie etwas ist. Mit Adjektiven können wir die **Eigenschaften** von Lebewesen, Dingen, Vorgängen, Gefühlen und Vorstellungen genauer beschreiben, z. B.:
der starke Wind, der schwache Wind, der eiskalte Wind.
Adjektive werden **kleingeschrieben.** Adjektive, die vor einem Nomen stehen, haben den gleichen Kasus wie das Nomen: *der kalte See, die kalten Seen, des kalten Sees.*

- **Steigerung der Adjektive**
  Adjektive kann man steigern (z. B.: *schön – schöner – am schönsten*). So kann man z. B. Dinge oder Lebewesen miteinander vergleichen. Es gibt eine Grundform und zwei Steigerungsstufen:

Positiv (Grundform)	**Komparativ (1. Steigerungsstufe)**	**Superlativ (2. Steigerungsstufe)**
Lars ist groß.	*Stefan ist größer.*	*Fabian ist am größten.*

- **Vergleiche mit *wie* und *als*:**
  Vergleiche mit dem Positiv werden mit *wie* gebildet, z. B.: *Tim ist genauso groß wie Yvonne.*
  Vergleiche mit dem Komparativ werden mit dem Vergleichswort *als* gebildet, z. B.: *Meine Schuhe sind kleiner als deine.*

Die Präposition (das Verhältniswort; Plural: die Präpositionen)

Präpositionen wie *in, auf, unter* drücken **Verhältnisse und Beziehungen** von Gegenständen, Personen oder anderem aus. Oft beschreiben sie ein **örtliches** Verhältnis *(auf dem Dach)* oder ein **zeitliches** Verhältnis *(bis Mitternacht)*. Sie können aber auch einen **Grund** *(wegen der Hitze)* angeben oder die **Art und Weise** *(mit viel Energie)* bezeichnen. Beispiele:

▪ örtliches Verhältnis	*auf, in, hinter, neben, unter, vor, über, zwischen*
▪ zeitliches Verhältnis	*nach, vor, seit, um, während, bis, in*
▪ Angabe des Grundes	*wegen, trotz, aufgrund/auf Grund*
▪ Angabe der Art und Weise	*ohne, mit*

Präpositionen sind nicht flektierbar (nicht veränderbar). Die Präposition steht in der Regel vor einem Nomen (mit oder ohne Begleiter) oder Pronomen. Sie bestimmt den Kasus des nachfolgenden Wortes (oder der nachfolgenden Wortgruppe), z. B.: *mit dir, wegen des Regens, bei dem Schnee.*

Die Konjunktion (das Bindewort; Plural: die Konjunktionen)

Konjunktionen **verbinden Satzteile oder Teilsätze** miteinander, z. B.:
Es gab Donner und Blitz.
Er konnte nicht an der Wanderung teilnehmen, weil er sich den Fuß verstaucht hatte.
Die **häufigsten Konjunktionen** sind: *und, oder, weil, da, nachdem.*
Konjunktionen sind **nicht veränderbar:** Man kann sie nicht beugen (in einen Kasus oder eine Personalform setzen).
Man unterscheidet zwischen nebenordnenden und unterordnenden Konjunktionen.

nebenordnende Konjunktionen

Peter schwimmt im See, denn es ist sehr heiß.
—— Hauptsatz 1 —— Konjunktion — Hauptsatz 2 —

unterordnende Konjunktionen

Ich sprang heute vom 3-Meter-Brett, obwohl ich etwas Angst hatte.
—— Hauptsatz 1 ——
Konjunktion —— Nebensatz ——

Das Verb (das Tätigkeitswort; Plural: die Verben)

▶ S. 231–248

Mit Verben gibt man an, **was jemand tut** (z. B. *laufen, reden, lachen*), **was geschieht** (z. B.: *regnen, brennen*) oder **was ist** (z. B.: *haben, sein, bleiben*). Verben werden kleingeschrieben.

- Der **Infinitiv** (die Grundform) eines Verbs endet auf *-en* oder *-n*, z. B.: *rennen, sagen, antworten, rudern, lächeln.*
- Wenn man ein Verb in einem Satz verwendet, bildet man **die Personalform des Verbs.** Das nennt man **konjugieren (beugen),** z. B.: *such-en* (Infinitiv) → *Ich such-e den Schlüssel* (1. Person Singular). Die Personalform des Verbs wird aus dem Infinitiv des Verbs gebildet. An den Stamm des Verbs wird dabei die passende Personalendung gehängt, z. B.: *sprech-en* (Infinitiv) → *Er spricht* (3. Person Singular).

Der Imperativ (Befehlsform des Verbs; Plural: die Imperative)

Die Aufforderungsform oder **Befehlsform eines Verbs** nennt man Imperativ. Man kann eine Aufforderung oder einen Befehl an eine Person oder an mehrere Personen richten. Dementsprechend gibt es den Imperativ Singular (*„Bitte komm!", „Lauf weg!"*) und den Imperativ Plural (*„Bitte kommt!", „Lauft weg!"*).

- Der **Imperativ Singular** besteht aus dem Stamm des Verbs *(schreiben → schreib!)*, manchmal wird die Endung *-e* angehängt *(reden → rede!)* oder es ändert sich der Stammvokal von *e* zu *i (geben → gib!).*
- Der **Imperativ Plural** wird in der Regel durch den Stamm des Verbs mit der Endung *-t* oder *-et* gebildet *(schreiben → schreibt!, lesen → lest!, reden → redet!).*

Die Tempora (Zeitformen) **der Verben**

Verben kann man in verschiedenen Zeitformen (Tempora) verwenden, z. B.: im Präsens, im Präteritum, im Futur. Die Zeitformen (Tempora; Sg.: das Tempus) der Verben sagen uns, wann etwas passiert, z. B.: in der Gegenwart, in der Vergangenheit oder in der Zukunft.

- **Das Präsens** (die Gegenwartsform)
  1 Das Präsens wird verwendet, wenn etwas in der **Gegenwart** (in diesem Augenblick) geschieht, z. B.: *Er schreibt gerade einen Brief.* (Es geschieht in diesem Augenblick.)
  2 Im Präsens stehen auch **Aussagen, die immer gelten,** z. B.: *Suppe isst man mit dem Löffel.* (Es ist immer gültig.)
  3 Man kann das Präsens auch verwenden, **um etwas Zukünftiges auszudrücken.** Meist verwendet man dann eine Zeitangabe, die auf die Zukunft verweist, z. B.: *Morgen gehe ich ins Kino.*
- **Das Futur** (die Zukunftsform)
  Das Futur wird verwendet, um ein zukünftiges Geschehen auszudrücken, z. B.: *In den Sommerferien werde ich häufig ins Freibad gehen.*
  - **Das Futur I** wird gebildet durch: Personalform von *werden* im **Präsens + Infinitiv** des Verbs, z. B.: *Ich werde anrufen, du wirst anrufen ...*
  - **Das Futur II** wird gebildet durch: Personalform von *werden* im **Präsens + Perfektform** des Verbs. Mit dieser selten gebrauchten Zeitform drücken wir aus, dass etwas in der Zukunft abgeschlossen sein wird, z. B.: *Bis morgen werde ich das Bild fertig gemalt haben.*
- **Das Perfekt** (2. Vergangenheit)
  Wenn man mündlich von etwas Vergangenem erzählt oder berichtet, verwendet man häufig das Perfekt, z. B.: *Ich habe gerade etwas gegessen. Er ist nach Hause gekommen.*
  Das Perfekt ist eine **zusammengesetzte Vergangenheitsform,** weil es mit einer Form von *haben* oder *sein* im Präsens (z. B.: *hast, sind*) und dem **Partizip II des Verbs** (z. B.: *gesehen, aufgebrochen*) gebildet wird.
  - Das Partizip II beginnt meist mit *ge-*, z. B.: *lachen → gelacht; gehen → gegangen.*
  - Wenn das Verb schon eine Vorsilbe hat (*ge-*, *be-* oder *ver-*), bekommt das Partizip II keine mehr, z. B.: *gelingen → gelungen; beschweren → beschwert; verlieren → verloren.*
- **Das Präteritum** (1. Vergangenheit)
  Das Präteritum ist eine **einfache Zeitform der Vergangenheit.** Diese Zeitform wird vor allem in schriftlichen Erzählungen (z. B. in Märchen, in Geschichten) und in Berichten verwendet, z. B.: *Sie lief schnell nach Hause, denn es regnete in Strömen.*
  Man unterscheidet:
  - **regelmäßige** (schwache) **Verben:** Bei den regelmäßigen Verben ändert sich der Vokal *(a, e, i, o, u)* im Verbstamm nicht, wenn das Verb ins Präteritum gesetzt wird, z. B.: *ich lache* (Präsens) → *ich lachte* (Präteritum),
  - **unregelmäßige** (starke) **Verben:** Bei den unregelmäßigen Verben ändert sich im Präteritum der Vokal *(a, e, i, o, u)* im Verbstamm, z. B.: *ich singe* (Präsens) → *ich sang* (Präteritum); *ich laufe* (Präsens) → *ich lief* (Präteritum).
- **Das Plusquamperfekt** (3. Vergangenheit)
  Wenn etwas vor dem passiert, wovon im Präteritum oder im Perfekt erzählt wird, verwendet man das Plusquamperfekt. Das Plusquamperfekt wird deshalb auch **Vorvergangenheit** genannt, z. B.: *Nachdem er den Computer ausgeschaltet hatte, verließ er das Zimmer.*
  Das Plusquamperfekt ist wie das Perfekt eine **zusammengesetzte Vergangenheitsform,** weil es mit einer Form von *haben* oder *sein* im Präteritum (z. B. *hatte, war*) und dem **Partizip II des Verbs** (z. B. *gelesen, aufgebrochen*) gebildet wird, z. B.: *Nachdem wir etwas gegessen hatten, gingen wir in den Zoo. Nachdem wir alle pünktlich angekommen waren, ging es los.*
  Tipp: Die Konjunktion *nachdem* leitet oft einen Satz im Plusquamperfekt ein.

Partizip I und II

Das **Partizip I** (Partizip Präsens) setzt sich aus **Verbstamm + (e)nd** zusammen, z. B.: *gehend, zitternd.*

- Mit Hilfe des Partizips I können **gleichzeitig ablaufende Handlungen** beschrieben werden, z. B.: *Die Frau sitzt lesend im Sessel.*
- Das Partizip I kann vor einem Nomen wie ein Adjektiv verwendet werden. Es passt sich dann in Genus, Numerus und Kasus an das Nomen an, das es begleitet, z. B.: *Die lesende Frau sitzt im Sessel. Ein dampfender Tee steht neben ihr auf dem Tisch.*
- Das **Partizip II** (Partizip Perfekt) setzt sich zusammen aus **ge + Verbstamm + (e)t oder en,** z. B.: *gezittert, gelaufen.*
- Das Partizip II wird für die **Bildung von zusammengesetzten Zeitformen (Perfekt und Plusquamperfekt)** verwendet, z. B.: *ich habe gelacht* (Perfekt), *ich bin angekommen* (Perfekt); *ich hatte gelacht* (Plusquamperfekt), *ich war angekommen* (Plusquamperfekt).
- Viele Perfektpartizipien können vor einem Nomen wie ein Adjektiv verwendet werden. Sie passen sich dann in Genus, Numerus und Kasus an das Nomen an, das sie begleiten, z. B.: *Die verblühten Rosen stehen auf dem Tisch.*

Aktiv und Passiv

- **Aktiv und Passiv der Verben**
  - Das Aktiv und das Passiv sind zwei Verbformen, die man bei der Darstellung von Handlungen und Vorgängen unterscheidet. Man kann aus zwei Perspektiven schauen:
    - **Aktiv:** Der Handlungsträger (Handelnde) wird betont, z. B.: *Der Zauberer hält einen Kochlöffel in der Hand.*
    - **Passiv:** Die Handlung/der Vorgang wird betont, z. B.: *Der Kochlöffel wird in der Hand gehalten.*
  - Im **Aktiv** ist wichtig, **wer** handelt/etwas tut. Im **Passiv** wird betont, **was geschieht.**
  - Das **Passiv** wird meist mit einer Form von **„werden“** und dem **Partizip II des Verbs** (▶ S. xxx) gebildet, z. B.: *wird gehalten; werden aufgeteilt.*
  - Im Passivsatz kann der Handlungsträger ergänzt werden, z. B.: *Der Kochlöffel wird von dem Zauberer in der Hand gehalten.*

  Sätze, in denen der Handlungsträger als Subjekt des Satzes erscheint, stehen in der Verbform Aktiv. Bei der Umwandlung eines Aktivsatzes in einen Passivsatz wird das **Akkusativobjekt** des Aktivsatzes zum **Subjekt** des Passivsatzes, z. B.:

  Aktiv: *Silke führt einen Zaubertrick vor.* (einen Zaubertrick = Akkusativobjekt) → Passiv: *Der Zaubertrick wird (von Silke) vorgeführt.* (Der Zaubertrick = Subjekt)

- **Passiv aus Informationsmangel/als Informationsriegel**
  - In einem Passivsatz kann der Handlungsträger ergänzt werden, z. B.: *Die Schüler wurden von Herrn Schweppenstette zur Stellungnahme aufgefordert.*
  - In einem **Passivsatz** kann der **Handlungsträger** aber auch **völlig weggelassen werden,** z. B.
    - wenn er unbekannt ist (Passiv aus Informationsmangel): *Mein Fahrrad wurde gestohlen.*
    - wenn der Handelnde aus bestimmten Gründen nicht genannt werden soll (Passiv als Informationsriegel), zum Beispiel um eine betroffene Person zu schützenmoder die verantwortlichen Personen oder Täter zu verschleiern: *Beim Fußballspiel wurde ein Fenster beschädigt.*

- **Zeitformen im Aktiv und Passiv**

	Aktiv: Verb *(bewundern)* in der entsprechenden Tempusform	**Passiv:** „werden" in der entsprechenden Tempusform + Partizip II des Verbs *(bewundern)*
Präsens	*Jens bewundert den Zauberer.*	*Der Zauberer wird bewundert.*
Futur I	*Jens wird ... bewundern.*	*... wird bewundert werden.*
Präteritum	*Jens bewunderte ...*	*... wurde bewundert.*
Perfekt	*Jens hat ... bewundert.*	*... ist bewundert worden.*
Plusquamperfekt	*Jens hatte ... bewundert.*	*... war bewundert worden.*

Die Aussageweisen des Verbs: Indikativ und Konjunktiv

► S. 231–242; 246

Verben haben einen Modus. Indikativ und Konjunktiv sind zwei Aussageweisen. Der Modus zeigt an, wie wirklich und sicher eine Aussage ist.

- **Konjunktiv I in der indirekten Rede**

► S. 239–242; 246

Wenn man wiedergeben möchte, was jemand gesagt hat, verwendet man **die indirekte Rede.** Das Verb steht dann im **Konjunktiv I,** z. B.: *Christoph sagt, das Gewitter tobe sich über Berlin aus.*

Bildung des Konjunktivs I

Der Konjunktiv I wird durch den Stamm des Verbs (Infinitiv ohne *-en*) und die entsprechende Personalendung gebildet, z. B.:

Indikativ Präsens	**Konjunktiv I**	**Indikativ Präsens**	**Konjunktiv I**
ich komm-e	*ich komm-e*	*wir komm-en*	*wir komm-en*
du komm-st	*du komm-est*	*ihr komm-t*	*ihr komm-et*
er/sie/es komm-t	*er/sie/es komm-e*	*sie komm-en*	*sie komm-en*

Wenn der Konjunktiv I nicht vom Indikativ Präsens zu unterscheiden ist, wird der **Konjunktiv II** oder die **würde-Ersatzform** verwendet, z. B.:

Konjunktiv I = Indikativ Präsens	~~*Er sagt, viele wissen kaum etwas über Tornados.*~~
Konjunktiv II als Ersatzform	*Er sagt, viele wüssten kaum etwas über Tornados.*
Umschreibung mit „würde" als Ersatzform	*Er sagt, viele würden kaum etwas über Tornados wissen.*

- **Konjunktiv II (Irrealis)**

► S. 232–238

Wenn man eine Aussage als **unwirklich (irreal),** nur vorgestellt, unwahrscheinlich oder gewünscht kennzeichnen möchte, verwendet man den Konjunktiv II. Man bezeichnet den Konjunktiv II daher auch als **Irrealis.**

Bildung des Konjunktivs II

Der Konjunktiv II wird in der Regel abgeleitet vom Präteritum Indikativ. Bei unregelmäßigen Verben werden **a, o, u** im Wortstamm zu **ä, ö, ü.**

Indikativ Präteritum	*er sah*	*er war*	*er hatte*	*er stand*
Konjunktiv II	*er sähe*	*er wäre*	*er hätte*	*er stände*

Anstelle des Konjunktivs II wird die **würde-Ersatzform** verwendet, wenn
- der Konjunktiv II (im Textzusammenhang) **nicht vom Indikativ Präteritum zu unterscheiden** ist, z. B.: *Zusammen mit Freunden machte er diese Reise.* (Konjunktiv II)
  Zusammen mit Freuden würde er diese Reise machen. (würde-Ersatzform)
- die Konjunktiv-II-Form als besonders **ungebräuchlich** oder **unschön** empfunden wird, vor allem im mündlichen Sprachgebrauch, z. B.: *ich empfähle → ich würde empfehlen.*

Modalverben

▶ S. 243–246

Mit Modalverben verändert man den Aussagewert des Vollverbs. Man zeigt an, ob man z. B. etwas darf oder muss, z. B.: *Hunde müssen draußen bleiben.*
- *können* (Möglichkeit, Fähigkeit), z. B.: *Sie können nebenan parken. Sie kann einparken.*
- *sollen* (Vorschrift, Empfehlung), z. B.: *Besucher sollen auf Parkplatz C parken.*
- *müssen* (Gebot, Zwang), z. B.: *Fahrzeuge müssen die Fahrbahn benutzen.*
- *dürfen* (Erlaubnis, Möglichkeit), z. B.: *Gäste dürfen hier parken.*
- *wollen* (Absicht, Bereitschaft), z. B.: *Wir wollen die Hose umtauschen.*
- *mögen* (Wunsch, Möglichkeit), z. B.: *Wir möchten Sie bitten ...*

Das Adverb (Umstandswort; Plural: die Adverbien)

Adverbien (z. B. *dort, oben, hier, jetzt, kürzlich, heute, kaum, sehr, vergebens, gern, leider, deshalb, nämlich*) **machen nähere Angaben zu einem Geschehen.** Sie erklären genauer, **wo, wann, wie und warum** etwas geschieht, z. B.: *Hier sitze ich gern. Dieser Platz gefällt mir nämlich am besten.*
- Adverbien werden **kleingeschrieben.**
- Die Wortart des Adverbs kann man leicht mit dem Adjektiv verwechseln. Das **Adverb** ist aber im Gegensatz zum Adjektiv **nicht veränderbar** (nicht flektierbar).

Satzglieder

Satzglieder erkennen: Die Umstellprobe

Ein Satz besteht aus verschiedenen Satzgliedern. Diese Satzglieder können aus einem einzelnen Wort oder aus mehreren Wörtern (einer Wortgruppe) bestehen.
Mit der **Umstellprobe** könnt ihr feststellen, wie viele Satzglieder ein Satz hat. Wörter und Wortgruppen, die bei der Umstellprobe immer zusammenbleiben, bilden ein Satzglied, z. B.:
Phelps findet im Notizbuch einen entscheidenden Hinweis.
Im Notizbuch findet Phelps einen entscheidenden Hinweis.

Das Subjekt (Satzgegenstand; Plural: die Subjekte)

Das Satzglied, das angibt, wer oder was etwas tut, veranlasst, handelt ..., heißt Subjekt.

- Ihr könnt das Subjekt mit der Frage **„Wer oder was ...?“** ermitteln: *Ich schlafe.* → *Wer schläft?*
- Es kann aus mehreren Wörtern bestehen, z. B.: *Tim schläft.* – *Mein treuer Hund Tim schläft.*
- Das Subjekt eines Satzes steht immer im Nominativ (1. Fall, ▶ S. 332)

Das Prädikat (Plural: die Prädikate)

Der **Kern des Satzes** ist das Prädikat (Satzaussage). Prädikate werden durch Verben gebildet. In einem Aussagesatz steht die Personalform des Verbs (der gebeugte Teil) **immer an zweiter Satzgliedstelle,** z. B.: *Cornelius Phelps suchte das geheimnisvolle Zentha.*
Mehrteilige Prädikate bilden eine Prädikatsklammer, z. B.: *Es wurde vor vier Jahren entdeckt.*

Prädikatsklammer

Die Objekte (Singular: das Objekt)

- **Akkusativobjekt:** Das Objekt, das im Akkusativ steht, heißt Akkusativobjekt. Ihr ermittelt es mit der Frage: **„Wen ... oder was ...?“,** z. B.: *Wen oder was leiht sie mir? Sie leiht mir das Buch.*
- **Dativobjekt:** Das Objekt, das im Dativ steht, heißt Dativobjekt. Ihr ermittelt es mit der Frage: **„Wem ...?“,** z. B.: *Wem leiht sie das Buch? Sie leiht das Buch mir.*
- **Genitivobjekt:** Das Objekt, das im Genitiv steht, heißt Genitivobjekt. Ihr ermittelt es mit der Frage: **„Wessen ...?“,** z. B.: *Wessen gedachten sie? Sie gedachten der Opfer.*
- **Präpositionalobjekt:** Das Präpositionalobjekt steht nach Verben, die fest mit einer Präposition verbunden sind, z. B.: *lachen über, achten auf, denken an, warten auf.*
  Diese Präposition ist auch im Fragewort enthalten, z. B.:
  *Die Einbrecher hoffen **auf** eine reiche Beute.* → *Wor**auf** hoffen die Einbrecher?*
  *Sie fürchten sich **vor** der Polizei.* → *Wo**vor** fürchten sie sich?*
  Nach den Präpositionalobjekten fragt man z. B. mit: Wofür ...? Wonach ...? Womit ...? Wovon ...? Worüber ...? Woran ...?

Objekte können aus einem oder aus mehreren Wörtern bestehen.

Proben

- **Umstellprobe: Satzanfänge abwechslungsreich gestalten**
  Durch die Umstellprobe könnt ihr eure Texte abwechslungsreicher gestalten. Ihr stellt z. B. die Satzglieder so um, dass die Satzanfänge nicht immer gleich sind, z. B.:
  Ich habe mir heute eine Überraschung ausgedacht. Ich will eine Schatzsuche veranstalten.
  → *Heute habe ich mir eine Überraschung ausgedacht. Ich will eine Schatzsuche veranstalten.*
- **Ersatzprobe: Wortwiederholungen vermeiden**
  Mit der Ersatzprobe könnt ihr Satzglieder, die sich in eurem Text häufig wiederholen, durch andere Wörter ersetzen, z. B.: *Ich kenne ein Spiel. ~~Das Spiel~~ (→ Es) kommt aus Indien.*
  Zuerst zeichnet man ein Spielbrett. Danach ~~zeichnet~~ (→ erstellt) man die Spielsteine.

- **Weglassprobe: Texte straffen, Wiederholungen vermeiden**
  Mit der Weglassprobe könnt ihr prüfen, welche Wörter in einem Text gestrichen werden sollten, weil sie überflüssig sind oder umständlich klingen, z. B.:
  Als wir den Schatz fanden, jubelten wir vor Freude ~~über den gefundenen Schatz~~.
- **Erweiterungsprobe: Genau und anschaulich schreiben**
  Mit der Erweiterungsprobe könnt ihr prüfen, ob eine Aussage genau genug oder anschaulich genug ist oder ob ihr noch etwas ergänzen solltet, z. B.:
  ✓ *Ich wünsche mir ein Buch* ✓. → *<u>Zum Geburtstag</u> wünsche ich mir ein Buch <u>über Piraten</u>.*
  Wann? Worüber?

Die adverbialen Bestimmungen (auch: Adverbialien)

▶ S. 252

- Adverbiale Bestimmungen (Umstandsbestimmungen) sind Satzglieder, die man z. B. mit den Fragen **Wann ...?, Wo ...?, Warum ...?, Wie ...?** ermittelt. Sie liefern zusätzliche **Informationen über den Ort** (lokale a. B.), **über die Zeit** (temporale a. B.), **über den Grund** (kausale a. B.) und **über die Art und Weise** (modale a. B.) eines Geschehens oder einer Handlung.
- Adverbiale Bestimmungen können aus einem oder aus mehreren Wörtern bestehen.
- Durch die **Frageprobe** kann man ermitteln, welche adverbiale Bestimmung vorliegt.

Frageprobe	Satzglied	Beispiel
Wo? Wohin? Woher?	**lokale adverbiale Bestimmung**	*<u>Wo</u> liegt der Schatz?* *Der Schatz liegt <u>hinter der Holzhütte</u>.*
Wann? Wie lange? Seit wann?	**temporale adverbiale Bestimmung**	*<u>Wann</u> wurde der Schatz versteckt?* *Der Schatz wurde <u>vor 200 Jahren</u> versteckt.*
Warum? Weshalb?	**kausale adverbiale Bestimmung**	*<u>Warum</u> brachen sie die Schatzsuche ab?* *<u>Wegen der Dunkelheit</u> brachen sie sie ab.*
Wie? Auf welche Weise? Womit?	**modale adverbiale Bestimmung**	*<u>Wie</u> werden sie die Schatztruhe öffnen?* *Sie werden die Schatztruhe <u>gewaltsam</u> öffnen.*

Die Attribute (Beifügungen)

Attribute **bestimmen ein Bezugswort** (meist ein Nomen) **näher.** Sie **sind immer Teil eines Satzglieds** und bleiben bei der Umstellprobe mit ihren Bezugswörtern verbunden z. B.:
Der <u>skrupellose</u> Jäger sucht die Tempelstadt.
Die Tempelstadt sucht der <u>skrupellose</u> Jäger.
Attribut → Bezugswort

Attribute stehen **vor oder nach ihrem Bezugswort.** Man kann sie mit „Was für ...?“ erfragen.

Es gibt verschiedene Formen des Attributs:
- **Adjektivattribut:** z. B.: *der <u>versteckte</u> Tempel*
- **Genitivattribut:** z. B.: *das Tagebuch <u>des Professors</u>*

- **präpositionales Attribut:** z. B.: *die Reise nach Tibet*
- **Apposition** (nachgestelltes Nomen im gleichen Kasus wie das Bezugswort): z. B.: *Das Geheimnis, der versteckte Tempel, war gelüftet.*

Sätze

Satzarten

Je nachdem, ob wir etwas aussagen, fragen oder jemanden auffordern wollen, verwenden wir unterschiedliche Satzarten: **Aussagesatz, Fragesatz** und **Aufforderungssatz.**
In der gesprochenen Sprache erkennen wir die Satzarten oft an der Stimmführung, in der geschriebenen Sprache an den unterschiedliche Satzschlusszeichen: Punkt, Fragezeichen und Ausrufezeichen.

Die Satzreihe: Hauptsatz + Hauptsatz

- Hauptsätze haben folgende Kennzeichen:
  - Ein **Hauptsatz** ist ein selbstständiger Satz. Er kann alleine stehen.
  - Er enthält mindestens zwei Satzglieder, nämlich **Subjekt und Prädikat,** z. B.: *Phelps sammelt.*
  - Die Personalform des Verbs (das gebeugte Verb ▸ S. 334) steht im Hauptsatz in der Regel an zweiter Satzgliedstelle, z. B.: *Phelps sammelt seit Jahren Fakten.*
- Ein **Satz,** der **aus zwei oder mehr Hauptsätzen** besteht, wird **Satzreihe** genannt. Die einzelnen Hauptsätze einer Satzreihe werden durch ein **Komma** voneinander getrennt, z. B.: *Carnavon forscht in Tibet, Buckett verfolgt ihn.*
- Häufig werden die Hauptsätze durch die nebenordnenden **Konjunktionen** (Bindewörter) *und, oder, aber, denn, doch* verbunden, z. B.: *Carnavon forscht in Tibet, denn er sucht seinen Kollegen Phelps.* Nur vor den Konjunktionen *und* bzw. *oder* darf das Komma wegfallen, z. B.: *Carnavon forscht in Tibet(,) und Buckett verfolgt ihn.*

Satzgefüge: Hauptsatz + Nebensatz

Einen **Satz,** der **aus** mindestens einem **Hauptsatz und** mindestens einem **Nebensatz** besteht, nennt man **Satzgefüge.** Zwischen Hauptsatz und Nebensatz muss **immer ein Komma** stehen, z. B.:
Buckett verfolgt Carnavon, weil er in Besitz wichtiger Informationen ist.
Hauptsatz Nebensatz

Nebensätze haben folgende Kennzeichen:
- Ein Nebensatz kann **nicht ohne** einen **Hauptsatz** stehen.
- Der Nebensatz **ist dem Hauptsatz untergeordnet** und wird durch eine unterordnende **Konjunktion** (Bindewort) **eingeleitet,** z. B.: *weil, da, obwohl, damit, dass, sodass, nachdem, während.*
- Die **Personalform des Verbs** steht im Nebensatz immer **an letzter Satzgliedstelle.**

Formen von Nebensätzen

▶ S. 249–264

Der Relativsatz

▶ S. 251

Relativsätze sind Nebensätze, die ein vorausgehendes Bezugswort (Nomen oder Pronomen) näher erklären. Sie werden mit einem **Relativpronomen** eingeleitet, z. B.:
der, die, das oder *welcher, welche, welches.*
Ein Relativsatz wird **immer** durch ein **Komma** vom Hauptsatz abgetrennt. Wird er in einen Hauptsatz eingeschoben, dann setzt man vor und hinter den Relativsatz ein Komma.
Daniel Düsentrieb ist eine Comicfigur, die von Carl Barks erfunden wurde.

Relativsätze nehmen im Satz die **Rolle eines Attributs ein** und werden deshalb auch Attributsätze genannt.

Adverbialsätze

▶ S. 252–253

Adverbialsätze sind Gliedsätze, weil sie die Stelle einer adverbialen Bestimmung einnehmen. Sie werden mit einer **Konjunktion** eingeleitet und durch Komma vom Hauptsatz getrennt. Wie die adverbialen Bestimmungen können sie mit Hilfe der Frageprobe näher bestimmt werden:

Adverbialsatz	Frageprobe	Konjunktionen	Beispiel
Lokalsatz (Ort, Richtung)	Wo? Wohin? Woher?	wo, wohin	*Du kannst fahren, wohin du willst.*
Temporalsatz (Zeitpunkt/-dauer)	Wann …? Seit/Bis wann …? Wie lange …?	nachdem, als, während, bis, bevor, solange, sobald …	*Nachdem das Navi mich in die Irre geführt hatte, schaltete ich es ab.*
Kausalsatz (Grund, Ursache)	Warum …? Aus welchem Grund …?	da, weil	*Ich nutze das Navi, weil ich beim Fahren keine Karte lesen kann.*
Konditionalsatz (Bedingung)	Unter welcher Bedingung …?	wenn, falls, sofern	*Wir werden bald da sein, sofern das Navi uns richtig führt.*
Finalsatz (Ziel, Absicht)	Wozu …? Mit welcher Absicht …?	damit, dass	*Fahr schneller, damit wir pünktlich sind.*
Konsekutivsatz (Folge, Wirkung)	Mit welcher Folge …?	sodass (auch: so …, dass)	*Die Ampel war rot, sodass ich anhalten musste.*
Konzessivsatz (Einräumung)	Trotz welcher Umstände …?	obwohl, obgleich, obschon, auch wenn	*Obwohl ich die Stadt kannte, habe ich das Navi genutzt.*
Modalsatz (Art und Weise)	Wie …?	indem, dadurch dass, als (ob) …	*Ich kam zum Ziel, indem ich einen Passanten fragte.*

Subjektsätze und Objektsätze

▶ S. 250

Subjektsätze und Objektsätze sind Gliedsätze, weil sie die **Rolle der Satzglieder Subjekt bzw. Objekt** für den Hauptsatz übernehmen. Sie lassen sich wie das Subjekt oder das Objekt mit Hilfe der Frageproben ermitteln.

- **Subjektsatz:** Das Subjekt eines Satzes kann von einem Nebensatz gebildet werden, z. B.: *Wer eine Reise bucht, muss mit vielem rechnen. Dass wir verlieren, war allen klar.* Satzgliedfrage: Wer oder was muss mit vielem rechnen? (→ Subjektsatz)
- **Objektsatz:** Das Objekt eines Satzes kann von einem Nebensatz gebildet werden, z. B.: *Man erlebt, was man nicht für möglich hielt. Ich glaube, dass wir verlieren.* Satzgliedfrage: Wen oder was erlebt man? (→ Objektsatz)

Infinitivsätze

▶ S. 258–259; 261–264

Obwohl Infinitivgruppen kein Verb in der Personalform besitzen, können sie im Satz die Funktion von Nebensätzen übernehmen (z. B. die Stelle von Subjekt-, Objekt- oder Adverbialsätzen).
Man nennt sie darum auch satzwertige Infinitive oder Infinitivsätze. Ein **Infinitivsatz** besteht aus einem Infinitiv mit „zu" und mindestens einem weiteren Wort, z. B.:
Ich habe vor, heute eine Beschwerde zu schreiben.
Infinitivsätze darf man immer durch **Komma** vom Hauptsatz trennen. Ein Komma muss stehen,

- wenn der Infinitivsatz durch *um, ohne, statt, anstatt, außer, als* eingeleitet wird, z. B.: *Ich komme, **um** mich zu beschweren. **Statt** zu klagen, sollte man eine Lösung suchen.*
- wenn der Infinitivsatz von einem Nomen oder einem hinweisenden Wort wie *daran, darauf* oder *es* im Hauptsatz abhängt, z. B.: *Ich habe die Absicht, mich zu beschweren.* *Ich bedauere es, mich beschweren zu müssen.*

Bei einfachen Infinitiven (*zu* + Infinitiv) kann man das Komma weglassen, sofern dadurch keine Missverständnisse entstehen, z. B.: *Wir denken daran(,) zu klagen.*

Tipp: Bei Infinitivsätzen empfiehlt es sich, immer Kommas zu setzen, weil sie die Gliederung eines Satzes verdeutlichen und niemals falsch sind.

Partizipialsätze

▶ S. 256–257; 261–264

Obwohl Partizipgruppen kein Verb in der Personalform besitzen, können sie im Satz die Funktion von Nebensätzen übernehmen. Man nennt sie darum auch satzwertige Partizipien oder Partizipialsätze. Ein Partizipialsatz wird mit einem *Partizip I* (Partizip Präsens: *gehend*) oder einem *Partizip II* (Partizip Perfekt: *gegangen*) gebildet. Der Partizipialsatz **bezieht sich auf das Subjekt** des Hauptsatzes, z. B.: *Den Kopf in den Nacken **legend** genießt er den Fahrtwind.*
Partizipialsätze *darf* man immer durch **Komma** vom Hauptsatz trennen. Ein Komma *muss* stehen,

- wenn durch ein hinweisendes Wort auf den Partizipialsatz Bezug genommen wird, z. B.: *Den Kopf in den Nacken legend, so genießt er den Fahrtwind.*
- wenn der Partizipialsatz eine Erläuterung zu einem Nomen oder Pronomen ist, z. B.: *Er, den Kopf in den Nacken gelegt, genoss den Fahrtwind.*

Zeichensetzung

Satzschlusszeichen

- Nach einem **Aussagesatz** steht ein **Punkt,** z. B.:
  Ich gehe jetzt ins Schwimmbad.
- Nach einem **Fragesatz** steht ein **Fragezeichen,** z. B.:
  Hast du heute Nachmittag Zeit?
- Nach einem **Ausrufe- oder Aufforderungssatz** steht meist ein **Ausrufezeichen,** z. B.:
  Vergiss die Sonnencreme nicht! Beeilt euch!

Das Komma zwischen Sätzen

▶ S. 283–286; 295

Die einzelnen **Hauptsätze einer Satzreihe** werden durch ein **Komma** voneinander getrennt, z. B.:
Peter schwimmt im See, Philipp kauft sich ein Eis.
Nur vor den Konjunktionen *und* bzw. *oder* darf das Komma wegfallen, z. B.:
Peter schwimmt im See und Philipp kauft sich ein Eis.
Zwischen Hauptsatz und Nebensatz (Satzgefüge) muss **immer ein Komma** stehen, z. B.:
Wir gehen heute ins Schwimmbad, weil die Sonne scheint.

Der Nebensatz kann vor, zwischen oder nach dem Hauptsatz stehen. Zwischen Hauptsatz und Nebensatz muss **immer ein Komma** stehen, z. B.:
Wenn wir verreisen, möchte ich nicht allzu lange im Auto sitzen.
Die Sommerferien, die ich in diesem Jahr zu Hause verbracht habe, waren schön.

Ein **Satzgefüge kann mehrere Nebensätze** enthalten. Alle Nebensätze werden mit einem **Komma** abgetrennt, z. B.:
Weil ich gerne reise, fahre ich weg, wann immer es geht.
Ich glaube, dass man auch zu Hause schöne Urlaubstage verbringen kann, weil ich zu den Leuten gehöre, die gerne lesen und ins Freibad gehen.

Folgende Wörter können Nebensätze einleiten:

unterordnende **Konjunktionen**	nachdem, wenn, obwohl, weil, dass, indem ...	***Weil*** *die Sonne scheint, gehen wir ins Freibad.*
Fragewörter und **ob**	wann, woher, warum, weshalb, wie, wo, ob ...	*Ich weiß nicht genau,* ***wann*** *er kommen wird.*
Relativpronomen	der, die, das, welcher, welche, welches	*Der Junge,* ***der*** *dort vorne steht, heißt Peter.*

Komma in Infinitivsätzen

▶ S. 285–287

Infinitivsätze **darf** man immer durch **Komma** vom Hauptsatz trennen.
Ein Komma **muss** stehen,

- wenn der Infinitivsatz durch *um, ohne, statt, anstatt, außer, als* eingeleitet wird, z. B.: *Verwenden Sie das Gerät nicht, **ohne** die Bedienungsanleitung gelesen zu haben.*
- wenn der Infinitivsatz von einem Nomen oder einem hinweisenden Wort wie *dazu, daran, darauf* oder *es* im Hauptsatz abhängt, z. B.: *Der Knopf dient dazu, das Gerät einzuschalten.*

Bei einfachen Infinitiven (zu + Infinitiv) kann man das Komma weglassen, sofern dadurch keine Missverständnisse entstehen, z. B.: *Wir zweifeln nicht daran(,) zu gewinnen.*

TIPP: Bei Infinitivsätzen empfiehlt es sich, immer Kommas zu setzen, weil sie die Gliederung eines Satzes verdeutlichen und niemals falsch sind.

Komma in Partizipialsätzen

▶ S. 256–257

Partizipialsätze **darf** man immer durch **Kommas** vom Hauptsatz trennen.
Ein Komma **muss** stehen,

- wenn durch ein hinweisendes Wort auf den Partizipialsatz Bezug genommen wird, z. B.: *Jedes Wort einzeln übersetzt, so nützen Bedienungsanweisungen nichts.*
- wenn der Partizipialsatz eine nachgestellte Erläuterung ist, z. B.: *Jens, aus vollem Halse lachend, reichte mir die Bedienungsanleitung.*

Das Komma bei Aufzählungen

▶ S. 282

Wörter und Wortgruppen in Aufzählungen werden **durch Kommas abgetrennt,** z. B.:
Mit Wolle, Garn, Stoffen, Perlen kann man immer etwas anfangen.
Dies gilt auch, wenn das Wort oder die Wortgruppe durch eine einschränkende Konjunktion wie *aber, jedoch, sondern, doch* eingeleitet wird, z. B.: *Dieses Spiel ist kurz, aber sehr lustig.*
Achtung: Kein Komma steht vor den nebenordnenden Konjunktionen *und, oder, sowie, entweder ... oder, sowohl ... als auch, weder ... noch,* z. B.: *Hier gibt es sowohl Sportkleidung als auch Sportgeräte.*

Das Komma bei Appositionen und nachgestellten Erläuterungen

▶ S. 284; 291

1 Die **Apposition** ist eine besondere Form des Attributs und besteht in der Regel aus einem Nomen oder einer Nomengruppe. Sie folgt ihrem Bezugswort (meist ein Nomen) und wird **durch Kommas abgetrennt,** z. B.:
Berlin, unsere Hauptstadt, ist ein beliebtes Reiseziel für Schulklassen.
Die Apposition steht im gleichen Kasus wie ihr Bezugswort (hier: Nominativ).

2 Die **nachgestellte Erläuterung** wird oft mit Wörtern wie *nämlich, und zwar, vor allem, das heißt (d. h.), zum Beispiel (z. B.)* eingeleitet. Sie wird **durch Kommas abgetrennt,** z. B.:
Das Reichstagsgebäude, also der Sitz des Bundestags, besitzt eine Kuppel aus Glas.

Zeichensetzung bei der wörtlichen Rede

▶ S. 80

Die wörtliche Rede steht in einem Text in Anführungszeichen. Die Satzzeichen ändern sich, je nachdem, ob der Redebegleitsatz vor, nach oder zwischen der wörtlichen Rede steht.

- Der **Redebegleitsatz vor der wörtlichen Rede** wird durch einen Doppelpunkt von der wörtlichen Rede abgetrennt, z. B.: *Ich fragte: „Wohin sollen wir verreisen?"*
- Der **Redebegleitsatz nach der wörtlichen Rede** wird durch ein Komma von der wörtlichen Rede abgetrennt, z. B.: *„Ich würde gerne ans Meer fahren!", rief Jana. „Sollen wir ans Meer fahren?", fragte Jana. „Ich möchte ans Meer", sagte Jana.*
  In der wörtlichen Rede entfällt der Punkt; Frage- und Ausrufezeichen bleiben aber erhalten.
- Der **Redebegleitsatz zwischen der wörtlichen Rede** wird durch Kommas von der wörtlichen Rede abgetrennt, z. B.: *„Oh weh", rief Tina, „der Papagei!"*

Rechtschreibstrategien

▶ S. 270–277

Das Schwingen

▶ S. 270

- **Vor** dem Schreiben: **Sprecht** die Wörter **deutlich in Silben.** Zeichnet Silbenbögen in die Luft.
- **Beim** Schreiben: Sprecht die Silben leise mit. Sprecht nicht schneller, als ihr schreibt.
- **Nach** dem Schreiben: Prüft, ob ihr richtig geschrieben habt. Zeichnet dazu Silbenbögen unter jede Silbe und sprecht dabei leise mit.

Offene und geschlossene Silben

- Enden Silben mit einem **Vokal,** nennt man sie **offen.** Man spricht den Vokal lang, z. B.: Blu se.
- Enden Silben mit einem **Konsonanten**, nennt man sie **geschlossen.** Man spricht den Vokal kurz, z. B.: Klas sen.

Das Verlängern

▶ S. 272

- Beim Schwingen kann man in der Regel jeden Buchstaben deutlich hören, z. B.: *der Som mer.*
- Bei Einsilbern und am Wortende kann man Buchstaben aber nicht immer sicher zuordnen, z. B.: *der Ber**g**, der Ta**g**.* Dann hilft die Strategie **„Verlängern": Fügt an das Wortende eine Silbe an,** z. B.:
  der Berg – denn: die Ber ge, der Tag – denn: die Ta ge.
  - **Nomen** setzt man in die Mehrzahl: *der Stall – **die** Ställe*
  - **Verben** setzt man in eine andere Personalform: *schwimmt – **wir** schwimmen*
  - **Adjektive** steigert man: *still – still**er als***

Das Zerlegen, Bausteine abtrennen

▶ S. 272

- Unklare Laute in zusammengesetzten Wörtern findet man, indem man sie **zerlegt,** z. B.:
  *das Schwi**mm** | ba**d** — denn: schwi**mm**en, die Bä**d**er.*
- Auch wenn man **Vor- und Nachsilben abtrennt,**
  kann man Verlängerungsstellen finden, z. B.: *en**d**los, en**d**lich – denn: das En**d**e;*
  *gepa**ck**t – denn: pa**ck**en*

Das Ableiten

▶ S. 273

Ableiten heißt: **verwandte Wörter mit *ä* und *äu* finden.**

- **Normalerweise** schreibt man ***e*** oder ***eu.***
- Wenn es **verwandte Wörter mit *a* oder *au*** gibt, dann schreibt man ***ä* oder *äu*,** z. B.:
  *die W**e**lt – aber: er tr**ä**gt, denn: tr**a**gen*   *die L**eu**te – aber: l**äu**ten, denn: l**au**t*

Nomen erkennen

Nomen schreibt man groß.
Wörter mit den **Endungen *-heit, -keit, -nis, -schaft, -tum, -ung*** sind Nomen.
In Texten erkennt man sie mit Hilfe von **Proben.**

- **Artikelprobe:** Vor Nomen kann man einen Artikel setzen, z. B.: ***die** Ziege, **der** Zucker, **ein** Pferd.*
  Artikel können sich auch „verstecken", z. B.: *zur (= zu der), beim (= bei dem), zum (= zu dem)* usw.
- **Zählprobe:** Nomen kann man zählen, z. B.: ***zwei, drei, zehn, viele, einige** Ziegen.*
- **Adjektivprobe:** Nomen kann man durch Adjektive näher beschreiben, z. B.: *die **zickige** Ziege.*
- **Pronomenprobe:** Vor Nomen kann man ein Pronomen setzen, z. B.: ***meine** Ziege, **dieser** Sohn.*

Im Wörterbuch nachschlagen

- Bei **Nomen** sucht ihr die **Einzahl** (den Singular), z. B.: *die Häuser → das Haus.*
- Bei **Verbformen** sucht ihr die **Grundform** (Infinitiv), z. B.: *bellt → bellen.*
- Bei **Adjektiven** sucht ihr die **Grundform,** z. B.: *kälter → kalt.*

Partnerdiktat

▶ S. 270; 280

- Lest zuerst den gesamten Text durch und achtet auf schwierige Wörter.
- Diktiert euch abwechselnd den ganzen Text, am besten in Wortgruppen.
- Jeder überprüft am Ende seinen eigenen Text auf Rechtschreibfehler und verbessert sie.
- Tauscht dann eure Texte und korrigiert sie gegenseitig.
- Verbessert zum Schluss die Fehler in euren Texten.

Rechtschreibregeln

▶ S. 274–280

Wörter mit doppelten Konsonanten

▶ S. 274

- **Regel: Doppelte Konsonanten** schreibt man **nur,** wenn die **erste Silbe** geschlossen ist.
- Stehen an der **Silbengrenze zwei verschiedene Konsonanten, verdoppelt** man in der Regel **nicht,** z. B.: *die Bremse* – aber: *der Brummer.*
- Prüft die Regel: Verlängert Einsilber und zerlegt zusammengesetzte Wörter.

Wörter mit *i* oder *ie*

▶ S. 275

- Die **meisten Wörter** mit i-Laut schreibt man mit einfachem ***i.***
  Man schreibt **immer *i,*** wenn die **erste Silbe** geschlossen ist, z. B.: *die Sil be.*
- Man schreibt ***ie,*** wenn die **erste Silbe** offen ist, z. B.: *vie le.*
  Diese Regel gilt **nur für zweisilbige deutsche Wörter,** nicht bei Fremdwörtern.
- Prüft die Schreibung: Verlängert Einsilber und zerlegt zusammengesetzte Wörter.
- Die Personalpronomen *ihr, ihnen, ihm, ihn, ihre* werden mit *ih* geschrieben.

Wörter mit s-Laut: *ß – s – ss*

▶ S. 276

- Man schreibt ***ß,*** wenn die **erste Silbe** offen ist und man den **s-Laut zischend** spricht, z. B.: ***drau ß**en.*
- Man schreibt ***s,***
  - wenn die **erste Silbe** offen ist und man den **s-Laut summend** spricht, z. B.: *die **Ro** se,*
  - wenn die **erste Silbe** geschlossen ist und **zwei verschiedene Konsonanten** an der **Silbengrenze** stehen, z. B.: *die **Res** **te**, die **Wes** **pe**.*
- Man schreibt ***ss,*** wenn die **erste Silbe** geschlossen ist, z. B.: *die **Ros** **se**.*

Tipp: Um diese Regeln für den s-Laut anzuwenden, braucht man das zweisilbige Wort.

Wörter mit *h*

▶ S. 277

- Bei einsilbigen Wörtern kann man das ***h*** nicht hören. **Verlängert** man sie, steht das ***h*** in der **zweiten Silbe.** Es **öffnet** die zweite Silbe **hörbar,** z. B.: *ge hen.*
- Steht das ***h*** in der **ersten Silbe,** ist es **nicht hörbar.** Diese Wörter sind **Merkwörter,** z. B.: *woh nen.*

Groß- und Kleinschreibung

Großgeschrieben werden

▶ S. 266–269

- alle Satzanfänge, z. B.: ***E**r tanzt gern.*
- alle Nomen und nominalisierten Wörter, z. B.: *die **L**iebe, der **B**uchhändler, das **S**chwimmbad, etwas **N**eues, gutes **Z**uhören ...*
- die Höflichkeitsanrede (z. B. in einem Brief) ***Sie, Ihnen*** usw.

Nominalisierungen: Großschreibung von Verben und Adjektiven ▶ S. 266

Verben und Adjektive schreibt man **groß,** wenn sie im Satz **als Nomen gebraucht** werden, z. B.: *das Spielen* (Verb), *das Neue* (Adjektiv). Diesen Vorgang nennt man **Nominalisierung.** Ihr könnt solche Nominalisierungen genau wie alle anderen Nomen meist an ihren **Begleitwörtern** erkennen, z. B.:

- ein **Artikel,** z. B.: *das Spielen, ein Gutes.*
- ein **Adjektiv,** z. B.: *fröhliches Lachen.*
- eine **Präposition,** die mit einem Artikel verschmolzen sein kann, z. B.: *vor Lachen, bei Rot, beim* (bei dem) *Spielen, im* (in dem) *Großen und Ganzen.*
- ein **Pronomen,** z. B.: *dieses Laufen* (Demonstrativpronomen), *unser Bestes* (Possessivpronomen), *etwas Neues, alles Gute* (Indefinitpronomen).

Weil Verbindungen von Indefinitpronomen und nominalisierten Adjektiven häufig vorkommen (z. B.: *etwas Neues, alles Gute*), lernt ihr diese Pronomen am besten als Nomensignale auswendig, z. B.: *etwas, manches, alles, nichts, einige, kein, viel, (ein) paar.*

Tipp: Nicht immer wird ein nominalisiertes Wort durch einen Nomenbegleiter angekündigt. Macht die Probe: Wenn ihr einen Nomenbegleiter (z. B. einen Artikel) ergänzen könnt, schreibt ihr groß, z. B.: *Nicht nur (das) Rätseln ist ein schöner Zeitvertreib.*

Schreibung von Eigennamen und Herkunftsbezeichnungen ▶ S. 267–268

- **Eigennamen** schreibt man **groß.** In mehrteiligen Eigennamen schreibt man alle Wörter groß mit Ausnahme der Artikel, Konjunktionen und Präpositionen, z. B.: *das Optische Museum Jena, das Gasthaus zum Goldenen Schwan, Karl der Große, der Erste Mai.*
  Zusammensetzungen aus mehreren oder mehrteiligen Eigennamen schreibt man mit **Bindestrich,** z. B.: *Otto-Lilienthal-Museum, Rheinland-Pfalz.*
- Für die Schreibung von **Straßennamen,** Plätzen, Brücken usw. gelten dieselben Regeln wie für Eigennamen, z. B.: *Frankfurter Straße, Carl-Maria-von-Weber-Allee.*
- **Herkunftsbezeichnungen:**
  - Die von geografischen Namen abgeleiteten **Wörter auf *-er* schreibt man** immer **groß,** z. B.: *das Sinsheim**er** Automuseum, das Berlin**er** Olympiastation.*
  - Die von geografischen Namen abgeleiteten **Adjektive auf *-isch* werden kleingeschrieben,** z. B.: *das speyer**isch**e Technikmuseum, niedersächs**isch**e Städte.*

Tageszeiten und Wochentage ▶ S. 269

- **Tageszeiten und Wochentage** werden **großgeschrieben,** wenn sie **Nomen** sind. Ihr erkennt sie häufig an den üblichen Nomensignalen, z. B. *am Nachmittag, mitten in der Nacht, eines Tages; am Montag, diesen Dienstag, jeden Mittwoch.*
- **Tageszeiten und Wochentage** werden **kleingeschrieben,** wenn sie **Adverbien** sind, z. B.: *heute, morgen, gestern, nachmittags, abends, freitags.*
- Bei **kombinierten Angaben** schreibt man die **Adverbien klein** und die **Nomen groß,** z. B.: *heute Abend, gestern Nacht, morgen Mittag.*
- Auch für **zusammengesetzte Zeitangaben** aus Wochentag und Tageszeit gilt: Sie werden großgeschrieben, wenn sie Nomen sind, und kleingeschrieben, wenn sie Adverbien sind, z. B.: *der Montagnachmittag, am Mittwochabend, montagnachmittags, mittwochabends.*

Die Schreibung von Fremdwörtern

▶ S. 270–273; 294

Fremdwörter

Fremdwörter sind **Wörter,** die aus **anderen Sprachen** kommen, z. B.: *Gymnastik* (griech.), *diskutieren* (lat.), *Garage* (frz.), *Spaghetti* (ital.), *Snowboard* (engl.).
Häufig gebrauchte **Fremdwörter** werden **eingedeutscht,** d. h. in ihrer Schreibweise dem Deutschen angeglichen. In diesen Fällen ist sowohl die eingedeutschte als auch die fremdsprachige Schreibung korrekt, z. B.: *Photographie/Fotografie; Portemonnaie/Portmonee.*
Fremdwörter, die als **Fachbegriffe** verwendet werden, werden **nicht eingedeutscht.** Dies gilt auch für Fachbegriffe aus dem Deutschunterricht, z. B.: *Apposition, Metapher, Strophe.*

Getrennt- und Zusammenschreibung

▶ S. 278–280; 293

Wortgruppen aus Nomen und Verb

Wortgruppen aus **Nomen und Verb** werden in der Regel **getrennt** geschrieben, z. B.: *Rad fahren.*
Achtung: Werden sie nominalisiert, schreibt man sie zusammen und groß, z. B.:
Ich hole dich zum Fußballspielen ab. Das Radfahren macht mir Spaß.

Wortgruppen aus Verb und Verb

Wortgruppen aus **Verb und Verb** können immer **getrennt geschrieben** werden, z. B.:
kennen lernen, einkaufen gehen, liegen lassen, gesagt bekommen, gelobt werden.
Achtung: Werden sie nominalisiert, schreibt man sie zusammen und groß, z. B.: *Das Spazierengehen ...*

Wortgruppen mit sein

Wortgruppen mit **sein** werden immer getrennt geschrieben, z. B.: *froh sein, zufrieden sein, weg sein.*

Wortgruppen aus Adjektiv und Verb

Wortgruppen aus Adjektiv und Verb werden **meist getrennt geschrieben,** z. B.: *laut singen, schnell rennen.*
Aber: Entsteht durch die Verbindung von Adjektiv und Verb ein **Wort mit einer neuen Gesamtbedeutung, schreibt man zusammen,** z. B.: *schwerfallen* (= Mühe bereiten), *blaumachen* (= schwänzen).

Wortgruppen aus Adverb und Verb, Präposition und Verb

1 Wenn **Adverb und Verb zusammengeschrieben werden,** liegt die **Hauptbetonung** in der Regel **auf dem Adverb,** z. B.: *Wir müssen zusammenhalten.*
Bei der **Getrenntschreibung** werden **Adverb und Verb in der Regel gleich betont,** z. B.:
Ich wohne in dem Haus, das du gegenüber siehst.
Tipp: Macht die Erweiterungsprobe. Wenn ihr ein Wort oder eine Wortgruppe zwischen Adverb und Verb einfügen könnt, schreibt ihr getrennt, z. B.: *Wollen wir das Regal zusammen (in die Küche) tragen?*

2 **Verbindungen aus Präposition und Verb** schreibt man in der Regel **zusammen.** Die Hauptbetonung liegt bei der Zusammenschreibung auf der Präposition, z. B.: *Lass uns umkehren!*

Wortbildung

Ober und Unterbegriffe

Ein **Oberbegriff** fasst mehrere Gegenstände, Eigenschaften, Begriffe zusammen, die gemeinsame Merkmale haben, z. B.: **Oberbegriff:** *Wassersportarten*
Unterbegriffe: *Schwimmen, Tauchen, Surfen, Rudern, Segeln ...*
Oft lassen sich die Unterbegriffe weiter unterteilen. → *Regattasegeln, Fahrtensegeln ...*
Die Über- und Unterordnung von Begriffen kann man zum Beispiel in einer Mind-Map darstellen. Von einem Ast (Oberbegriff) können mehrere Zweige (Unterbegriffe) abgehen.

Wortbildung: Zusammensetzung und Ableitung

Wortzusammensetzungen

Die **Wortzusammensetzung** ist in der deutschen Sprache eine wichtige **Methode, um neue Wörter zu bilden.** Mit Hilfe dieser neu gebildeten Wörter kann man Dinge und Sachverhalte genauer und oft auch unkompliziert beschreiben, z. B.:
Kupfer + Kessel = Kupferkessel (Nomen + Nomen), *tief + rot = tiefrot* (Adjektiv + Adjektiv), *bunt + Specht = Buntspecht* (Adjektiv + Nomen), *schneiden + Brett = Schneidebrett* (Verb + Nomen).
Die Teile einer **Zusammensetzung** heißen **Grundwort** und **Bestimmungswort.** Das Grundwort steht immer an letzter Stelle, z. B.: *Suppenlöffel, Teelöffel*. Es wird durch das Bestimmungswort näher beschrieben. **Die Wortart** der Zusammensetzung wird durch das **Grundwort bestimmt.**

Ableitungen

Mit Präfixen (Vorsilben) und **Suffixen** (Nachsilben) kann man aus vorhandenen Wörtern **neue Wörter** ableiten. Diese neuen Wörter haben auch eine **neue Bedeutung** und helfen daher dabei, sich genau auszudrücken.

- **Neue Verben** bildet man z. B. mit den Präfixen *be-, ent-, er-, ge-, miss-, ver-, zer-*.
- **Neue Adjektive** bildet man z. B. mit den Suffixen *-ig, -bar, -lich, -sam, -isch*.
- **Neue Nomen** bildet man z. B. mit den Suffixen *-nis, -heit, -keit, -ung, -schaft, -tum*.

Achtung: Die Suffixe bestimmen die Wortart. Die Groß- und Kleinschreibung kann sich daher ändern.

Wortfamilie

▶ S. 29

Wörter, die den **gleichen Wortstamm** (Grundbaustein) haben, gehören zu einer **Wortfamilie,** z. B.: *fahren, Fahrbahn, befahren, verfahren*. Wörter einer Wortfamilie werden durch Ableitungen *(befahren, fahrbar)* und Zusammensetzungen *(Fahrbahn)* gebildet.
Der Wortstamm wird in allen verwandten Wörtern gleich oder ähnlich geschrieben, z. B.:
reisen → abgereist, verreisen, die Reise.

Wortbedeutung

Synonyme und Antonyme

Synonyme: Wörter mit **(fast) gleicher Bedeutung** bezeichnet man als Synonyme. Mit Hilfe von Synonymen können wir **Wiederholungen** (z. B. in einem Text) **vermeiden,** indem wir ein anderes, ähnliches Wort verwenden, z. B.: statt *sagen: reden, mitteilen, sprechen.*
Antonyme: Wörter, die in ihrer Bedeutung **gegensätzlich** sind, nennt man Antonyme, z. B.: *groß – klein, stark – schwach.*

Wortfeld

▶ S. 29

Wörter oder Wendungen, die eine **ähnliche Bedeutung** haben, bilden ein Wortfeld. Je mehr Wörter eines Wortfeldes man kennt, desto größer ist der eigene Sprachschatz.

Sprachvarianten

In einer Sprachgemeinschaft werden neben der Hochsprache (= Standardsprache) unterschiedliche Sprachvarianten verwendet.

Standardsprache und Umgangssprache

▶ S. 178

- Die **Hochsprache** (auch: Standardsprache) ist die allgemein verbindliche Form unserer Sprache, wie sie in der Öffentlichkeit (besonders im Schriftlichen), z. B. in der Schule, verwendet wird.
- Die **Umgangssprache** ist die Sprache, die wir bei unserer alltäglichen mündlichen Kommunikation verwenden. Sie orientiert sich an der Hochsprache, wendet deren Regeln und Normen aber nicht streng an. Typisch für die Umgangssprache sind z. B.: unvollständige Sätze (Ellipsen), z. B. *Du auch?*; umgangssprachliche Wörter und Wendungen, z. B.: *doof.*

Jugendsprache

Die **Jugendsprache** unterscheidet sich durch bestimmte Wörter, Wendungen oder den Satzbau von der **Standardsprache,** z. B.: *fett* (Jugendsprache) = *gut* (Standardsprache).
Sie ist sehr unterschiedlich, denn je nach Jugendgruppe finden sich ganz verschiedene Äußerungsformen, z. B.: *die Sprache der Computerfreaks, der Raver, der Skater* usw.
Die Jugendsprache ist schnelllebig und verändert sich oft innerhalb weniger Jahre oder Monate.
Die Jugendsprache ist häufig durch bestimmte **sprachliche Merkmale** geprägt, z. B.:

- Anglizismen (Übernahmen aus dem Englischen), z. B.: *chillen, Connections.*
- Metaphern/bildhafte Ausdrücke, z. B.: *ätzend, null Bock haben.*
- Neologismen (Wortneubildungen), z. B.: *Achselmoped (Deoroller).*
- Abkürzungen, z. B.: *Spezi* (für *Spezialist*).
- Wortverstärker/Übertreibungen, z. B.: *krass, fett.*

Dialekte

▶ S. 177–181

Dialekte (auch: Mundarten) sind Sprachvarianten, die an eine bestimmte geografische Region gebunden sind und von der **Standardsprache** (auch: Hochdeutsch) unterschieden werden.
Man teilt die Dialekte grob in das **Niederdeutsche** (in Norddeutschland, auch: „Plattdeutsch"), das **Mitteldeutsche** (in Mitteldeutschland) und das **Oberdeutsche** (in Süddeutschland) ein.

Mit den Wörterlisten üben

Im „Deutschbuch" findet ihr am Ende der meisten Kapitel eine Liste mit „Schreibwörtern". Die Schreibung dieser Wörter könnt ihr mit Hilfe der Strategien einüben.

Rechtschreibung mit einem Faltblatt üben

- Faltet ein Blatt der Länge nach zweimal, sodass vier Spalten entstehen.
- Schreibt die Wörter, die ihr üben möchtet, untereinander in die 1. Spalte.
- Prägt euch drei Wörter ein, klappt die 1. Spalte um und schreibt die Wörter in die 3. Spalte.
- Deckt auf und vergleicht die Wörter.
- Richtig geschriebene Wörter könnt ihr abhaken. Falsch geschriebene Wörter müsst ihr durchstreichen und richtig in die 2. Spalte schreiben.
- Übt, die Wörter aus Spalte 2. Tragt sie in die Spalte 4 ein. Wendet die Strategien an (▶ Schritte 1–4).

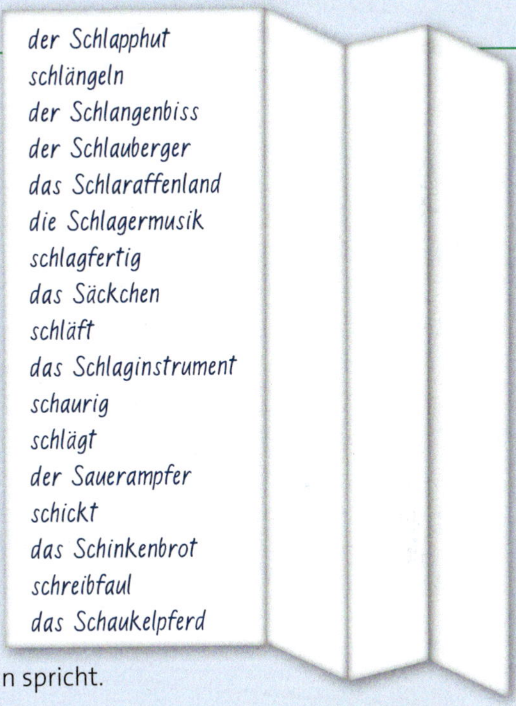

1. **Schritt: Lest die Wörter eurer Liste laut in Silben.**
   – Achtet darauf, wo man anders schreibt, als man spricht.

2. **Schritt: Legt in eurem Heft vier Spalten mit diesen vier Strategiezeichen an:** .
   – Tragt eure Problemwörter in die Spalte ein, mit der man die Schreibung beweisen kann.
   Tipp: Manche Wörter muss man in mehrere Spalten einordnen.
   – Schreibt Beweiswörter zu den Wörtern, die man verlängern, zerlegen oder ableiten muss.

3. **Schritt: Ordnet die Wörter in der vierten Spalte eures Faltblatts nach dem Alphabet.**

4. **Schritt: Bei falsch geschriebenen Wörtern könnt ihr die richtige Schreibweise auch wie folgt üben:**
   – Bildet bei Nomen die Mehrzahl, z. B.: *die Wand – die Wände*.
   – Bildet bei Verben die Grundform, z. B.: *er bellt – bellen*.
   – Markiert Stellen, die man mit keiner Strategie erklären kann.
   – Bildet Wortfamilien (▶ S. 351), z. B.: *sauer, der Sauerteig, die Sauermilch, der Sauerstoff, ...*
   – Sucht Reimwörter, z. B.: *sauer – der Bauer – genauer – die Trauer – ...*
   – Bildet mit den Wörtern vollständige Sätze.

Arbeitstechniken und Methoden

Informationen beschaffen

▶ S. 18

Wenn ihr Informationen über ein bestimmtes Thema sucht oder etwas nachschlagen wollt, stehen euch verschiedene Informationsquellen zur Verfügung.
Die wichtigsten **Informationsquellen** sind **Bücher** (Lexika, Sach- oder Fachbücher), **Zeitschriften** und das **Internet.**

In Büchern und Zeitschriften recherchieren

Bücher und Zeitschriften findet ihr in der Bibliothek (Bücherei), z. B. in der Schul-, der Stadt- oder der Gemeindebibliothek.
So könnt ihr mit Hilfe des Computers in einer Bibliothek nach Büchern und anderen Medien suchen:

1. Schritt: Gebt in das entsprechende Feld der Suchmaske einen Suchbegriff ein, z. B. den Namen des Autors/der Autorin, den Titel des Buches, einen Sachbegriff/ein Schlagwort (z. B. Dinosaurier, Abenteuerbuch). Verfeinert, wenn möglich, die Suche, indem ihr eine bestimmte Medienart (z. B. Buch, CD, DVD) auswählt.

2. Schritt: Startet die Suche, indem ihr die Enter-Taste des Computers drückt oder mit einem Mausklick das Feld für die Suche anklickt.

3. Schritt: Ihr erhaltet nun Angaben zu dem gesuchten Titel oder eine Liste mit Suchergebnissen. Klickt den Titel an, zu dem ihr genauere Informationen haben wollt, z. B. eine Kurzbeschreibung des Inhalts, Angaben darüber, ob das Buch vorhanden oder ausgeliehen ist.

4. Schritt: Wenn ihr den gesuchten Titel gefunden habt, müsst ihr euch die Signatur aufschreiben, z. B.: *Ab 24 Tw.* Sie gibt euch den Standort des Buches, der CD etc. in der Bibliothek an.

5. Schritt: Orientiert euch in der Bibliothek, in welchem Regal ihr euer Buch, die CD etc. findet, z. B.: *Ab 24 Tw* (Ab = Abenteuer; 24 = Regalstellplatz; Tw = Autor, hier Mark Twain).

Im Internet recherchieren

▶ S. 18–21

Für die Recherche im Internet verwendet man so genannte Suchmaschinen, z. B. google.de.
Für Jugendliche gibt es spezielle Suchmaschinen, z. B.: fragfinn.de, helles-koepfchen.de.
Durch die Eingabe von Suchbegriffen wird die Suche sinnvoll eingeschränkt.
Es gibt verschiedene Möglichkeiten:

- Eingabe eines Suchbegriffs, z. B. *Biber:* Internetseiten, die dieses Wort enthalten, werden angezeigt.
- Eingabe mehrerer Suchbegriffe, z. B. *Biber + Lebensraum:* Die Suche beschränkt sich auf die Seiten, die beide Begriffe enthalten.
- Eingabe eines Themas oder eines Namens in Anführungszeichen, z. B. *„europäischer Biber":* Der genaue Wortlaut oder der vollständige Name wird gesucht.

Suchergebnisse beurteilen

▶ S. 18–21

1 Lest den Titel der Seite und den Textauszug aus dem Internetbeitrag. Geben sie Hinweise darauf, dass diese Internetseite die gesuchten Informationen enthält?
2 Prüft die Internetadresse. Scheint der Betreiber der Seite zuverlässig? Weist die Seite auf einen Onlineshop (z. B. Amazon, eBay) hin, findet ihr keine geeigneten Informationen.
3 Überfliegt den Inhalt der aufgerufenen Internetseite und entscheidet, ob euch der Beitrag tatsächlich brauchbare Informationen zum Thema oder zu euren Fragen liefert.
4 Wenn ihr sicher seid, dass die Informationen auf der Seite hilfreich sind, nehmt ihr sie in eure Materialsammlung auf. Hierzu könnt ihr die Seite ausdrucken oder speichern.

Internetseiten speichern: Lesezeichen oder Favoriten anlegen

Wenn ihr eine Internetseite gefunden habt, die ihr später noch einmal aufrufen möchtet, legt ihr sie als Lesezeichen oder Favoriten ab. Geht so vor:

1 **Klickt oben im Browser auf „Favoriten" oder „Lesezeichen".**
2 Hier findet ihr die Funktion „Zu Favoriten hinzufügen" (beim Browser Internet Explorer) oder „Lesezeichen hinzufügen" (beim Browser Mozilla Firefox)
- **Lesezeichen hinzufügen:** Klickt auf den Pfeil neben dem Fenster Ordner → dann auf „Wählen" → „Neuer Ordner". Gebt dem Ordner einen aussagekräftigen Namen, z. B.: Klimaschutz Maßnahmen, und klickt dann auf „Fertig".
- **Zu Favoriten hinzufügen:** Klickt auf „Neuer Ordner" und gebt dem Ordner einen aussagekräftigen Namen, z. B.: Klimaschutz Maßnahmen. Klickt dann auf „Erstellen", danach auf „Hinzufügen".

Quellenangaben machen

Es ist wichtig, zu allen Materialien Quellenangaben zu machen, damit man die Informationen noch einmal nachlesen oder überprüfen kann:

- **Buch:** Autor/-in, Buchtitel, Seitenangabe, z. B.: *Edwin Klein: Die Olympischen Spiele, S. 33.*
- **Zeitung/Zeitschrift:** Verfasser/-in, Titel des Textes, Name der Zeitschrift/Zeitung, Ausgabe (z. B. *Nr. 2/2013*), Seitenangabe, z. B.: *Felix Muster: Zwischenfälle bei den Olympischen Spielen. In: Olympiade heute, Nr. 33/2012, S. 33–36.*
- **Internet:** Internetadresse und Datum, an dem ihr die Seite aufgerufen habt, z. B.: *www.helles-koepfchen.de/artikel/2673.html (15. 3. 2013)*

Informationen auswerten

▶ S. 17–21

Bei euren Recherchen werdet ihr meist mehrere Texte zu einem Thema finden.
Dann müsst ihr die Informationen auswählen und ordnen. Geht so vor:

1 Unterstreicht auf einer Kopie oder einem Textausdruck die wichtigsten Informationen.
2 Notiert am Textrand, zu welchen Oberbegriffen oder Teilthemen die markierten Informationen gehören, z. B.: Wiedereinführung (der Olympischen Spiele), Grundidee ...
3 Tragt die wichtigsten Informationen zusammen, indem ihr sie nach Oberbegriffen ordnet.

Ideen sammeln: Der Cluster

▶ S. 97

Der Cluster (engl. = Traube, Schwarm) hilft euch, Ideen zu einem bestimmten Thema zu finden.

- Schreibt das Thema in die Mitte eines Blattes.
- Notiert dann Stichpunkte (Gedanken, Ideen, Angaben, Merkmale) zu dem Thema und verbindet sie mit Linien mit dem Thema (Ausgangskreis). Zu jedem Stichpunkt könnt ihr wiederum weitere Einfälle notieren.

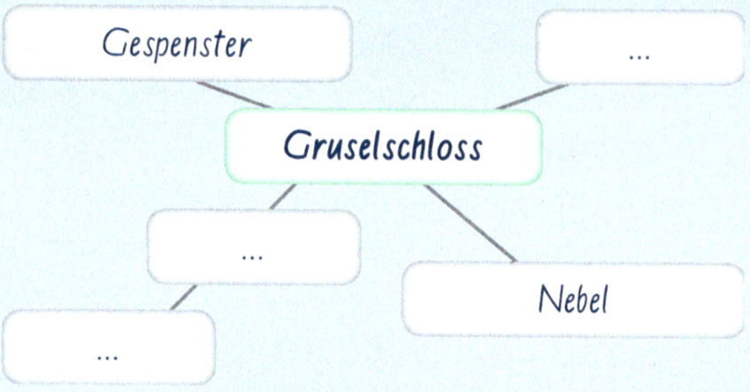

Ideen sammeln und ordnen: Die Mind-Map

▶ S. 226

Die Mind-Map (engl. = Gedankenlandkarte) ist im Gegensatz zum Cluster (▶ S. 316) dazu geeignet, die Ideen zu ordnen.

- Schreibt in die Mitte eines Blattes das Thema.
- Ergänzt dann um das Thema Oberpunkte (Hauptthemen).
- Erweitert diese Oberpunkte um Unterpunkte (Unterthemen).

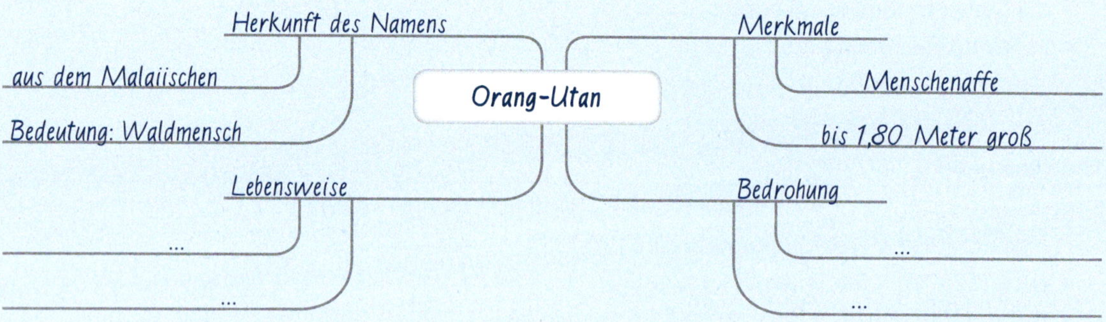

Ein Flussdiagramm anfertigen

▶ S. 130

Mit Hilfe eines **Flussdiagramms** kann man insbesondere den **Handlungsverlauf** einer Geschichte übersichtlich veranschaulichen.

Lest die Geschichte Schritt für Schritt und notiert knapp untereinander, was geschieht:

- Tragt wichtige Informationen oder Zusammenhänge in das Flussdiagramm ein.
- Umrahmt sie.
- Achtet auf eine sinnvolle Reihenfolge eurer Stichworte.
- Zeichnet Pfeile von Rahmen zu Rahmen.

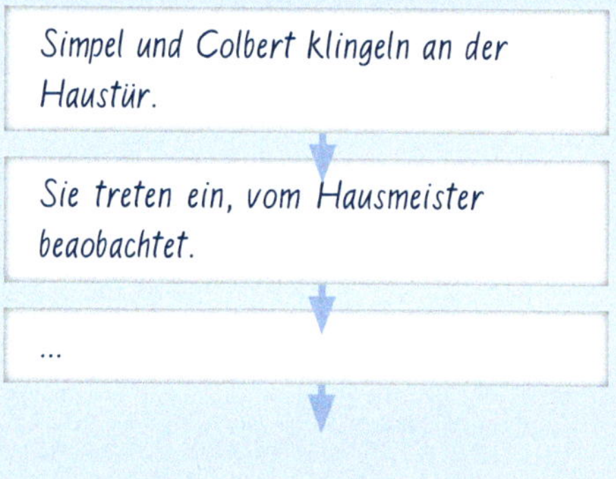

Texte mit Hilfe der Textlupe überarbeiten

▶ S. 83; 88

Mit der Textlupe helft ihr euch gegenseitig, eure Texte zu überarbeiten. Auf einem Arbeitsblatt tragt ihr ein, was ihr bei euren Texten genauer „unter die Lupe" nehmen wollt, z. B. die Überschrift ...

1. Schritt: Bildet Vierer- oder Fünfergruppen. Jeder von euch hat seinen eigenen Text sowie eine Textlupe. Beides reicht er an seinen Nachbarn weiter.
2. Schritt: Der Nachbar liest den Text sorgfältig und hält dann Lob, Kritik und seine Vorschläge auf dem Arbeitsblatt fest. Dann wird dieses mit dem Text wieder weitergereicht usw.
3. Schritt: Am Ende hat jeder die Texte seiner Gruppenmitglieder überprüft und erhält seinen eigenen Text sowie das Arbeitsblatt mit den Anmerkungen der anderen zurück.
4. Schritt: Überarbeitet eure Texte anhand der Verbesserungsvorschläge auf dem Arbeitsblatt.

Schreibkonferenz durchführen

▶ S. 88; 230

- Setzt euch in kleinen Gruppen (höchstens zu viert) zusammen.
- Einer liest seinen Text vor, die anderen hören gut zu.
- Anschließend geben die anderen eine Rückmeldung, was ihnen besonders gut gefallen hat.
- Nun wird der Text in der Gruppe Satz für Satz besprochen. Die Überarbeitungsvorschläge werden abgestimmt und schriftlich festgehalten.
- Korrigiert auch die Rechtschreibung und die Zeichensetzung.
- Zum Schluss überarbeitet die Verfasserin oder der Verfasser den eigenen Text.

Ein Referat halten

▶ S. 31–32; 311–312

1 Das Referat vorbereiten

Ein gelungenes Referat muss gut vorbereitet werden:
- Ordnet die Informationen für eurer Referat, z. B. nach Unterthemen, und bringt sie in eine sinnvolle Reihenfolge.
- Notiert zu jedem Unterthema wichtige Stichworte, z. B. auf Karteikarten.
- Nummeriert die Karteikarten in der entsprechenden Reihenfolge.
- Überlegt, zu welchen Informationen eures Vortrags ihr welches Anschauungsmaterial zeigen könnt, und sucht nach geeignetem Material, z. B.: Bilder, Fotos, Grafiken.

2 Das Referat gliedern

Gliedert die Informationen. Diese Struktur ist der rote Faden eures Referats.
- **Einleitung:** Weckt das Interesse eurer Zuhörerinnen und Zuhörer und führt in das Thema ein, z. B. durch Bilder/Fotos, treffende Zitate oder persönliche Bemerkungen zum Thema. Gebt einen Überblick über die Gliederung.
- **Hauptteil:** Den Hauptteil solltet ihr besonders sorgfältig planen. Ordnet eure Informationen nach sachlichen Gesichtspunkten. Legt Oberbegriffe und Unterpunkte fest. Streicht überflüssige Informationen, die vom Thema wegführen.
- **Schluss:** Der Schluss rundet das Referat ab. Ihr könnt wichtige Informationen zusammenfassen, eure persönliche Meinung zum Thema formulieren oder einen Ausblick auf weitere Entwicklungen geben.

Vortragen/Sinngestaltendes Vorlesen

► S. 167

Vortragen oder sinngestaltendes Vorlesen bedeutet, dass ihr einen Text (z. B. eine Geschichte, ein Theaterstück oder ein Gedicht) ausdrucksvoll vortragt und eure Stimme dem Geschehen anpasst. Überlegt, wie ihr welche Textstelle sprechen wollt, welche Wörter ihr besonders betonen wollt und wo es sinnvoll ist, eine Pause zu machen. Markiert dann den Text mit entsprechenden Betonungszeichen.

Betonungszeichen

◄ (lauter)	→ (schneller)	‖ (lange Pause)	___ (Betonung)
► (leiser)	← (langsamer)	| (kurze Pause)	↲ (Zeilensprung)

Eine Bildschirmpräsentation erstellen

Präsentationsprogramme

Präsentationsprogramme wie „Impress“ oder „PowerPoint“ arbeiten mit Folien. Auf diesen Arbeitsflächen könnt ihr euer Thema nennen, wichtige Informationen in Stichpunkten hinzufügen und anschauliche Grafiken oder Tabellen zeigen.

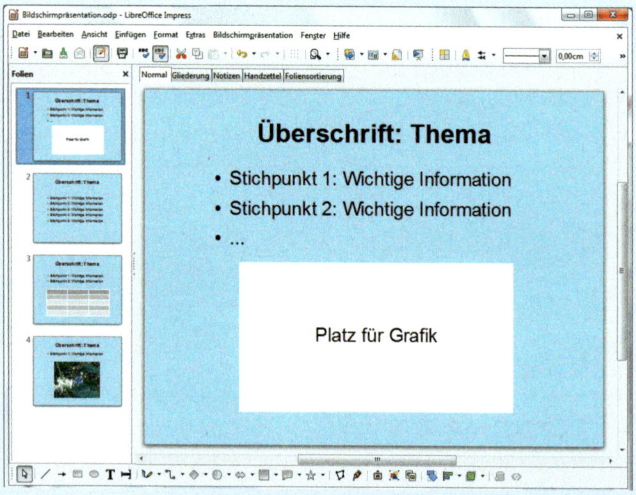

Folieninhalt

Folien dienen **zur Unterstützung** eures Vortrags. Sie geben ihm Struktur und ergänzen ihn um visuelle Inhalte wie Grafiken und Bilder, die man mündlich nicht darstellen kann.

- Bei einer Präsentation solltet ihr **nur das Wesentliche** auf der Folie festhalten, z. B.: Thema und wenige, knapp formulierte Stichpunkte (maximal 5). Alle weiteren Informationen könnt ihr im Notizenfeld unter den einzelnen Folien oder auf Karteikarten festhalten.
- **Lest** die Folien bzw. eure Notizen **nicht einfach ab,** sondern erläutert die Stichpunkte durch einen lebendigen, ausführlichen Vortrag.

Folienlayout

- Vortragsfolien sollen gut lesbar sein. Deshalb **verzichtet** man am besten **auf ablenkende** oder **mehrfarbige Hintergründe.**
- Achtet bei der Auswahl der **Schriftfarbe** auf einen guten **Kontrast zum Hintergrund.** Nehmt eine **gut lesbare Schrift** (z. B. Arial). Die **Schriftgröße** solltet ihr so wählen, dass jeder im Raum die Stichpunkte mühelos lesen kann **(mindestens 22 Punkt).**
- **Tabellen, Bilder** und andere Abbildungen müssen klar erkennbar bzw. **gut lesbar** sein. Präsentationsprogramme bieten nur grundlegende Funktionen zur Bildbearbeitung an. Gegebenenfalls müsst ihr das grafische Material vorher in einem Bildbearbeitungsprogramm für die Präsentation vorbereiten.

Lösungen zu den einzelnen Aufgaben

Seite 181

1 Das Lösungswort lautet: MUNDARTEN

Seite 246

1 a **A** Wissenschaftler teilten mit, dass es sich bei der Sonnenfinsternis in Asien am 22. Juli 2009 um die längste totale Sonnenfinsternis dieses Jahrhunderts und somit um ein spektakuläres Naturereignis handele (Konjunktiv I).

B In Indien sagten allerdings viele Menschen, sie hätten (Konjunktiv II) Angst vor der Sonnenfinsternis, da die verdunkelte Sonne Unglück bringe (Konjunktiv I).

C Natürlich wollte man auch Geld mit dem Naturereignis verdienen. Der Chef einer Fluggesellschaft erklärte, die Sitzplätze für einen Sonderflug von Neu-Delhi Richtung Osten mit direktem Blick auf die Sonnenfinsternis würden rund 1200 Euro kosten (würde-Ersatzform).

D In China teilten die Behörden mit, etwa 300 Millionen Menschen im Tal des Jangtse könnten (Konjunktiv II) das seltene Naturschauspiel miterleben, allerdings behinderte schlechtes Wetter den Blick auf das Ereignis.

E In Shanghai schwärmte ein Geschäftsmann aus den USA, er habe (Konjunktiv I) das beeindruckende Schauspiel durch Lücken im Wolkenhimmel gesehen.

F In Japan erklärte der deutsche Filmregisseur Roland Emmerich, dass er sehr froh sei (Konjunktiv I), weil er die Sonnenfinsternis nutzen konnte, um in der Hauptstadt Tokio Werbung für seinen neuen Katastrophenfilm „2012“ zu machen.

Seite 262

1 Wir hatten ursprünglich die Absicht**,** zwei Wochen zu bleiben**,** sind dann aber schon nach fünf Tagen wieder abgereist**,** um unseren Resturlaub auf dem Balkon zu verbringen.
Schon der Mitarbeiter an der Rezeption**,** an allem außer seiner Kundschaft interessiert**,** ignorierte uns bei der Ankunft. Endlich wahrgenommen**(,)** konnten wir uns nicht verständlich machen, da er kein Englisch sprach.

2 **A** In dem Hotel „Palace“ ist es eher hinderlich, sich für Land und Leute zu interessieren.

B Um in den nächsten Ort zu gelangen, müssen Sie (nämlich) einen Fußmarsch von zehn Kilometern auf sich nehmen.

C Sie sollten fettige, unappetitliche Fleischportionen mögen, um am Buffet ordentlich zu schlemmen (schlemmen zu können).

D Es ist zwar verständlich, in einem Hotel auch einen Zimmerservice zu erwarten, jedoch sollten Sie Ihre Betten besser gleich selbst machen.

3 **E** Der Pool, in einem schattigen Hinterhof gelegen, war keine 10 qm groß.

F Dort angekommen(,) bemerkten wir sogleich den Fluglärm über unseren Köpfen.

G Aus dem Urlaub zurückgekehrt(,) waren wir wirklich urlaubsreif.

4 Satz 1: Vor einem Infinitivsatz mit „um“ steht ein Komma.
Satz 2: Bezieht sich der Infinitivsatz auf ein Nomen im übergeordneten Satz (hier: „Vorschlag“), so steht ein Komma vor dem Infinitivsatz.

Seite 290

1 Hier findet ihr den Text in der richtigen Schreibweise:

1 Gleich morgens nach dem Aufstehen fing es an:
2 Statt der elektrischen die analoge Zahnbürste zu nehmen, ist mir nicht so schwergefallen.
3 Beim Frühstücken den Toaster nicht zu benutzen, war kein Problem, ich habe einfach Haferflocken mit Milch gegessen.
4 Aber am Vormittag in der Schule war ich im Physikunterricht schnell lahmgelegt und vom Matheunterricht wurde ich sogar freigestellt.
5 An einem normalen Tag hätte ich mir mittags das Essen im Mikrowellenherd erwärmt, aber so habe ich mich an Brot, Obst und Salat satt gegessen – doch, echt delikat!
6 Die Spülmaschine war auch tabu, sodass ich das Abwaschen mit der Hand machen musste.
7 Das Planschen im Spülbecken hat mir als Kind auch mehr Spaß gemacht!
8 Für den Klavierunterricht war es dann höchst kompliziert, die Strecke von der Düsseldorfer Allee bis zum Bettina-von-Arnim-Platz ohne Bus zu bewältigen.
9 Ich habe überlegt, blauzumachen, bin dann aber doch Fahrrad gefahren, sogar die weitere Strecke über die Bergische Landstraße, um noch ein bisschen Fitness-Training zu bekommen.
10 Ich war mir nicht ganz sicher, ob Duschen verboten ist, weil bestimmt auch die Wasserpumpe elektrisch funktioniert.
11 Ich hab's dann doch gemacht, aber ohne hinterher die Haare zu föhnen.
12 Eine echte Krise hatte ich abends, als meine ganze Familie, meine Eltern sowie meine beiden Brüder, viel Spaß dabei hatten, einen Film im Fernsehen zu schauen.
13 Ich hab dann nach so einem Buch gesucht, das heißt doch so, oder?
14 Denkt daran, im Bett zu schmökern kann auch Freude machen.
15 Das Handy, eigentlich mein ständiger Begleiter, habe ich an diesem Tag besonders vermisst!
16 Aber viele technische Geräte haben mir, obwohl ich sie sonst häufig benutze, kaum gefehlt.

Seite 309

1 Die Aussage A ist richtig.

2
A Pinguine sind auf Felsen in ihrem Element ***r***
B Ein Pinguin ist 12-mal windschnittiger als ein Porsche ***f***
C Pinguine sind zu bemitleiden, da sie einen Smoking tragen müssen ***r***
D Pinguine sind hervorragende Wassertänzer ***r***

3 Man kann mit seiner Einschätzung komplett daneben liegen, wenn man schnell Vorurteile hat.
Man wird einzigartig, wenn man seine Stärken stärkt.
Das Umfeld ist wichtig, wenn das zum Tragen kommen soll, was man kann.
Man findet sein Wasser, wenn man kleine Schritt macht.

4 Der Autor Eckart von Hirschhausen nimmt eine Kreuzfahrt als Irrtum für ihn wahr. Aus seiner Beobachtung im Zoo leitet er das Fehlurteil ab, Pinguine seien eine Fehlkonstruktion. Im Nachhinein folgt aber die Lehre: Jeder ist dann im Element, wenn Stärken trainiert werden.

5
A Der Autor bezeichnet Pinguine als Fehlkonstruktion, da er ihr Aussehen mit dem Erscheinungsbild eines Mannes im Smoking vergleicht.
B Der Autor erkennt seine Fehleinschätzung und muss zugeben, dass der Pinguin, so wie er gebaut ist, ein idealer Schwimmer ist.

Textartenverzeichnis

Autoren- und Quellenverzeichnis

Kriwanek, Wolle (1949–2003)
177 Stroßaboh
aus: Kriwanek, Wolle & Schulz, Bros, LP Philips 6305425 (PolyGram), 1980

Lingg, Hermann (1820–1905)
176 Heimkehr
aus: Lingg, Hermann: Gedichte, Cotta'scher Verlag, Stuttgart und Augsburg 1857, S. 124

Murail, Marie-Aude (*1954)
120 Simpel (1)
126 Simpel (2)
128 Simpel (3)
135 Simpel (4)
137 Simpel (5)
aus: Murail, Marie-Aude: Simpel. Aus dem Französischen von Tobias Scheffel, Fischer Verlag, Frankfurt a. M. 2008, S. 9–21 (1), S. 39–45 (2), S. 46–52 (3), S. 75–134 (4), S. 213–216 (5)

Nietzsche, Friedrich Wilhelm (1844–1900)
171 Vereinsamt
aus: Das Magazin für Literatur. Vereinsorgan der Freien Literarischen Gesellschaft zu Berlin. [63/45] vom 10. November 1894, Berlin, S. Sp. 1431.

Novak, Helga M. (*1935)
105 Schlittenfahren
aus: Novak, Helga M.: Aufenthalt in einem irren Haus. Gesammelte Prosa. Schöffing & Co Verlag, Frankfurt a. M. 1995, S. 82/83

Orth, Stephan
81 Kaltenbrunner und der K2: Triumph am Schicksalsberg
http://www.spiegel.de/reise/fernweh/kaltenbrunner-und-der-k2-triumph-am-schicksalsberg (Stand: 10.12.2014)

Plath, Sylvia (1932–1963)
106 Ein Tag im Juni
aus: Plath, Sylvia: Zungen aus Stein. Erzählungen. Aus dem Amerikanischen von Julia Bachstein und Susanne Levin. © der deutschen Ausgabe: Frankfurter Verlagsanstalt GmbH, Frankfurt a. M., 1989

Röder, Marlene (*1983)
94 Chuck Norris und all seine Freunde (1)
100 Schwarzfahren für Anfänger (2)
aus: Röder, Marlene: Melvin, mein Hund und die russischen Gurken. Erzählungen, Ravensburger Buchverlag, Ravensburg 2011 (1), S. 105–111 (2)

Rothhaas, Julia (*1977)
20 Unsichtbare Verschwendung
aus: Fluter. Magazin der Bundeszentrale für politische Bildung. H20, Das Wasserheft, alles klar? Nr. 23/Juni 2007, S. 32

Salisbury, Graham (*1944)
28 Tiefe Wasser
aus: Salisbury, Graham: Die blaue Haut des Meeres [gekürzt] aus dem Englischen von Marion Sattler Charnitzky, Beltz & Gelberg in der Verlagsgruppe Beltz, Weinheim/Basel 1997

Saurer, Andreas (*1963)
164 Jormania(1)
169 Monicadelia (2)
aus: Saurer, Andreas: Freie Sicht bis Cagliatscha. Gedichte. Hrsg. von Werner Bucher und Virgilio Masciadri, Orte-Verlag, Zürich 2008, S. 37 und 59

Storm, Theodor (1817–1888)
166 Die Stadt
aus: Storm, Theodor: Sämtliche Werke in vier Bänden, Bd. 1: Gedichte, Novellen, Deutsche Klassiker, Frankfurt a. M. 1987
Der Schimmelreiter (1)
Der Schimmelreiter (2)
Der Schimmelreiter (3)
Der Schimmelreiter (4)
Der Schimmelreiter (5)
Der Schimmelreiter (6)
Der Schimmelreiter (7)
Der Schimmelreiter (8)
aus: Der Schimmelreiter. Reclam Verlag, Stuttgart 2001, S. 86, 110 (1), 3–9 (2), 11–13 (3), 29–30 (4), 51 (5), 105–107 (6), 138–140 (7), 141–144 (8)

Schiller, Friedrich (1759–1805)
186 Wilhelm Tell (1. Aufzug, 1. Szene)
191 Wilhelm Tell (1. Aufzug, 3. Szene)
195 Wilhelm Tell (3. Aufzug, 3. Szene)
200 Wilhelm Tell (4. Aufzug, 3. Szene)
aus: Schiller, Friedrich: Sämtliche Werke. Hrsg. von Gerhard Fricke/Herbert Göpfert/Herbert Stubenrauch, Carl Hanser Verlag, München 1958

Veli, Orhan (1914–1956)
168 Ich höre Istanbul
aus: Fremdartig/Garip, Gedichte in zwei Sprachen, Hrsg. und übersetzt von Yüksel Pazarkaya, Frankfurt a. M. 1985

Verne, Jules (1828–1905)
235 Reise zum Mittelpunkt der Erde
nach: Reise zum Mittelpunkt der Erde, Arena Verlag, Würzburg 1999
237 Reise um den Mond
nach: Reise um den Mond, Arena Verlag, Würzburg 1999

Wild, Beate
211 Mit Sandsäcken und Hilfsbereitschaft gegen die Fluten
aus: http://www.sueddeutsche.de/bayern/hochwasser-in-passau-mit-sandsaecken-und-hilfsbereitschaft-gegen-die-fluten-1.1687117 (Stand: 23.06.2014)

Unbekannte/ungenannte Autorinnen und Autoren

251 Auf dem Schiff: Dame mit Begleitung
271 Bereiche der Bionik
nach: Birgit Kuhn und Jürgen Brück: Bionik – Der Natur abgeschaut. Wissen auf einen Blick. Naumann & Göbel, Köln 2008, S. 7
208 Crash im Bahnhofskreisel
aus: https://www.schwaebische-post.de/account/login/?aid=730047 (Stand: 15.04.2014)
181 Dialektquiz
aus: http://www.maedchen.de/psychotest/dialekte-quiz-test-wissen-dialekt-481418.html
19 Die großen Wasserschlucker
aus: Nachhaltig handeln Baden Württemberg: Themenheft H^2O. Hrsg. vom Ministerium für Umwelt, Klima und Energiewirtschaft, S. 4
209 Elbe-Hochwasser: Schiffe versenken gegen die Flut
aus: http://www.spiegel.de/panorama/fischbeck-versenkte-lastkaehne-sollen-die-flut-bremsen-a-905943.html (Stand:18.08.2013)
79 Extrem-Paddlerin Freya Hoffmeister legt wieder los
nach: www.welt.de/vermischtes/prominente/article106350574/Extrem-Paddlerin-Freya-Hoffmeister-legt-wieder-los.html (Stand: 20.01.2014)
221 Frau Holofernes, Sie schmeißen den Laden jetzt allein. Was ist besser an der Arbeit als Solokünstlerin?
aus: http://www.stuttgarter-zeitung.de/inhalt.interview-mit-judith-holofernes-tanzschuhe-und-denkerhosen.5ac97a9c-916d-48e9-b2ee-4224b10b3b35.html (Stand: 15.04.2014)
310 Glück kann man trainieren
nach: http://www.fr-online.de/gesundheit/-psychologie-glueck-ist-auch-eine-sache-des-trainings,3242120,20621830 (Stand: 23.06.2014)
303 „Glücksskala" und „Bedeutung von Glück" (Grafiken)
aus: http://www.bertelsmann-stiftung.de/bst/de/media/xcms_bst_dms_23599_23600_2.pdf (Stand: 23.06.2014)
242 Hagelkorn in den USA bricht gleich zwei Rekorde
nach: http://www.wetter.info/wetter-aktuell/usa-hagelkorn-in-den-usa-bricht-gleich-zwei-rekorde/23336402 (Stand: 23.06.2014)
252 Im Auto: Navis als echte Autoritäten
250 Im Flugzeug: Pilot und Panik
254 In der Straßenbahn: Afrikatouristen

20 Interview mit Markus Lanz zur UNICEF-Kampagne „Wasser wirkt"
http://www.wasser-wirkt.de/informieren/markus-lanz/ (Stand: 15.09.2013)

77 Mit Inlineskates auf die Achterbahn
nach: http://www.welt.de/vermischtes/article4167813/Dirk-Auer-der-schnellste-Mensch-auf-Inlineskates.html (Stand: 10.11.2013)

208 „New Yorker" kommt aus der deutschen Provinz
aus: Frankfurter Allgemeine Zeitung, 14.04.2014, S.18

208 Oppositionsführerin aus Myanmar: Merkel empfängt Friedens-Nobelpreisträgerin Suu Kyi
aus: http://www.zeit.de/video/2014-04/3453150585001/oppositionsfuehrerin-aus-myanmarmerkel-empfaengt-friedens-nobelpreistraegerin-suu-kyiautoplay (Stand: 10.04.2014)

294 Rasante Racing-Saison auf dem Hockenheimring
nach: Verena Linde: Ein rasantes Rennen. In: GEOlino Nr. 4/2013, S.30–36

208 Rekord-Olympiasieger Phelps kehrt zurück
aus: http://www.sueddeutsche.de/sport/schwimmen-rekord-olympiasieger-phelps-kehrt-zurueck-1.1937659 (Stand: 15.04.2014)

222 Schöner Wohnen für Kibo & Co. Das neue Affenhaus in der Wilhelma ist eröffnet
aus: http://www.stuttgarter-zeitung.de/inhalt.schoener-wohnen-fuer-kibo-co-das-neue-affenhaus-in-der-wilhelma-ist-eroeffnet.7e02318d-b8a6-4de5-89ee-a81a4b2e7394.html (Stand: 23.06.2014)

221 Schwarzer Stern in Flammen
aus: Frankfurter Allgemeine Zeitung, 14.04.2014, S.7

76 Spektakulärer Stratosphärensprung
nach: http://de.wikipedia.org/wiki/Felix_Baumgartner (Stand: 28.11.13)

224 Tödliche Attacke im Kölner Zoo
aus: http://www.spiegel.de/panorama/gesellschaft/koelner-zoo-tiger-altai-toetet-43-aehrige-pflegerin-nach-ausbruch-a-852073.html (Stand: 23.06.2014)

18 Trinkwasserverwendung von Haushalten pro Tag und Einwohner in Deutschland (Grafik)
aus: Bundesverband der Energie- und Wasserwirtschaft e.V. http://www.bdew.de/internet.nsf/id/3852C5217E9FD4E1C125786C004274E7/$file/Trinkwasserverwendung%20im%20Haushalt%202013.pdf (Stand: 25.06.14)

221 Unser Sohn wird mal hochbegabt
http://www.faz.net/aktuell/politik/inland/coaching-fuer-eltern-unser-sohn-wird-mal-hochbegabt-12858950.html (Stand: 15.04.2014)

282 Versuchsprotokolle für Forschungszwecke
frei nach: Sigrid Belzer: Die genialsten Erfindungen der Natur. Bionik für Kinder. Fischer, Frankfurt a. M. 2012, S.26–27

255 Vorsicht, Verwechslung!
nach: Stephan Orth/Antje Blinda: Sorry, Ihr Hotel ist abgebrannt, Ullstein Verlag, Berlin 2011

Bildquellenverzeichnis

S.15: Shutterstock/X-etra; **S.16 oben:** Fotolia © Andreas P; **S.16 unten:** mauritius images/imageBROKER/Frank Bienewald; **S.20:** © Giuseppe Porzani – Fotolia.com; **S.20 links:** © micheldouliez – Fotolia.com; **S.30:** Interfoto/Wilfried Wirth; **S.33:** © milaphoto/Shutterstock.com; **S.37:** © idprod – Fotolia.com; **S.43:** Morton Rhue. DIE WELLLE © 1997 by Ravensburger Buchverlag Otto; **S.44:** © Syda Productions – Fotolia.com; **S.55 links:** Jahreszeiten Verlag/Jan Brettschneider; **S.55 rechts:** Getty Images/Rosanne Olson; **S.56 links:** picture alliance/Photoshot; **S.56 rechts:** picture alliance/empics; **S.58:** © Filmpark Babelsberg GmbH, Potsdam; **S.63:** Getty Images/David Scheffer; **S.64, 69, 93, 139:** Thomas Schulz, Teupitz; **S.65:** © Kzenon – Fotolia.com; **S.75:** Shutterstock/Pressmaster; **S.76:** imago; **S.79:** © Eliseo Fernandez/Reuters/Corbis; **S.83:** © Bimal Gautam/Xinhua Press/Corbis; **S.84:** RHPL/vario images; **S.86 oben links:** © Nicolas van Ryk/VISUM; **S.86 oben rechts:** Glow Images/Designpics; **S.86 unten links:** Shutterstock/Africa Studio; **S.86 unten rechts:** © Bildagentur Huber/Arcangelo Piai; **S.88 oben:** © Reed Kaestner/Corbis; **S.88 Mitte:** Glow Images/Fancy; **S.89, 90:** A. Vossberg/VISUM; **S.119:** Marie-Aude Murail. Simpel. S. Fischer Verlag, KJB, Frankfurt am Main; **S.161:** © Oliver Rath, 2013; Stefan Strumbel; **S.162 oben rechts:** akg-images/Mondadori Portfolio; **S.162 unten links:** action press; **S.163:** © 2/Maria Toutoudaki/Ocean/Corbis; **S.164:** akg-images; **S.166:** Glow Images/ImageBROKER RM; **S.168 oben u. unten:** Rainer Hackenberg/VISUM; **S.168 Mitte:** Panos Pictures/VISUM; **S.169 oben:** © Kobby Dagan/Demotix/Corbis; **S.169 unten:** Shutterstock/devilfire369; **S.170:** © jdavenport85/Fotolia; **S.180:** werkstatt für gebrauchsgrafik, Berlin; **S.205 links:** Imagebroker RM/F1online; **S.205 Mitte:** picture-alliance/Sueddeutsche; **S.205 rechts:** picture alliance/dpa; **S.206:** BILD, Titelseite vom 10.11.2014 © BILD GmbH & Co. KG, Berlin; **S.206:** Süddeutsche Zeitung, Titelseite vom 10.11.2014 © Süddeutscher Verlag, München; **S.206:** DER TAGESSPIEGEL, Titelseite vom 10.11.2014 © Verlag der Tagesspiegel GmbH Berlin; **S.208:** photoshot; **S.209, 222, 246:** picture alliance/dpa; **S.211:** © Wolfgang Rattay; **S.216:** euroluftbild.de/VISUM; **S.219:** © Süddeutsche Zeitung Digitale Medien GmbH/Süddeutsche Zeitung GmbH; **S.220:** © Erstes Deutsches Fernsehen, München; **S.220:** © ProSiebenSat 1 Media AG, Unterföhring; **S.220:** © Südwestrundfunk Stuttgart; **S.220:** ARTE Strasbourg; **S.224:** Colourbox.com; **S.239:** © istock.com – Clint Spencer; **S.242:** © istock.com – argalis; **S.243:** picture alliance/dpa-Grafik; **S.244:** picture alliance/dpa; **S.245:** © jancsi hadik – Fotolia.com; **265:** picture alliance/ZB; **S.271:** © Michael Tieck – Fotolia.com; **S.272:** © darkfreya – Fotolia.com; **S.278:** © Christian Müller – Fotolia.com; **S.283:** © duckie66 – Fotolia.com; **S.286:** © fovito – Fotolia.com

Sachregister

Kniffelige Verben im Überblick

Infinitiv	Präsens	Präteritum/Perfekt	Konjunktiv I/Konjunktiv II
befehlen	du befiehlst	er befahl / hat befohlen	sie befehle/befähle
beginnen	du beginnst	sie begann / hat begonnen	er beginne/begänne
beißen	du beißt	er biss / hat gebissen	sie beiße/bisse
bieten	du bietest	er bot / hat geboten	er biete/böte
bitten	du bittest	sie bat / hat gebeten	sie bitte/bäte
blasen	du bläst	er blies / hat geblasen	er blase/bliese
bleiben	du bleibst	sie blieb / ist geblieben	sie bleibe/bliebe
brechen	du brichst	sie brach / hat gebrochen	er breche/bräche
brennen	du brennst	es brannte / hat gebrannt	es brenne/brennte
bringen	du bringst	sie brachte / hat gebracht	sie bringe/brächte
dürfen	du darfst	er durfte / hat gedurft	er dürfe/dürfte
einladen	du lädst ein	sie lud ein / hat eingeladen	sie lade ein/lüde ein
erschrecken	du erschrickst	er erschrak / ist erschrocken	er erschrecke/erschräke
essen	du isst	er aß / hat gegessen	sie esse/äße
fahren	du fährst	sie fuhr / ist gefahren	er fahre/führe
fallen	du fällst	er fiel / ist gefallen	sie falle/fiele
fangen	du fängst	sie fing / hat gefangen	er fange/finge
fliehen	du fliehst	er floh / ist geflohen	sie fliehe/flöhe
fließen	du fließt	es floss / ist geflossen	er fließe/flösse
frieren	du frierst	er fror / hat gefroren	sie friere/fröre
gelingen	es gelingt	es gelang / ist gelungen	es gelinge/gelänge
genießen	du genießt	sie genoss/hat genossen	er genieße/genösse
geschehen	es geschieht	es geschah / ist geschehen	es geschehe/geschähe
greifen	du greifst	sie griff / hat gegriffen	sie greife/griffe
halten	du hältst	sie hielt / hat gehalten	er halte/hielte
heben	du hebst	er hob / hat gehoben	sie hebe/höbe
heißen	du heißt	sie hieß / hat geheißen	er heiße/hieße
helfen	du hilfst	er half / hat geholfen	sie helfe/hülfe
kennen	du kennst	sie kannte / hat gekannt	er kenne/kennte
kommen	du kommst	sie kam / ist gekommen	sie komme/käme
können	du kannst	er konnte / hat gekonnt	er könne/könnte
lassen	du lässt	sie ließ / hat gelassen	sie lasse/ließe
laufen	du läufst	er lief / ist gelaufen	er laufe/liefe
leiden	du leidest	sie litt / hat gelitten	sie leide/litte
lesen	du liest	er las / hat gelesen	er lese/läse